Hans Fischer (Hg.)

Feldforschungen

Erfahrungsberichte zur Einführung

Neufassung

Dietrich Reimer Verlag

Die Deutsche Bibliothek – CIP-Einheitsaufnahme
Ein Titeldatensatz für diese Publikation ist bei
Der Deutschen Bibliothek erhältlich

1. Auflage 1985
Neufassung 2002

©   1985 und 2002 by Dietrich Reimer Verlag GmbH
      Zimmerstraße 26–27
      10969 Berlin

Umschlaggestaltung: Nicola Willam, Berlin

ISBN 3-496-02719-3

Inhalt

Vorwort

Diese Neuauflage des zuerst 1985 erschienenen Sammelbandes stellt eine weitgehende Neufassung dar. Die Einleitung und sechs der Beiträge sind neu und ersetzen frühere, die verbleibenden sechs wurden teils erheblich überarbeitet und ergänzt. Mit den Veränderungen soll auf veränderte Bedingungen ethnologischer Feldforschung eingegangen werden, auf Forschung in einer Katastrophensituation, in der Großstadt, in einer Fabrik und in der »Heimat«, auf Kontakte zum »Feld« durch Briefe und selbst durch *E-Mails*. Es sollten zudem Erfahrungen einer jüngeren Ethnologengeneration einbezogen werden.

Der Herausgeber

Hans Fischer

Einleitung: Über Feldforschungen

»Feldforschung«

Feldforschung (englisch *fieldwork*) gilt als die zentrale und spezifische, sie von anderen Fächern unterscheidende empirische Methode der Ethnologie. Dabei bedeutet es zunächst nicht mehr als Forschung »im Feld« im Gegensatz zur Arbeit am Schreibtisch, im Archiv, im Labor oder in der Bibliothek. Dass solche Forschung »im Gelände« oder »vor Ort« überhaupt besonders benannt wird, hat mit der Entwicklung der Ethnologie zu tun. Bis zum Anfang des Zwanzigsten Jahrhunderts waren Ethnologen überwiegend Schreibtischgelehrte, die die Berichte von Missionaren und Kolonialbeamten, von Reisenden anderer Disziplinen, von Seeleuten, Händlern und Pflanzern vergleichend auswerteten. Dass die Ethnologie zu einer empirischen Disziplin wurde, wird gewöhnlich Bronislaw Malinowski und seinen Forschungen auf Mailu und den Trobriand-Inseln vor Neuguinea zwischen 1914 und 1918 zugeschrieben. Es gab aber Vorläufer unterschiedlichster Ausrichtung im Fach, von Frank Hamilton Cushing über Franz Boas, die Cambridge Expedition to Torres Straits und W. H. R. Rivers bis zur Hamburger Südsee-Expedition 1908–10.

Der Wortbestandteil »Feld« in »Feldforschung« hat im Deutschen einen etwas eigenartigen Klang. Er findet sich in Wörtern wie »Feldzug«, »Schlachtfeld« oder »Feldwebel«, und stellt damit (unbeabsichtigt) einen Bezug zum Kriegerischen, Gefahrvollen, Abenteuerlichen, Lebensgefährlichen her. Tatsächlich hat dieser Aspekt des Abenteuers, des extremen persönlichen Einsatzes, vor allem in den ersten Jahrzehnten empirischer Forschung eine Rolle gespielt. Feldforschung konnte so zum Selbstzweck werden, das Abenteuer den bestimmenden Anteil der Forschung überlagern. Das hatte auch damit zu tun, dass erst in den sechziger Jahren des Zwanzigsten Jahrhunderts eine systematische Ausbildung in der Methodik der Feldforschung begann und Veröffentlichungen darüber erschienen. Bis dahin gab es zwar Fragebücher und Fragenlisten, die man Reisenden mitgab oder Missionaren zusandte (etwa die *Notes and Queries on Anthropology* in vielen Auflagen). Aber wie man eine Forschung im Feld durchführen sollte

und konnte, welche Methoden und Verfahren anzuwenden waren, wurde
nicht gelehrt. Die erste Feldforschung eines Neulings wurde fast als
Initiationsritual begriffen. Wer sie überlebte, durfte sich als fertiger Ethnologe verstehen. Der ausdrücklich erbetene Beitrag von Justin Stagl, der diesen Band abschließt, geht auf solche Aspekte von Ideologie in der Feldforschung ein.

Auch die Reisenden früherer Jahrhunderte gingen in ferne Länder, landeten auf den Inseln der Fremden. Sie kamen zwar, doch sie blieben nicht.
Sie waren Besucher. Das erste Merkmal von Feldforschungen gegenüber
solchen Besuchen ist, dass sie »stationär« sind. Der/die Untersuchende bleibt
im Untersuchungsgebiet, wohnt hier nicht nur, sondern lebt hier. – Das »der«
(die sprachlich männliche Form) steht hier der Einfachheit halber für beide
Geschlechter. Tatsächlich ist der Anteil von Frauen in der Ethnologie und
damit in der Feldforschung ständig gestiegen, wie ihr Anteil an diesem Band
auch ausdrücken soll. – Der Feldforscher bleibt also »ganztägig« im Feld,
er geht nicht erst nach dem Frühstück »zur Arbeit« und hält einen Achtstun-
dentag ein. Wissenschaftliche Arbeit und Privatleben sind hier nicht mehr
klar zu trennen.

Teilnahme

Die bloße Anwesenheit irgendwo ist aber noch keine Feldforschung. Besucher, Reisende, Touristen gab es schon früher. Der zentrale Begriff ethnologischer Forschung ist der der »Teilnahme«, gewöhnlich mit dem Ausdruck
»Teilnehmende Beobachtung« beschrieben. »Teilnahme« ist mehr als
Anwesendsein. Es bedeutet Dabeisein, Mitmachen, Beteiligtsein, Teilnehmen am täglichen Leben der Untersuchten. Es reicht also nicht – wie das
etwa im ersten Jahr der Hamburger Südsee-Expedition noch der Fall war –
auf einem Schiff vor der Küste zu wohnen und von da aus täglich ein Dorf
zu besuchen, um hier die Menschen zu befragen, zu fotografieren und einige Vorgänge zu beobachten. Erst als sich im zweiten Jahr dieser Unterneh-
mung die einzelnen Teilnehmer für Monate auf jeweils einer Insel absetzen
ließen um dort zu leben, waren Anfänge einer »Teilnahme« festzustellen.
Bronislaw Malinowski wohnte wenige Jahre später zentral im Dorf der
Trobriander. Aber auch er lebte in einem Zelt neben dem Haus des Häuptlings. Von einem Diener, den er mitgebracht hatte, versorgt.

Die Beispiele dieses Bandes machen Richtungen deutlich, in die »Teilnahme« gehen kann: Bis zum Leben mit und in einem einheimischen Haushalt, dem Mitmachen bei den täglichen Unternehmungen, bei Gartenarbeit

oder Hausbau, bei Spiel und alltäglichem Geschwätz, Freundschaft und Feindschaft, bei Trauer und bei Streit. Und hier werden dann auch die Grenzen der Teilnahme deutlich: Auf diese Weise kann der Tag bald völlig ausgefüllt sein, man ist anderweitig beschäftigt, macht sich Feinde und behindert die Forschung. Schnell wird auch klar, dass man gar nicht alles »mitmachen« kann: Ich jedenfalls kann weder barfuß, noch ohne Brille herumlaufen, brauche Malariamittel und andere Medikamente in den Tropen, beherrschte die Sprachen zunächst nicht und nicht die Technik des Abbrennens einer Grasfläche oder des Einbindens der Bananentrauben. Als Mann durfte ich in dieser Gesellschaft eigentlich nicht mit Frauen sprechen, mit denen ich nicht verwandt war. Ein Erwachsener würde aber so dumme Fragen gar nicht stellen. Teils also kann ich nicht mitmachen, teils darf ich es nicht, wenn ich forschen will.

»Teilnehmen«, »mitmachen«, die einheimische Sprache erlernen kann man nur in einer überschaubaren Gemeinschaft. Das »Feld« muss notwendig begrenzt sein. So stellte der Beginn ethnologischer Feldforschungen auch das Ende weiträumiger, sogar kontinentweiter Forschungen und Reisen dar. »Stämme« wurden die Einheit der Untersuchung, dann Gemeinden (*community studies*), schließlich Lokalgruppen oder *Gangs*, Haushalte und einzelne Familien. Der zeitlichen Ausweitung der Forschung stand ihre räumliche Einengung gegenüber. Aber natürlich war das erst durch die Forschungsreisen der vorhergehenden Jahrhunderte und ihre Aufklärung der Welt möglich geworden.

Nun hat es Nichtethnologen gegeben, die zweifellos am täglichen Leben fremder Gesellschaften »teilgenommen« haben. Missionare oder Kolonialbeamte waren das allerdings nicht. Sie zogen sich abends in ihre Häuser zurück, lebten ihr eigenes Leben und versuchten eher, das Leben der anderen zu bestimmen. Weltumsegler und Hoteltouristen waren es nicht, und auch nicht Entwicklungshelfer. Aber es gab Schiffbrüchige wie James O'Connell in Mikronesien und gefangene Weiße unter nordamerikanischen Indianern. Sie wurden unfreiwillig Teil der fremden Gesellschaft. Was unterscheidet sie von den feldforschenden Ethnologen? Es sind vor allem Freiwilligkeit, Ausbildung und Zielsetzung. Der genannte James O'Connell hat später einen berühmten Bericht über seine Zeit als Schiffbrüchiger auf der Insel Ponape geschrieben (tatsächlich: schreiben lassen). Einen Bericht, der für die Wissenschaft nutzbares Material vorlegte. »Feldforschungen« sind aber nur solche Vorhaben, die bewusst, gezielt und geplant mit allen vorhandenen und möglichen Vorkenntnissen und Vorarbeiten durchgeführt werden und mit dem einen Ziel, wissenschaftliche Erkenntnisse zu erbringen: Forschung. Und nur nach ihren Ergebnissen ist dann die Brauchbarkeit des Vorhabens (der Methode) zu beurteilen.

Es soll Ethnologen gegeben haben, die in ihrer Teilnahme bis zu dem Extrem gegangen sind, Angehörige der fremden Gesellschaft zu werden und zu bleiben, in der sie zunächst forschten. Man nennt das: *going native,* allgemeiner und nicht nur von Wissenschaftlern spricht etwa Karl-Heinz Kohl von »kulturellen Überläufern«. Allerdings ist dann die Forschung, ist der Bezug zur Wissenschaft beendet. Aber das Ausmaß des Übergangs von einer in eine andere Lebensweise ist außerordentlich unterschiedlich, abhängig von der Person und der Kultur des Wissenschaftlers und der der Untersuchten. Darin wird eine Wechselbeziehung deutlich und die begrenzte Möglichkeit, die Art der Beziehung selbst festzulegen. Sie wird immer von beiden Seiten bestimmt.

In dieser Bestimmung von Position und Rolle des Ethnologen auch durch die Untersuchten liegen Chancen (und Grenzen) der Forschung. Das Modell, das man hier zugrunde legen kann, ist das der Sozialisation (der »Enkulturation«) jedes Einzelnen in seine (in eine) Gesellschaft und Kultur. Es ist hier das Modell einer »zweiten Sozialisation« des Forschers. Darin liegt ein Widerspruch: Da kommt ein Erwachsener aus einer – vielleicht gefürchteten oder bewunderten – anderen Welt, mit Macht und Wissen und Besitztümern ausgestattet, der aber in dieser Welt, in diesem Dorf weniger als jedes Kind kann und weiß. Er beherrscht die Sprache nicht, nicht die einfachsten Regeln anständigen Benehmens, bewegt sich wie ein Tolpatsch durchs Gelände, ist viel zu schwächlich für wirkliche Arbeit, schwitzt ständig und kann nicht einmal ein Schwein schlachten. Er muss lernen wie jedes Kind. Er wird belehrt und auf Fehler hingewiesen, gelobt und getadelt, lernt durch Vorbild und Beobachtung, fragt und bekommt Erklärungen. Schließlich weiß und fühlt, ahnt und glaubt der Ethnologe vieles, wonach er gar nicht hätte fragen können. Seine Sicht dieser anderen Welt wird zum erheblichen Teil sehr aktiv durch seine »Erzieher« bestimmt. Am Ende kann sich der Forscher selbst befragen, kann sich Internalisiertes durch Introspektion bewusst machen, was in keinem seiner Notizhefte steht: Darf man sich einfach zu einem Unbekannten setzen? Pflanzt man Jams bei Regen? Wo schlafen nachts die Dorfschweine? Um welche Zeit gehen die Frauen morgens in den Garten? Gehen sie einzeln oder in Gruppe?

Ganzheitlichkeit

Die vorhergehenden Darstellungen machen deutlich, dass der Untersuchende das Feld seiner Untersuchung kaum eingrenzen kann. Auch wenn er eigentlich Krankheitskonzepte studieren will, muss er sich mit Schweinezucht und Geisterfurcht, mit höflichen und weniger höflichen Ausdrücken für Sex, mit der richtigen Art zu grüßen und den verwandtschaftlichen Beziehungen aller Menschen um ihn herum beschäftigen. Teilnahme heißt, wie Sozialisation, immer Dabeisein und Mitmachen in einer komplexen Situation, Teilnahme ist nicht nur ganztägig, sondern »ganzheitlich«. Nicht zufällig hängen die Anfänge der Feldforschung und die Anfänge der »Theorie des Funktionalismus« in der Person Malinowskis eng zusammen. Kulturen sind keine willkürlichen Ansammlungen isolierter (und isolierbarer) Elemente. Die Teile (wenn auch nicht alle) stehen in Beziehungen zueinander und zum Ganzen. Der Forscher kann gar nicht »problemorientiert«, er kann nur »ganzheitlich« lernen.

Eine andere Einschränkung der Möglichkeiten könnte in dem Ausdruck »Teilnehmende Beobachtung« liegen. »Beobachtung« klingt einseitig und passiv. Einseitig, weil das »Sehen« betont zu sein scheint. Das ist aber mit dem Wort nicht gemeint. »Beobachtung« bedeutet die Wahrnehmung mit allen Sinnen, also auch das Hören und Riechen und Schmecken und Fühlen. Und tatsächlich ist es gerade diese ganzheitliche Wahrnehmung, die die Erfahrung der Teilnahme erst ausmacht. Wenn ich versuche, meine Taroknolle am Feuer selbst zu braten, werden mir die Augen tränen vom Rauch, ich werde mir wahrscheinlich die Finger verbrennen und beobachten, wie schwarz die Schale ist, damit das Innere schmeckt. – Aber »Beobachtung« ist auch nicht passiv, nur rezeptiv gemeint. Natürlich gehört auch das Nachfragen, gehört mein Anteil an der Unterhaltung dazu. Ich gestalte also aktiv mit, was geschieht.

Diese Ganzheitlichkeit darf nicht mit so etwas wie »Vollständigkeit« verwechselt werden. Keine Kultur, keine Lebensweise, kann vollständig aufgenommen, kann vollständig dargestellt werden. Auch ob man sie »als Ganzheit« erfassen oder wiedergeben kann, ist mehr als problematisch. Für die Feldforschung in ihrer grundlegenden Phase heißt es zunächst nur, offen zu sein für alle Bereiche, für alles Vermittelte oder Beobachtete. Und genau das sollte man unter dem Begriff »explorativ« verstehen. Er wird hier in Gegenüberstellung zu »problemorientiert« gebraucht. »Explorativ« ist ein Vorgehen, das (bei aller zugrunde liegenden gezielten Ausbildung) offen für das Neue, das Unerwartete, selbst das scheinbar Irrelevante ist, – Lernbereitschaft. Je unbekannter die untersuchte Lebensweise, je unähnlicher meiner eigenen, desto explorativer muss das Vorgehen sein. Erst auf diese explorative Phase kann sinnvoll eine zielgerichtete, problemotientierte, theoriegeleitete folgen, die sich mit Teilproblemen, mit Teilbereichen beschäftigt.

Sozialisation in jede Gesellschaft dauert Jahre, dauert durch Übergänge in neue Status (Kind, Jugendlicher, Erwachsener, Verheirateter, Alter) eigentlich ein Leben lang. Die zweite Sozialisation des Feldforschers würde also nie enden, würde zum *going native* werden, wollte man sie ernsthaft als völlige Sozialisation verstehen. Kein Forscher kann zum Trobriander, Eskimo oder Ashanti werden. Wie lange sollte also die explorative Phase dauern? Wann kann man sich einem engeren Forschungsproblem zuwenden? Hierauf kann es keine eindeutige Antwort geben. Es gibt eine im Fach tradierte Forderung, wonach eine Feldforschung »mindestens ein Jahr« dauern solle. Meist wird sie erläutert durch den Hinweis, dass man den Jahresablauf einmal erlebt haben müsse.

Ein solcher Jahresablauf mag eine Rolle spielen. Wichtiger ist aber anderes, was sich nicht jahreszeitlich bestimmen lässt. Da ist zunächst die allgemeine Notwendigkeit, die jeweilige Sprache zu lernen oder sich mindestens einigermaßen verständigen zu können. Sprache ist zweifellos der wichtigste Zugang zu jeder Kultur. Und unter einem Jahr ist da wenig zu machen. Mit Dolmetscher oder einer Verkehrssprache zu forschen, gilt zu Recht als nicht ausreichend. Aber die Sprache ist nur ein besonders offensichtlicher Aspekt dessen, was man explorativ lernen muss, um schliesslich gezielter und begrenzter forschen zu können. Wieviel das ist, wird individuell, regional und lokal, nach untersuchter Lebensweise und auch wissenschaftlichem Anspruch unterschiedlich sein.

Status und Rolle

Es gibt noch einen weiteren Aspekt, der von erheblicher Bedeutung ist: Feldforschung ist weder Fragebogenaktion noch Experiment. Sie wird geradezu definiert als Forschung in einer »natürlichen Situation«. Was in diesem Sinne »natürlich« (unverändert) ist, bestimmen die Untersuchten. Die Techniken der empirischen Sozialforschung erlauben keine »natürlichen Situationen«. Sie schränken sogar ganz bewusst die Anzahl der Bedingungen ein, sind nicht »ganzheitlich«, sind bewusst vom Alltäglichen abgehoben, in diesem Sinne nicht »natürlich«. Das spricht nicht gegen sie als wissenschaftliche Methoden. Nur sind es andere als Feldforschung und Teilnahme, sie sind in anderen Situationen anzuwenden.

Zu den »unnatürlichen«, weil den Untersuchten ungewohnten, Umständen einer Feldforschung kann schon die bloße Anwesenheit des Untersuchenden gehören. Ist er nicht viel interessanter als die Zeremonie, die da abläuft? Was für eine merkwürdige Haut und komische Haare er doch hat! Die Kinder starren ihn fasziniert an. Seine Anwesenheit macht die Frauen vielleicht nervös. Die Männer sehen sich in ihren Äußerungen vor, wenn er dabei ist. Weiß man, wem er verrät, was er hört? Ist er nicht vielleicht ein Agent der Regierung, des CIA oder ein verkappter Missionar? – Erst wenn die Anwesenheit des Ethnologen gewohnt, üblich, vertraut geworden ist, beginnen die Situationen, bei denen er anwesend ist, »natürlich« zu werden. Dann nimmt man keine Rücksicht mehr auf ihn, überlegt nicht mehr, was man sagen darf und was nicht, vergisst ihn vielleicht einfach. Ein Jahr mag da schon helfen.

Allerdings wäre ein solches »Vergessen« dann auch nicht die Absicht. Denn der Ethnograph ist keine Unperson. Und wenn man ihn wirklich akzeptiert hat in der Gemeinschaft, wenn man ihn belehrt und ihm etwas beigebracht hat, wenn er mindestens teilweise integriert ist in das alltägliche Leben, dann behandelt man ihn eben wie einen wirklichen Menschen. Und Menschen haben Eigenschaften, haben Merkmale, sind männlich oder weiblich, alt oder jung, verheiratet oder unverheiratet. Die Frage, welchen »Status« man dem Forscher/der Forscherin zuweist, hängt eng mit den Problemen der »natürlichen Situation« zusammen. Hängt auch eng damit zusammen, bei wem man sitzen und mit wem man sprechen kann, was man erzählt oder verbirgt. Zwar ist es dann nicht mehr der Fremde, der jede Situation zu einer nicht natürlichen werden lässt, sondern der Bekannte und Vertraute, der eingeordnet und zugeordnet wird wie jeder andere. Die Situation ist »natürlich« und damit ist sie (für die Forschung) wiederum eingeschränkt in ihren Möglichkeiten.

Ethische Probleme

Einschränkungen bedeuten auch die ethischen Forderungen an Wissenschaft und Wissenschaftler. Hierher gehört etwa die Forderung, es dürfe keine »verdeckte« Forschung geben. Forscher müssen ihre Absichten und Ziele den Untersuchten mitteilen und deren Erlaubnis dazu erhalten. Diese Genehmigung wird inzwischen fast weltweit schon von staatlicher Seite übernommen. Papua-Neuguinea etwa erteilt eine Forschungsgenehmigung nur, wenn auch die jeweilige Provinzregierung zustimmt (und man eine zwischen Staat und Provinz aufgeteilte Gebühr gezahlt hat). Vor einigen Jahrzehnten war eine Darstellung der eigenen Absichten den Untersuchten gegenüber oft nicht möglich. Vor allem in Situationen des ersten Kontaktes gab es schlicht keine Möglichkeit dazu: Man konnte sich gar nicht verständigen. Erst nach Erlernen der Sprache konnte man versuchen, seine Anwesenheit zu begründen. Aber wie tut man das – abgesehen von den rein sprachlichen Problemen – bei Menschen, die keine Vorstellung von Wissenschaft, von Schrei-

ben und Büchern, von Schule und Lehrer haben? Entscheidend bleibt die
Bereitschaft der Untersuchten, sich untersuchen zu lassen, bleibt ihr Interesse an der Anwesenheit des Forschers. Ein Interesse, das vielleicht auf
ganz anderer Ebene liegt als das des Untersuchenden.

Eines der grundlegenden Merkmale von Wissenschaft ist die Überprüfbarkeit von Aussagen und Behauptungen. Wer was wann wo und wie gesagt
oder getan hat, sollte der ethnologische Bericht klarstellen und nicht nur aus
Formulierungen bestehen wie »die XY meiden ihre Schwiegermütter«. Aber
die Teilnahme am täglichen Leben mit den unzähligen flüchtigen Beobachtungen, Gesprächen, Erlebnissen, überhörten Äußerungen, Gefühltem und
Gerochenem machen es oft unmöglich, genaue Quellen von Kenntnissen
anzugeben. Oft wird die Tatsache des Dagewesenseins und der Dauer des
Aufenthalts zum einzigen (scheinbaren) Beweis der Wahrheit von Feststel-
lungen.

Nun gibt es aber Tatsachen, die man im Interesse der Untersuchten – und
der Möglichkeit weiterer Untersuchung – nicht publiziert. Wer aus meinem
Dorf kürzlich einen Lastwagen gestoppt und den Fahrer ausgeraubt und
wer mir diese Tatsache verraten hat, werde ich niemandem mitteilen. Er-
führe irgend jemand, welche Tricks die Angehörigen der Gastfamilie einer
Ethnologin beim Heilmittel-Verkauf anwenden, sie wären erledigt. Und die
Ethnologin wäre es für sie auch. Nicht alles kann man vorhersehen. So wollte
mir vor einigen Jahrzehnten eine Frau in Papua-Neuguinea unbedingt ihre
Träume auf Band sprechen. Ich veröffentlichte diese Texte ohne irgend einen Verdacht. Ein Missionar bekam (in Deutschland) die Veröffentlichung
in die Hand und gab die Information weiter nach Neuguinea. Die Frau wurde vor die Kirchenversammlung beordert und beschimpft, weil sie so un-
christliche Ideen verbreitet hätte. Die häufig notwendige Anonymisierung
von Informanten (und damit Abkehr von Überprüfbarkeit) reicht aber noch
nicht einmal immer aus. So hat Margaret Mead in einer frühen Veröffentlichung sogar den nordamerikanischen Indianerstamm anonymisiert, über
dessen Akkulturationsprobleme sie geschrieben hat. Die »Antlers« gab es
gar nicht, die dargestellten Probleme aber sehr wohl, und nicht nur bei diesem Stamm.

Ethnologen werden positiv oft als »Anwälte ihres Stammes« nach außen
verstanden, sie verstehen sich häufig selbst als solche und tatsächlich können sie in diesem Sinne tätig werden. Sie können oder konnten die andere,
fremde Welt da draußen mindestens verständlich machen und auf Möglichkeiten der Vertretung eigener Interessen hinweisen. Noch häufiger werden
sie zu Historikern der von ihnen untersuchten Gemeinschaften. So habe ich
selbst zunehmend die Erfahrung gemacht, dass man mir nach einigen Jahrzehnten der Forschung sagte: »Das weißt Du doch inzwischen besser als

wir«. Oder jemand kam zu mir und fragte mich nach Überlieferungen und Sitten der Vorfahren; nach Texten für den Schulunterricht zum Beispiel, seit »die Alten« gestorben sind.

Zu den ethischen Problemen gehört auch die Frage des Eingreifens, der »Intervention« durch den Feldforscher. Kann es eine »Teilnahme« am täglichen Leben überhaupt geben ohne Beteiligung, ohne aktives Handeln? Kann man einbezogen werden ohne Stellung beziehen zu müssen? Dabei geht es gar nicht um die eher von seiner Seite passive und unbeabsichtigte Nutzung und Benutzung des Forschers: für eigene Vorteile, zur Durchsetzung eigener Interessen von Angehörigen der Gemeinschaft, in der man lebt. Diese Erfahrung macht jeder Mensch. Aber darf man eine sozial akzeptierte Tötung verhindern? Darf man sagen, dass eine bestimmte Heilmethode sicher nicht wirkt? Darf man damit seinen eigenen Forschungsgegenstand verändern? Ethische und wissenschaftliche Aspekte sind hier also eng verknüpft.

Auch Ehrlichkeit gegenüber sich selbst und der wissenschaftlichen Gemeinschaft ist Teil der ethischen Probleme und hat nicht zuletzt mit Selbstverständlichkeiten und Traditionen jeder Wissenschaft zu tun. Was kann ein einzelner Feldforscher überhaupt wahrnehmen und darstellen? Wir neigen wohl alle dazu, die Beschreibungen einer fremden Gesellschaft so zu akzeptieren, wie sie vorgelegt sind. Dabei sind die Grenzen der Erfahrung und damit der Zuverlässigkeit der Darstellung viel enger als man sich das bewusst macht. Was als »Stammes-Monographie«, als monographische Darstellung der Kultur einer Gruppe, eines Volkes vorgelegt wird, beruht gewöhnlich auf sehr begrenzten Möglichkeiten. Nicht nur den begrenzten Möglichkeiten des jeweiligen forschenden Individuums (wie schnell kann er eine fremde Sprache lernen? Kann er Fußball spielen oder flechten, kennt er Pflanzenarten, Käfer oder Gesteinsarten?), seinem Geschlecht und Alter, seinen sozialen Fähigkeiten, seiner Ausbildung, theoretischen Grundannahmen und politischen Überzeugungen. Jeder Forscher kann nur zu einer bestimmten Zeit an einem bestimmten Ort sein. Und er kann nur mit einer begrenzten Anzahl von Menschen Kontakt haben. Je enger und intensiver der Kontakt, desto weniger werden es sein. So kann die Darstellung der »Kultur der XY« tatsächlich nur die Kenntnisse wiedergeben, die etwa ein junger, unverheirateter Mann im Jahr 1992 in einem ganz bestimmten Dorf in einer ganz bestimmten Familie gewonnen hat. Zu anderen Zeitpunkten, in anderen Dörfern, in benachbarten Familien kann das für eine ältere Ethnologin (anderer Nationalität, aus einer anderen Forschungsrichtung, eine Mutter von Kindern, etc.) deutlich anders ausgesehen haben.

Grenzen

Mit diesen Grenzen der Erfahrung hat das Problem der »Repräsentativität« zu tun. Für wieviele, für welchen Teil der Untersuchten sind die Aussagen des Feldforschers gültig? Wie »repräsentativ« wofür sind seine Beschreibungen? Die vorhergehenden Darstellungen sollten deutlich gemacht haben, dass die Erfahrungen aus explorativ angelegten Felduntersuchungen gar nicht repräsentativ sein können. Sie können keinen Anspruch darauf erheben, für alle oder einen bestimmten Prozentsatz der Gesamtbevölkerung der Untersuchten zu gelten. Was also kann der Feldforscher überhaupt aussagen? Zum einen sind es Existenzaussagen: Es gibt Kindstötung, es gibt Schwiegermuttermeidung, es gibt Scheidungen, es gibt Fischen mit Gift, es gibt Panflöten, es gibt, es gibt ... Viel unsicherer übrigens das Gegenteil: Es gibt keine Gifte, es gibt keine Trommeln, es gibt keine homosexuellen Partnerschaften (weil ich nichts davon bemerkt habe). Wie häufig das eine, das andere, das Dritte sein mag, ist dann eine Frage anderer Untersuchungsmethoden als teilnehmender Beobachtung: systematische Informantenauswahl, gezielte Interviews, Fragebögen, etc. – und damit die Aufgabe der »natürlichen Situation«, der Übergang zu einer »problemorientierten« Arbeitsweise und Phase.

Übrigens hatte ein früher geringeres Interesse an Unterschieden »bei Primitiven« auch damit zu tun, dass man einfachen, vorstaatlichen, vorschriftlichen Gesellschaften große Homogenität und geringere Individualität zuschrieb. Wenn alle dasselbe wissen, können und meinen, braucht man sich um »Repräsentativität« nicht zu kümmern. Dann ist jeder, den ich frage oder beobachte, repräsentativ. Das sieht man heute zwar nicht mehr so. Dass aber die Bewohner eines kleinen abgelegenen Dorfes im Hochland von Neuguinea in ihren Kenntnissen, Wertungen, Vorstellungen einander ähnlicher sind als die anderthalb Millionen Einwohner einer Großstadt wie Hamburg mit unterschiedlichster Herkunft und Ausbildung, verschiedener Religionszugehörigkeit und extrem arbeitsteiligen Berufen, dürfte einleuchten.

Gerade dieser Bezug auf die Großstadt macht noch deutlicher, wie sehr jede Forschung »Ausschnitt« ist, ein Ausschnitt aus der Wirklichkeit, der durch Untersuchte und Untersuchende, Zeitpunkt und Ort, historische Situation und angewandte Methoden bestimmt und begrenzt wird. Um so wichtiger ist in ethnologischen Materialvorlagen die genaue und intensive Darstellung der Bedingungen der jeweiligen Feldforschung.

Ein völlig anderer Aspekt des Problems der Grenzen ist das Problem der Abgrenzung des Untersuchungsfeldes, der Abgrenzung von »Stämmen« oder »Kulturen«. War das ethnologische Forschungsfeld einerseits immer enger geworden – von Kontinenten und Regionen zu Stämmen, Gemeinden und selbst Individuen – so wurde mit der Zeit deutlich, dass keine solche Untersuchungseinheit isoliert und autark ist. Jeder Stamm existiert in Abgrenzung von anderen, jede Lebensweise durch Gegenüberstellung zu anderen. Ein Verstehen jeder ethnischen Einheit ist nur in Bezug auf andere möglich – auf höherer, tieferer oder gleicher Ebene. Interethnische Beziehungen, querschneidende Kollektive (etwa Klans oder Religionen), Beziehungen zwischen Untereinheiten (zum Beispiel Gemeinden) und höhere Einheiten (Handelsketten, Konnubien) verändern die Möglichkeiten und Notwendigkeiten der Feldforschung. Der Beitrag von Günter Schlee in diesem Band geht auf solche Notwendigkeiten ein

Methoden

»Feldforschung« und »Teilnehmende Beobachtung« gelten als »Methoden«, die Art und Weise, wie man Forschung durchführt. Der Begriff der »Methode« ist von dem der »Technik« oder des »Verfahrens« nicht klar abzugrenzen. Methoden bilden Hierarchien in der Weise, dass die Methode der »Feldforschung« die der »Teilnehmenden Beobachtung« in sich einschließt. Weitere Methoden (oder »Techniken«) können wiederum Teil der Teilnehmenden Beobachtung sein. Es wäre ein Mißverständnis, ethnologische Feldforschung als eine in sich abgeschlossene Methode des sich »Sozialisieren-Lassens« zu verstehen. Als ein passives Warten darauf, dass etwas passiert, als ausschließliches *learning by doing*. Dem Feldforscher steht eine große Anzahl spezifischer Verfahren der Datengewinnung zur Verfügung. Gerade weil die ethnologische Feldforschung so wenig exakt scheint, so wenig den Anforderungen wissenschaftlicher Überprüfbarkeit entsprechend, so »weiche Wissenschaft«, ist die Ausbildung in und die Anwendung von diesen Verfahren so wichtig. Diese »Methodenvielfalt« ist selbst Merkmal der allgemeinen Methode »Feldforschung«. Eine Vielfalt unterschiedlichster Verfahren soll und kann sich gegenseitig ergänzen und kontrollieren.

Dieser Band ist keine Einführung in die einzelnen Methoden und Techniken der Feldforschung. Das ist Sache eines anderen Bandes. Die relevanten und hier gemeinten Verfahren sollen deshalb nur erwähnt werden. Sie reichen (schon vor jeder Sprachkenntnis) von Messungen (Temperatur, Höhenlage, Feldergrößen, Arbeitsdauer) und der Anlage von Plänen (Dörfer, Felder oder Arbeitsplätze) über das Sammeln von Pflanzen, Rohmaterialien und Gegenständen der materiellen Kultur bis zur Beobachtung technologischer Einzelheiten. Der Zugang über die Sprache beginnt mit Vokabelaufnahmen und führt zur Aufnahme von biographischen und historischen Texten und schließlich zu formalisierten Interviews. Zensus und Genealogische Methode gehören zu den Standardverfahren ethnologischer Feldforschung, die sich noch um viele weitere – selbst Feldexperimente – ergänzen lassen. Ohne vorhergehendes Training in diesen Verfahren wäre eine Feldforschung unverantwortlich.

Entwicklungen

Zu den frühesten Entwicklungen der ethnologischen Feldforschung gehörten Wiederholungsuntersuchungen. In diesen *restudies* stecken zwei wichtige Elemente der weiteren Veränderung. Zum einen das zeitliche Element der Überwindung einer bloßen Momentaufnahme, auch wenn dieser Moment vielleicht ein Jahr dauerte. Langfristige Prozesse werden aber erst über Zeit erkennbar, und mit dem Interesse an Wandel (zunächst der »Akkulturation«) wurden solche wiederholten Feldforschungen im Abstand von Jahren oder Jahrzehnten immer häufiger. Die letzte Entwicklung in diese Richtung sind Langzeitstudien, die Untersuchung derselben menschlichen Gruppe in ihren Veränderungen über Jahrzehnte.

Das zweite in den Wiederholungsuntersuchungen angelegte Element ist das der »Kontrolle« und darüber hinausgehend der Ergänzung der begrenzten Möglichkeiten des einzelnen. Schon einer der frühesten derartigen Fälle, die Untersuchung des Ortes Tepoztlán in Mexiko durch Robert Redfield (1926/27) und Oscar Lewis (1943/44, 1947/48) machte die Möglichkeiten deutlich, die hierin stecken: Nicht nur wurden die persönlichen, politischen und theoretischen Unterschiede der beiden Forscher und ihre Konsequenzen in dem Bild von Tepotzlán deutlich. Deutlich wurden auch die Möglichkeiten der Forschung mit unterschiedlichen Methoden und (im Falle Lewis) eines Teams von Forschenden.

Der Hinweis auf das Team in den Untersuchungen von Oscar Lewis deutet auch die Entwicklung unterschiedlichster Kombinationen von Forschern an. Frühe ethnographische Unternehmungen waren häufig Gruppenarbeiten mit Teilnehmern aus verschiedenen Wissenschaften wie die schon genannte Torres Straits Expedition oder die Hamburger Südsee-Expedition. Durch Malinowski vor allem folgte dann eine Phase der Einzelgänger, die *lonely wolf*-Phase sozusagen. Aber schon Anfang des Jahrhunderts gab es Ehepaare (etwa Augustin Krämer und Elisabeth Krämer-Bannow) in der Feldforschung, und dann die unterschiedlichsten Kombinationen von Professoren mit Studentengruppen (etwa von Basel ausgehend zum Sepik Neuguineas), ganzen Familien mit Kindern, schließlich Ethnologinnen begleitende Ehemänner und Kombinationen aus einem fremden und einem einheimischen Partner. Nicht zu vergessen die einheimischen Gewährsleute von Ethnologen, die selbst zu Ethnographen (oder Historikern ihrer Gruppe) wurden.

Auch die örtlichen Gegebenheiten und die des Kontaktes zwischen Forscher und Erforschten haben sich verschoben. Schon Franz Boas begann einerseits mit der Untersuchung von Bellacoola-Indianern in Berlin – Völkerschautruppen, wie sie vor allem im 19. Jahrhundert nach Deutschland geholt wurden. Andererseits ließ er in den USA seinen Gewährsmann zu sich an den Schreibtisch kommen. Mit der Alphabetisierung der Untersuchten begannen dann viele Ethnologen Briefe mit ihnen auszutauschen, schließlich auch Tonbänder oder Kassetten, Fotos oder Filme und in den letzten Jahren auch *E-Mails*. Ob man das noch unter »Feldforschung« und »Teilnahme« rechnen will, ist jedem einzelnen überlassen. Es stellt aber, wie die zunehmenden Möglichkeiten der Nutzung auch schriftlicher Dokumente jeder Art, eine wichtige Ergänzung der Forschung im Feld dar, die ja nicht Selbstzweck sein soll, sondern in erster Linie eine Möglichkeit der Forschung ist. Forschung adäquat ihrem Gegenstand und den wissenschaftlichen Fragestellungen.

Das Bewusstsein, dass viele Beschreibungen der Kultur menschlicher Gemeinschaften (»Ethnographien«) tatsächlich die Bilder nur jeweils eines einzelnen Untersuchenden sind, ist im Laufe der Zeit deutlicher geworden. Es waren eben »Malinowskis Trobriander« oder »Evans-Prichards Nuer«, bevor auch andere sie untersuchten. Und es waren meist männliche Bilder aufgrund von Untersuchungen durch männliche Ethnologen und bestimmt durch männliche Gewährsleute. Die Konzentration mehrerer – unterschiedlicher – Forscher über längere Zeit auf eine begrenzte Anzahl menschlicher Gemeinschaften scheint wissenschaftlich wertvoller als einmalige Untersuchungen tausender ethnischer Einheiten durch jeweils einen Ethnologen. Die *my tribe*-Ideologie ist deutlich vorüber.

Die Ethnologie hat sich verändert, nicht zuletzt auch, weil sich ihr »Gegenstand« verändert hat. Mit diesem »Gegenstand«, dem Forschungsobjekt, sind aber Fragestellungen und Forschungsmethoden eng verknüpft. Kann Feldforschung noch dieselbe sein wie zu Zeiten Malinowskis? Ist die Methode nicht an bestimmte Bedingungen und Situationen geknüpft? Sie wurde entwickelt unter Umständen, die durch mehrere Merkmale beschrieben werden können: Die Untersuchung »einfacher«, vorindustrieller und vorstaatlicher Gesellschaften ohne Schrift und ohne schriftliche Überlieferungen und Quellen; überwiegend sesshafte bäuerliche Bevölkerungen; kleine Gemeinschaften, die wenig Kontakt zu modernen, zu städtischen und

Industriegesellschaften hatten und zu denen es oft keinerlei Voruntersuchungen gab. Die Art des Kontaktes war überwiegend kolonialer Art, eine der Machtungleichheit. Nicht zuletzt befanden sich diese Stammesgesellschaften vorwiegend in tropischen Gebieten des Pazifik, Afrikas oder Lateinamerikas. Malinowski konnte jeden Morgen durch »sein« Dorf gehen und das alltägliche Leben beobachten. Es fand unter den tropischen Bedingungen weitgehend im Freien, in der Öffentlichkeit statt.

Ändern sich diese Ausgangsbedingungen, muss sich auch die Methode der Untersuchung ändern. Nicht nur auf den Trobriand-Inseln veränderten sich Hausbau und Kleidung, Arbeitsteilung und Einkommen, Ausbildung und Bildung, hin zu globalen Kontakten durch Reisen und Medien. Es gibt längst ausgebildete Ethnologen von den Trobriands wie aus allen anderen Teilen der Welt. Sie studieren nicht nur die eigene Gesellschaft, sondern forschen auch in Europa und Amerika. Und die europäisch-amerikanischen Ethnologen wenden sich zunehmend auch Aspekten der eigenen Kultur zu. Die Grenzen zu Volkskunde, Soziologie und Politologie, Psychologie oder Geschichtswissenschaft beginnen zu verfließen.

Städte und Industriebetriebe wurden zum Untersuchungsgegenstand auch von Ethnologen. Ob man hier noch »ganzheitlich« forschen kann und welches diese Ganzheit ist (die Millionengesellschaft, die Millionenstadt, der Stadtteil, der Verein, die Firma?), wird problematisch. Ob in der eigenen Gesellschaft noch »explorativ« vorgegangen werden muss, wenn man doch die Sprache und die Grundmuster der Kultur schon beherrscht, ist fraglich. Und schließlich: Wenn sich das alltägliche Leben nur begrenzt in der Öffentlichkeit abspielt, bringt Malinowkis Rundgang durch »sein Dorf« nur noch wenig. Kann der Ethnologe noch »mitleben« in der Wohnung einer Familie in München? Und ist das Voraussetzung für das Ausmaß an »Teilnahme«, wie sie jedenfalls heute noch in »meinem Dorf« in Papua-Neuguinea möglich ist? Können Ethnologen Großstädter zum Frühstück, zu Arbeitsstelle, Kindergarten, Schule, Einkauf, Fitness-Studio, Kino und ... und ... und ... begleiten? Oder muss sich unter diesen Bedingungen die Forschungsmethode des Faches verändern zu der, die auch Soziologen in der Massengesellschaft mit Massenmedien, Arbeitsteilung und Individualisierung anwenden? Ist die unter bestimmten Bedingungen entwickelte Methode der ethnologischen Feldforschung unter ganz anderen Bedingungen noch angemessen und in welche Richtungen gehen die Veränderungen?

Schluß

Diese Einleitung hat eine Fülle von Namen, Begriffen und Tatsachen angesprochen und sie im Interesse der Lesbarkeit nicht jeweils im einzelnen
belegt. Die folgenden Literaturangaben gehen auf genannte Namen und
Unternehmungen ein. Auf Hinweise zu allgemeiner Literatur über Methoden der Feldforschung wird bewusst verzichtet. Seit in den sechziger Jahren das Interesse daran und an einer Ausbildung darin begann (siehe etwa
Williams 1967 oder Crane und Angrosino 1974), ist die Literatur fast un-
überschaubar geworden und jährlich kommt Neues hinzu. Die Beiträge dieses Bandes bringen hinreichende Belege dafür.

Literatur

Amborn, Hermann (Hg.)
1993   Unbequeme Ethik. Überlegungen zu einer verantwortlichen Ethnolo-
            gie. Berlin.

Beer, Bettina
1998   Post von den Philippinen. Ethnologische Forschung durch Briefe. Ham-
            burg.

Bernard, H. Russell (Hg.)
1998   Handbook of Methods in Cultural Anthropology. Walnut Creek, Lon-
            don/New Delhi.

Crane, Julia G. und Angrosino, Michael V.
1974   Field Projects in Anthropology. A Student Handbook. Morristown, N. J.
            [3. Aufl. 1992].

Evans-Pritchard, Edward E.
1940   The Nuer. A description of the modes of livelihood and political
            institutions of a Nilotic people. Oxford.
1951   Fieldwork and the Empirical Tradition. In: ders.: Social Anthropology,
            London, 64–85.

Fischer, Hans
1981   Die Hamburger Südsee-Expedition. Über Ethnographie und Kolonialis-
            mus. Frankfurt a. M.
1996   Lehrbuch der Genealogischen Methode. Berlin.
1998   Protokolle, Plakate und Comics. Feldforschung und Schriftdokumente.
            Berlin.
2000   Wörter und Wandel. Ethnographische Zugänge über die Sprache. Ber-
            lin.

Haddon, Alfred C. (Hg.)
1901–35   Cambridge Anthropological Expedition to Torres Straits. Reports. 6 Bde.
            Cambridge.

Jongmans, D. G. und Gutkind, P. C. W. (Hg.)
1967   Anthropologists in the Field. Assen.

Kalweit, Holger (Hg.)
1983   Frank Hamilton Cushing. Ein weißer Indianer. Mein Leben mit den Zuni.
            Olten/Freiburg.

Kohl, Karl-Heinz
1987   Abwehr und Verlangen. Zur Geschichte der Ethnologie. Frankfurt a. M.

Krämer-Bannow, Elisabeth
1916   Bei kunstsinnigen Kannibalen der Südsee. Berlin.

Lewis, Oscar
1963   Life in a Mexican Village. Tepoztlán Restudied. Urbana. [1951].

Malinowski, Bronislaw
1922   Argonauts of the Western Pacific. London.

Mead, Margaret
1932   The Changing Culture of an Indian Tribe. New York.

O'Connell, James F.
1929   Elf Jahre in Australien und auf der Insel Ponape. Berlin. [Original: A
            Residence of Eleven Years in New Holland and the Caroline Islands.
            Boston 1836].

Redfield, Robert
1930   Tepoztlán: A Mexican Village. Chicago.

Rivers, W. H. R.
1906   The Todas. London.

Schuster, Meinhard
1982   Feldforschung als Gruppenarbeit. In: Studia Ethnographica Friburgensia
            9, 75–84.

Smith, Marian W.
1959   Boas' »Natural History Approach to Field Method«. In: Goldschmidt,
            Walter (Hg.), The Anthropology of Franz Boas. The American
            Anthropological Association, Memoir No. 89, 46–60.

Williams, Thomas Rhys
1967   Field Methods in the Study of Culture. New York.

Hans Fischer

Erste Kontakte: Neuguinea 1958

Die Vorstellung, als erster einen Stamm im Innern von Neuguinea, Zentral-afrika oder Südamerika zu finden und zu erforschen, war sicher für man-chen Studierenden einer der Anlässe für die Beschäftigung mit der Ethnolo-gie. Presseberichte halten diesen Traum am Leben und gelegentlich kann man im Fernsehen noch Aufnahmen von solchen »ersten Kontakten« mit einem »völlig unberührten Stamm« sehen. Das Wunsch- und Traum-Motiv enthält mehrere Elemente: den Traum vom unberührten Paradies ebenso wie den Wunsch, der Erste zu sein – auf einem Gipfel, bei einer Erfindung, mit einer sportlichen Leistung oder eben bei einem Stamm im Innern der fernen Insel.

In diesem Bericht gehe ich in das Jahr 1958 zurück. Die damaligen Be-dingungen sind inzwischen nirgendwo mehr gegeben. Aber sie waren es, um vieles extremer, über viele Jahrhunderte. Sie schlugen sich in Reisebe-richten und in den Darstellungen der frühen Ethnographen nieder: Situatio-nen des ersten Kontaktes. Dabei ist dieser »Erst«-Kontakt nur relativ zu sehen und keine Situation, die sich nicht prinzipiell immer wieder abspielte. In den ersten Sätzen oben war davon ausgegangen worden, dass Angehöri-ge einander fremder Kulturen erstmalig aufeinander treffen. Aber diese Er-fahrung ist nur graduell verschieden von der in späteren Kontakten: derjeni-gen, die bestimmte Menschen mit einer ihnen persönlich unbekannten Ge-sellschaft und Kultur machen oder mit einzelnen ihrer Mitglieder. Und die-se Erfahrung des Fremden, der Verstehensversuch und der Erklärungsversuch sind Anlass und Ziel der Ethnologie.

Als ich in der ersten Hälfte der fünfziger Jahre studierte, gab es bereits nur noch wenige Gebiete der Erde, die noch nicht bekannt, von Europäern »entdeckt« waren. Überhaupt in die Ferne und die Fremde zu kommen, war mir (und anderen) nach Krieg und Nachkriegszeit wichtiger als das »Wo oder Was«. Ich sollte zunächst mit einem Kollegen nach Brasilien gehen und wollte dann mit einem Filmteam nach Liberia. Beides klappte nicht. Dass es schließlich Neuguinea wurde, entsprach meinen Vorkenntnissen besser. Als Volontär am Hamburgischen Museum für Völkerkunde hatte ich zwei Sammlungen zu bearbeiten, die von einem Missionar aus Neuguinea angekauft worden waren (Fischer 1959). Bei der Suche nach Literatur dazu zeigte sich, dass über eines der Gebiete überhaupt nichts bekannt war: den unteren Watut-Fluss. Doch nach Angaben des Missionars war die Bevölkerung hier schon seit Jahrzehnten getauft.

Auch über den Banir, einen Nebenfluss des Watut, gab es keinerlei Veröffentlichungen und der Missionar schrieb von nur indirekten Kenntnissen seinerseits. Aber die dortige Bevölkerung gehörte nach seinen Angaben zu den »Kukakuka«, oder »Kuku-Kuku«, über die die britische Kollegin Beatrice Blackwood (1950) etwas vom oberen Watut publiziert hatte. Es gab über Nachbargebiete ein paar populäre Berichte und einige *Reports* der australischen Verwaltung. Die Beschreibungen dieser »Kuku-Kuku« schienen interessant: pygmäenhaft kleine Menschen, »nomadisch«, mit eigenartiger Frisur und Kleidung, und mit dem denkbar schlechtesten Ruf in ganz Neuguinea als gefährlich, heimtückisch und bösartig.

Ich beschloss, diese »Kuku-Kuku« am Banir zu untersuchen und vom Watut auszugehen, wo ich mich zunächst orientieren, an Klima, Umwelt und Sprache gewöhnen wollte. Der Antrag auf Finanzierung an die Deutsche Forschungsgemeinschaft enthielt in diesem Sinne kein theoretisches Problem, Ziel war die Erstaufklärung eines noch unbekannten Gebietes: Was für Menschen leben dort eigentlich? Und wie?

Im Februar 1958 fuhr ich auf einem kombinierten Frachtschiff von Hamburg nach Sydney (es dauerte sechs Wochen) und flog dann nach Neuguinea. Mein Kontakt in der Küstenstadt Lae war der Missionar Hans Maurer, dessen Sammlungen der Anlass für das Vorhaben gewesen waren. Als ich ankam – zum ersten Mal geflogen, zum ersten Mal weit weg vom Gewohnten, zum ersten Mal in den Tropen – war ich nicht nur völlig erschöpft, sondern auch mut- und lustlos und hatte keinerlei Spaß mehr an dem Unternehmen. Das Ausmaß des Unbekannten und Unerwarteten überwältigte mich.

Missionare

Missionar Maurer war zuständig für Watut und Banir, wohin ich wollte. Lae war das Zentrum der Mission mit einer ganzen Anzahl deutscher und amerikanischer Missionare. Weil es eben deutsche Missionare waren, schien mir der Kontakt zu ihnen eine Selbstverständlichkeit. Ich konnte im Gästehaus der Mission wohnen und hier erste Informationen sammeln. Die Missionare wurden die »ersten Kontakte« in Neuguinea. Diese Ausprägung erster Kontakte ist von Bedeutung und sogar besonders kritisch für die Feldforschung. Kontakte nicht mit Angehörigen einer fremden Gesellschaft, sondern mit Angehörigen der eigenen. Das mögen früher Kolonialbeamte

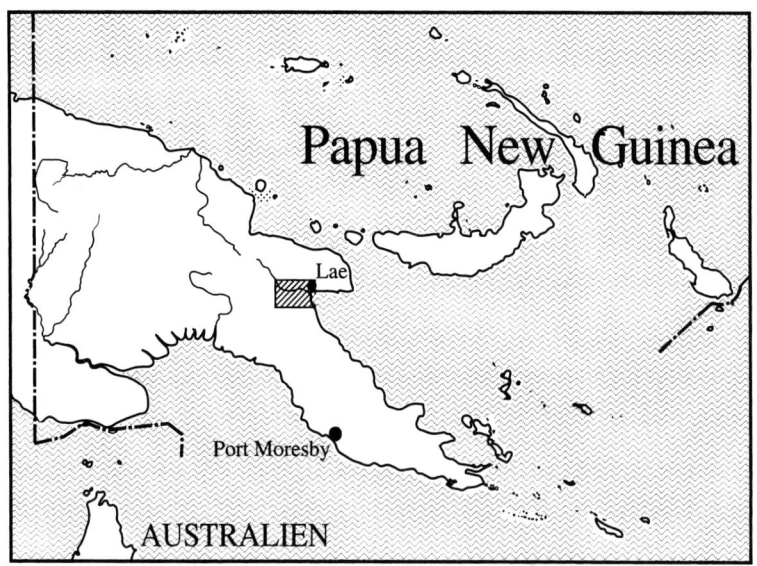

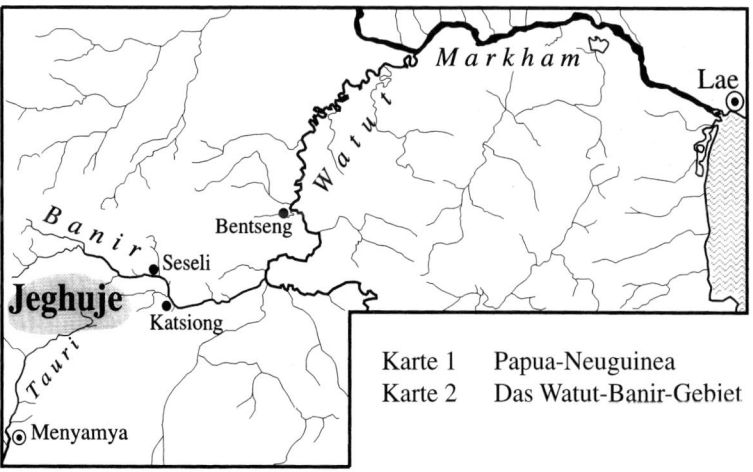

Karte 1   Papua-Neuguinea
Karte 2   Das Watut-Banir-Gebiet

gewesen sein, Händler oder Pflanzer, das können heute Angehörige der einheimischen Intelligenz, der Oberschicht, der neuen Machtelite in einem außereuropäischen Land sein, die in ihrer Ausbildung und ihrer Lebensanschauung und -erfahrung Europäern ähnlicher sind als ihren eigenen Landsleuten. Ich selbst machte diese besondere Erfahrung mit den Missionaren.

Das Besondere daran war nicht die Tatsache, dass es sich um einen einzelnen Missionar handelte, mit vielleicht persönlichen Eigenheiten. Ich entdeckte, dass hier eine Gruppe von Europäern lebte, deren Lebensauffassung mir völlig fremd war. Es waren deutsche lutherische Missionare einer fränkischen Missionsgesellschaft. Teils schon in der dritten Generation im Lande, da Kinder der Missionarsfamilien wieder Missionare geworden waren und untereinander geheiratet hatten.

Mein bisheriges Leben hatte mich auf diese Erfahrungen nicht vorbereitet: Da war der völlige und ständige Bezug auf kirchliche und missionarische (eigentlich weniger direkt religiöse) Dinge. Eine besondere Sprache mit Formulierungen, die ich oft missverstand. So sprach etwa ein Missionar davon, dass einer seiner Pastoren »gefallen« sei. Natürlich bezog ich das auf den Zweiten Weltkrieg. Erst nach einiger Zeit ging mir auf, dass es so viele im Kriege gefallene Pastoren und Evangelisten gar nicht gegeben haben konnte und dass außerdem sich die Angaben auf die letzten Jahre bezogen. »Gefallen« waren sie alle auf einem ganz anderen Felde, nämlich Versuchungen des Fleisches zum Opfer gefallen. Die Anforderungen und Ansprüche in dieser Hinsicht stimmten überhaupt nicht mit dem überein, was selbst in den fünfziger Jahren in Deutschland schon akzeptabel und gängig war: Vor allem war eine Scheidung das schrecklichste, was man sich denken konnte, und Geschiedene wurden in den Gemeinden als Ausgestoßene behandelt. Andachten und Gottesdienste fanden mit einer Häufigkeit statt, die mich völlig unvorbereitet traf. So wollte ich etwa im Gästehaus der Mission nach dem Essen ein freundliches Gespräch beginnen – und es gab nach dem Dankgebet schon wieder eine Andacht!

Was mich aber während der ersten Besuche bei den Missionaren am meisten irritierte, war ihr Verhalten gegenüber den Einheimischen. Ein Verhalten von oben nach unten, das sich in Sprechweise, Körperhaltung und Beurteilung ausdrückte. Dass Missionar Maurer selbst seine Evangelisten nicht in den Wohnraum ließ, sondern immer auf der Veranda mit ihnen sprach, war noch das Harmloseste. Dass andere die Einheimischen für absolut unfähig hielten, Mathematik zu lernen und man eigentlich alles über Religionsunterricht, Lesen und Schreiben Hinausgehende für überflüssig hielt, war schon von größerer Bedeutung. Aber dann begegnete ich einem amerikanischen Missionar, einem Texaner, der jede Form der »Vermischung« – Vermischung von Rassen, Konfessionen, Kulturen – als nicht von Gott gewollt ablehnte. Und da hatte ich denselben Rassismus vor mir, wie ich ihm sonst nur in der Bar des Hotels begegnete. »Eine Atombombe auf die ganze Bande« hielt der Barkeeper für die beste Lösung des Kolonialproblems. Übrigens war Nordost-Neuguinea zu der Zeit ein Treuhandgebiet der Vereinten Nationen, verwaltet von Australien.

Es wurde nicht nur deutlich, dass diese Missionarsfamilien eigentlich selbst einen interessanten Gegenstand der Ethnologie darstellten. Mir wurde auch klar, dass ich in meinem Verhalten den Missionaren gegenüber äußerst überlegt und vorsichtig sein musste – und tolerant. Denn was Ethnologen gegenüber fremden Völkern meist ohne große Probleme schaffen – die Bereitschaft, auch die extremsten kulturellen Äußerungen bis hin zu Kindertötung, Unterdrückung abweichender Meinungen und brutalsten Erziehungsmethoden in der Initiation zu tolerieren – darin haben sie gewöhnlich erhebliche Schwierigkeiten, wenn es sich um Teilgruppen der eigenen Gesellschaft handelt. Missionare waren für Ethnologen oft bevorzugte Objekte der Abneigung. Aber einmal abgesehen davon, dass in vielen Gebieten dieselben Missionare durch ihre Berichte von größter Bedeutung für die Ethnologie waren, für mich waren sie die Mittelsleute zu ihren Gemeinden. Ich hing von ihrem Wohlwollen ab, und sie unterstützten mich tatsächlich nach Kräften.

Hans Maurer, ein kleiner, aktiver Mann um die fünfzig, ständig in Bewegung, sagte mir, dass er am nächsten Tage zum Watut fliegen wolle. Eine Straße dorthin gab es nicht. Fliegen war in Neuguinea die üblichere Art der Fortbewegung. Man mietete eine Maschine oder flog mit einem der Flugzeuge der Mission. Innerhalb eines Tages kaufte ich Ausrüstung und Versorgung zusammen. Der Missionar hatte mich zum Laden eines Chinesen gebracht, wo es alles und jedes gab. (Außerdem war Wan Jin Wah der einzige Lutheraner unter den chinesischen Händlern.) Von Hemden und Hosen über Teller und Schüsseln bis zu Reis und Salz, Tabak und Angelhaken, Corned Beef und Streichhölzern wurde alles gleich in Säcke und Kartons verpackt und am nächsten Tage zum Flugplatz gefahren. Auch ein gebrauchtes Kleinkaliber-Gewehr. Zwar meinte Missionar Maurer, das wäre kaum nötig, aber ich fand, ohne Gewehr sei das wohl keine echte »Expedition«. Es erwies sich später als sehr nützlich – bei der Wildschweinjagd, mit der ich eine ganze Gemeinde versorgen konnte. Missionar Maurer gab mir außerdem eine junge Katze. Die hatte er übrig, und ich hatte in einer Anleitung amerikanischer Kollegen zur Ausrüstung für Neuguinea gelesen, dass da an erster Stelle stand: *1 cat or 2 rat traps*. Ich entschied mich für die Katze.

Am Watut

Maurer hatte eine Inspektionsreise vor, die eine Woche dauern sollte. Solche Inspektionen (*patrols*) führten ihn einmal im Jahr durch das Watutgebiet. Die eigentliche Missionsarbeit leisteten einheimische Evangelisten, Lehrer und ein Pastor, die alle aus dem Nachbargebiet des Markham stammten. Ich lud meine Säcke, Kartons und Koffer in die einmotorige Cessna und wir flogen los. Es ging niedrig über weite Urwaldflächen, zwischen Bergen im Nebel und einigen Regenwolken hindurch. Zu meinem Erstaunen las der australische Pilot (und Besitzer der »Luftlinie«) gelangweilt die Zeitung. Wir erreichten schließlich ein weites Flusstal, Grasflächen zwischen bewaldeten Bergen. Ein Fluss, gelb und stark gewunden, der Watut. Ich sah zwei Dörfer, die in Lichtungen lagen. Wir landeten auf einer Grasfläche und rollten in der Nähe einer Ansammlung von Menschen aus.

Dann kam der erste Schock. Ich hatte eigentlich nicht weiter überlegt, was ich antreffen würde. Aber diese Leute, die da standen, sahen genau so aus, wie die in der Stadt Lae: mit einem *laplap* (einem Lendentuch), manche mit Hosen und Hemden bekleidet. Kein Schmuck, Blumen oder Ketten, keine Waffen, keine Bemalung, kein Grasschurz, nichts, nichts. Sie sahen so schrecklich zivilisiert aus. Zwar braunhäutig und kraushaarig, aber sonst nach gar nichts! Ich schüttelte Hände, lächelte so viel ich konnte, verstand nicht ein Wort, das sie sagten.

Meine Ausrüstung wurde in langer Kolonne zum Dorf hin getragen. Allerdings nur bis zu einem ziemlich weit von der Siedlung entfernten Haus. Es war das *haus kiap*, das Rasthaus für den Beamten der Verwaltung. Diese Rasthäuser wurden bei jedem Dorf errichtet, meist ein Haus für den Beamten, ein zweites für die ihn begleitenden Polizisten und Träger, dazu jeweils ein Kochhaus und ein *haus pekpek* oder *sithaus*, eine Toilette. Alles aus Materialien der Umgebung, aus Stämmen, Ästen und Lianen, gedeckt mit Gras und auf Pfählen etwa einen Meter über dem Erdboden stehend. Während wir mein Gepäck im Haus verstauten (es war nicht mehr als eine überdachte Plattform ohne irgend etwas darin), stellte mir der Missionar einen jungen Mann vor: das sei mein »Kochboy«. Das Dorf habe ihn für mich ausgesucht. Er werde für mich kochen, Wasser und Feuerholz holen und alle notwendigen sonstigen Arbeiten erledigen. Jeder Weiße hatte, wie ich aus Büchern wusste, in Neuguinea einen »Kochboy«. Maurer sagte auch gleich, was ich ihm zu zahlen hatte. Es war eine lächerliche Summe. Wichtiger sei, dass er auch das Essen bekomme, jedenfalls europäische Nahrungsmittel wie Reis, Corned Beef, Tee und Zucker. Die Vorstellung, einen »Bediensteten« zu haben, kam mir geradezu unnatürlich vor. Aber ich hoffte, damit für den Anfang jemanden zu haben, von dem ich lernen konnte.

Der Missionar zog am nächsten Tage los auf seine Inspektionstour. Und ich saß da nun. In einem Haus, das ungefähr hundert Meter vom Dorf entfernt war, das ich nicht einmal sehen konnte. Morgens erschien mein »Kochboy« und stellte Tee her. Dazu briet er einige Süßkartoffeln oder eine Taroknolle in der Asche, manchmal auch einen Maiskolben. Dann hatte er

Meine Trägerkolonne im Grasland.

nichts mehr zu tun, bis er um Mittag und gegen Abend wieder dasselbe
kochte. In den ersten Tagen hockten Massen von Kindern und einige Erwachsene um mich herum und starrten mich an, redeten über mich, lachten,
riefen mir etwas zu. Ich verstand kein Wort und lächelte immer mühsamer.
Es war heiß, meine Kleidung war durchgeschwitzt. Nachts konnte ich nicht
schlafen, weil alles voller ungewohnter Geräusche war. Pussy, die Katze,
weckte mich, wenn ich wirklich eingeschlafen sein sollte, indem sie mir
eine kräftig riechende Ratte vor das Feldbett legte.

Ich überwand mich und marschierte zum Dorf und durch das Dorf. Tagsüber war kaum jemand da, jeder war im Garten. Abends saß man um die
Feuer und aß. Ich hatte Hemmungen hinzugehen, weil ich nicht stören und
in das Privatleben eindringen wollte. Aber dann gab es da einige Männer,
die kamen zu mir und begannen mit mir zu sprechen. Sie bemühten sich,
deutlich und langsam zu reden, teils auf Pidgin, teils auf Watut, ihre eigene
Sprache. Es gab auch eine Schule und damit einen Lehrer im Dorf. Und er
war es, der vor meinen Augen begann, ein Kind zu kommandieren. Er sagte
zu seinem Sohn: *ojaka*, und der kam. Er sagte *odogont* und er setzte sich.
Ich hatte die Wörter für »komm« und für »setz dich« gelernt. So lernte ich
teils durch Belehrtwerden, teils durch Beobachten und Zuhören, später durch
Bezug auf ein Pidgin-Lexikon, das ich mitgebracht hatte, gleichzeitig Pidgin
(die Verkehrssprache in Neuguinea) und Watut. Ich lernte die Bezeichnun-

gen für Pflanzen, für Tiere und für Landstücke, die Namen von Personen
und die Wörter für Gegenstände. Ich begann, die Menschen um mich herum
in beiden Bedeutungen des Wortes zu »verstehen« und sie verstanden mich
(Fischer 1963).

Die Watut standen bereits seit den zwanziger Jahren unter dem Einfluss
der lutherischen Mission. Sie waren größtenteils getauft, die Männer hatten
fast alle bei Weißen gearbeitet, alle sprachen Pidgin. Während des Zweiten
Weltkriegs waren amerikanische und australische Truppen im Gebiet gewesen. Den Landeplatz, auf dem ich angekommen war, hatten diese Truppen
angelegt. Wellblech und Benzintonnen, europäische Kleidung – das »echte« Neuguinea war das nicht mehr, von dem ich geträumt hatte. Ich wollte
eigentlich hier auch gar nichts untersuchen; der Aufenthalt sollte nur Vor-
übung sein, Eingewöhnung, Intensiv-Sprachkurs, Ausgangspunkt.

Nach ein paar Wochen, an einem Sonntag Vormittag zur Kirchenzeit, sah
ich unter den Kirchenbesuchern dann plötzlich einen Mann, wie aus einem
Foto in den Veröffentlichungen von Beatrice Blackwood. Da stand ein
»Kuku-Kuku«: sehr klein, mit rasiertem Kopf und nur einem Haarbüschel
oben drauf, einem Schurz aus Binsen vorn und einem Stück Baststoff auf
dem Rücken, quer über der Brust Ketten aus Kaurischnecken. Er roch etwas streng, als ich ihn begrüßte. Ein Mann aus Katsiong, einem Dorf am
Banir-Fluss. Wie ich hörte, gab es in diesem Dorf und noch im nächsten
flussauf, in Seseli, jeweils zwei Familien vom Watut, die als Evangelisten
dort lebten. Die Watut fühlten sich als die »Väter« dieser Menschen, die sie
missionierten. Sie fühlten sich ihnen sehr überlegen. Gleichzeitig waren sie
ihnen aber auch etwas unheimlich, die kleinen Leute. Früher hatte es gegenseitige Überfälle gegeben. Die »Ngabantser«, wie man sie hier am Watut
nannte, sollten außerdem natürlich böse Kannibalen sein. Und Zauberer,
versteht sich. Und ganz entsetzlich unsauber seien sie, diese »Buschkanaker«,
wie man sie auf Pidgin nannte.

Zum Banir

Meine Sprachkenntnisse, Gewöhnung an Klima und Umwelt, Informationen über Land und Leute schienen nun ausreichend, um weiter zu ziehen.
Von Bentseng aus (dem Dorf, in dem ich lebte) wollte ich den von Westen
kommenden Nebenfluss Banir aufwärts. Am besten über Katsiong gleich
nach Seseli, das letzte Dorf unter Einfluss der Mission. Da ich für Monate
zu bleiben beabsichtigte, musste ich noch ein Flugzeug mit Nachschub kommen lassen. So hatte ich einen Sack Salz (zum Tauschen), einen Sack Reis

(für mich, für Träger und die einheimischen Evangelisten), etwas Tee und
Zucker, ein paar Dosen Corned Beef, Streichhölzer, Stangentabak, Zeitungs-
papier (zum Rauchen), übliche Tausch-, Handels- und Geschenkgüter wie
Angelhaken, Spiegel, Messer, ein paar große Buschmesser und Äxte. Dazu
meine eigene Ausrüstung an Kameras und Filmen, ein Tonbandgerät (damals noch mit Feder zum Aufziehen, ungefähr 30 Pfund schwer) und Bän-
der, Papier und Notizhefte. Dazu Kleidung, ziemlich viele Medikamente
und Verbandsmittel (tatsächlich einen ganzen Koffer voll, zur Behandlung
Einheimischer), ein Schlafsack, ein Moskitonetz.

Das alles musste ich in Traglasten für jeweils zwei Männer verpacken,
die solch eine Last an einer Stange tragen sollten. Es wurden zu meinem
eigenen Entsetzen Traglasten für 30 Träger. Ich musste Männer finden, die
bereit waren, mit mir bis Katsiong zu marschieren und diese Lasten zu schleppen. Das war das Schwierigste, obwohl Missionar Maurer mich seinen Leuten empfohlen hatte. Aber da war dann auch ein Problem, das mir dabei erst
richtig bewusst wurde: Meine Verbindung zu dem Missionar, zur Mission.
Da Maurer mich eingeführt hatte, betrachtete man mich als zu ihm oder zur
Mission gehörig. Das hatte erhebliche Vorteile: Die Achtung vor dem Missionar übertrug sich auf mich, seine Wünsche bemühte man sich zu befolgen. So auch, für mich Trägerdienste zu leisten. Denn das liebte niemand.
In den vergangenen Jahrzehnten hatten es viele solcher Trägerdienste gegeben, für Kolonialbeamte, für Goldsucher, für die Armee während des Krie-
ges. Gewöhnlich gegen sehr niedrige Bezahlung. Erst die Schwierigkeiten,
trotz der Autorität des Missionars Träger zu finden, machten mir auch das
Problem der gerechten Bezahlung bewusst. Denn was war für das Tragen
oder andere Leistungen, für Nahrungsmittel oder gesammelte Gegenstände
der Kultur der »gerechte Lohn« oder »angemessene Preis«? Das europäische Lohn- und Preisniveau? Das hiesige in Neuguinea? Ging es dabei nur
um »Angebot und Nachfrage«? Konnte es Gerechtigkeit in einer Situation
der Machtungleichheit geben? Meine Finanzierung war begrenzt, und der
Missionar hatte gesagt, ich dürfe ihm »die Preise nicht verderben«. Ich versuchte, einen Mittelweg zu gehen und mich nach der Zufriedenheit der Be-
zahlten zu richten. Trotzdem blieb das schlechte Gewissen.

Spätestens der zweite Marschtag durch nur mit hohem Gras bestandenes
Hügelland, das in der Hitze flimmerte, und später durch Berge, durch den
Urwald, Feuchtigkeit und Hitze machte mir noch mehr klar: Ich war nicht
besonders gut vorbereitet auf diese Anstrengungen. Während meine Träger
zu viert einen Sack Salz schleppten, schleppte ich mich selbst kaum durch
die Hitze. Der Versuch, »wie ein Eingeborener« zu leben, tat mir gar nicht
gut. Das hatte mir einer meiner Lehrer als Selbstverständlichkeit mitgege-
ben. Er selbst, der Glückliche, hatte seine eigenen Ratschläge nie befolgen

müssen. Ich war schon nach wenigen Wochen in Neuguinea schlecht er-
nährt von einseitiger und ungewohnter Nahrung, erschöpft vom Klima und
dem Mangel an Schlaf, von Moskitos und Anti-Malaria-Mitteln geplagt,
hatte Durchfälle und gelegentlich Fieber. Mir dämmerte bei diesem ersten
längeren Marsch, dass ich mit meinen Kräften würde haushalten müssen,
dass ich mich besser ernähren musste, dass ein klein wenig Komfort (vielleicht eine Art Matratze zum Schlafen) nötig sein würde. Ich konnte an diesem Tage nicht vorhersehen, dass es noch um einiges schwerer werden würde.

    Wir kamen schließlich nach Katsiong. Ein Dorf mit einer Bevölkerung,
die sich aus vier kleineren Gruppen der »Kuku-Kuku« zusammensetzte.
Ein Flüchtlingsdorf. Leute, die aus verschiedenen Gegenden vor Überfällen
in die Reichweite der Mission geflohen waren. Sie sahen alle mehr oder
weniger krank aus. Hier waren Menschen aus den Bergen in das moskito-
verseuchte Tal des Banir gekommen. Sie litten unter Malaria-Anfällen und
hatten aufgetriebene Bäuche. Selbst ich als blutiger Neuling im Lande sah,
dass es so nicht gut gehen konnte. Einige Jahre später wurde das Dorf in die
Berge verlegt. Meine Träger vom Watut bekamen Streichhölzer, Tabak und
Papier, Angelhaken und Geld. Dabei ging mir ein zweites Problem der Bezahlung auf: Womit bezahlt man? Der Missionar hatte gesagt, er gebe nie
Geld, sondern immer *trade goods*, also solche Handelswaren. Die Watut-
Leute waren damit zufrieden, denn der Weg nach Lae, wo man für Geld
etwas hätte kaufen können, war mehrere Tage weit. Andererseits war der
Transport solcher Waren unglaublich schwierig. Sie mussten getragen werden, und das Tragen dieser Tauschwaren und der Nahrung für die Träger
kostete wieder so viel für deren Bezahlung, dass sie fast nur noch das trugen, was sie auch aßen und womit sie bezahlt wurden. Und selbst die australischen Schillingstücke zur Bezahlung hatten ein ganz erhebliches Gewicht, wenn man sie sackweise schleppen musste. Je weiter man sich von
europäischen Stationen entfernte, um so weniger war jemand bereit, Papier-
geld zu nehmen. Es war einfach noch nicht bekannt.

    Bei einiger Vorausplanung im Hinblick auf die Gegend, in der ich letzt-
lich bleiben wollte, ging mir noch mehr auf: Dort würde man Geld entweder überhaupt nicht kennen oder es nicht akzeptieren, weil der Weg zu einem Laden mit jedem Tagesmarsch, den ich zurücklegte, auch für die Einheimischen länger wurde. Und wenn ich meine Messer, Beile, Rasierklin-
gen oder Streichhölzer als Geschenke oder Bezahlung verteilte, dann würde
ich die untersuchte Kultur sehr schnell verändern. Schon hier in Katsiong
überlegte ich, dass Verbrauchsgüter wie Salz, Streichhölzer oder Handels-
tabak besser wären als langlebige Gebrauchsgüter wie Beile oder Messer.
Aber auch davon konnten erhebliche Veränderungen ausgehen. Ich sah der
Zukunft mit einiger Sorge entgegen.

Die Männer vom Watut gingen zurück, Leute aus Katsiong trugen die Lasten noch einen halben Tagesmarsch weiter, bis Seseli. Den Menschen in diesem Dorf ging es ein wenig besser als denen in Katsiong. Das Dorf lag etwas höher, aber nicht viel. Auch seine Bewohner waren aus einer Gegend weiter flussaufwärts vor Feinden geflohen. Direkt an dem kleinen Fluss Banir gelegen, sah es immerhin so aus, wie ich mir ein »unberührtes« Dorf vorstellte: Rundhäuser auf Pfosten, grasgedeckt. Die Menschen liefen auch noch (fast) unverändert in ihrer charakteristischen Tracht herum. Man räumte ein Haus für mich, ich »mietete« es von einer Familie. Endlich lebte ich mitten im Dorf, zwischen den Menschen.

Mit mir war ein junger Mann vom Watut gekommen, Dzanam. Er hatte dort schon nach drei Wochen den ersten »Kochboy« von sich aus abgelöst: »Der stiehlt!«, sagte er zu mir, »ich habe ihn weggeschickt. Wir schämen uns für ihn.« Und er blieb mit Einverständnis des Dorfes und wurde mein »Kochboy«. Die Gerichte, die er kochen konnte, waren (wie bei seinem Vorgänger) Tee und Reis. Es genügte mir. Denn Dzanam war nicht nur umgänglich, freundlich, hilfsbereit und ehrlich, er war auch ausgesprochen intelligent und an meiner Arbeit interessiert. Und so wurde er für mich der beste Lehrer seiner Kultur. Nach Seseli war er nur noch aus Interesse mitgekommen und weil er mit einem der Evangelisten verwandt war, nicht um für mich zu arbeiten. Ich lernte in den nächsten Wochen fast mehr über die Watut als über die Seseli-Leute. Wenn ich eine Hauskonstruktion skizzierte, machte er mich auf die Unterschiede zum Watut aufmerksam. Wenn wir durch die Felder gingen, erläuterte er mir, warum man es in seinem Dorf anders machte. Seine Kommentare zum Verhalten der Bevölkerung von Seseli machten mir Prinzipien der Watut klar. Solche Ethnographie durch Gegenüberstellung, eine Form der »wechselseitigen Erhellung«, habe ich nach dieser Erfahrung später ganz bewusst und gezielt in anderen Gebieten genutzt. Verstärkt wurden diese Möglichkeiten noch dadurch, dass ja zwei Familien vom Watut, die Evangelisten, seit einiger Zeit hier im Dorf lebten. Jetzt taten sie das, was Evangelisten (die deutschen Missionare sprachen von »Gehilfen«) überall taten: Durch Mitleben lernen (vor allem die Sprache), durch Vorbild überzeugen, durch Lehren auf die Taufe vorbereiten. Jeden Morgen und jeden Abend gab es eine Andacht mit Gesängen, Beten und Auswendiglernen von Vaterunser und Glaubensbekenntnis.

Da die Evangelisten die Sprache noch nicht beherrschten und die Bevölkerung nicht Pidgin oder Watut, war ein bestimmter junger Mann von größter Bedeutung. Er sprach Pidgin und auch etwas Watut, weil er längere Zeit am Watut aufgezogen worden war. Er war jetzt der Dolmetscher, Lehrer, Vermittler und damit auch das Dorfoberhaupt. Die letzte Patrouille hatte ihn zum *Tultul* gemacht, dem Vertreter der Verwaltung im Dorf. Auch für mich wurde naturgemäß *Wonego* von Bedeutung. Und wie sich später zeigen sollte, zeichnet sich hier ein Modell für die Kontaktmöglichkeiten des Ethnographen mit Einheimischen ab: Die Frage, mit wem man zuerst Kontakte aufnehmen sollte, verengt sich meist einfach auf die Frage, mit wem man sie aufnehmen *kann*, schon aus sprachlichen Gründen.

Insgesamt sind meine Erinnerungen an zwei Monate in Seseli nicht besonders deutlich. Vor allem, weil ich eines Nachmittags zu zittern begann. Das Zittern wiederholte sich am übernächsten und einem weiteren Nachmittag, dann gab es keinen Zweifel mehr: Ich hatte Malaria. Und dann weiß ich nur noch von Fieber und Schüttelfrost und Schmerzen, als wollte der Kopf aufbrechen. Irgendwann ging das Fieber nach Einnahme von viel Resochin wieder weg. Aber ich brauchte Wochen, um mich von der allgemeinen Schwäche zu erholen. »Leben wie ein Eingeborener« hatte mein Lehrer gesagt. Es sollte nur so weit gehen, dass die eigentliche Aufgabe noch erfüllt werden kann. Und die ist Forschung, nicht in erster Linie das Mitleben.

Obgleich ich mich in Seseli intensiv mit der materiellen Kultur, mit der Sprache und mit Fragen der sozialen Organisation beschäftigte, sollte auch dieses Dorf nur Ausgangspunkt sein. Ausgangspunkt für den Weg in ein Gebiet, das noch nicht unter dem Einfluss der Mission stand, das im Sinne der australischen Verwaltung noch *uncontrolled area* war. In Seseli erzählte man viel von den gefährlichen Nachbargruppen im Westen und Süden, vor allem den offenbar kulturell und sprachlich verwandten Gruppen am Banir-Oberlauf. In den Bergen dort konnte man gelegentlich den Rauch von Feuern sehen, wenn nicht gerade alles wieder im üblichen Regen lag.

Eines Tages, die meisten Männer des Dorfes waren gerade in Katsiong zu einem »Bibelkurs«, hieß es im Dorf, im umliegenden Busch lauerten Krieger »vom Oberlauf«. Eine Frau erzählte aufgeregt, sie hätte sie gesehen. Dann hatte ein alter Mann etwas gehört, dann einige Kinder. Die Stimmung im Dorf war nervös, erregt, ängstlich. Man kam zusammen, hockte sich um Feuerstellen und erzählte sich mit leiser Stimme davon, wie andere Dörfer überfallen worden waren. Nur drei oder vier Männer waren da. Sie griffen sich ihre Waffen. Einer lief nach Katsiong, um die anderen Männer zu holen und die Leute von Katsiong dazu. Es wurde Nachmittag und Abend. Es wurde dunkel und die Angst immer greifbarer. Ich nahm mein kümmerliches Kleinkalibergewehr und setzte mich an den Dorfrand, zusammen mit einem der Männer. Er machte mich darauf aufmerksam, dass etwas an seinen Bogen geklopft habe, sicheres Zeichen der Gefahr. Um die Menschen im Dorf zu beruhigen, schoss ich ein paar Mal blind in die Bäume. Viel schien man meiner Kriegskunst und dem dünnen Knall des Gewehrs nicht zuzutrauen. So kam ich auf die Idee, das Tonbandgerät zu holen und früher aufgenommene Kriegsgesänge mit größter Lautstärke abzuspielen. Die Frauen, Kinder und Alten sangen aus voller Kehle mit, so dass es ganz eindrucksvoll aus dem Dorf in den Wald hinaus dröhnte. Wir versuchten den Eindruck zu erwecken, als seien die Männer alle da und wir auf jeden Überfall vorbereitet.

So wie die »Schönheit im Auge des Betrachters« liegt, so auch das Abenteuer in Wunsch oder Angst des Ethnographen. Die Erwartung eines Überfalls auf das Dorf war wohl Ausdruck der ständigen Angst der Seseli-Bewohner, die ja schon vor früheren Überfällen geflohen waren. Monate später marschierte ich mit wenigen Begleitern in die Dörfer des Banir-Quellgebietes, die selbst unter den »berüchtigten Kuku-Kuku« den schlechtesten Ruf hatten. Als wir uns eines Tages dem Dorf Kweiki näherten, wurden meine Begleiter (ich hatte ganze drei junge Männer dazu überreden können), immer langsamer. Sie blickten nervös um sich, begannen zu schwitzen, legten Pfeile auf ihre Bögen, sprachen nicht mehr – sie hatten offenkundig panische Angst. Die Grasdächer des Dorfes tauchten auf, ein hoher Palisadenzaun. Keine Kinder, keine Frauen, kein Mann. Ein völlig ausgestorbener Dorfplatz, nicht einmal ein kleines quiekendes Schwein, kein Hund, kein Huhn. Totenstille. Und eine heiße Sonne, die auf alles drückte. Und dann bewegte sich etwas am Eingang eines Hauses. Ein Mann. Ein sehr alter Mann, der gähnend herauskam und uns völlig verdutzt ansah. Aber dann verzog sich seine Miene zu strahlendem Lächeln. Er kam auf uns zu mit freudigen Worten der Überraschung und Begrüßung, ergriff mit beiden Händen meinen Arm – und verpasste mir einen formvollendeten, geradezu »wienerischen« Handkuss! Die anderen Dorfbewohner seien bei der Hitze alle in den Gärten und hielten dort Siesta. Klar, was sonst? Meine Begleiter blickten betreten und meinen eigenen Gesichtsausdruck hätte ich sehr gerne fotografisch dokumentiert.

Zurück nach Seseli. In den frühen Morgenstunden kamen die Männer mit Verstärkung von Katsiong-Leuten in das Dorf zurück. Nichts war passiert. Als am nächsten Vormittag die Krieger aus Katsiong zurückgingen, zeigten alle durch tapferes Schwingen der Äxte und Zupfen an den Bogensehnen, wie sie den bösen Feind zurückgeschlagen hätten, wenn er denn gekommen wäre. Ich weiß nicht, ob es diesen Feind je gegeben hat. Die Seseli-Leute jedenfalls vermuteten, es seien die »Jaora« gewesen, aus einem Dorf in den Bergen namens Wajapa. Ich beschloss, das sei dann wohl das richtige Dorf für mich und schickte einen Boten dorthin, eine Frau aus Katsiong, die Verwandte in Wajapa hatte.

In Wajapa

Nur zwei Tage später erschien eine lange Reihe ziemlich wild aussehender
Gestalten in Seseli, in vollem Schmuck und bewaffnet (aber jeder Mann lief
bewaffnet herum). Sie grinsten freundlich und bestritten, der böse Feind
gewesen zu sein. Als ich ihnen verständlich gemacht hatte, dass ich in ihrem Dorf leben wollte, luden sie sich ohne Umstände mein Gepäck auf.
Wenige Stunden später war ich in ihrem Dorf, in Wajapa, und am Ziel meiner Träume.

Am ersten Tag war ich zu erledigt von dem Marsch herauf aus dem Tal
des Banir in die Hochebene, in der das Dorf lag, um viel von dem Empfang
wahrzunehmen. Mir schienen es schrecklich viele Menschen, die sich um
mich drängten und mir die Hand schütteln wollten; kleine Kinder, die mir
über die Beine strichen; Frauen, die Babys dazu bringen wollten, mir die
Hand zu geben; Kinder die schrieen; Hunde die jaulten; Menschen, die alle
gleichzeitig redeten und lachten. Alle starrten mich an, freundlich zwar, aber
mit nie endendem Interesse. Männer begannen, ein Loch zu graben und
drum herum ein Gestell aus Zweigen und Blättern zu errichten: meine Toilette. Als ich mich dann wirklich darauf hockte, setzten sich sämtliche Kinder zwischen zwei und zwölf vor diese Einrichtung und versuchten zuzuse-
hen. Noch waren die abdeckenden Blätter grün. Später welkten sie und die
Durchblicke wurden immer größer. Dabei war diese Toilette an sich schon
eine Sensation. Die Dorfleute gingen in den Busch nahe beim Dorf. Aber
die Weißen liebten, wie jeder gehört hatte, diese merkwürdige Einrichtung.
Sie war sogar das erste, was jede australische Patrouille in Dörfern anlegen
ließ, wenn der erste Kontakt hergestellt war. Erziehung zu Reinlichkeit und
Hygiene. Ein Symbol der Zivilisation. Die Fliegen des Dorfes fanden bald
einen zentralen Versammlungsplatz. Die Häufchen im Busch dagegen fra-
ßen die Schweine sehr schnell und hygienisch weg.

Man wies mir ein Haus zu, einen Anbau an ein anderes Haus, etwa sechs
Quadratmeter groß. Ich hatte ziemliche Schwierigkeiten, alles unterzubrin-
gen und mich dann auch noch hinlegen zu können. Durch alle Ritzen lugten
die Kinder. Nachts kamen dann die Ratten, und ich wachte davon auf, dass
eine an meinem Fingernagel knabberte. Voller Verzweiflung und schließlich Wut lag ich später manchmal nachts mit Gewehr und Taschenlampe
wach, um eines von den possierlichen Tierchen zu erwischen. Es gelang
mir nie. Meine Katze Pussy kümmerte sich weder um meine Probleme, noch
um die Ratten. Ich fand bald heraus, dass sie von allen Familien mit Süßkartoffeln gefüttert wurde. Zum einen deshalb, weil man diesen wunderschönen, immer fetter werdenden »Hund« (Katzen wurden in Neuguinea

Im Dorf Wajapa.

erst durch die Weißen eingeführt) bewunderte. Man versuchte, ihn mit den einheimischen mageren Hunden zu kreuzen, was nicht gelang. Vor allem aber sollte Pussy keine Ratten fressen. Die briet man selbst im Feuer und verspeiste sie mit Genuss.

Wajapa war 1958 ein Dorf von ungefähr zwölf Haushalten. Es stand auf einem kleinen Hügel, die Häuser eng beieinander, ein paar schon am Fuße des Hügels. Rund um das Dorf lagen die Gärten. Man hatte diese Siedlung vor ungefähr zwei Jahren angelegt. In der Nähe, jeweils etwa zehn bis zwanzig Minuten entfernt, gab es noch einige kleine Weiler, bestehend aus nur einem, manchmal zwei oder drei Haushalten. Keine Siedlung bestand lange, alles befand sich in ständiger Veränderung. Die Gründe dafür lagen nicht nur in der Notwendigkeit, die Gärten mit Brandrodung immer wieder neu anzulegen, da der Boden ohne jede Düngung schnell auslaugte, sondern auch in ständigen Streitigkeiten und dem völligen Fehlen einer zentralen politischen Gewalt oder auch nur irgendeiner politischen Institution. Man stritt sich um Frauen, um Schweine, die in die umzäunten Felder einbrachen, manchmal auch um Landrechte. Und jederzeit konnte eine Familie aufbrechen und sich bei irgend jemand anderem niederlassen. Denn jede »Verstärkung« der eigenen Gruppe und Siedlung wurde begrüßt. Bis man sich wieder stritt.

»Wajapa« war der Name des Hügels, auf dem das Dorf angelegt war. Alle Siedlungen wurden nach den Landstücken benannt, auf denen sie standen. Als ich sieben Jahre später wiederkam, lebten die meisten der Leute von Wajapa zum Beispiel in »Khoghapa«. Neben den Namen der Landstücke gab es Namen für Verwandtschaftsgruppen, Lineages. Jeder Mensch gehörte in die Lineage seines Vaters, war »Jamnaje«, »Ighuatje«, »Patje« oder anderes. Diese Lineages waren die landbesitzenden Gruppen, aber gewöhnlich lebten Angehörige mehrerer Lineages in einer Siedlung, was den Keim neuen Streits in sich trug. Die Leute von Wajapa und umliegenden Siedlungen, ein paar hundert Menschen, nannten sich selbst »Jeghuje« (das »Jaora« der Seseli). Sie sprachen einen gemeinsamen Dialekt und hielten weitgehend Frieden untereinander, aber auch mit zwei anderen Gruppen mit anderen Dialekten, mit denen sie ein Konnubium bildeten, d.h. Heiraten fanden innerhalb dieses Rahmens statt. Um das Gebiet der Jeghuje herum lebten und siedelten andere, im Aufbau sehr ähnliche Gruppen mit anderen Dialekten aber weitgehend gleicher Kultur. Einen gemeinsamen Namen gab es nicht, die Bezeichnung für sie alle, »Kuku-Kuku«, kam von außen (heute nennt man sie »Anga«). Weder ein Gemeinschaftsgefühl noch politische Gemeinsamkeiten waren vorhanden. Je nach Situation sagte man *negwa* (»wir«).

Ich kam als erster Weißer zu dieser Gruppe von Menschen. Aber was heißt schon »erster«? Die Idee von einem völlig isolierten Stamm ist einfach falsch. Schon etwa zwanzig Jahre zuvor waren Weiße durch das Gebiet des Nachbarstammes gekommen und natürlich hatte man von ihnen gehört. Ein paar Männer aus Wajapa hatten sogar den australischen Beamten in Juakintji gesehen, einem Dorf, das nur einen halben Tagesmarsch entfernt war. Vor allem waren Nachrichten (oder Gerüchte) und Gegenstände der Europäer seit Jahren auch in dieses Gebiet gekommen, eingehandelt gegen Salz, Kalk, Pfeile oder Bastumhänge oder erbeutet bei Überfällen auf Nachbargruppen. Vor allem Buschmesser und Äxte hatten ihren Weg hierher gefunden, sodass man schon begonnen hatte, die Steinbeile wegzuwerfen.

So war man bei meinem Kommen weniger überrascht als neugierig, endlich Genaueres zu sehen und zu hören. Der Kontakt zu den sagenhaften Weißen (und ihren Gütern) war schon seit langer Zeit herbeigesehnt worden. Tatsächlich hatten die Männer von Wajapa in Katsiong sagen lassen, sie wollten auch einen Evangelisten, der in ihrem Dorf leben sollte. Diese Bitte war bis zu dem Missionar in Lae gelangt. Das war nichts Ungewöhnliches, viele Dörfer wollten Evangelisten, aus welchen Gründen auch immer. Ich erkannte später, dass es im wesentlichen zwei waren: Die Anwesenheit der Evangelisten bot Sicherheit gegen Überfälle in dieser unruhigen Gegend. Und mit ihnen war der Kontakt zur Außenwelt und zu den neuen Möglichkeiten hergestellt. Vor allem konnte man dann die phantastischen neuen Dinge bekommen, in erster Linie Messer und Äxte. Der erste Evangelist mit seiner Frau kam nach Wajapa, Leute vom Watut, und ich konnte die ersten Schritte der Missionierung beobachten.

Selbst meine Person war im Dorf nicht unbekannt, wie ich nach kurzem Aufenthalt erfuhr. Pemajo, einer der Männer, zeigte mir einen Spiegel, den er aus Juakintji eingehandelt hatte. Solche Spiegel gehörten zu den üblichen Handelsgütern und waren sehr begehrt. Diese besondere Art hatte auf der Rückseite farbige Fotos, meist von amerikanischen Schauspielern. Pemajo wies stolz auf das Foto seines Spiegels: Es war ein Bild von mir, wie er meinte. Es war Doris Day.

Zu meiner Überraschung wurde ich im Dorf von einem Mann begrüßt, der im Gegensatz zu allen anderen nicht die übliche Tracht mit Binsenschurz und Bastumhang trug, sondern ein *Laplap*, ein europäisches Tuch. Er sprach ein – wenn auch ziemlich schlechtes – immerhin verständliches Pidgin und sagte, er heiße Nuklaua. Die Situation von Seseli wiederholte sich: Nuklaua war als Halbwüchsiger in ein Dorf am Watut geraten. Es gelang mir nie herauszufinden, wie das geschehen war. Seine eigenen Leute hatten ihn bei einem Überfall am Watut zurückgelassen oder die Watut hatten ihn aus einem Dorf der Jeghuje mitgenommen. Nuklaua jedenfalls hatte etwas Pidgin und Watut gelernt. Dann war er zurückgekommen in seine eigene Gruppe. Entweder war er schon immer ein besonders aktiver und aggressiver Mann gewesen oder durch seine »Auslandserfahrungen« dazu geworden. Jedenfalls hatte Nuklaua sich zum »Großen Mann« der Siedlung aufgeschwungen. Er war derjenige, der die anderen ständig drängte, Kontakte mit der Mission, mit den Weißen aufzunehmen.

Nuklaua wurde von größter Bedeutung für mich. Er war der einzige, mit dem ich mich verständigen konnte. Und er unternahm den Versuch, mich zu monopolisieren. Zunächst schien seine Bereitschaft, ständig bei mir zu sein, geradezu ein Geschenk des Himmels. Bald merkte ich aber, dass er andere daran hinderte, mir etwas mitzuteilen, mich irgendwohin zu führen, mir etwas vorzuführen oder zu zeigen. Er verlangte, dass alles über ihn laufen müsse. Und wenn ich ohne sein Dabeisein mit anderen gesprochen hatte, von mir aus mit jemandem in dessen Garten gegangen war, dann war Nuklaua beleidigt. Dann ignorierte er mich ein paar Tage, und ich saß da ohne die Möglichkeit, irgend etwas übersetzt zu bekommen.

In der ethnologischen Feldforschung haben »Hauptinformanten« von jeher und besonders bei älteren Untersuchungen eine große Rolle gespielt. Sicherlich hat es sich dabei oft um Menschen gehandelt, die besonders gute Kenntnisse über ihre eigene Kultur hatten. Aber mindestens ebenso oft dürften es weniger zentrale als marginale Personen gewesen sein, Männer, die eher am Rande ihrer Gesellschaft oder Gruppe standen. Das muss nicht unbedingt heißen, dass sie nicht viel von ihrer Kultur wussten. Bei Nuklaua allerdings hieß es das. Denn er »beherrschte« seine eigene Kultur nicht sehr gut. Er interessierte sich nicht für Mythen und Überlieferungen, kaum für handwerkliche Techniken oder Gartenbau. Ihn interessierte eigentlich nur die Politik auf lokaler Ebene, Politik, die ihn zum »großen Mann« werden ließ. Und er versuchte, mich in diese Politik einzubeziehen. Denn dass er derjenige war, der den engsten Kontakt mit mir hatte, von dem ich offenkundig abhängig war, das versuchte er den anderen deutlich zu machen. Ganz sicher festigte er damit seine Position auch erheblich. Für mich war er beides: Hilfe und Behinderung.

Forschung

Womit fängt man seine Forschung an, wenn man niemanden versteht? Was zunächst so schwierig schien, war in der Wirklichkeit dann doch nicht so schwer. Der Anfang wurde mir aufgedrängt: Die jungen Burschen begannen in Gruppe, mir ihre Sprache beizubringen. Und das mit einer Intensität und Ausdauer, die mich überraschte. Sie zeigten mir Gegenstände, wiesen auf Häuser, auf Menschen, auf Tiere und Pflanzen und sagten: *alje, wotje, hjale* und ich sprach es nach, bis sie mit meiner Aussprache zufrieden waren. Ich begann zunächst, die Wörter aufzuschreiben und dann, sie auf Tonband aufzunehmen. Bald kam ich dahinter, worauf ich mich da eingelassen hatte: Es gab in der Sprache nicht nur lange und kurze Vokale, sondern offenbar gleich vier verschiedene Vokal-Längen: *katje, kaatje kaaatje* und *kaaaatje* waren Wörter mit völlig unterschiedlichen Bedeutungen. Dann entdeckte ich, dass auch noch wortunterscheidende Töne hinzukamen, also Wörter unterschiedliche Bedeutung hatten, je nachdem, ob die Tonhöhe gleich bleibend, steigend oder fallend war. Ich hatte Glück, dass meine Nebenfächer beim Studium Musikwissenschaft und Phonetik gewesen waren. Dabei hatte ich Phonetik nur gewählt, weil es das anerkannt leichteste Fach beim Examen gewesen war.

Für weitergehendes Eindringen in die Sprache brauchte ich allerdings zunächst Nuklaua. Ich begann, die Pronomina aufzunehmen und Verbformen. Und dabei erlebte ich die zweite böse Überraschung: Die Verbformen waren ungeheuer kompliziert! Da gab es übliche Bandwurmwörter wie *hinoghonemagnetjitjeghe*, was nicht mehr bedeutete als »er hat gesehen«. Phonetisch war das nicht weiter schwierig, denn was hier mit *gh* wiedergegeben ist, das ist das deutsche *ch* wie in »ach«. Aber jede Verbform enthielt Subjekt und eventuell Objekt, Zeit, Aspekt und Dauer oder Einmaligkeit,

Person, Zahl und manchmal noch mehr. Um es gleich zu sagen: Ich habe diese Sprache nie so gelernt (wie später etwa das Wampar), dass ich Unterhaltungen mehr als im Prinzip folgen konnte. Das Sprechen ging besser, als ich entdeckte, dass man mit mir (und anderen Fremden) in einer Weise redete, die dem deutschen »du sehen« entsprach. Wir sprachen dann eben auch so miteinander, also immer nur *hinoghone* für alle Formen des Verbs »sehen«. Auch an meine Fehler bei Vokal-Längen und Tönen schien man sich schnell gewöhnt zu haben. Leider – denn im Grunde hatte ich damit aufgegeben, die Sprache wirklich zu lernen.

Der Anfang mit der Sprache bei dem Versuch, in einer fremden Gesellschaft zu leben und zu forschen, scheint eine Selbstverständlichkeit. Aber das ist nur einer der Zugänge in das Labyrinth der unbekannten anderen Kultur. Für mich war ein zweiter selbstverständlich. Da ich zuvor am Museum gearbeitet hatte und insgesamt das Studium weitgehend im Museum ablief, war der Anfang mit dem materiellen Bereich keine Frage. Ich ging zu jedem hin, der etwas tat: ein Mann, der Pfeile schnitzte, eine Frau, die eine Netztasche herstellte, Kinder, die schaukelten. Das Dorf war (bei gutem Wetter) fast den ganzen Tag voll von Vorgängen, die ich nicht kannte. Ich setzte mich dazu und lächelte freundlich. Ich wog den Pfeil in der Hand und fühlte die klebrige Masse, mit der die Spitze im Schaft befestigt wurde. Ich reichte etwas zu, schätzte ab, maß schließlich nach, fragte nach der Bezeichnung für etwas. Und man hielt umgekehrt etwas hoch, zeigte es mir und sagte das Wort dafür. Man schickte Kinder los, die das Blatt des Baumes holten, aus dem Pfeilspitzen geschnitzt wurden. Ich versuchte meinerseits, einen frisch geschnitzten Bogen mit Holzkohle einzureiben und die Sehne in den Bogen einzuhängen (ich konnte es nicht, denn man benutzt seine Zehen zum Festhalten des Unterendes). Es gab geradezu »Moden« darin, wie man mich belehrte. So wurde es Mode, mir verschiedene Arten von Insekten zu bringen, als ich einmal eines aufgehoben hatte. Dann Blätter, Steine, Federn, Erden. Man holte mich auch, wenn jemand etwas herstellte. Allerdings meist zu solchen Arbeiten, die ich schon gesehen und an denen ich mein Interesse gezeigt hatte. Neues musste ich selbst entdecken.

Schließlich begann ich mein Umfeld zu erweitern: Ich zog los in die Gärten, die um den Hügel herum lagen und lernte, wie man Bäume fällt und Zäune baut, wie Unterholz abgebrannt und Süßkartoffeln gepflanzt und geerntet werden. Immer war irgend jemand, meist Halbwüchsige oder Kinder, bei mir. Das war notwendig. Denn eigentlich geht man nicht in den Garten eines anderen. Dieser Garten ist viel mehr sein privater Bereich als das Haus. Hier sind Ehepaare und Familien unter sich. Ein fremder Mann darf schon deshalb nicht einfach in den Garten eines anderen gehen, weil oft die Frauen allein dort arbeiten.

In den ersten Wochen hielt ich mich mit dem Fotografieren zurück. Ich war nicht sicher, was geschehen würde. Ob es stören würde, ob man Angst vor der Kamera hätte. Als ich dann begann, Serien von Tätigkeiten aufzunehmen, die Felder, die Pflanzen und das Dorf zu fotografieren, da gab es nicht die geringsten Probleme damit. Niemand kümmerte sich um meine Fotografiererei. Ich ließ mich allerdings immer wieder selbst einmal fotografieren, ließ junge Burschen die Kameras tragen, ließ sie durch den Sucher blicken und auf den Auslöser drücken. Von diesen Fotos gelang zwar kaum eines, aber es gab auch keine Probleme. Angst vor der Kamera erlebte ich nur ein- oder zweimal später in anderen Dörfern. Auch da ließ sie sich durch gegenseitiges Fotografieren schnell beseitigen. Aus unerfindlichen Gründen entstand allerdings nach Monaten im Dorf das Gerücht, mit meinem Tonbandgerät würde ich Seelen einfangen. Auch hier halfen Selbstaufnahmen.

Mit einem gewissen Neid hatte ich von Ethnologen und anderen Europäern gehört, die »in einen fremden Stamm aufgenommen« oder gar von einer Familie oder Verwandtschaftsgruppe »adoptiert« worden waren. Natürlich fragte ich mich bei den Jeghuje, ob mir das zur besseren Integration nicht auch gelingen könnte. Leider kam ich sehr bald dahinter, dass es eine formelle Adoption bei ihnen nicht gab. Zwar wurde der größte Teil aller Jeghuje irgendwann im Laufe ihrer Kindheit nicht mehr von den Eltern, sondern von anderen Menschen aufgezogen, aber dieser Wechsel von Eltern zu »Zieheltern« oder »Stiefeltern« geschah ohne jede Formalität. Grund für diese Erscheinung war übrigens die außerordentlich niedrige Lebenserwartung. Sie war tatsächlich so niedrig, dass kaum ein Mann die Heirat seines Sohnes erlebte. Nichts also mit Adoption.

Ich suchte nach einer anderen Möglichkeit und meinte, eine gefunden zu haben: Besonders enge Beziehungen bestanden zwischen Männern, die gemeinsam die Initiation durchlaufen hatten. Sie nannten sich gegenseitig *ndagwale* und waren immer freundschaftlich und hilfsbereit zueinander. Ich begann, einen Mann etwa meines Alters mit *ndagwale* anzureden. Er machte das zwar mit, wollte sich aber jedes Mal darüber kaputtlachen. Die bloße Bezeichnung konnte die tatsächliche persönliche Erfahrung, die Initiation, nicht ersetzen. Also versuchte ich es anders: Die vielleicht noch bessere Beziehung, eine freiwillig aufgenommene Beziehung, bestand zwischen Schwagern, solchen, die ihre Schwestern miteinander ausgetauscht und geheiratet hatten. Ich versuchte es also nochmals und sprach einen anderen jüngeren Mann als »Schwager« an mit der Vorstellung, auf diese Weise in eine Verwandtschaftsgruppe zu kommen. Seine Frau redete ich folgerichtig (so viel hatte ich gelernt) mit »jüngere Schwester« an. Eine Fiktion, die Agutje'a und Mombi auch gutgelaunt mitmachten. Die Beziehung zu den

Der Ethnograph lässt sich fotografieren.

beiden ließ sich gut an. Und dann hatte ich wieder einen Fehler gemacht, wenn auch einen ganz anderen. Sowohl Agutje'a als auch Mombi hatten hier keine Verwandten. Sie kamen beide aus Verwandtschaftsgruppen, die so gut wie ausgestorben waren und zudem aus anderen Gebieten stammten. Derart isoliert war ihre Situation der meinen zwar ähnlich. Aber ich hatte nur ganze zwei Verwandte bekommen.

Das Prinzip der »Teilnehmenden Beobachtung« in der Feldforschung soll mehr als das bloße Leben in einer fremden Gemeinde beinhalten, mehr als die bloße Anwesenheit. Es soll »Teilnehmen« am täglichen Leben bedeuten in einer Form, die möglichst weit geht beim »Mitmachen«, »Selbstmachen«, der Übernahme sozialer Aufgaben, dem Mitgestalten, Miterleben, Mitfühlen. Das »möglichst weit« findet seine Grenze dort, wo das eigentliche Ziel der Anwesenheit aus dem Auge verloren geht. Und das ist die Forschung, das Lernen, die Datengewinnung. Meine »Teilnahme« hatte aber schon Grenzen, lange bevor es um Notwendigkeiten der Forschung ging. So musste ich andere Kleidung tragen als die Dorfleute, brauchte nachts einen Schlafsack, konnte nicht barfuss durch die Berge laufen wie die Jeghuje, hatte nicht die Kräfte, um beim Roden wirklich mitzumachen und nicht die Kenntnisse, um auch nur die einfachsten Arbeiten durchzuführen, die sie ausführten. Man konnte sich mit mir nicht eigentlich unterhalten, Selbstverständliches war mir unbekannt. Meine Position in dieser Gruppe war also gerade-

zu schizophren: Jemand, der einerseits geachtet, bewundert und etwas ge-
fürchtet wurde, der leicht unheimlich und gefährlich war (vermute ich), und
der andererseits wie ein Kind mit Kindern mitlief, den man verachten und
verspotten und bestenfalls bemitleiden konnte.

Aber dann gab es Situationen, in denen ich aus der Rolle des Lernenden
heraustreten musste und sogar eingriff. Das geschah eines Tages, als die
meisten Männer des Dorfes plötzlich losliefen und mir zuschrien, jetzt wollten sie einen bestimmten Mann in einem benachbarten Weiler erschlagen.
Er hatte im Streit einem Mann aus dem Dorf mit der Axt über den Schädel
geschlagen. Der Verletzte war näher mit den Männern von Wajapa verwandt
als der andere. Ich versorgte den Verwundeten, griff mein Gewehr und lief
hinter den anderen her. Da ich sie nicht rechtzeitig erreichen konnte, schoss
ich zweimal in die Luft und hoffte, dass man den kümmerlichen Knall hören würde (niemand hat ihn zur Kenntnis genommen). Glücklicherweise
war der Gesuchte verschwunden als die wütenden Rächer dort erschienen.
Und seine etwa zehnjährige Tochter, die man stattdessen erschlagen wollte,
konnte ich gerade noch retten. Aber was hatte ich getan? Ich hatte ebenso
ohne Überlegung beschlossen, eine Tötung zu verhindern, wie die Männer
von Wajapa beschlossen hatten, ihrer Auffassung von Gerechtigkeit Genüge zu tun. Ich hatte gleich mehrere gute Gründe dafür, neben meiner völlig
internalisierten Reaktion auf die Möglichkeit eines »Mordes«: Die Nachricht von einer Tötung gelangte nach meiner Kenntnis selbst aus noch nicht
kontrollierten Gebieten erstaunlich schnell zum nächsten australischen Beamten. Der würde kommen und »meine« Leute festnehmen. Das wäre weder für sie noch für mich gut. Zudem, machte ich mir klar, würde er feststellen, dass ich ohne Genehmigung im unkontrollierten Gebiet lebte. Er würde
mich gleich mitnehmen. Und schließlich würde ein Mord durch Racheak-
tionen von Verwandten des Toten sicherlich Folgen für die Situation in der
weiteren Umgebung haben; die derzeit friedliche Periode würde wohl ein
Ende nehmen. Wieder das Ende meiner Forschungsmöglichkeiten.

Dieser eine Fall des Eingreifens in das tägliche Leben einer Gemeinschaft war aber wohl tatsächlich das Geringste an direkter oder indirekter,
bewusster oder unbewusster Einflussnahme. Meine bloße Anwesenheit ver-
hinderte sicherlich Streit innerhalb des Dorfes wie mit anderen Gruppen.
Hauptsächlich wegen meiner Verbindung mit der bekannten Macht der
Weißen. Die bloße Kenntnis meiner Person und durch mich die zunehmende Kenntnis der Welt draußen wurden zum Anlass für zunehmende Kontakte, bis hin zu der Tatsache, dass am Ende meines Aufenthaltes eine Gruppe
junger Männer loszog, um bei Europäern zu arbeiten und diese fremde Welt
kennen zu lernen. Viele der Auswirkungen meiner Anwesenheit habe ich
vermutlich nie bemerkt.

Darauf weist auch dieser Fall: Zum Besuch im Dorf einer Nachbargruppe ging mit mir auch ein junger Mann, dessen Haus neben dem meinen stand. Als wir zurück nach Wajapa kamen, begleitete uns ein Mädchen, bepackt mit einem riesigen vollen Netzsack. Am nächsten Tage hockte sie (sie war vielleicht zwölf) an meinem Feuer. Zwar hatte man mir auf dem Rückweg erzählt, sie wolle Verwandte in Wajapa besuchen, aber trotz ihrer für mich verständlichen Neugierde dem noch unbekannten Weißen gegenüber fand ich ihr »Herumsitzen« doch etwas irritierend. Und dann kam es heraus: Der junge Mann hatte in dem anderen Dorf schlicht erklärt, ich wollte eine Frau. Diese »Frau«. Denn das Mädchen wurde schon als heiratsfähig betrachtet. In Wajapa fand sie meine uninteressierte Haltung dann wohl merkwürdig, aber da sich mein Nachbar um sie »kümmerte« (er heiratete sie), fand sie sich mit der Situation ab. Die Weißen waren eben eigenartig.

Bewusster war mir mein Einfluss auf das tägliche Leben dieser Menschen in einem anderen Punkt: Jeden Tag kamen Kranke und Verletzte zu mir, und ich wusch Wunden aus, desinfizierte Schnitte, legte Verbände an, applizierte Augentropfen und verteilte Tabletten gegen Kopfweh. Das gab mir nicht nur immer wieder neue Kontakte und Informationen, es ließ mir auch meine Anwesenheit als menschlich begründeter erscheinen. Ich hatte nicht den Eindruck, dass das auf die Jeghuje auch so wirkte. Dass sie keinerlei Anzeichen des Dankes für meine Bemühungen zeigten, war nicht das Problem. Insgesamt war ihre Haltung eher so, dass sie mir erlaubten, mich um ihre Wunden zu kümmern und am liebsten noch etwas dafür haben wollten. Ihre Haltung gegenüber Krankheit, Wunden und Schmerzen war fatalistisch und gleichgültig. Vor die Entscheidung gestellt, Schmerzen zu ertragen oder aus dem nächsten Dorf zu mir zu kommen, entschieden sie sich meist lieber für die Schmerzen. Die waren gewohnt und normal. So ist das halt im Leben. Sie kamen dann eher aus Interesse an mir, den schönen weißen Mullbinden oder schicken Pflastern als um gesund zu werden. Trotzdem war ich auf die Ergebnisse meiner medizinischen Versorgung sehr stolz. Während meines ersten einjährigen Aufenthalts starb in einer Gruppe mit sehr hoher Sterberate nicht eine einzige Person. Und ich hatte mich um die Möglichkeit gebracht, einheimische Krankenversorgung zu beobachten oder gar das Verhalten beim Tode.

Übrigens trat zu keinem Zeitpunkt das Problem auf, meine Anwesenheit und meine Tätigkeit erklären zu müssen. Das Bedürfnis dazu lag auf meiner Seite, nicht auf der der Einheimischen. Für sie war ich Abwechslung, Neuigkeit, Sensation genug, mein Unterhaltungswert war so hoch, dass eine weitere Begründung gar nicht nötig wurde. Man wollte vor allem von mir »Geschichten« über die Welt da draußen hören: von Flugzeugen, die man ganz klein hoch oben am Himmel gelegentlich sah (»Hast du eins in der

Mit Agutje'a (links) und Pemajo.

Tasche?« fragte mich eine junge Frau); von dem riesigen See ganz aus sal-
zigem Wasser; von Häusern, die zu mehreren übereinander gebaut werden;
von meinen Schwestern und Brüdern und Vätern; von dem unglaublichen
Schnee und wie man Eisen macht. Am schönsten aber war, wenn ich von
Unterseebooten erzählte. Das war durch nichts zu übertreffen (dabei hatten
sie noch kein größeres Wasser als den schmalen Banir gesehen, und ich
noch nie ein U-Boot).

Jeder Mensch besuchte nach Auffassung der Jeghuje gerne andere Dörfer, lernte andere Menschen kennen, sah Neues, hörte Interessantes, brachte
von dort etwas mit: eine neue Bananensorte, interessante Pfeile, ein Arm-
band. Und immer wieder einmal wurden Fremde, die erst die Sprache lernen mussten, aufgenommen und mit der Zeit eingegliedert. Immer wieder
auch brachen Gruppen von Männern auf, um Salz im Zentrum der Salzher-
stellung weit im Westen einzuhandeln. Sie mussten dazu heimlich mehrere
Tage lang durch feindliches Gebiet schleichen. Dennoch war die Reise selbst
fast wichtiger als das Salz, das sie mitbrachten. Familien und ganze Dörfer
gingen oft tagelang in Nachbargebiete, um sich Zeremonien anzusehen. Die
Fremde hatte zwar auch Schrecken – Zauberei, Geister, Überfälle – aber die
Faszination war größer. Voller Stolz wurde ich den Besuchern aus anderen
Dörfern und Stämmen vorgeführt. Ich wusste jetzt, wie sich Zoobewohner
fühlen, wenn ich morgens aufstand und da saßen schon wieder fünf oder

sechs Männer oder ganze Familien und warteten geduldig auf mein Erscheinen, manchmal mit angehaltenem Atem. Etwas entfernt saßen »meine« Wajapa-Leute und betrachteten leicht amüsiert und sehr von oben herab ihre Verwandten. Sie jedenfalls hatten etwas in ihrem Dorf, womit kein anderes (trotz Abwerbungsversuchen) konkurrieren konnte. Das hob das Ansehen, den Verkehr, das Geschäft.

In diesem Beitrag geht es um »erste Kontakte«, um die aufregende, spannende, abenteuerliche Zeit des Anfangs. Aber ich sollte noch etwas über die Zeit danach sagen. Über die Monate der Gewöhnung der Dorfleute an mich und umgekehrt. Über die zunehmende Langeweile, entstehenden Ärger, den Mangel an Abwechslung. Die Tage begannen immer gleichförmiger zu werden, es waren immer dieselben wenigen Gesichter, die ich sah. Dann war da wochenlang Regen und da war tagtäglich dasselbe Essen: Süßkartoffeln, Süßkartoffeln, Süßkartoffeln. Jeden Tag neue Flohstiche, jeden Tag die Behandlung der vielen kleinen Wunden und Kratzer, die sich alle entzündeten. Für meine Mit-Dorfbewohner wurde ich ein so gewohnter Anblick, dass sie mich wohl kaum noch wahrnahmen. Und dieser Mangel an Interesse passte mir dann auch wieder nicht. Zumal man mich nach einigen Monaten eben nicht mehr auf etwas hinwies, aufmerksam machte, belehrte wie anfangs. Auch sprachlich wurde dann naturgemäß immer weniger Rücksicht genommen. Mehr und mehr setzte sich die Meinung durch, dass ich nun ja wohl alles wüsste.

Was ich mir zunächst nicht bewusst gemacht hatte, das war auch das Ausmaß an Schreibarbeit. Und es ergab sich die absurde Situation, dass ich um so länger am »Schreibtisch« arbeiten musste, je besser ich als Beobachter und Befrager wurde. Schließlich fasste ich es so auf, dass ich dafür bestraft wurde, dass ich gute Ergebnisse hatte. Denn das bedeutete stundenlanges Umschreiben der Notizen, Anlegen von Verzeichnissen, Vergleichen von Daten, Notieren von Widersprüchen und Planen der Kontrollfragen. Diese Arbeiten wurden immer umfangreicher, nahmen schließlich täglich mehr Zeit in Anspruch als das viel interessantere Fragen, Beobachten und Mitmachen. Erst in dieser Phase wurde mir die Gefahr deutlich, dass »Feldforschung« zur Ausrede für Abenteuer, zum Selbstzweck statt Mittel zum Zweck werden kann.

Gegen die zunehmende Langeweile und auch die zunehmende Ungeduld und Verärgerung gegenüber meinen Mitmenschen entwickelte ich Verhaltensweisen, die nur als Ausweichen verstanden werden können: Ich ging allein auf die Jagd, saß im Urwald herum und beobachtete Vögel, nahm ihre Stimmen auf Band auf. Oder ich schlief tagsüber stundenlang oder träumte vor mich hin. Und tat damit übrigens dasselbe wie die Dorfleute auch. In meiner ursprünglichen Folgsamkeit gegenüber dem Ratschlag »wie ein Eingeborener zu leben« hatte ich mir kein Buch mitgenommen. Missionar Maurer hatte mir im letzten Augenblick noch eine kleine Bibel zugesteckt, die ich jetzt Wort für Wort las.

Es gibt wohl keinen besseren Anlass als eine Feldforschung, sich den Sinn solcher Forschungen und den Sinn der Ethnologie zu überlegen. Warum nimmt man eigentlich die Strapazen und Unannehmlichkeiten, den Ärger, die Langeweile, Flohstiche und Hitze, Krankheiten und Anstrengungen, die Trennung von Familie und Freunden monatelang, jahrelang in Kauf? Abenteuerlust und Neugierde, »Interesse« und selbst die Hoffnung auf berufliche Karriere reichen spätestens nach dem ersten Mal nicht mehr aus, wenn man weiß, worauf man sich da einlässt. Man muss sich schon sehr gute Begründungen einfallen lassen, um das noch einmal zu tun.

Ein Jahr etwa lebte ich bei den Jeghuje und kam später noch einmal für ein halbes Jahr zurück (Fischer 1968). Ein Jahr gilt im Fach als die Mindestzeit, die man braucht, um einen ersten Überblick über eine fremde Kultur zu bekommen. Unter den Bedingungen des ersten Kontaktes, der ersten Feldforschungserfahrung, des Nichtvorhandenseins von Vorarbeiten, einer sehr schwierigen Sprache und schwieriger Umwelt ist ein Jahr nicht besonders viel. Hinzu kam in meinem Falle – und das hat sich ganz entscheidend verändert – dass ich keinerlei Ausbildung für die »Kunst der Feldforschung« erhalten hatte. Techniken der Aufnahme und Aneignung einer noch nicht untersuchten Sprache, von Beobachtung und Interview, selbst ethnographische Standardverfahren wie genealogische Methode oder Zensus-Aufnahmen musste ich für mich selbst neu entwickeln. Heute wäre es absolut unentschuldbar, ohne eine solche Ausbildung und ein auch zu Hause mögliches Training von Techniken der Datengewinnung »ins Feld« zu gehen. Die Zeit für »Erstaufklärungen« des hier beschriebenen Typs dürfte weitgehend vorüber sein. »Erste Kontakte« allerdings haben Ethnologen in der Feldforschung immer – mit ihnen noch unbekannten oder unvertrauten Lebensweisen, mit völlig neuen Situationen in Kulturen, die sie vorher schon untersucht hatten (Fischer 1992–2001), und mit Menschen, denen sie zum ersten Mal begegnen.

Literatur

Blackwood, Beatrice
1950   The Technology of a Modern Stone Age People in New Guinea. Pitt
          Rivers Museum. Occasional Papers on Technology 3. Oxford.

Fischer, Hans
1959   Ethnographica von den Kukukuku (Ost-Neuguinea). In: Baessler-Ar-
          chiv, N. F. 7, 99–122.
1963   Watut. Notizen zur Kultur eines Melanesier-Stammes in Nordost-Neu-
          guinea. Braunschweig.
1968   Negwa. Eine Papua-Gruppe im Wandel. München.

Fischer, Hans (Hg.)
1992–2002 Materialien zur Kultur der Wampar, Papua New Guinea (Bd. 1, 1992,
          bisher bis Bd. 8, 2002). Berlin.

Mark Münzel

Genozid, Ethnozid und Ethnologische Forschung
Die Aché in Ostparaguay

»So viele Städte dem Erdboden gleichgemacht, so viele Nationen ausgerottet, so viele Millionen Leute über die Klinge gesprungen, und der reichste und schönste Teil der Welt ins Chaos gestürzt für das Geschäft mit Perlen und Pfeffer: Stupide Siege!«

Der historische Hintergrund

1580 beklagte Michel de Montaigne so das Schicksal der Ureinwohner Amerikas. Das Zitat griff 1972 der französische Ethnologe Pierre Clastres auf, um mit der alten Klage die erneute Wiederholung eines stupiden Sieges zu geißeln: Des Völkermords, diesmal an den Aché in Paraguay (Clastres 1972: 348).

Vor einem Menschenalter dürfte die Gesamtzahl der Aché wohl kaum unter 2.000 gelegen haben – heute sind es keine 900 mehr. Die Nachrichten über ihren Leidensweg (schrieb mir 1972 der Ethnologe Claude Lévi-Strauss) »überraschen mich nicht, leider! Es treffen in diesem Augenblick ähnliche aus den verschiedensten Ecken Südamerikas ein, und angesichts dieser systematischen Entschlossenheit, ein für allemal Schluss zu machen mit dem Indianerproblem, fühlen die Ethnologen sich hilflos.«

Zur Zeit des Michel de Montaigne lebten im Raum des späteren Brasilien mindestens eine Million Indianer, vermutlich sogar beträchtlich mehr – heute keine 200.000 mehr.

Gewiss, der Bevölkerungsrückgang der Indianer lässt sich nicht mit dem Wort »Völkermord« allein erklären. Von den europäischen Invasoren nicht absichtlich mitgeführte Krankheiten wüteten verheerender als die Waffen. Große Bevölkerungsgruppen gingen mehr oder weniger friedlich in der neuen Mischlingsschicht auf. Doch bleibt die Tatsache, dass Europa das Verschwinden ganzer Völker gefördert und eher mit Befriedigung als mit Entsetzen zur Kenntnis genommen hat.

Das ist der historische Hintergrund ethnologischer Arbeit bei Indianern der Gegenwart. Auch dort, wo heute Frieden herrscht, leben unfriedliche

Erinnerungen weiter. Und wenig nützt es dem Ethnologen, sich von den Taten der Europäer zu distanzieren:

»Welche Listen er auch gebraucht, um zu zeigen, um wie viel netter und vertrauenswürdiger er ist als die anderen Europäer – es ist doch offenkundig, dass er trotz der Fehler seiner Mitbürger den Rest seines Lebens in deren Gesellschaft zu verbringen gedenkt.« (Glynn Cochrane, zit. bei Stagl 1981: 106 f.)

Eine Auseinandersetzung mit dem Problem des Genozids kann da auch für jene Feldforscher von Interesse sein, die keine Gemeinsamkeit mit den Mördern spüren, und auch dort, wo die Morde scheinbar ferne, koloniale Vergangenheit sind. Teilnehmende Beobachtung heißt auch, an den Erinnerungen und historischen Lehren der Beobachteten teilzunehmen. Die vielbeschworene »Rolle«, in die sich der Ethnologe während seiner Feldforschung im Sozialgefüge der fremden Gesellschaft hineinfindet, ist meist die des Weißen, über die es schon deshalb zu reflektieren gilt.

Im Folgenden beschreibe ich gewiss einen Extremfall. Doch am Schluss will ich versuchen, einige Fragen daraus abzuleiten, die mir ebenso gewiss auch für »normale« Feldforschungen zu gelten scheinen.

Die Aché

Die Aché leben in kleinen Grüppchen (20–150 Personen) verstreut über Gebirgs- und Waldzonen Ostparaguays, in typischen Rückzugsgebieten, wo man sich gut verstecken kann. Das mussten sie oft genug tun, auf der Flucht vor ihren zahlreicheren und besser organisierten Nachbarn, den Guaraní und den Paraguayern (im engeren Sinn des Namens: den Weißen, Mischlingen und Nachkommen integrierter Guaraní).

Im Gegensatz zu den Nachbarn betrieben die Aché bis in jüngste Zeit keinen Bodenbau, sondern lebten nur vom Sammeln und Jagen. Einige hatten feste Wohnplätze, von denen sie aber immer wieder zu oft monatelangen Streifzügen durch die Wälder aufbrachen. Andere Aché blieben überhaupt nie länger als höchstens etwa eine Woche an einem Ort.

Die Beziehungen zu den sesshaften Bauern waren im allgemeinen schlecht und verschlechterten sich im Lauf des 20. Jahrhunderts dramatisch (näheres hierzu bei Münzel 1983: 53–173). Bis in die 70er Jahre unternahmen spezialisierte Aché-Jäger Expeditionen in die Wälder, um die Aché zu überfallen, vorzugsweise am Lagerplatz im Morgengrauen. Erwachsene, die nicht rechtzeitig flohen, tötete man. Kinder, derer man habhaft wurde, verschleppte man, um sie an »anständige« Familien zu übergeben, oft auch zu verkaufen.

Diese Kinder wurden meist *criados*, d.h. familiär herzlich behandelte, aber auch zu harter Arbeit verpflichtete Hilfskräfte.

1959 gelang es einem ehemaligen Aché-Jäger, ein Grüppchen von 20 Aché friedlich auf seinem Gut anzusiedeln. Sein Erfolg ohne Blutvergießen führte dazu, dass die Indianerbehörde ihn zum Verwalter eines Aché-Reservats ernannte, mit den freiwillig Gekommenen als ersten Reservatsbewohnern. Man forderte ihn auf, weitere Aché friedlich herbeizuholen und sesshaft zu machen und so das Aché-Problem human zu lösen.

Der Waldläufer war damit überfordert. Bald schon flüchtete er sich vor der lästigen Verwaltungsarbeit in Buschabenteuer, und wenn die Indios nicht kommen wollten, griff er wieder zur Gewalt. Die Aché selbst unterstützten ihn teilweise dabei.

Dass Aché den Aché-Jägern helfen, ist nicht neu. Die »zahmen« Indianer, die helfen, »wilde« in Waldverstecken aufzuspüren, haben in Paraguay einen eigenen Namen: Sie heißen »Lockvögel«. Sie handeln aus den unterschiedlichsten Motiven heraus: Weil es gegen Aché einer feindlichen Gruppe geht (die Aché bekämpften sich früher heftig untereinander), oder weil sie, jung und damit in der Aché-Ordnung ohne großen Einfluss, sich an den übermächtigen Älteren rächen wollen; oder wegen der Belohnungen; oder weil sie finden, dass man sesshaft und bei den Weißen tatsächlich besser lebt.

Wenn Aché selbst als »Lockvögel« mithalfen, wurden die Überfallenen gemeinhin nicht getötet, sondern als billige Arbeitskräfte eingesetzt, so dass die Indianer unter den Angreifern für sich in Anspruch nehmen konnten, ihren Landsleuten immerhin das Leben zu retten.

Im Reservat des ehemaligen Menschenjägers wurde das für diejenigen, die sich anpassten, ein über längere Phasen recht erträgliches Leben. Sie mussten sich und ihren Verwalter zwar durch – ihnen traditionell eigentlich verhasste – landwirtschaftliche Arbeit ernähren und wurden gelegentlich zu Diensten wie Holzfällen abkommandiert. Einige Frauen und Kinder wurden verschleppt, Mädchen missbraucht, aber wenigstens blieben die Familien im großen und ganzen intakt – eine lobenswerte Ausnahme, wie die Aché später hervorhoben.

In den 60er Jahren setzte man die waldkundigen Krieger und ihren Verwalter (einen kampferfahrenen Haudegen aus dem Bürgerkrieg) bei der Bekämpfung eines Guerilla-Versuchs ein:

»Wir verfolgten die Spur der Weißen. Wir überfielen sie im Morgengrauen an ihrem Lagerplatz, als sie noch schliefen. Sie ergaben sich sofort. Papa Pereira (der Verwalter) wurde von uns geholt, wir zeigten ihm die Gefangenen. Er sagte zu ihnen: ›Grabt eine!‹ Das taten sie. Dann sagte er zu uns: ›Werft sie in die Grube!‹ Wir erschlugen sie, und warfen sie in die Grube.«

Für diejenigen Aché-Krieger, die daran teilnahmen, war das noch Jahre später eine herrliche Abenteuer-Erinnerung, die sie mir begeistert schilderten: Es war wieder gegen Weiße gegangen. Die Krieger wurden dadurch sehr eng an den weißen Verwalter gebunden und bezeichneten sich seitdem mit einem Aché-Wort, das Treue bis in den Tod ausdrückt, als seine »Haustiere«.

1959–72 wurden im Reservat mindestens etwa 270 Aché angesiedelt, ob friedlich oder mit Gewalt. Mitte 1972 lebten aber nurmehr 202 dort, obgleich inzwischen Kinder hinzu geboren waren. Tatsächlich sind wohl sehr viel mehr als nur 70 Reservatsindianer an Unterernährung und Epidemien gestorben.

Diese Katastrophen brachen immer dann aus, wenn neue Aché ins Reservat gebracht wurden. Zum einen bereitete man nämlich nicht genug Lebensmittelreserven für die Neuankömmlinge vor. Zum anderen erkrankten diese rasch an Krankheiten der Weißen, gegen die sie in ihrer Waldisolation noch keine Resistenz entwickelt hatten. Hinzu kamen Probleme der Nahrungsumstellung und der Hygiene, die eigentlich leicht vermeidbar gewesen wären.

Die Leidenszeit gleich zu Beginn des neuen Lebens im Reservat hatte auf die Überlebenden eine Art Fegefeuerwirkung: Danach war im allgemeinen ihr Widerstandswille gebrochen.

Meine Vorbereitung

Im Juli 1971 kam ich mit Chistine Münzel nach Paraguay, um in jenem Reservat über Religion und Mythologie der Aché zu forschen. Dem lag eine Anfrage des Anthropologischen (= völkerkundlichen) Forschungszentrums der Katholischen Universität von Asunción zugrunde, ob sich in Deutschland jemand für dieses Thema interessieren wolle. Die Anfrage war schließlich an mich weitergereicht worden, der ich dazu Affinitäten hatte: Ich suchte damals gerade eine ethnologische Tätigkeit, ich besaß Feldforschungserfahrung von brasilianischen Indianern, die den Aché in manchem ähneln und in ähnlicher Umwelt leben, und ich sprach, wenn auch unvollkommen, eine dem Aché eng verwandte Sprache; als Student hatte ich im Frankfurter Völkerkundemuseum eine Sammlung von Ethnographica just von den Aché geordnet und katalogisiert; mein Spezialthema war Religion und Mythologie.

Finanziert wurde die Reise von der Deutschen Forschungsgemeinschaft, und mit eigenen Ersparnissen.

In der Vorbereitungszeit lernten wir Aché mit Hilfe von Tonbändern und Texten, die ein Kollege aus Paraguay geschickt hatte. Ich suchte alle erreichbare Literatur über die Aché zusammen; sie ergab bereits ein informatives Bild von den Grundelementen der traditionellen Kultur.

Wovon ich dagegen praktisch nichts erfuhr, war die aktuelle Lage der Aché. Quellen von 1939 und früher, bis zurück zu einem Aufsatz von 1899, enthielten Hinweise auf Untaten, die man seinerzeit an Aché begangen hatte, doch erschien mir das nicht aktuell. Eine italienische Veröffentlichung von 1961 hätte mich darauf stoßen können, dass sich die Verhältnisse seit 1939 verschlechtert hatten, doch bekam ich diese Arbeit damals zufällig nicht in die Hand.

Das Schicksal der Aché wurde damals in Pariser inneruniversitären Polemiken als Exempel der Indifferenz des Polemikgegners angesprochen (Jaulin 1970: 263–266; Monod 1971: 2399 f.), doch in so abstrahierter Insider-Weise, dass ich nicht merkte, dass die Aché gemeint waren.

Immerhin beunruhigte mich die Bemerkung in einem neueren Aufsatz, die Bewohner des Aché-Reservats seien von Menschenjägern gefangen worden. Ich schrieb an den Autor und bat um Informationen, doch scheint mein Brief ihn nicht erreicht zu haben.

Erst, als ich schon in Paraguay war, erfuhr ich von der Fortdauer der Jagden auf die Aché. Kollegen in Asunción zeigten mir Fotokopien von Beschwerdebriefen aus der Bevölkerung, die Morde an Indianern anzeigten. Aus einer Presseausschnitts-Sammlung rekonstruierte ich eine wenige Jahre zurückliegende Kontroverse zwischen Völkerkundlern und der zuständigen Behörde.

Andere, nur wenige Monate alte Presseberichte über das Reservat waren zu vorsichtig gehalten, als dass ich sie damals richtig verstanden hätte, unvorbereitet wie ich war (als ich sie einige Monate später wieder las, wunderte ich mich über meine vorherige Blindheit und über den Mut der Journalisten, in einer Militärdiktatur doch so offen zu schreiben).

Wie es überhaupt dazu gekommen war, dass man einen Ethnologen aus Deutschland eingeladen hatte, erfuhr ich erst später. Die Kollegen, die vor mir im Reservat geforscht hatten, waren einer nach dem anderen dort hinausgeflogen und konnten nicht mehr dorthin zurück, weil der Verwalter drohte, sie zu erschießen. Dem bekanntesten Ausländer unter ihnen, Pierre Clastres (s. Clastres 1984) hatte man seine Unterkunft angezündet, er war verhaftet worden und hatte schließlich Paraguay im Unfrieden verlassen.

Ein paraguayischer Forscher, der ebenfalls nicht mehr ins Reservat zurückkehren konnte, León Cadogan, fand es schade, dass die Erforschung der Aché-Kultur abgebrochen worden war, und erhoffte sich eine Besserung der Lage der Reservatsbewohner von der Anwesenheit eines auswärtigen Beobachters. Ein Ausländer würde im Unterschied zu einem Paraguayer den Schutz seiner Botschaft hinter sich haben. Es gelang dem im Netz der Beziehungen erfahrenen und heimischen Cadogan, die unerlässliche Billigung der Behörden einzuholen. Nach Deutschland ging die Einladung wohl deshalb, weil zum einen Cadogan die Arbeit eines deutschen Ethnologen (Otto Zerries) besonders schätzte, und weil zum anderen die Militärbehörden leichter für einen Deutschen zu gewinnen waren. Damals galt Deutschland noch als konservativer und ordentlicher als etwa das »revolutionäre« Frankreich.

Einen Beobachter ins Reservat zu lassen, hielten die für die dortigen Zustände Verantwortlichen für tragbar, weil gerade eine der längeren Zwischenphasen von der Eingewöhnung einer neuen Gruppe bis zur Ankunft der nächsten andauerte. Die vorige Epidemie und Hungersnot waren vorüber, und die nächsten noch nicht in Sicht. Das Reservat war momentan durchaus vorzeigbar, seinen Bewohnern ging es äußerlich nicht schlechter als vielen paraguayischen Landarbeitern.

Dass wir mit den Aché selbst sprechen und auf diesem Weg Unerwünschtes erfahren könnten, befürchtete man offenbar nicht. Warum nicht, weiß ich nicht genau. Möglicherweise wiegten sich einige der Zuständigen in der Sicherheit, Ausländer könnten das Aché nicht erlernen und deshalb gar nicht mit den Indianern sprechen (vor uns hatte zwar beispielsweise das französische Ethnologen-Ehepaar Hélène und Pierre Clastres Aché gelernt. Doch nachdem es die Indianerpolitik der Behörden kritisierte, leugneten diese in einer Kampagne jegliche Wissenschaftlichkeit seiner Arbeit und behaupteten dabei auch, das Ehepaar habe gar nicht Aché gekonnt – das glaubten die Behörden jetzt mittlerweile anscheinend schon selbst). Auch scheint die Vorstellung mitgespielt zu haben, die Aché seien ohnehin nicht in der Lage, sich klar auszudrücken. Man muss dabei wissen, dass das Aché der paraguayischen Volkssprache, dem einst indianischen Guaraní verwandt ist. Die meisten Paraguayer nehmen aus Erfahrung an, dass Ausländer gewöhnlich unfähig sind, das Guaraní wirklich zu erlernen. Andererseits wirkt das Aché aufgrund seiner vom Guaraní doch abweichenden Grammatik auf die Guaraní-sprechenden Paraguayer etwas »primitiv«, wie eine Art Kindersprache (was es nicht ist, aber die Komplexität des Aché liegt an anderen Stellen als die des Guaraní), so dass es ihnen manchmal schwer fällt, sich vorzustellen, dass in dieser Sprache »vernünftig« gesprochen werden kann.

Tatsächlich jedoch drückten sich die Aché uns gegenüber von Anfang an klar aus – mit einer Klarheit, die oft schmerzte.

Mein Platz

Bei meinem ersten Rundgang durch die Reservatssiedlung führte mich eine Art Empfangskomitee, von dem ich erst später begriff, dass es unter den Aché keineswegs zufällig die treuesten Hüter des im Reservat herrschenden Status quo waren, die mich gleich in ihre Mitte nahmen. Sie machten mich mit einigen weiteren Aché bekannt, bei anderen jedoch hielten sie das nicht für nötig: »Das sind nur Gefangene ... Das sind keine Aché, sondern nur Guayaquí!« Aché ist die stolze Eigenbezeichnung dieses Volkes und heißt auch Menschen. Guayaquí dagegen ist die paraguayische Bezeichnung für die Aché und enthält oft einen verächtlichen Nebenton. Meine indianischen Begleiter waren der von Weißen kontrollierten Reservatssituation angepasst. Sie machten einen Unterschied zwischen sich selbst als den Aché, und den erst kürzlich aus dem Wald herbeigeschleppten Wilden als den Guayaquí. So betonten sie die eigene, weiter fortgeschrittene Zivilisierung und höhere Position in der Hierarchie: Man verachtete die Wilden, so wie man selbst von den Weißen verachtet wurde.

Nicht irrelevant war, dass das gerade mir gegenüber ausgedrückt wurde. Man verdeutlichte mir eine Hierarchie, in der man auch mir selbst bereits einen Platz angewiesen hatte.

Als Weißer, anfangs durch Verwaltungsbeamte eingeführt, wurde ich von den Aché zunächst in der Nähe der Verwaltung eingeordnet; und die soziale Rangleiter, auf die man sich mir gegenüber berief, war folgerichtig die von den Weißen gelernte: Ganz unten die neu aus dem Wald geholten Wilden, darüber die angepassten Alt-Reservatler, oben die Weißen. Man sprach mit mir die Sprache der Weißen (in Paraguay ist das nicht Spanisch, sondern das leicht hispanisierte Guaraní), sofern man sie beherrschte, sonst suchte man immerhin möglichst viele Guaraní-Wörter ins Aché einzuflechten. Die mich ansprachen, waren ohnehin meist jene, die schon Guaraní konnten, das heißt, die schon länger im Reservat lebten und sich dadurch den Weißen näher fühlten. Dass ich mit dem Guaraní große Schwierigkeiten hatte und lieber das für mich leichtere Aché sprach, wurde kaum akzeptiert – es passte nicht so recht zu meiner Rolle.

Das änderte sich erst, als ich anfing, mich wie ein ordentlicher Ethnologe zu benehmen, mich hinter einen Schreibtisch mit Schreibmaschine und Tonbandgerät setzte. Man begriff: Ich war Feldforscher. Ja, setzte ich den Aché auseinander, ich wollte etwas über ihre Kultur erfahren, die mich sehr beeindrucke. Das kannten sie, es war im Grunde eine ritualisierte Haltung, und ein Ritual begann.

Eigentlich wollte ich über Religion forschen. Doch die Antworten auf meine diesbezüglichen Fragen brachten mich kaum weiter. Freudig dagegen sprach man mir vom Verwandtschaftssystem – offenbar waren meine Gesprächspartner durch meine Vorgänger geschult. Ein Kollege, der acht Jahre zuvor bei den selben Personen über das Verwandtschaftssystem geforscht hatte, berichtet noch, dass sie sich damals so wenig für das Thema interessierten, dass sie bei seinen Fragen einschliefen. Mittlerweile hatten sie gelernt, und zwar, wie ich glaube, gerade von jenem Kollegen.

So sehr waren sie nun auf dieses Steckenpferd der Ethnologie eingespielt, dass ich, wenn ich das Ritual nicht abrupt abbrechen wollte, ebenfalls gerade zum Verwandtschaftssystem Fragen stellen musste, obwohl es mich langweilte. Nun war ich es, der fast bei der Feldforschung einschlief – auf dem Weg über die »einheimischen Gewährsleute« hatte die Ethnologie ihren Schüler diszipliniert.

Als ich nun aber brav Familienbeziehungen abfragte, brachten die Gewährsleute auf einmal etwas Neues ein. »Mein Onkel? Den haben die Weißen erschossen.« »Meine Schwester? Die ist verhungert, und wir durften sie nicht nach unserer Sitte begraben.« Sie hatten einen Weg gefunden, einerseits der ethnologischen Passion für Verwandtschaftsforschung Genüge zu tun, dabei aber andererseits ihr eigenes Interesse, die Aufzählung der an ihnen begangenen Untaten einzubringen. Das ethnologische Ritual war der Rahmen, während der Inhalt von der Aché neu gestaltet wurde.

Aus der Forschung über das Verwandtschaftssystem wurde auf diese Weise eine Nekrologie, die Aufzeichnung eines Völkermordes. Ich bin eigentlich nicht sehr weit in das Verwandtschaftssystem der Aché eingedrungen, weiß beispielsweise nicht sicher, welche Rolle bestimmte Heiratsregeln spielen. Dafür aber habe ich Daten über Verbrechen der Weißen bekommen, und Alpträume.

Auf einen Besuch in Asunción nahmen wir ein Aché-Mädchen mit. Wir wohnten bei Verwandten des Indianerforschers Cadogan, den wir mit dem Mädchen aufsuchten. Er fragte es, ob es den demnächst anstehenden Pubertätsritus durchmachen wolle. Das Mädchen verneinte verächtlich und murmelte etwas von »Sitten der Guayaquí«. Cadogan, der zeitlebens für die Respektierung der indianischen Sitten gestritten hat, wurde wütend und schimpfte das Kind heftig aus. Diese Szene beeindruckte das Mädchen sehr, es erzählte später im Reservat immer wieder davon. Ferner behauptete es, ich hätte ihm unterwegs einen Ort gezeigt, von dem aus die Totenseelen der Aché die Weißen heimsuchen, um sich an ihnen zu rächen (es handelte sich um ein sprachliches Missverständnis: Ich hatte auf ein Rasthaus an der Autostraße gezeigt und den Namen zu erläutern versucht, der an Zusammenstöße mit heute ausgerotteten Aché erinnert).

Diese Berichte des Mädchens gehörten zu den Faktoren, die den Durchbruch zu einem erneuten Wechsel der Richtung meiner Forschung brachten: Man sprach mit mir nun über religiöse Themen.

Indem ich einen Bezug zu Cadogan nachgewiesen hatte, war ich nämlich in eine andere Kategorie gerutscht. Bis dahin hatte man mich in der Nähe jüngerer Ethnologen gesehen, etwa von Pierre Clastres, dem ich nicht nur im Alter ähnelte, sondern auch darin, dass ich mit meiner Frau kam, mit der ich obendrein in der gleichen Sprache sprach, die das Ehepaar Clastres gesprochen hatte. Nun aber hieß es, dass ich bei Verwandten des alten Cadogan gewohnt hatte, und dass dieser in meiner Gegenwart sein Interesse für religiöse Riten bekräftigt hatte. Cadogan hatte vor zwölf Jahren als erster im Reservat geforscht. Seitdem hatten seine Gewährsleute seine Forschungsspezialisierung etwas hinter derjenigen seiner Nachfolger zurückgestellt, aber nun erinnerte man sich wieder daran, dass er Sprach- und Religionsforschung kombiniert hatte, und man begann, mir religiöse Zusammenhänge anhand von Sprachbeispielen zu erläutern.

Das Missverständnis mit den Totengeistern am Autorasthaus verstärkte diese Tendenz, weil ich, ohne es zu wollen, den irrtümlichen Eindruck erweckt hatte, erstaunlich viel vom Totengeisterglauben der Aché zu wissen. Andererseits dürften die Aché mein Desinteresse und Ungeschick bei der Verwandtschaftsforschung bemerkt und auch deshalb das Thema gewechselt haben.

Der Wechsel der beim ethnologischen Ritual verwendeten Formeln (vom verwandtschafts- zum religionsethnologischen Idiom) bedeutete jedoch nicht, dass der tiefere Inhalt sich änderte. Die Untaten der Weißen wurden jetzt nur von einer anderen Seite beleuchtet. Was geschieht, fragten die Gewährsleute nun, mit der Totenseele eines von den Weißen Erschlagenen? Was tun die Seelen der Aché im Reservat, wo die alten Riten nicht mehr ausgeübt werden? Wie hat der mythische Jaguar einst zu den Weißen gestanden?

So durchlebte ich Phasen verschiedener Themen. Begonnen hatte es mit dem Thema »Unterschiede zwischen wilden und zivilisierten Aché«, als man mich noch zu jenen rechnete, die aus wilden zivilisierte Aché machen wollen. Als man mich als Ethnologen identifizierte, versuchte man, mir eine ordentliche ethnologische Feldforschung zu bieten – ich hätte Verwandtschaftsdiagramme zeichnen können. Als ich das nicht richtig machte, bemerkte man zur rechten Zeit meinen Bezug zu dem Religions- und Sprachforscher Cadogan. Erst nachdem man mir endlich eine mich selbst einigermaßen befriedigende Rolle zugeteilt hatte, war es für mich auch möglich, eigene Themen zu entwickeln. Aus der Verbindung von Religion und Sprache kam ich zur religiösen Dichtung, über die vor mir noch keiner bei den Aché geforscht hatte, und die mich auch selbst interessierte.

Mit diesem Thema blieb ich einerseits im Ritual – die Aufnahme und Interpretation von Dichtung kann ähnlich ablaufen wie eine Sprach- und Religionsforschung –, nahm eine klare, schon vor meiner Zeit festgelegte Rolle darin ein, und konnte andererseits doch meine eigene Linie verfolgen. Freilich taten dies auch die Aché: Die religiösen Gedichte, die sie mir mitteilten, hatten fast alle einen Bezug zu den Gräueltaten der Weißen.

Eine solche allmähliche Entwicklung des Themas im gegenseitigen Abtasten von Forscher und Erforschten ist allerdings nur möglich, sofern man sich auf eine gewisse Unsystematik einlässt. Mit vorgedruckten Fragebogen geht das nicht.

Mit dem jeweiligen Wechsel des vordergründigen Themas wechselte nicht nur meine Rolle, sondern damit auch meine Position im gesamten Gefüge der Ordnung des Dorfes. Meine Gesprächspartner wurden teilweise andere – es waren nicht die gleichen Personen, die über Familienbeziehungen und die über Religion zu informieren wussten. Damit geriet ich in jeweils neue Stellungen an den Fronten der internen Konflikte im Dorf.

Anfangs hatten die Herrschenden im Reservat mich ganz selbstverständlich zu ihrer Seite gerechnet. Von Ethnologen dagegen wusste man aus Erfahrung, dass sie zur Verwaltung in Gegensatz geraten würden. Das bedeutete keinen abrupten Umbruch meiner Bekanntschaften: Natürlich wirkten auch persönliche Zu- und Abneigungen, die mich von meinen Vorgängern unterschieden, und zudem gab es unter den Aché welche, die sowohl der Verwaltung ergeben als auch auf die Arbeit mit Ethnologen spezialisiert waren. Es führte aber doch zu einer allmählichen, erst im Rückblick nach einiger Zeit deutlicher werdenden Verschiebung in meinen Kontakten.

In der Ethnologie hat bisweilen eine Art Kollektivierung des Eingeborenen Platz: Man spricht von der Ethnie, als wäre sie nicht eine Versammlung konkurrierender Individuen, sondern eine kollektive Einheit, ein ganzheitlicher Körper. Über den Volkstumsgedanken wirkt diese Abstrahierung vom individuellen Menschen auch in der allgemeinen, außerwissenschaftlichen Meinung. Wer sich heute für Indianer einsetzt, sucht zuerst »den« Indianer als abstrakten Gesamtbetroffenen (s. Münzel 1980), fragt, was »die« Aché, Shuara usw. wollen.

Es ist deshalb für den Ethnologen ein schwieriger Prozess, zu begreifen, dass man im indianischen Dorf nicht weniger in Parteiungen zersplittert und zerstritten ist als zuhause in Europa, dass »Sprecher« der Indianer Sprecher innerindianischer Parteien sind. Man sucht zunächst nach der »richtigen«, der eigentlich indianischen Indianität. Waren »die« Aché im Reservat glücklich? Liebten »sie« ihren Verwalter? Und wenn es Streit unter ihnen gab, welches war die eigentliche achéische Seite?

Das blieben keine rein akademischen Fragen. Man gestand mir zwar zu, dass ich irgendwelche Forschungen betrieb, aber man verlangte von mir auch, dass ich in den internen Auseinandersetzungen des Reservats Stellung nahm, und sei es nur, indem ich mit den einen verkehren, die anderen meiden sollte. Die Rollen, die man mir zugestand oder zuwies, waren stets auch mit aktiver Parteilichkeit verbunden.

Erst recht musste ich Stellung nehmen, als im Reservat Pläne für eine neue Menschenjagd geschmiedet wurden. Man sagte mir voraus, jetzt werde bald meine Ausweisung aus dem Reservat kommen. Ein Aché riet mir, dies zu vermeiden, indem ich mich den Menschenjägern zur Verfügung stelle. Er meinte das nicht zynisch, denn er war selbst für diese Jagd. Gleichzeitig fand ich, dass unsere Anwesenheit im Reservat propagandistisch genutzt wurde: Seht her, ausländische Beobachter sind dort und haben nichts Schlimmes bemerkt. Irgendwie musste ich Farbe bekennen.

Nun waren aber, wie gesagt, durchaus nicht alle Aché gegen die Jagd auf ihre noch frei im Wald herumziehenden »Wilden«. Es ist sogar wohl eher so gewesen, dass der Reservatsverwalter noch gar nicht unbedingt wieder losschlagen wollte, dass aber einige Aché ihn drängten. Das waren insbesondere jene, die selbst erst vor kurzem gefangen worden waren. Sie hofften, ihre Lage im Reservat werde sich ändern, wenn sie selbst Gefangene einbrächten. Als Opfer hatten sie eigene Verwandte im Auge. Diese waren, wie man wusste, im Wald von mordlustigen Menschenjägern bedroht, und man wollte sie retten. Auch hofften die *Underdogs*, durch den Zuzug weiterer Angehöriger ihres Unterstammes würde dieser gegenüber den anderen Aché im Reservat stärker werden.

Eher gegen die Jagd waren vor allem jene Aché, die 1959 als erste und freiwillig sesshaft geworden waren. Sie hatten anfangs eine Art Aristokratie im Dorf gebildet, als engste Vertraute des Verwalters, waren dann aber allmählich durch den Zuzug fremder Aché etwas weniger wichtig geworden. Ihre einstigen Gefangenen wurden selbst zu Menschenjägern, erwarben ebenfalls das Vertrauen des Verwalters. Dieser, zunächst einer Frau aus der ersten Gruppe verbunden, lebte seit einiger Zeit auch mit einer später gefangenen zusammen, was die Machtverhältnisse unter den Aché veränderte. Die Leute der ersten Gruppe befürchteten nun, dass mit einer noch größeren Anzahl fremder Aché endgültig die alte Ordnung umgewälzt würde.Bisweilen auch klangen in ihren Argumenten Bedenken gegen die Sesshaftwerdung an, deren Folgen sie über einen längeren Zeitraum beobachtet hatten als die später sesshaft Gewordenen.

Ein Argument von der Art, wie es uns gegen eine Menschenjagd einfallen könnte, hörte ich von den damals im Reservat ansässigen Aché nicht. Niemand sagte, es sei schlecht, Menschen zu verschleppen. Vielleicht dachten einige es, sagten es aber nicht vor meinen Ohren, denn schließlich war ich ein Weißer, das heißt letztlich doch irgendwie ein »menschenjagendes Untier«, mochte ich das auch lauthals leugnen. Für meine Ohren geeignet dagegen hielten einige es, sich auszumalen, wie schön es werden solle, Männer zu erschlagen und kleine Mädchen zu vergewaltigen.

Proteste gegen das Prinzip der Menschenjagd hörte ich dann allerdings später von Aché, die nun tatsächlich als Gefangene neu eingebracht wurden (nach einer Razzia, die im Vergleich zu den vorher geäußerten kriegerischen Träumen relativ friedlich durchgeführt wurde und wohl nur einen einzigen Menschen das Leben kostete). Sie waren in einer auch für uns verständlichen Weise empört darüber, dass man sie einfach auf Lastwagen gepackt und in eine fremde Umgebung verfrachtet hatte, und drohten mit Widerstand. Doch dann begann auch schon die Epidemie, die ihren Willen brach.

Danach

Christine Münzel und ich waren dann nur noch sporadisch im Reservat – unseren Daueraufenthalt dort hatten wir bald nach Ankunft der »Neuen« abbrechen müssen. Im Juli 1972 verließen wir Paraguay.

Zuerst in Paraguay selbst, dann vom Ausland her beteiligte ich mich an einer Kampagne paraguayischer Indianerforscher, Kirchenleute und Journalisten gegen die Zustände im Reservat und gegen die Verfolgungen außerhalb des Reservats. Ich schrieb an alle möglichen internationalen Gremien, hielt Vorträge, informierte die Medien.

Unsere Bemühungen zeitigten einen gewissen Erfolg. Nach einiger Zeit endeten die Menschenjagden (freilich nicht nur, weil die Behörden jetzt endlich einschritten, sondern auch, weil kaum noch freie Wald-Aché übrig waren, die man jagen konnte). Der Reservatsverwalter wurde abgelöst, auch deshalb, weil es im Reservat unruhig geworden war. An seine Stelle traten nordamerikanische protestantische Missionare.

Im Reservat endeten damit eine ganze Reihe Missstände (z.B. gelegentlicher Handel mit Kindern, Prostitution, Misshandlungen). Der ehemalige Verwalter wurde sogar für kurze Zeit verhaftet, freilich nicht wegen seiner zahlreichen Verbrechen an Aché, sondern weil er Aché zu einem Überfall auf Weiße angeführt hatte.

Die Zerstörung der Aché war eines der letzten Glieder einer langen Kette von Reduzierungen indianischer Völker. Heute gibt es »wilde« Indianer von der Art der nun ja auch gezähmten Aché nicht mehr oder nur noch in insignifikanten Resten. Moderne indianische Kämpfe sind anders, gehören nicht mehr unmittelbar zum gleichen Problemkreis wie der Fall der Aché. Diese selbst leben inzwischen mit anderen Problemen.

Dennoch bin ich einigen der Fragen, die sich mir bei meiner Feldforschung in Paraguay stellten, später, an anderen Orten und in anderen Zusammenhängen, wieder begegnet.

Drei dieser Fragen möchte ich hier erwähnen: 1) Die Frage der Identifikation mit den von mir Erforschten. 2) Die Frage meiner »teilnehmenden Rolle« während der Feldforschung. 3) Die Frage des politischen Engagements für die von mir Erforschten.

Die Identifikation

Wenn Karl H. Schlesier vom Ethnologen verlangt, er müsse zu der von ihm erforschten Gruppe »ein Verhältnis, das einem ›Liebesverhältnis‹ gleichkommt«, haben (Schlesier in: Action Anthropology 1980: 32), so steht er damit in einer ethnologischen Tradition. Wie verquer und chauvinistisch diese Liebe auch oft gewesen sein mag, schon immer haben Ethnologen für »ihren« Stamm geschwärmt. Die »teilnehmende« Beobachtung enthält fast immer auch ein Element des Versuchs der Teilhabe und der Identifikation. Aber was ist, wenn das Liebesobjekt eigene Wege geht?

»Die Klügeren unter den Anthropologen bemerkten bald, dass ihre Recherchen sie in ein erkenntnistheoretisches und moralisches Dickicht führten. Gerade das nämlich, was sie an den früher so genannten Naturvölkern [...] am meisten interessierte, ihre Andersartigkeit, blieb ihnen unzugänglich, und zwar nicht nur, weil jene sie mit einem Misstrauen empfingen, das nur allzu begründet war. Sondern das eigentliche Forschungshindernis war der Forscher selbst [...].

Natürlich kann ich die Gleichberechtigung aller menschlichen Gesellschaften postulieren und die Forderung erheben, jedes Gemeinwesen müsse aus seinen eigenen Voraussetzungen heraus beschrieben und beurteilt werden. Aber das ist leichter gesagt als getan. Ein konsequenter Relativismus setzt einen Beobachter voraus, der in der Lage wäre, sein eigenes kulturelles Gepäck zu Hause zu lassen. Dieser Wissenschaftler müsste nicht nur ein Meister der Gehirnwäsche sein, er müsste auch fähig sein, sie auf sich selbst anzuwenden.« (Enzensberger 1980: 62)

Das kulturelle Gepäck, das ich für eine »teilnehmende« Beobachtung der Menschenjagden der Aché hätte zu Hause lassen müssen, bestand ja nicht nur in, beispielsweise, dem westlichen Rationalismus (dem abzuschwören, um sich auf den kulturellen Grenzzaun zu setzen, in der Ethnologie eine wohlfeile Seminarübung zu werden droht). Sollte ich mich miteinbeziehen lassen in die Freude am Totschlagen von Wilden und Guerilleros?

Oder sollte ich meine Augen davor verschließen? Um auf Schlesiers Bild vom Liebesverhältnis zurückzugreifen: Sollte meine Liebe blind sein? Oder sollte ich die Fehltritte, die mir an meiner Liebsten nicht gefielen, einem garstigen Verführer anlasten?

Das ist der Ausweg, der dem französischen Ethnologen Robert Jaulin einfällt. Jaulin verabscheut Lévi-Strauss' nüchternen Hinweis auf die Mitarbeit von Aché an ihrem eigenen Untergang:

»Man suchte ein Schicksal, dessen Tristesse doch die Schuld der Weißen ist, zu erklären, das heißt, ein bisschen den Indianern selbst in die Schuhe zu schieben.« (Jaulin 1970: 264)

Jaulin verteidigt die Indianer gegen den Kollaborationsvorwurf: Sie hatten bei ihrer Zusammenarbeit mit den Weißen doch nicht deren Verdorbenheit ahnen können, hatten doch nur reine Intentionen gehabt, »die Öffnung, die Suche nach dem Dialog«. Unschuldige Opfer, »praktizierten sie, naiv und zu ihrem eigenen Schaden, den Frieden mit den Weißen«. Für Jaulin ist die westliche Zivilisation das, was (um in Schlesiers Bild zu bleiben) der erfolgreiche Nebenbuhler in den Augen des betrogenen Liebhabers ist, wenn dieser die Geliebte weiterhin nur als naiv sehen will – und sie damit letztlich als unmündig verachtet und bedauert.

Gewiss, Jaulin hat Recht: Die Weißen sind schuld. Gewiss, der Ethnologe kann die Aché zu verstehen versuchen. Ein kriegerisches und individualistisches Volk wurde in eine Situation getrieben, in der seine Kampfeslust zerstörerisch und sein Individualismus egoistisch werden mussten. Man kann unterscheiden zwischen der traditionellen Bereitschaft der Aché, einem »Großen Töter« zu folgen, und der modernen Deformierung im Gefolge eines »schießwütigen Weißen«. Und schließlich machten ja auch gar nicht alle Aché mit, leisteten viele verzweifelt mutig Widerstand.

Doch geht es Jaulin nicht um ein abgeklärt wissenschaftliches Verständnis der Ursachen und Zusammenhänge, sondern um ein Engagement, das ihm gerade durch die Abgeklärtheit unmöglich zu werden scheint. Deshalb bekämpft er das Verständnis für Kollaboration mit leidenschaftlicher Polemik. Was Jaulin retten will, ist (noch einmal bemühe ich Schlesiers Bild) seine unglückliche Liebe.

Für mich war die Feldforschung bei den Aché unter anderem ein Lehrstück gegen die ethnologische Sehnsucht nach der Teilhabe mit der fremden Ethnie. Ich schätze die Aché insgesamt sehr, bewundere ihre Kultur in zahlreichen Punkten (ihre elegante Höflichkeit, ihre ironische Rhetorik, ihren Mut und vieles, vieles mehr), musste aber auch lernen, ihre brutale Fremdheit zu respektieren.

Hier könnte man einwenden, dass ich ja gar nicht die fremden, sondern die vertrauten Züge der Aché fürchte. Das Bündnis der »Lockvögel« mit weißen Menschenjägern war doch schließlich ein von Weißen erzwungener Pakt mit unserer Gesellschaft.

Doch meine ich mit Fremdheit nicht das Phantasma einer »rein« exotischen Gesellschaft. Historisch, nicht aber in der täglichen Praxis des Umgangs mit einer fremden Gesellschaft kann man gute nicht-westliche Tradition und böse westliche Moderne fein säuberlich trennen. Auch dann, wenn ich in manchen Aspekten der indianischen Kultur die Fratze meiner eigenen Umwelt wiedererkenne, bleiben sie für mich in der konkreten Auseinandersetzung ein integrierter Bestandteil des Fremden.

Meine teilnehmende Rolle

Die Aché, die ich 1971/72 kennen lernte, waren in ihrer Mehrzahl einsprachig, und selbst bei denjenigen, die eine neue Sprache hinzugelernt hatten, war das nicht Spanisch, sondern das in den Grundelementen indianische Guaraní. Sie nannten die weißen Beamten und Offiziere mit einem alten indianischen Wort *mburuvixa* (Häuptling), und den deutschstämmigen Diktator von Paraguay *teta ruvixa* (Landeshäuptling). Doch mochten diese Worte auch eine noch immer weitgehend indianische Sicht ausdrücken, sie beschrieben doch gleichzeitig schon eine nicht mehr rein indianische soziopolitische Realität. In ähnlicher Weise drückt es noch eine der klassischen ethnologischen Feldforschungsmythologie verhaftete Sichtweise aus, beschreibt aber keine klassische Feldforschung mehr, wenn ich sage, dass ich in jener Gesellschaft eine Rolle finden musste.

So »ursprünglich« die Aché-Gesellschaft in manchem noch sein mochte, sie reflektierte in ihren Hierarchien doch schon das soziale System des ländlichen Paraguay, dem sie durch tausend Fäden verknüpft war. Was ich in diesem System durchführen konnte, war keine »teilnehmende Beobachtung« der klassischen Art mit ihrem Eintauchen in eine geschlossene fremde Welt. Doch hat es das je wirklich gegeben?

Ist meine Erfahrung, dass meine »Rolle« bei der Feldforschung nicht ein Platz in der fremden, sondern ein Außenposten der eigenen Gesellschaft war, wirklich neu? Ich meine, nein. Die in der Ethnologie weitergereichte Auffassung, die Feldforschung sei eine »Enkulturation« oder »zweite Sozialisation« in die fremde Kultur, scheint mir zu verbergen, dass es sich im Grunde eher um eine Enkulturation in die Subkultur der Ethnologen handelt.

Die freundliche, verständnisvolle Hilfe, die mir die Aché dabei zuteil werden ließen, scheint mir ebenfalls kein Einzelfall und nicht einmal ein neueres Phänomen zu sein. Sind die vielen Fälle, von denen in der ethnologischen Literatur immer wieder die Rede ist, und in denen kluge Gewährsleute dem Forscher ihre Kultur erläuterten, nicht vielleicht großenteils solche Beispiele weiser Hilfe, die alte Eingeborene den jungen, unerfahrenen weißen Novizen zuteil werden ließen, damit diese lernten, wie man Ethnologe wird? Nicht, wie man Eingeborener wird, sondern ein weißer Ethnologe nach dem Modell anderer weißer Ethnologen (das die »Gewährsleute« kannten oder intuierten)?

Das Engagement

Ich war nicht nach Paraguay gekommen, um mich gegen die Verfolgung der Aché zu engagieren, von der ich wegen der überkonsequenten Beschränkung der mir zugänglichen Literatur auf »reine Wissenschaft« nicht genug wusste. Von den sozioökonomischen und politischen Verhältnissen Paraguays hatte ich schon eine Ahnung, doch hatte die Literatur nicht darauf hingewiesen, wie sehr auch die Aché darin integriert waren.

Nachdem ich vor Ort die Lage der Aché kennen gelernt hatte, stand für mich freilich die Notwendigkeit eines Engagements außer Frage. Doch gab es da einige Haken (und ich will hier nicht die vielen praktischen Probleme erörtern, die sich von Fall zu Fall ändern, sondern inhaltliche Fragen).

Die Aché hatten keinen Zugang zu den Medien oder zu internationalen Menschenrechtsorganisationen – wie etwa zu der skandinavischen Organisation IWGIA, die meine Berichte publizierte, oder zur deutschen Gesellschaft für bedrohte Völker, die eine Kampagne gegen die Verfolgung der Aché organisierte – sie konnten sich daher nicht wirkungsvoll beschweren. Ich konnte das, und dies legte mir eine gewisse Verpflichtung auf, als eine Art Sprecher der Aché zu agieren. Doch war mir das überhaupt möglich?

Zwar habe ich keinen Aché kennen gelernt, der Mordexpeditionen weißer Menschenjäger freudig und offen begrüßte, wohl aber einige, die insgeheim wenig dagegen hatten, sofern es gegen eine feindliche Aché-Gruppe ging. Menschenjagden zum Einfangen »wilder« Aché und die Zustände im Reservat wurden von einem Teil der Indianer akzeptiert, ja mitgestaltet. Diejenigen Aché, denen ich mich am meisten verbunden fühlte, gehörten zwar eher zur Opposition gegen diese Politik – doch hatte ich das Recht, diejenige Ansicht unter den Aché, die mir am besten gefiel, herauszupicken und mich für sie zu engagieren, als wäre es für »die« Aché?

Das Problem hängt mit der oben angesprochenen ethnologischen Neigung zur Kollektivierung »des« Eingeborenen zusammen, und wurde recht ausführlich von Karl H. Schlesier und seinen Gegnern im Zusammenhang mit der Action Anthropology diskutiert (s. z.B. Current Anthropology 15, 1974: 277–303; 16, 1975: 487 f.). Es sollte kein Hindernis sein, sich über Missstände zu empören und sie anzugreifen. Nur darf man bei solchem Engagement nicht vergessen, dass man – auch wenn man sich für die fremde Ethnie einsetzen, in ihrem Sinne handeln will –, letztlich aus Motiven nicht der fremden, sondern der eigenen Kultur agiert, dass etwa die Auswahl, die man unter den verschiedenen fremden Meinungen trifft, von der eigenen Sozialisation entscheidend vorgeprägt ist.

Ich habe mich nicht gegen das Erschießen von Aché und Verkaufen ihrer Kinder gewendet, weil ich das in einer mystischen »zweiten Sozialisation« des Ethnologen in die Kultur der Aché zu verabscheuen gelernt hätte, sondern weil es von meiner ersten, europäischen Sozialisation her Abscheu in mir erregte. Hätten alle Aché, die ich sprach, solche Untaten freudig bejaht, so wäre ich wohl vor einem Engagement dagegen zurückgeschreckt, aber dass ein Teil der Aché darin verwickelt war, schreckte mich nicht ab – ich war nicht der Sprecher der Aché, sondern drückte ein europäisches Gewissen aus.

Indem ich mich öffentlich gegen die Indianerpolitik der paraguayischen Behörden wandte, begab ich mich in den Raum politischer Auseinandersetzungen. Die paraguayische Opposition sah sich durch Berichte über verfehlte Indianerpolitik bestätigt. In den USA gaben solche Berichte jenen neue Munition, die gegen die Militärhilfe an Paraguay waren.

Diese Verbindung zur Politik war von mir nicht gewollt, aber in Kauf genommen. Es war mir dabei genau bewusst, dass es nicht um den Ausdruck politischer Tendenzen der Aché ging – diese waren an der Politik der Weißen desinteressiert, von der sie auch kaum etwas wussten. Wenn sie dazu überhaupt in irgend einer Form Stellung nahmen, dann eher mit Tendenz für die Regierung und die Militärs. Dass das paraguayische Militär eine Demokratisierung des Landes bremst, ist den Aché gleichgültig, Demokratie wäre ihnen vermutlich auch dann nicht lieb, wenn sie wüssten, was es ist. Dies mit ihrer politischen »Unreife« zu erklären, scheint mir ein Musterbeispiel eurozentrischen Denkens zu sein, das den, der unsere politischen Ansichten nicht teilt, für zurückgeblieben erklärt. Die Integration meiner Berichte in das politische Spiel der Weißen – unvermeidlich, wenn ich überhaupt etwas tun wollte – blieb den Aché fremd. Auch hier wieder: Dass ich mich für die Aché einsetzte, konnte nicht bedeuten, dass ich zum Aché wurde.

Dabei möchte ich nicht unerwähnt lassen, dass die »Nutzung« des Falles der Aché für »politische Küchen« mir um so problematischer erschien, je weiter entfernt von den Aché sie stattfand. Die paraguayischen Journalisten, die den Fall aufgriffen, waren zwar Städter, denen die Buschwelt der Aché exotisch genug bleiben musste, aber sie waren doch auch Paraguayer mit einiger Kenntnis der Zusammenhänge. Letztlich gehörten sie zum gleichen sozioökonomischen System wie die Aché, das sie deshalb von innen heraus verstanden. In Europa dagegen hatte ich mit Missverständnissen und Fehlinterpretationen zu kämpfen.

So wurde beispielsweise meine Darstellung der schrecklichen Lage der Indianer immer wieder – und gegen meinen Willen – zu einem Teil-Element der europäisch-nordamerikanischen Verachtung für Lateinamerika: Das Abschießen »wilder« Indianer durch »wilde« Menschenjäger diente als Beweis für die Unterentwicklung einer Weltgegend. Meine Hinweise auf die Verwicklung gerade von Ausländern aus »entwickelten« Ländern (die Menschenjagden standen im Zusammenhang mit ausländischer Bodenspekulation; einige ihrer Hintermänner waren gerade keine gebürtigen Paraguayer; das Reservat wurde von einer »Hilfskommission« ausländischer Geschäftsleute mit *Public-Relations* begleitet; usw.) fruchteten im Grunde wenig, da sie stets rasch in ein politisches Schema integriert wurden: Sie waren entweder willkommener Beweis für meine politische Einseitigkeit, oder ebenso willkommener Beweis für eine Dichotomie Industriestaaten / Unterentwickelte Länder, die auf subtile Weise wiederum den Unterentwickelten Mündigkeit – und sei es auch für Verbrechen – abspricht.

Doch damit bin ich schon bei der Frage der Verarbeitung und Publikation von Feldforschungsergebnissen. Sie ist schwieriger als die Feldforschung selbst.

Literatur

Action Anthropology
1980   In: Trickster 4/5, Januar 1980, 6–81.

Clastres, Pierre
1972   Chronique des Indiens Guayaki – Ce que savent les Aché, chasseurs
            nomades du Paraguay. Paris.
1984   Chronik der Guayaki. München.

Enzensberger, Hans Magnus
1980   Eurozentrismus wider Willen – Ein politisches Vexierbild. In: Trans-
            Atlantik 10/80, 62–67.

Jaulin, Robert
1970   La paix blanche – Introduction à l'ethnocide. Paris.

Monod, Jean
1971   Oraison funèbre pour une vielle dame – lettre à quelques ethno-loques.
          In: Les Temps Modernes 299/300, juin/juillet 1971, 2393–2400.

Münzel, Mark
1980   Aktions-Ethnologie. Sich verstecken hinter dem abstrakten Gesamt-
          betroffenen? In: Ethnologische Absichten 6, Oktober 1980, 60–66.
1983   Die Aché in Ostparaguay. Roter Faden zur Ausstellung 6. Frankfurt a. M.

Stagl, Justin
1981   Kulturanthropologie und Gesellschaft. Berlin.

Brigitta Hauser-Schäublin

Gender: Verkörperte Feldforschung

Sich ändernde Ethnologinnen

Ich gehöre zu jenen EthnologInnen, die sich – seit bald dreißig Jahren – äußerst gerne auf Feldforschung begeben. Obwohl, so könnte man meinen, sich inzwischen eine Routine bezüglich der Vorbereitungen eingestellt haben müsste, bin ich jedes Mal voller Vorfreude und Erwartung, wieder etwas Neues meinem Erfahrungs- und Wissensstand hinzufügen zu können, was das Kulturwesen Mensch, der/die Andere »ist« und was ich selber bin. Ich begegne neuen Menschen und treffe solche, die ich zwar schon seit vielen Jahren kenne, aber mit jedem Aufenthalt lerne ich neue Facetten kennen; sie berichten mir Dinge, von denen ich noch nie gehört habe und ich sehe und beobachte bisher noch Unbemerktes. Bei jedem Forschungsaufenthalt bin ich wieder verzaubert von den Geweben der Beziehungen der Menschen dort, aber auch denjenigen zwischen mir und ihnen, von der Begegnung mit Menschen, mit denen mich z. T. seit langem vieles verbindet, aber auch vieles trennt. Feldforschung ist ein Gewebe von Beziehungen, in das ich temporär, kürzer oder länger, eingeflochten bin und über das ich schreibe. Ich bewege mich außerdem in mehreren anderen Geweben sozialer Beziehungen, sowohl in der Schweiz als auch in Deutschland; über sie schreibe ich nicht, aber ich spreche über sie und erzähle von ihnen. In allen diesen Geweben begegne ich Menschen, die mich an ihrem Alltag und ihren Festen, an ihren Gesprächen und Gedanken teilhaben lassen. Ich lasse mich von ihnen in die Komplexität ihrer Welt führen, auch in ihre Probleme und Nöte, vor denen ich oftmals beschämt (über den ökonomischen Reichtum der Welt, aus der ich stamme) und ohnmächtig und hilflos kapituliere, denn die Unterstützung, die ich einigen wenigen Familien zukommen lasse, ist ein Tropfen auf den heißen Stein. Feldforschung ist für mich auch immer wieder von neuem die Chance, über die eigene Kultur nachzudenken, sie mit distanziert-kritischem Blick zu betrachten, um dann auch ethnologische Forschungen in der eigenen Kultur betreiben zu können (Hauser-Schäublin et al. 2001).

Zu drei verschiedenen Kulturen habe ich im Verlauf der Jahre einen ethnologischen Zugang gesucht, zu den Iatmul und den Abelam in Papua-Neuguinea und, seit 1988, zu zwei verschiedenen Gruppen innerhalb Balis (In-
donesien). Dreimal habe ich also den mühsamen Prozess des Eintauchens
in eine andere Kultur gewagt, Nicht-Verstehen, Missverstehen, langsames
Lernen und Begreifen, bis ich dann jeweils Strukturen und Umrisse zu erkennen glaubte, sowie mich, meine Positionierung und meine Forschung
im kulturellen Kontext, in welchem ich mich bewegte, wahrnahm.

Noch immer reise ich also gerne, und die dreißig Jahre, seit ich als Studentin erstmals nach Papua-Neuguinea reisen konnte[1], sind in der Retro-
spektive im Flug vergangen. Ich fühle mich noch als dieselbe Ethnologin,
und viele Fragen, die ich damals hatte, interessieren mich noch heute; jedoch sind inzwischen auch neue hinzugekommen. Dennoch hat sich vieles
verändert – von den Veränderungen, die in all diesen Gesellschaften inzwischen eingetreten sind, gar nicht zu reden –, und meine Bekannten und Freunde in Bali (wie auch die Menschen hier in Europa) geben mir zu verstehen,
dass ich es bin, die sich verändert hat: Aus einer jungen Frau ist eine ältere
Frau geworden, die auch als Forscherin ganz anders eingeschätzt und behandelt wird als die junge von damals. Als ich im Sommer 2001 gute Bekannte in einem Dorf in Bali besuchen wollte, saß die Gastgeberin mit anderen Frauen beim Kaffee im Hauptraum des Hauses: sie hatte Besuch. Ich
entschuldigte mich für das unangemeldete Erscheinen und wollte gehen.
»Nein«, sagte sie, »bleib!« Die Gäste hatten sich inzwischen alle erhoben
und boten mir und meinem Mann ihren Platz an. »Nein«, wehrte ich ab, »ich
setze mich auf den Boden.« Da ergriff die Gastgeberin rasch, aber behutsam meinen Arm, führte mich zum Sofa und sagte: »Kommt nicht in Frage!
Alte Leute müssen sich aufs Sofa setzen.« Was mir dabei schlagartig klar
wurde, war, dass ich aufgrund der Zuschreibung »alt« für sie eine andere
Person war als ich mich selbst wahrgenommen hatte.

Was ich mit dieser Anekdote ausdrücken will, ist zweierlei: Das, was ich
in der 1985er-Version dieses Artikels einfach mit »Frau« umschrieben hatte, ist nicht eine immer gleichbleibende Kategorie, sondern modifizierbar,
vor allem durch das relative Alter – aber selbstverständlich gehören auch
andere Kriterien wie etwa Zivilstand und sozialer Status bzw. Herkunft dazu.
Der Begriff *gender* trifft bekanntlich diese Modifizierbarkeit von Menschen
im Verhältnis zu anderen Menschen (in der eigenen und in anderen Kulturen) viel eher als die statischen Kategorien »Mann« und »Frau« des Zweige-
schlechtermodells. Das gilt nicht nur für die Menschen, die wir untersuchen, sondern ebenso für die Forschenden selbst. Feldforschung bedeutet
immer Verkörperung, und Verkörperung bedeutet Rückbezug auf Geschlecht
und Alter, so wie diese von den Handelnden selbst dargestellt und von den

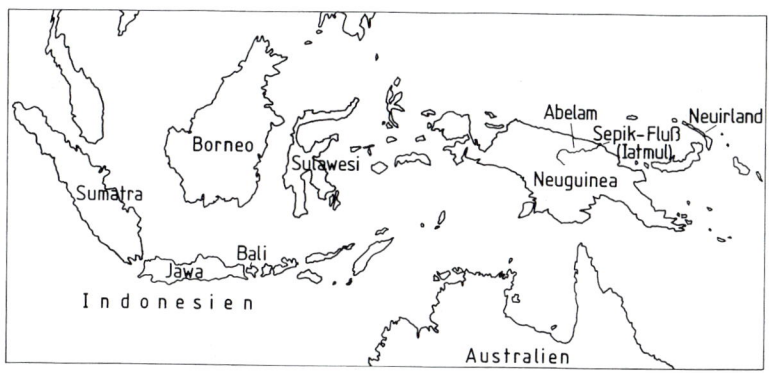

Die Orte der Feldforschung:
Sepik-Gebiet in Papua-Neuguinea und die Insel Bali.

anderen wahrgenommen werden. Auch mein veränderter Status – einstmals als Studentin, dann als selbständige junge Wissenschaftlerin und heute als Professorin, die auch Studierende und DoktorandInnen »ins Feld« bringt – hat zur Veränderung meiner Person als Ethnologin, so wie ich wahrgenommen werde, beigetragen. Ich besitze deshalb ein heute anderes *gender*-Profil als vor dreißig Jahren – und dieses beeinflusst den Kontakt und den täglichen Umgang mit den Menschen entscheidend.

Dieser Veränderbarkeit der Forscherin war ich mir früher kaum bewusst – und ich frage mich, ob männliche Ethnologen vergleichbare Veränderungen ihres *gender* erleben wie Frauen. Ich glaube es nicht, denn die Ethnologin – so behaupte ich – wird in der Fremdeinschätzung viel stärker auf ihre eigene Körperlichkeit zurück geworfen als der Ethnologe. Hinzu kommt, dass in der Regel eine Ethnologin (sofern sie jeweils mit dem gleichen Mann reist) sich mit einem mindestens gleichaltrigen Partner auf das Parkett einer anderen Kultur begibt, während zum Teil Ethnologen im Verlauf der Jahre gelegentlich mit jüngeren Partnerinnen (und manchmal noch mit Kleinkind) auftreten und so auch der Eindeutigkeit der Zuordnung zu einer bestimmten Alters- und damit Verhaltenskategorie sich zumindest partiell entziehen (können). Auf die Unterschiede zwischen Ethnologin und Ethnologe werde ich später zurückkommen. Gleichermaßen aber konstruieren Ethnologinnen und Ethnologen Identitäten, die mehr oder weniger den Erwartungen der untersuchten Bevölkerung entsprechen.[2] Darüber wird im Verlauf dieses Beitrags mehrfach die Rede sein.

Im Folgenden werde ich die Differenz der Jahre, die zwischen dem Schreiben der ersten Version dieses Beitrags und der heutigen Version liegt, dialogisch aufgreifen. Ich werde versuchen diese Veränderungen – sowohl meine eigenen als Forscherin als auch diejenigen innerhalb der Ethnologie – sichtbar zu machen. Ich werde deshalb Abschnitte, die aus dem ursprünglichen (1984 geschriebenen) Text stammen, mit der Jahreszahl *1985* (Erscheinungsdatum) kennzeichnen und Ergänzungen bzw. Reflexionen aus meiner heutigen Sicht mit *2001*.

Repräsentation von Lebensumständen
in der Feldforschung

1985 »Mr. Cobb lieh uns sechs starke Burschen von seinen Plantagenarbeitern, die mich tragen sollten. Wir hatten eine Hängematte aus Schnur mitgenommen; sie banden diese an eine Stange. Mit Bananenblättern als Schutz vor Sonne und Regen über mir, schnürten sie mich, wie ein Schwein, daran fest. Es war ein wenig seekrank machend, wie ich die Berge hinauf und hinunter getragen wurde, aber es war besser, als gehen zu müssen.« So schildert 1932 Margaret Mead in ihrem Tagebuch (1977: 103; meine Übersetzung) ihre Reise von der Nordküste Neuguineas ins Bergdorf Alitoa, wo sie ihre Feldforschung bei den Mountain Arapesh durchführte. Im Unterschied zu dieser kolonialen Transportweise, die die Feministin Mead (»[...] as a small child I used to accompany my mother on women's suffrage demonstrations. I even learned to recite a monologue which caricatured antisuffragettes who I grew up to believe were very fast wicked, rich women with poodle dogs.« [Mead 1972]) vorzog, beging ihr damaliger Ehemann, Reo Fortune, zu Fuß den langen, beschwerlichen Weg. 250 Träger schleppten das Expeditionsgepäck die drei Tage lange Reise bis nach Alitoa.[3] Am Ort ihrer Feldforschung blieb Mead's Aktionsradius auf das Dorf selbst beschränkt, obwohl die Arapesh in der Regel frühmorgens ihre Siedlung verließen, um sich in ihre Gärten zu begeben; erst abends kehrten sie wieder zurück. Oft blieb niemand im Dorf zurück, und Mead war sich selbst überlassen. Sie schreibt darüber in ihren Memoiren (1973: 200): »So while Reo made brief trips into neighboring hamlets and longer expeditions toward the sea or toward the interior, I sat in Alitoa and felt somehow my intellectual life was finished.«

Einen für uns heute fremd anmutenden Stil der Feldforschung haben auch andere Ethnologinnen (und Ethnologen!), die vor dem Zweiten Weltkrieg in Melanesien (und anderswo) gearbeitet haben, gepflegt: so etwa Powdermaker, die 1929 im Dorf Lesu auf Neuirland gearbeitet hat. So besaßen männliche und weibliche Ethnographen damals eine viel ausgebautere, größere Infrastruktur als dies heute üblich ist. Powdermaker berichtet, dass sie neben dem Wohnhaus auch kleine Hütten zur Verfügung hatte, die als Kochhaus und als Unterkünfte für die Diener bestimmt waren. Sie hatte ein Dienerehepaar in ihren Diensten: »They were [...] trained for my domestic needs and in addition spoke Pidgin English. The boy was cook and ›shoot boy‹, bringing down a bird with my gun whenever I wanted one for meal. His wife worked about the house, did my laundry, and such personal service as cutting my hair. They were liked in the village, and it is helpful to the anthropologist to have popular servants« (1933: 16). In ihrem Rückblick auf ihre Feldforschungen erwähnt sie auch, dass sie ihre Kleider mit einem Kohlebügeleisen plätten ließ (1966: 69).

2001 Diese Schilderungen sind zunächst einmal Beschreibung, also die textliche Darstellung von vergangenen Handlungen, Erlebtem und Gefühltem. Diese Einblicke in die Lebensumstände im Feld – so bizarr sie uns aus heutiger Sicht anmuten mögen – stammen alle aus der Feder von Frauen! Ethnologinnen waren Pionierinnen im expliziten Sichtbarmachen ihrer Feldforschungssituation, ihrer Ansprüche, Bedürfnisse und auch ihrer Befindlichkeit. Gleichzeitig werfen diese Momentaufnahmen auch Schlaglichter auf aktuelle Themen wie: Welche Rolle spielt die Ethnologin im Feld. Welche Identität nimmt sie ein?

Eines der berühmtesten Beispiele, das selbstkritisch und -ironisch eine Feldforschung beschreibt, ist Laura Bohannans noch immer faszinierendes Buch »Return to laughter« (1954). Das Buch eilte seiner Zeit um mehrere Jahrzehnte voraus, denn es erfüllte viele Forderungen postmodern-reflexiver Ethnologie: Die Ethnologin blieb nicht unsichtbare Puppenspielerin, sondern rückte sich und ihre Handlungen in den Mittelpunkt des Buches. Weil Ethnologen (und erst recht Ethnologinnen) damals nur Fakten veröffentlichen sollten und Bohannan somit »Unwissenschaftliches« preisgab, hat sie ihre Autorenschaft unter dem Pseudonym Elenore Smith Bowen versteckt. Mit wenigen berühmten Ausnahmen (Lévi-Strauss, Leiris) gibt es keine vergleichbaren Veröffentlichungen von Ethnologen, die der Leserschaft einen vergleichbaren Blick hinter die Kulissen erlaubt hätten.[4] Die Forderungen von Clifford and Marcus (1986), die Subjektivität des Ethnologen[5], seine Interaktion mit den Menschen, die er/sie untersuchte, offen zu legen, hatten Ethnologinnen wie Mead[6], Powdermaker, Bohannan und andere schon längst verwirklicht.[7] Damals war die Ethnologie – wie alle Wissenschaften – von Dogmen der Objektivität und der Wertfreiheit dominiert. Wie Callaway es nennt, war der Text – im Unterschied zur Feldforschung – »entkörpert« (Callaway 1992: 29–30). Aber nur vordergründig. Bei der Analyse von »klassischen« Monographien wurde und wird sehr rasch deutlich, ob der Autor ein Mann oder eine Frau war. Gab es schon je eine Monographie, in welcher neben dem (vermeintlich) ganzen kulturellen Inventar ein Kapitel dem Thema Mann gewidmet war? Ich kenne nur solche, bei denen es umgekehrt war: ein einziges Kapitel über »die Frau«!

Neuerdings ist das Ich-zentrierte Schreiben im Sinn von Ich-Handlungen in Mode gekommen – auch bei Ethnologen. Die zahlreichen Bücher und Lesungen Nigel Barleys sprechen für sich. Manchmal geht der »ethnographische Konfessionalismus« (Kohl 1993: 123) für mein Empfinden zu weit, etwa wenn der anonymen Leserschaft Dinge vorgetragen werden, die vielleicht eher in der Intimität des Schlafzimmers hätten diskutiert werden müssen (zum Beispiel bei Abu-Lughod 1995: 348).

Abgesehen vom Einbeziehen des Subjektes in den Wissenschaftsprozess an sich und dessen Sichtbarmachung, zeigen die eingangs zitierten Textstellen auch die Distanz zwischen Forscherin und »den Anderen«; es war eine Distanz kultureller und persönlicher Art. Damals galt diese als selbstverständlich, heute ist sie in der Ethnologie verpönt. Vor kurzem hat ein Balinese in einer Zeitschrift einen Artikel veröffentlicht[8], in welchem er klar machte, dass ihm die (wenigen) Weißen zuwider seien, die unbedingt ihre Sprache sprechen wollen, sich kulturkonformer als die Balinesen selbst verhielten und den Anspruch stellten, die Kultur von innen heraus zu kennen. Da wären ihm Touristen lieber, die sich auf Distanz an Land und Leuten freuten – und dann wieder abreisten.

Auch wenn dies extrem klingen mag, so fragt man/frau sich dennoch, ob der absolute Distanzverlust, den das folgende Beispiel verdeutlicht, wirklich »besser« ist – und für wen. Gleichzeitig zeigt dieses Beispiel auch eine Aufteilung des Feldaufenthaltes in »Arbeit«, bei der Konformität und relative Distanz die akzeptierte Norm sind, und in eine »Freizeit«, bei der Selbstverwirklichung im Vordergrund steht.

So beschreibt Evelyn Blackwood, eine lesbische Amerikanerin, wie sie während ihrer Feldarbeit in Sumatra eine heterosexuelle Rolle vorgab, aber gleichzeitig ihr eigentliche *gender*-Identität ausleben wollte. Sie lernte eine homosexuelle Frau, Dayan, kennen, die sie in eine Beziehung zog, die ihren eigenen westlichen Vorstellungen von Homosexualität entsprechen sollte. Zwischen ihrer heterosexuellen Identität, die sie während der Feldarbeit vorgab und ihrer eigentlichen homosexuellen Identität trennte sie scharf: »I worked furiously all week so I could catch the bus on Saturday afternoons to go to her village. [...] On our weekends together we stayed at her sister's. [...] Her sister welcomed me but Dayan and I were very careful not to let her know that we were lovers. We maintained this secrecy because Dayan did not want her family to know she was a lesbian and was fearful of her family's reaction, particularly her brothers', if her identity became known«

(1995: 64–65). »With Dayan, I felt at ease in a way I never did with my Indonesian mother [diejenige Frau, die sie während ihre Forschung beherbergte und für sie sorgte] in her heterosexual world, even when I rubbed Ibu's arm [*ibu* nannte sie ihre indonesische »Mutter«] and legs for her when she was ill, or plucked (timidly) at the grey hairs on her head that she insisted on having removed. For me Dayan represented a place to get away, to be lesbian, and to stop feeling so alien. I felt safe with her; when I buried myself in her arms, I could forget the loss of identity and loneliness I felt every day. We spent much of our time alone in her bedroom because it was only there that I truly felt at peace with myself and the knowledge of my lesbian identity. I resented the visits of her friends and the intrusions of her relatives, who came in even when the door was barricaded« (1995: 69).

Auch von einem »Sonderstatus«, den die Ethnologin (und auch der Ethnologe) für sich einmal implizit beanspruchte und der ihr/ihm auch meistens gewährt wurde, kann nicht mehr die Rede sein. Die soziale Distanz ist in vielen Fällen geschmolzen. Anstelle eines vordefinierten (kolonialen) Verhältnisses ist eine Situation getreten, die, wie jede soziale Beziehung, immer wieder aufs neue ausgehandelt werden muss – und zwar von beiden Seiten! Abgesehen davon, kann einer Frau im Feld all das passieren, was einer Frau auch zu Hause geschehen kann. So berichtete etwa Moreno (1995), wie sie von einem ihrer Feldassistenten vergewaltigt worden war.

Zwischen Außen und Innen, Oben und Unten

1985[9] Als ich 1972 die Möglichkeit erhielt, nach Neuguinea zu den Iatmul am Sepikstrom zu reisen, waren die Bedingungen der Feldforschung noch »kolonial«[10]; auch mein Mann und ich wurden als *masta* und *missis* angesprochen und es war für die Leute selbstverständlich, dass wir einen »Haushaltshilfe«, einen *boi,* hatten. Das ganze Dorf lief zusammen, als Meinhard Schuster, der Leiter der damaligen Forschungsreise, und seine Frau uns dorthin führten. Unser Einbaum, war mit Proviant und Bergen von Batterien und anderen Ausrüstungsgegenständen beladen. Noch durften wir die für uns vorgesehene Hütte, die eigentlich durchreisenden australischen Kolonialbeamten vorbehalten war, nicht betreten, weil zwei alte Männer zuerst den Fußboden mit einem Besen aus zusammengebundenen Kokosblattrippen kehren wollten. Der eine, ein etwa 70-jähriger Mann, fiel uns besonders auf, weil er außerordentlich sorgfältig, fast hingebungsvoll den Boden kehrte. Dann endlich durften wir die Hausleiter hinaufklettern. Dutzende von Augen verfolgten alle unsere Bewegungen, als wir unser großes

Moskitonetz aufzuhängen begannen, warfen Blicke in die Koffer, als wir sie öffneten, und staunten über den für sie immensen Reichtum. Unterdessen überlegten wir uns, während wir unsere Hütte »einrichteten«, wen wir als Boy, als Hilfe sowohl auf den verschlungenen Wegen des riesigen Flusssystems Sepik, als Kontaktmann auf Abstechern in benachbarte Dörfer und zugleich als Haushaltshilfe engagieren wollten. Ein jüngerer Mann hatte sich dazu bereits anerboten, kaum dass wir Fuß aufs Ufer gesetzt hatten. Als ich ihn auf »später« vertröstete, blieb er stumm in unserer Nähe, half aber nicht jenen gestandenen Männern, die das *haus kiap* kehrten. Einen Augenblick lang zogen wir den alten Mann in Erwägung, der sich durch seinen vorbildlichen Einsatz hervorgetan hatte; ich wollte ihn fragen, ob er gewillt sei, für uns zu arbeiten. Glücklicherweise tat ich dies dann doch nicht. Wie es sich erst später herausstellte, war er einer der wichtigen alten Männer des Dorfes. Er konnte sich an die Mitglieder der Deutschen Sepik-Expedition von 1912/13, die in Kararau Station gemacht hatten, erinnern. Als er zu unserer Begrüßung den Boden der Hütte kehrte, wollte er sich nur vergewissern, ob etwa mein Mann einer jener Expeditionsteilnehmer vor 60 Jahren war und nun »zurückgekehrt« sei.[11]

Nun, es wäre ein unverzeihlicher faux pas unsererseits gewesen, hätten wir diesen alten Mann in unsere Dienste zu nehmen versucht. Aber das Sammeln von Erfahrungen, das, wie Nader (1970: 10) sagt, »a series of trials and errors« ist, gehört wohl zur Initiation in die Feldforschung, die keinem erspart bleibt. Wenn mich also irgend etwas davor zurückhielt, dem alten Mann die ungehörige Frage zu stellen, die mit seinem großem Ansehen unvereinbar gewesen wäre, so tappte ich auch gleich weiter im Dunkel der mir noch unvertrauten Iatmul-Verhältnisse. Den jungen Mann, der mich inzwischen nochmals gefragt hatte, ob er für uns arbeiten dürfe, fragte ich, noch radebrechend auf Pidgin, der Handelssprache dieses Teils Neuguineas, ob er gelegentlich ein Bad nehme, statt: ob er auch schon Wäsche gewaschen habe. Er nickte; offensichtlich verstand er, was ich meinte und war zu höflich, mich zu korrigieren. Dann bat ich ihn, falls er in seinem Garten Wassermelonen angepflanzt habe, mir eine zu holen; ich würde sie ihm abkaufen (gegen Geld). Er nickte wieder und verschwand. Erst fast zwei Stunden später, bei Einbruch der Dämmerung, kehrte er zurück, schweißüberströmt, aber mit einer großen Wassermelone in seinem Kanu. Erst Wochen später erfuhr ich mit Schrecken und Scham, dass sich die Gärten fast eine Kanustunde vom Dorf entfernt befanden und der junge Mann meinetwegen die lange Fahrt dorthin unternommen hatte, nur um mir die gewünschte Frucht bringen zu können.

Zehn Jahre später hätten die gleichen Leute wohl nicht mehr mit der gleichen Rücksichtnahme und fast mit Unterwürfigkeit auf meine extravaganten Wünsche und meine Ungeschicklichkeiten reagiert. Auch meine soziale Distanz hatte sich mit zunehmender Erfahrung verringert. Ich habe seither nie mehr einen »Boy« engagiert; dies hing zweifellos auch mit der veränderten Situation späterer Feldstudien zusammen. Bei den Abelam, den nördlichen Nachbarn der Iatmul, gelang es mir 1978, also drei Jahre nach Erlangung der Unabhängigkeit, nicht einmal, jemanden stundenweise zu engagieren, damit er mir die Abelam-Sprache beibringe. Die jungen Männer des Dorfes, in dem ich lebte, brachten Lohnarbeit mit dem Leben in der Stadt in Verbindung. Lohnarbeit im eigenen Dorf aber erachteten sie als minderwertig, von geringem Ansehen; alle Arbeiten, die ich nicht selbst erledigen konnte und die früher, unter kolonialen Verhältnissen durch *bois* ausgeführt worden waren, übertrugen sie deshalb ihren Frauen.[12]

2001 Im Verlauf der 16 Monate, die ich bei den Abelam verbrachte, gab es Tage und Nächte, die mich bis ins Innerste erschütterten. Etwa als uns eines Nachts ein freundlicher junger Mann, der gleich neben unserer Hütte wohne, erzählte, wie er zusammen mit ein paar Kollegen in einer Küstenstadt zweimal einen Menschen umgebracht hatte, grundlos und ohne dass ihnen diese Menschen bekannt gewesen wären. Einmal war es ein Mann, der vor seiner Hütte saß und den sie einfach niedermetzelten, einmal war es eine Frau, die im seichten Wasser fischte und die sie ebenso grundlos niedertrampelten.
Warum erzählte er uns diese Geschichte? Ein schlechtes Gewissen hatte er nicht. Wollte er uns Angst machen?

Ein anderes Mal erschien ein anderer Mann vor unserer Hütte, die wir für die Dauer eines Jahres gemietet hatten. Wütend und drohend machte er Ansprüche geltend. Ihm gehöre der Boden, auf dem das Haus stehe und nicht den Leuten, denen wir das Geld gegeben hatten. Er beschimpfte uns; alle unsere Beschwichtigungsversuche nützten nichts. Auch er erschien nachts, mehrfach, und drohte uns, unsere Hütte anzuzünden.

Manchmal waren es ganze Gruppen von jungen Männern, die – ebenfalls nachts – betrunken vom *bottle shop* an unserem Haus (das am Dorfpfad lag) vorbei gingen; sie waren voller Aggression und waren regelrecht auf der Suche nach gewalttätigen Auseinandersetzungen. Von Zeichen (möglicher) Gewalt überschattet war auch mehrfach meine Feldarbeit:

1985 Eines Tages ging ich mit einigen Leuten aus Kalabu[13] in eine Nachbarsiedlung, weil dort eine außergewöhnliche Brautpreisübergabe bevorstand. Das Fest vor dem riesigen Kulthaus, bei dem zwölf große, feingearbeitete Muschelringe den Besitzer wechselten und für das mehrere Schweine geschlachtet worden waren, war eindrucksvoll. Ich saß am Rande des Kultplatzes auf der Erde und verfolgte die öffentliche Diskussion über die Heirat; ich nahm sie auf Tonband auf. Zwischendurch fotografierte ich die ausschließlich männlichen Votanten, die manchmal in einem Zustand höchster Erregung und mit einem Speer in der Hand auf dem Versammlungsplatz auf- und abeilten und dazu eine Rede hielten. Plötzlich. stand vor mir eine Gruppe junger Männer; ihr Anführer sprach mich auf Englisch an. Er befahl mir, das Tonbandgerät und meine anderen Sachen zusammenzupacken und sofort zu verschwinden. Rasch war ich umringt von diesen Burschen, die ich zuvor überhaupt nicht wahrgenommen hatte, weil das Brautpreisfest eine Angelegenheit der älteren und alten Männer war. Der Sprecher der Gruppe, der Stiefel, lange Hosen und ein weißes, langärmliges Hemd trug, stand vor mir und drohte mir. Es gab keinen Zweifel: die Situation war ernst. Niemand der anderen Leute verstand, was er sagte, aber zumindest aus seinem Ton, wie er es sagte, mussten sie schließen können, worum es ging. Ich versuchte ihm stotternd zu erklären – nach vielen Monaten des Pidgin-Sprechens fielen mir zahlreiche englische Wörter gar nicht mehr ein –, warum ich hier war und welcher Art meine Arbeit war. Das Argument, dass ich u.a. traditionelles Wissen und mündliche Überlieferungen, die die alten Leute noch zu berichten wüssten, aufschreiben wollte, damit sie erhalten blieben, ließ er nicht gelten. »Wir brauchen Straßen, wirtschaftliche Entwicklung, die Möglichkeit Geld zu verdienen, Cash Crops anzubauen«, sagte er barsch. »Wie die Alten leben und was sie wissen, das wissen wir schon längst. Was tust du für uns?«, fragte er provokativ. »Mit deiner Arbeit, die aus Lügen bestehen wird, so wie dies bei der englischen Frau und dem deutschen Mann, die beide[14] vor dir hier waren, der Fall gewesen ist, wird es uns nicht besser gehen. Wir brauchen euch Weiße nicht! Verschwinde! Packe deine Sachen auf der Stelle zusammen, oder wir machen sie kaputt!« Drohend machte er mit seinen Stiefeln einen Schritt nach vorne.

Ein Blick hinüber zu den alten Männern, die sich fast hingebungsvoll mit der Abwicklung der Brautpreisübergabe beschäftigten, zeigte, dass sie nicht begriffen hatten, oder nicht bemerken wollten, was sich abzuspielen begann. Der Kreis der Neugierigen, der mich eng umschloss, blieb stumm. Es herrschte eine gespannte Stimmung. Ich zitterte am ganzen Leibe und wusste doch, dass ich meine Angst unter keinen Umständen zeigen durfte. Mit dem letzten Rest Energie begann ich Pidgin zu sprechen: warum dieser Mann wohl Englisch, die Sprache der Weißens spreche, obwohl niemand ihn hier verstehen könne. Ich erklärte dem Kreis der Gaffer, dass er mich aus dem Dorf, in dem ich nur zu Besuch war, hinauswerfen wolle. Ich fragte sie, ob denn dieser Mann überhaupt der Councillor, der moderne, gewählte »Dorfchef« sei. Da ging ein Raunen durch die Menge; ich entnahm ihm, dass er

Mit Frauen des Dorfes Kararau (Iatmul, Papua-Neuguinea)
und Ehemann (Fotograf) auf dem Weg zum Markt (1972/73).
Foto: Jörg Hauser

nicht der erwähnte Amtsträger war und bestand nun darauf, dass man den
Councillor hole, damit er entscheide. Er kam; ich kannte den Mann seit
langem, hatte aber nicht gewusst, dass er der Councillor war. Er, der selbst
ein älterer Mann war, hatte mir schon mehrmals Geschichten erzählt, die
ich auf Tonband aufnehmen konnte. Ich fragte ihn, ob es auch seinem Wunsch
entspreche, dass ich das Dorf verlasse. Er sagte zuerst kein Wort, lächelte
mich väterlich an und führte dann eine typische Abelam-Geste aus, die mir
schon oft das Gefühl der Geborgenheit, des Akzeptiertseins gegeben hatte:
mit den Händen bedeutete er mir, sitzen zu bleiben. Der Knäuel der Neugierigen, der sich um mich gebildet hatte, entwirrte sich plötzlich und löste
sich auf; der Anführer und Sprecher zog sich kleinlaut zurück. Erst zu diesem Zeitpunkt erfuhr ich, dass er aus einem anderen Dorf stammte; zugleich wusste ich, dass ich um diese Siedlung, in der er zuhause war, künf-
tig einen großen Bogen machen musste.

2001 Es waren diese Negativerlebnisse – Negativerlebnisse gehören zu jeder Feldforschung! –, die mir die komplexen Konflikte – Weiße/Fremde versus Neuguineer, Alte versus Junge, Tradition (mein offensichtlich bekundetes Interesse) versus ökonomischen Fortschritt (das, was die jungen Männer erwarteten), Männer versus forschender weißer Frau – drastisch vor Augen führte. Ich stand bei allen diesen Konflikten irgendwo im Zentrum; ich war der neuralgische Punkt, an dem sich dieses komplexe Konfliktpotential und die direkte Gewaltbereitschaft immer wieder aufs neue entzünden würde. In der gegenwärtig dominanten u.s.-amerikanischen ethnologischen Literatur zum Thema Feldforschung und Schreiben von Texten ist auch immer wieder die Rede von der Macht der Forschenden: 1) Machtunterschiede vor der Forschung: der Ethnologe/die Ethnologin entscheidet darüber, welche Gruppe man/frau untersuchen möchte; 2) während der Forschung: Kontrolle über den Forschungsverlauf; 3) nach der Forschung: die Forschenden bestimmen, was sie veröffentlichen und wie sie die untersuchten Gruppen darstellen (Wolf 1996: 2–4). Gerade diese hier geschilderten Beispiele zeigen jedoch, wie Macht in einem umgekehrten Verhältnis und Gewalt in der Feldarbeit plötzlich auftreten können und Situationen entstehen, die nur noch bedingt mit der individuellen Forscherpersönlichkeit in direktem Zusammenhang stehen. Das *Othering*, der Prozess des Anders- und Fremdmachens, kann ein Prozess sein, bei welchem die Forschenden zu Anderen, zu Feinden gestempelt werden. Es ist dies eine Position der Machtlosigkeit. Diese Erfahrungen und die Erkenntnis, dass sich an mir (an uns) immer wieder neue Konflikte mit möglichen Gewaltfolgen entzünden würden, brachte mich davon ab, weitere Forschungen in Papua-Neuguinea zu unternehmen.

Bei dem Mann, der uns drohte, unser Haus (mit uns drin) anzustecken waren es Bodenstreitigkeiten, die durch unsere Anwesenheit aufgeflammt waren – nicht zuletzt deshalb, weil wir Miete bezahlt hatten. Gerade Geld, die Zahlung für Miete, Nahrung/Speisen, für Dienstleistungen (Übersetzungen, Feldassistenz u.ä.), und Forderungen nach Geld sind ein Konfliktpunkt, dem sich kein Ethnologe und auch keine Ethnologin entziehen kann. Das Thema »Geld« und »Bezahlung« bleibt fast vollständig auch aus postmodernen Texten ausgeklammert. Als ich in Bali einer meiner wichtigsten Gewährsleute, einen Ritualspezialisten, einmal fragte, nachdem er mich anlässlich unseres Gesprächs in seinem für unser Empfinden äußerst ärmlichen Haus empfangen und uns bewirtet hatte, was ich ihm das nächste Mal etwas mitbringen dürfe, formulierte er genau das, was ich immer auch empfunden hatte: »Nein, auf keinen Fall! Was ich Dir erzähle, ist nicht Ware, die ich verkaufe!« Das Gefühl der Schuld, Vieles zu erfahren und aufzuschreiben – nur zu nehmen – ist ein Gefühl, das mich immer wieder über-

fällt. Die Forderung nach Geld – als Geld, als Waren oder in der Gestalt des
Bezahlens einer Ausbildung für ein Kind, eines Krankenhausaufenthaltes –
sind Dinge, die fast täglich an die Ethnologin herangetragen werden – in
unterschiedlicher Form und mit mehr oder weniger Nachdruck. Eine Regel,
wie damit umzugehen ist, gibt es nicht.

Bei den Tonbandaufnahmen im Abelam-Nachbardorf waren wir der Kri-
stallisationspunkt des Generationenkonfliktes, der hier aufbrach. Hätte ich
mich – oder eher: hätte mein Mann – sich zu den jungen Männern gesetzt
und mit ihnen auf Englisch über die ihnen wichtigen Themen Interviews
geführt, so wären wir vermutlich nicht Gegenstand ihrer Aggression geworden. So aber standen wir Weißen »auf der Seite« der Alten, der Tradition.
Wie hatte es ein anderer junger Mann einmal ausgedrückt? »Die Zeit der
Väter ist vorbei; jetzt sind wir Jungen dran. Jetzt herrscht die Zeit des Gel-
des!«

Macht und Herrschaft über die »Einheimischen«, die die Forschenden
angeblich ausüben: so eindeutig und einfach liegen die Verhältnisse nicht.
In jedem Fall bewegt sich eine Ethnologin in einem Feld der Macht und
Herrschaft, in welchem sie zwar Akteurin ist, das sie aber nicht immer beeinflussen, geschweige denn bestimmen kann.

Frau mit Frauen – und mit Männern

2001 Die Bedeutung des vorgegebenen oder tatsächlich gelebten *gender*
spielt in der Feldforschung eine eminente Rolle. Es ist der Schnittpunkt von
Hautfarbe, Kulturzugehörigkeit, Religion, Sprache und Sprechvermögen,
zugeschriebenem Geschlecht, Sexualität, Alter und sozialem Status (ob verheiratet oder nicht, mit Kinder oder ohne, Beruf etc.) die wesentlich die
Rolle der Ethnologin in der betreffenden Gesellschaft bestimmen. Bei sta-
tionärer Feldforschung, Feldforschung in der Gemeinschaft, in der man/
frau lebt, erfährt die alleinreisende Ethnologin meist auch die Zuweisung
zu bestimmten Rollen und sozialen Beziehungen. Je nach dem wird die
Ethnologin als »Tochter« oder »Schwester« aufgenommen wie das Beispiel
von E. Blackwood gezeigt hat, mit Erwartungen an entsprechend konfor-
mes Verhalten. Abu-Lughod ist ein gutes Beispiel dafür. Obwohl sie Amerikanerin ist, wurde sie von den Beduinen, die sie in Ägypten untersuchte,
vor allem als Tochter eines »arabischen«, dem Islam angehörenden Vater
aufgenommen. Da er Jordanier war, interpretierten sie ihn und auch die Ethnologin als Palästinenser. Für die Beduinen waren die Palästinenser eine
Minderheit wie sie selbst. Alle diese zugeschriebenen Elemente haben der

Ethnologin dazu verholfen, ein äußerst positives *gender*-Profil in der untersuchten Gesellschaft zu erlangen(1986: 9–35). Diese *gender*-Konstruktion, die sie in ihrem zweiten Buch (1993) als ihre tatsächliche Identität ausgibt[15], ermöglichte eine besonders gute Integration in die Gesellschaft und vor allem in die Welt der Frauen.[16] Zu jeder Feldforschung gehört ein (von wem auch immer in Gang gesetztes) Spiel mit Identitäten und nicht zuletzt bewusste Instrumentalisierung von Identitäten. Es dient meistens dazu, die Differenz zwischen Fremdsein und Gleichsein[17] möglichst auszublenden.

1985 In Neuguinea jedenfalls ist es so, dass eine Ethnographin, wenn sie mit einem männlichen Partner in ein Dorf zieht, von den Bewohnern dem weiblichen, er dem männlichen Bereich zugeordnet wird. Im Unterschied zu einem männlichen Ethnologen besitzt seine weibliche Kollegin dank ihres Geschlechtes einen wesentlichen Vorteil, der zugunsten der Feldarbeit unbedingt genutzt werden sollte. Bereits Beatrice Blackwood, die 1929 allein auf den Salomonen gearbeitet hat, hat diese Erfahrung gemacht. Sie beschreibt dies folgendermaßen (1935: XXII): »In working among the women I took all the advantage I could of my sex, and although I found them less inarticulate than the men, they were, I feel sure, on much more intimate terms with me than they would have been with a man, besides admitting me to their huts during parturition, when all males are excluded. Among the men, however, it became a recognized convention to ignore the fact that I was a woman, and I was allowed to learn their secrets and to handle objects, such as the bullroarer and the stone fish used in bonito magic, which are kept from sight and knowledge of their own womenfolk.« Mead (1970: 322) formulierte es im negativen Sinn für männliche Ethnologen: »A male anthropologist may occasionally establish a comparable relation to an old post-menopausal woman, but in general women's affaires are more bodylinked and more guarded than the ceremonial secrets of the men.«

Conton, die mit einem männlichen Kollegen bei den Usino am oberen Ramu lebte, hat in einer ganz anderen Kultur Neuguineas vierzig Jahre nach Powdermaker das gleiche erlebt (1977: 7): »It was a surprise to discover that the female anthropologist was permitted to be more versatile in her interactions than was the male anthropologist, who was consistently excluded from the female world.«

Zweifellos war die Tatsache, dass männliche Völkerkundler keinen oder kaum Zugang zur Frauenwelt besaßen, nur ein Grund, weshalb die meisten der sogenannten Monographien so einseitig ausgefallen sind. Ein ebenso gewichtiger Grund besteht meist in der Feldforschungssituation selbst, besonders wenn es sich um Kulturen handelt, die ausgesprochen Männer-betont sind. Conton schreibt darüber (1977: 8–9): »During the early months of

Mit einer Doktorandin beim Dokumentieren eines Rituals und der
verwendeten Kultgegenstände anlässlich eines Tempelfestes in Bali
(Indonesien, 2001).
Foto: Jörg Hauser

fieldwork, both men and women attempted to deter me from my professed
commitment to study women's lives. They were sure that I was making a
mistake; again and again they told me that only men had the kind of
information and knowledge that I was seeking, and that I was wasting my
time trying to learn anything from women. [...] The Usino men continued to
seek me out, to volunteer information, to interfere whenever possible in my
female-centered work by insisting upon being present whenever I talked

with women, by answering questions addressed to women, by dominating
all discussions in mixed groups.« Ein Grund für die die Männerwelt über-
betonenden Monographien besteht also auch darin, dass sich die Männer
der untersuchten Ethnien ebenfalls als legitime Vertreter der Gesamtkultur
verstehen, für Frauen Antworten formulieren, usw.

Bei den Iatmul, den Bewohnern der Ufer des Mittelsepiks, wo ich mir
zur Aufgabe gemacht hatte, die Kultur der Frauen in möglichst jeder mir
zugänglichen Richtung zu dokumentieren[18], bezog ich eindeutig Position
für die Frauen. Fast den ganzen Tag verbrachte ich in Gesellschaft von Iatmul-
Frauen, begleitete sie zum Fischfang, zum Sagomarkt, in die Gärten und
verbrachte unzählige Stunden in den großen Familien-Wohnhäusern. Ich
gehörte, wie einmal eine alte Frau sagte, ganz zu ihnen, weil ich eine Frau
war und mich mit ihnen identifizierte. Abends, wenn mein Mann und ich in
unserer Hütte saßen, umschwirrt von Tausenden von Moskitos und von Kopf
bis Fuß mit Kleidern bedeckt, trotz der tropischen Temperaturen, besuchte
uns nie eine Frau. Stattdessen aber kamen immer wieder einzelne Männer
zu uns, erzählten uns Mythen, berichteten flüsternd von Geheimnissen der
Männerwelt, deren sichtbarer und imponierender Ausdruck die Männerhäuser
sind. Trotz meiner Identifikation mit der Gruppe der Frauen sorgten die
Männer dafür, dass ich einiges über ihren eigenen Bereich erfuhr. Auch war
es mir erlaubt, das Männerhaus zu betreten, geheimgehaltene lange Flöten
und Schnitzwerke zu sehen sowie deren Herstellung zu verfolgen. Mein
Mann, der sich durch meine Arbeit ebenfalls sozial mit den Frauengruppen
identifizierte, hatte zweifellos einen Prestigeverlust zu erleiden, da es den
Männern des Dorfes unverständlich blieb, weshalb er ebenfalls oft mit mir
den Tag bei Frauen verbrachte. Auch die Frauen selbst waren leicht beunruhigt durch sein nicht rollenkonformes Verhalten. Sie versuchten jedoch oft
sein Ansehen aufzumöbeln, indem sie ihm beispielsweise einen höheren
und besseren Hocker zuschoben als mir. Als wir einmal mit einer Gruppe
älterer Frauen im Kanu zum Sagomarkt mitfuhren, paddelten wir beide auf
Frauenart mit. Im Unterschied zu Frauen, die sitzend rudern, stehen Männer aufrecht im Einbaum, indem sie einen Fuß auf dem Kanurand aufstel-
len. Da diese aus einem ausgehöhlten Baumstamm bestehenden Fahrzeuge
rasch auf eine ungeschickte Bewegung oder eine heftige Gewichtsverlage-
rung reagieren, d.h. kentern kann, ist es für ungeübte Europäer sehr viel
einfacher, sitzend zu rudern. Der rund vier Kanustunden lange Weg zum
Marktplatz führte durch einsame Gegenden, über einen großen, mit roten
Seerosen übersäten See, durch enge, geschlängelte Wasserwege im Sago-
sumpf. Mein Mann tat gut daran zu sitzen; oft mussten wir, obwohl wir
saßen, uns noch ducken, um einem mit spitzen Nadeln gespickten Sago-
palmwedel auszuweichen. Manchmal gab es scharfe Biegungen, die hohe

Anforderungen an die Paddelkünste stellten. Die Frauen, die wir begleiteten, unterhielten sich zwar darüber, dass mein Mann wie eine Frau saß, aber sie sahen offensichtlich ein, dass es auch für sie besser so war. Als wir jedoch in die Nähe des Marktplatzes kamen, der an einer weiteren Biegung des kleinen Zuflusses zum Sepik lag, forderten sie meinen Mann energisch auf, aufzustehen. Denn da wir in Sichtweite der dort wartenden Tauschpartnerinnen (die Angehörige einer anderen Ethnie waren) kamen, verlangten sie, dass er wie ein Mann dort ankomme.

2001 Alle diese Schilderungen lassen erkennen, dass in den Siebziger Jahren feministische Feldarbeit bedeutete, sich auf »Frauen« zu konzentrieren. Aber, so schreibt Caplan, indem man Frauen zum Thema/Problem erklärt, lässt man den »Rest« intakt und behandelt Männer als unproblematisch (1992:80). Gleichzeitig haben weiße Feministinnen in jener Zeit versucht, weltumspannend an das Wir-Gefühl von Frauen zu appellieren und eine fundamentale Gemeinsamkeit zu postulieren. Dagegen – gegen den hegemonialen Anspruch weißer Akademikerinnen der Mittelklasse – haben sich bekanntlich »women of color« und Dritt-Welt-Feminstinnen entschieden gewehrt und auf die Unterschiede und Verschiedenheit (= Differenz) hingewiesen (vgl. Wolf 1996: 5–6). Bei den späteren Feldforschungen, sowohl bei den Abelam wie danach auch in Bali habe ich nie mehr so eindeutig Position für Frauen bezogen wie damals bei den Iatmul. Es war mir bei meinen Forschungen zwischen 1997 und heute jedoch schmerzlich bewusst, wie wenig ich über das Leben und Wissen der Frauen in Bali wusste. Ich arbeitete deshalb ein besonderes Projekt aus, welches dieses »Manko« in den Mittelpunkt stellte. Heute untersucht eine meiner Doktorandinnen dieses Thema.

1985[19] Bei den Abelam arbeitete ich über ein ausgesprochenes Männerthema: die Kulthäuser. Im Unterschied zu meiner früheren Feldforschung arbeitete ich dort vor allem mit Männern zusammen. Obwohl es mir gelang, umfassende Informationen über Architektur, Funktion und Symbolik dieser Zeremonialhäuser zu sammeln, ordneten mich Männer gelegentlich bewusst dem weiblichen Bereich zu. Statt dass ich hätte verfolgen können, wie erfahrene Pflanzer mit ihren längsten, über und über geschmückten Yamsexemplaren einen triumphalen Einzug auf dem Kultplatz hielten, hätte ich – wäre ich den Aufforderungen der Männer gefolgt – mit den Frauen kochen sollen. Manchmal wurde ich den Verdacht nicht los, dass mich meine mir z. T. besonders nahestehenden Informanten mit solchen Aufforderungen, die in mir regelmäßig eine nur schwer beherrschbare Wut aufsteigen ließen, provozieren wollten, weil sie meine diesbezügliche Empfindlichkeit und

Reaktionen sehr wohl kannten. Wenn ich dann aber am Yamsfest bei den
Männern erschien, ihren Aufforderungen also keine Folge leistete, hatte ich
wieder diesen nahezu geschlechtsneutralen Status, der mir den Zugang zur
Männerwelt ermöglichte. Bei den Abelam passierte es mir immer wieder,
dass ich subjektiv die Arbeiten der Männer als interessanter empfand als die
der Frauen – etwas, das mir bei den Iatmul (bei etwa gleicher Arbeitsteilung) nie passiert ist. So hatte ich lieber einen (Männer-) Grabstock in der
Hand, um die Erde in den Gärten umzustechen als Unkraut zu jäten. Vermutlich hatte ich bei dieser Feldarbeit unwillkürlich eine männliche Position bezogen; selbst unbemerkt hatte ich die Wertung der Abelam-Männer
übernommen und empfand deshalb die Dinge, die sie taten, als abwechs-
lungsreicher und aufregender als die der Frauen. Heute muss ich, nachdem
ich eineinhalb Jahre bei den Abelam gelebt habe, sagen, dass ich wahrscheinlich aus den erwähnten Gründen nicht viel über die Frauen weiß. Menarche-
und Geburtsriten, die Kernstücke weiblichen Kultes, sind mir bekannt,
aber mein Bild der Abelam bleibt dominiert von männlichen Tätigkeiten
und Vorstellungen.[20] Abelam-Frauen sind weniger selbstbewusst und stark
als Iatmul-Frauen; sie haben die Herrschaft der Männer bedingungsloser
akzeptiert als ihre Iatmul-Geschlechtsgenossinnen. Zu sehen und mitzuer-
leben wie eine Abelam-Frau von ihrem Mann bewusstlos geschlagen wurde, hat mich oft mit ohnmächtiger Wut erfüllt. Die heilige Kuh der Feld-
forschungstheorie, die teilnehmende Beobachtung, war in solchen Situationen nicht oberstes wissenschaftliches Gebot, sondern für mich unwürdige
Bedingung, um selbst aus solchen Situationen, die ich hautnah miterlebte,
unbeschadet hervorzugehen.

2001 Da ich mich bei späteren Forschungen für religiöse Themen entschieden hatte, wurde meine Körperlichkeit als Frau gelegentlich zu einem
Stolperstein in meinen Untersuchungen. Wie in den meisten Kulturen, sind
Frauen bei den Abelam und auch in Bali bei den wichtigsten religiösen Orten entweder ganz oder doch partiell – temporär – ausgeschlossen. Während sich die Abelam-Männer darauf beschränkt hatten, mir im allgemeinen
zu vermitteln, dass sich Frauen grundsätzlich sowohl dem Kulthaus wie
auch dem Yamsgarten fern zu halten hatten, wurde ich in Bali vor dem Betreten eines Tempels öfters direkt gefragt, ob ich gerade menstruiere; wenn
dem so wäre, dann müsste ich draußen bleiben. Dass mein Körper den Takt
angeben sollte, nach dem ich Forschung betreiben konnte oder sollte, war
für mich schwierig. Jetzt, als »Frau jenseits des gebärfähigen Alters« kann
ich mich mit Leichtigkeit zwischen männlichem und weiblichen Bereichen
hin- und herbewegen! Und ich nutze diese Chance voller Freude! Dennoch
spielt *gender* nach wie vor eine Rolle. Wenn ich zusammen mit meinem

Mann in Bali bei einem Ritualspezialisten war, um mit ihm über die Rituale zu sprechen, die ich zuvor gesehen hatte und dann dokumentierte, fand immer der gleiche Ablauf des Gesprächs statt: Ich stellte zuerst die Fragen. Mein Gegenüber setzte zur Beantwortung an; dabei wandte er sich meinem Mann zu und erklärte ihm ausführlich, was eigentlich ich wissen wollte. Mein Mann musste dann jeweils durch Nicken und Zwischenrufe der Zustimmung diese Erläuterungen entgegennehmen. Solche (äußerst) anregenden Dreiecksgespräche fanden häufig statt. Wenn ich diesen Mann jedoch allein traf, verlief das Gespräch als direkte Kommunikation. Erst die Anwesenheit meines Mannes hatte also das Dreiecksgespräch evoziert.

Das andere Forschen

1985 Wer meint, dass es als Völkerkundlerin einfacher sei, mit Frauen statt mit Männern zu arbeiten, irrt sich gründlich, denn in der Regel orientieren sich die Vorbereitungen auf eine Feldforschung am traditionellen, männlichen Stil. Feldarbeit mit Frauen ist völlig anders und qualitativ verschieden von solcher mit Männern. Worin aber besteht dieser Unterschied?

Die Antwort ist, auf eine Kurzformel gebracht, folgendermaßen zu formulieren: Feldarbeit mit Männern lässt sich zu einem beachtlichen Teil auf der verbalen Ebene nach dem Frage-/Antwort-Schema abwickeln. Feldarbeit mit Frauen basiert nur zu einem verschwindend kleinen Teil auf mündlicher Befragung und auf Interviews. In beiden Sepik-Kulturen, in denen ich gearbeitet habe, konnte ich mir nie vornehmen, zu einem bestimmten Zeitpunkt selbst mit Frauen, zu denen ich ein enges Verhältnis besaß, ein mir besonders wichtig erscheinendes Thema zu besprechen. Am Anfang der Feldforschung stellte ich immer wieder – wenn ich zum Beispiel bei Frauen in ihrer Hütte saß, während sie kochten – Fragen, die Bereiche außerhalb der aktuellen Situation ansprachen. Die Reaktion der Frauen bestand meist darin, dass sie mich zuerst verblüfft anblickten, weil ich offensichtlich mit meinen Gedanken irgendwo ganz anders war als sie selbst. Dann gab vielleicht eine der Frauen eine lakonische Antwort, die meiner Meinung nach am Zentrum meiner Frage völlig vorbeiging. Die Art, wie sie gegeben wurde, ließ meistens keinen Zweifel darüber offen, dass niemand wünschte, jetzt das Gespräch darüber fortzusetzen. Mit den Frauen verbrachte ich oft viele Stunden in den Pfahlbauhütten auf dem unebenen Lattenboden sitzend, während das Gespräch zwischen ihnen und mir über Alltägliches hin- und herplätscherte. Manchmal verzweifelte ich fast, wenn ich tagelang nichts anderes »getan« hatte, als mit ihnen den Tag, der meistens gleich verlief wie der vorangegangene, zu verbringen; mein Rücken schmerzte vom langen Sitzen, ich fühlte mich halb benebelt vom vielen Betelkauen und Rauchen, das ich brauchte, um die langen Phasen ungeduldigen »Nichtstuns« ertragen zu können. Das Schlimmste aber war, dass sich mein Notizbuch kaum füllte.

2001 Viele Ethnologinnen haben in der Feldarbeit mit Frauen ähnliches festgestellt: Das Partikuläre und Situationale stand im Vordergrund. Vermutlich gerade bedingt durch diese andere Form des Forschens haben Ethnologinnen sich mit Autobiographien von Frauen auseinandergesetzt (vgl. Okeley and Callaway 1992) und solche publiziert.

Die Theoriediskussion der vergangenen 20 Jahre hatten vor allem die Methodologie der Feldforschung ins Visier genommen. Was dadurch stattfand, war, wie Caplan es treffend zusammenfasst: »… [a] shift from observational and empirical methodology to a communicative and dialogical epistemology« (1992: 72). Diese radikale Wende ist auf dem Hintergrund einer Absage an den Objektivismus zu verstehen: Menschen – auch Forscherinnen – sind, wie bereits dargelegt wurde, immer kulturgebunden und subjektiv; das gleiche gilt für das von ihnen hervorgebrachte Wissen. Wenn Ethnologinnen andere Menschen untersuchen, kommt es zu einer komplexen Verknüpfung und Verschachtelung subjektiver Sichtweisen (von beiden Seiten) und Interpretationen. Feministische Forschung hat die Objektivität der von Männern geschriebenen Monographien schon immer angezweifelt: er wurde als *male bias* bezeichnet. Feministische Forscherinnen sind nicht der Ansicht, dass es nun an ihnen ist, objektive Resultate vorzulegen. Haraway (1991) plädierte für »politics and epistemology of location«. Dabei geht es um die Offenlegung subjektiver Faktoren des Forschens, Geschlecht, Alter, Kulturzugehörigkeit, Nationalität, soziale Schicht, Zeit – alles Faktoren, die Sichtweisen, Standpunkte und die Art der Wissensproduktion beeinflussen (vgl. dazu Wolf 1996: 14–15). Ich stimme Caplan zu, die gesagt hat, dass feministische Ethnologie »can be both reflective and political« (1992: 73).

Während aller meiner Feldforschungen entwarf ich einen Forschungsplan, ich modifizierte ihn zwar immer wieder, entsprechend meinem Wissensstand, aber ich verzichtete niemals auf ihn. Gleichzeitig ließ ich meine Forschungen – inhaltlich und vom Ablauf her – von den Menschen, mit denen ich zusammen war, leiten.[21] Abu-Lughod gibt an, dass sie darauf verzichtet hat, einen eigenen Forschungsplan zu entwerfen, sondern das untersuchte, was »[...] the Bedouins themselves found most interesting and central« (1986: 23). So überzeugend dies klingen mag, so fragwürdig halte ich diese Einstellung dennoch, weil ich sie für apolitisch (oder politisch naiv) halte. Denn sie verzichtet darauf, sowohl in der Untersuchung wie auch in der Analyse das Spannungsfeld von Wissenschaftlerin und untersuchter Gruppe (ob sich diese nun in Europa oder außerhalb befindet), zwischen Innen und Selbstverständlichem einerseits, und Außen und Sichtbarmachen des vermeintlich Selbstverständlichem als Methode einzusetzen. Gerade, wenn es um Macht- und Herrschaftsbeziehungen wie auch um Ideologien geht, die in der Selbstverständlichkeit des Binnenalltags oft unsichtbar bleiben und nicht thematisiert werden, ist das Sichtbarmachen dieser Beziehungen und Verhältnisse in einer sozialwissenschaftlichen Arbeit wichtig.

1985 Um einen Themenkomplex einigermaßen zu bearbeiten, benötigte ich manchmal das Dreifache an Zeit, als für ein anderes Thema mit Männern erforderlich gewesen wäre. Ich lernte dabei aber, dass ich viel mehr Gewicht auf Beobachtungen legen musste. Ich erfuhr dadurch Tatbestände, die mir bei kurzen Besuchen in ihren Häusern, die der Befragung gedient hätten, entgangen wären. Beobachtungen aber setzen eine verhältnismäßig lange Erfassungsdauer voraus. Nach und nach lernte ich die Beobachtungen zu standardisieren, das heißt z. B. gewisse Handlungen, die die Frauen ausführten, in einem festgesetzten zeitlichen Rahmen zu zählen, die Umstände zu notieren, wodurch sie ausgelöst wurden, und vieles andere mehr.

Die gleichen Beobachtungen musste ich an mehreren anderen Tagen wiederholen, um einigermaßen sicher zu sein, dass meine Daten zuverlässig waren. Aussagen, die ein Informant gemacht hat, zu überprüfen, ist im Unterschied dazu ein Kinderspiel: man befragt »einfach« andere Männer zum gleichen Thema.

Mit Frauen zu arbeiten setzt deshalb nicht nur Kenntnisse in den Befragungs- und Interviewtechniken voraus, und – was noch fast wichtiger ist – auch solche in der Verhaltensforschung. Während viele Ethnologen Informanten in ihrer eigenen Hütte befragen, muss die Ethnographin immer am Ort sein, wo sie ihre Beobachtungen machen kann, also meist mitten drin, niemals aber auf der Veranda ihrer eigenen Hütte.

Ich möchte nun ein Beispiel für Tatbestände geben, die mir ohne langfristige systematische Beobachtung verschlossen geblieben wären: Bei den Iatmul fahren bekanntlich die Frauen jeden Morgen zum Fischfang und bringen dann nach wenigen Stunden zahlreiche Fische[8] nach Hause. Da ich oft vor dem Haus einer mir besonders nahestehenden Frau auf ihre Rückkehr wartete, fiel mir mit der Zeit folgendes auf: wenn sie mit ihrem Kanu anlegte, so trug sie das Stück glimmendes Feuerholz, das sie in einer winzigen Tonschale im Kanu immer mit sich führte, und ihre Netztasche, in der sie manchmal ein Bündel unterwegs gepflücktes Blattgemüse hatte, in ihre Hütte. Danach schaffte sie ihre Fische heim. Dort nahm sie einige Exemplare und wickelte sie in Blätter ein. Im Verlauf der folgenden Stunden übergab sie wie beiläufig je ein Bündel verschiedenen Frauen. Anfänglich hatte ich dieser Beobachtung keinen Wert beigemessen, dann aber stellte ich ähnliches auch bei anderen Frauen fest. Ich fragte meine Informantinnen, welchen Frauen sie Fisch zukommen ließen und welchen nicht. Die Antworten lauteten meist, dass es verschiedene Frauen gebe, die in Frage kämen; Auswahlkriterien existierten jedoch keine. Deshalb, weil ich inzwischen die Unzuverlässigkeit solcher Aussagen kannte, begann ich mit einer systematischen Untersuchung. Ich versuchte während eines Monates täglich mehrere Frauen zu beobachten, wem sie wie viele Fische gaben. Da es nicht möglich war, mehrere Frauen gleichzeitig zu beobachten, arbeitete ich auch, als Ergänzung zu den Beobachtungen, mit einer Befragung. Nachdem ich bereits während vieler Tage einzelne Frauen auf ihrer Fischverteilung begleitet hatte, verstanden meine Gewährsfrauen mein Unterfangen, umso mehr als ich seit meiner Ankunft jeweils zu den mit Fischen »beschenkten« Frauen zählte. Um die soziale Organisation der Frauen erfassen zu können, die weitgehend unabhängig von Clan- und Zeremonialhälftenzugehörigkeit ist, war diese Untersuchung, die an zufällige Beobachtungen anschloss, von größter Bedeutung. Ich hatte am Anfang meines Feldaufenthaltes einmal gefragt, ob die Frauen auch Gruppen, sei es nach Alter, Clanzugehörigkeit oder Lokalität, besaßen oder bildeten. Männer und Frauen hatten dies verneint. Vermutlich deshalb, weil dieses Organisierungsprinzip, das z.B. bei Wöchnerinnen oder Witwen zu einem lebenswichtigen Versorgungssystem wird, informeller Art ist, es keine starren Vorschriften gibt und unabhängig von den reglementierten Organisationen der Männer funktioniert. Ich bin der Ansicht, dass solche Frauenorganisationen weit verbreitet sind.

Wer als Frau Feldarbeit mit und über Frauen machen will, muss sich also loslösen vom traditionell männlichen Stil der Feldforschung. Der »weibliche« Stil ist anstrengend, weil er dauernden engen Kontakt mit den Frauen erfordert. Im Unterschied zu männlichen Informanten wollen die weiblichen die Ethnographin immer wieder unterrichten. Weiner (1976: XX) hat es in ihrer beispielhaften Trobriandstudie, in der sie eindrücklich ebenfalls eine informelle Frauenorganisation aufgezeigt hat (die an Totenfesten mit einem eigenen Tauschsystem relevant wird) treffend geschrieben: »As a general statement of my own interaction with men and women, men *told* me about things and women *instructed* me in things.« Die Iatmul-Frauen haben Stunden damit verbracht, mir das Flechten von Taschen beizubringen; das gleiche galt für die Abelam-Frauen mit ihren wunderschönen Netztaschen. Schweißtropfen perlten mir jeweils von der Stirne, und vor meinen Augen verschwammen die Muster. Es waren Torturen für mich, denn ich wusste, dass ich die Techniken nie lernen würde. Wenn ich aber einigermaßen die

Erwartungen der Frauen erfüllte, so frohlockten sie darüber und erzählten meine Taten im ganzen Dorf herum.

Im Unterschied zu einem Ethnologen, der heute Feldforschung betreiben will und dabei im Voraus, aufgrund der schon vorhandenen Literatur, sein Thema angeben kann, ist für eine Völkerkundlerin letzteres praktisch unmöglich, weil über das Leben der Frauen, in welcher Kultur auch immer, praktisch nichts bekannt ist. So schreibt zum Beispiel Meigs (1977: 1), dass sie im Hochland Neuguineas eigentlich das soziale Problem der Scheidung und deren Bedeutung für Tauschbeziehungen und politische Allianzen untersuchen wollte. Erst als sie sich bei der Bevölkerungsgruppe der Hua (im östlichen Hochland) niedergelassen hatte und einen ersten Einblick in deren Kultur erhalten hatte, musste sie sich fragen, ob das, was sie zuerst als eine Scheidung bezeichnet hatte, überhaupt eine war. Auch zeigte sich, dass die Hua sich oft mit Speisetabus, von denen sie eine große Zahl besitzen, befassten; schließlich passte Meigs ihr Untersuchungsthema den konkreten Verhältnissen an und schrieb eine Arbeit über »sexual ideology and pollution«. Mehr als im voraus zu sagen, dass sie sich dem Leben der Frauen in einer außereuropäischen Kultur zuwenden wolle, kann wohl keine Ethnographin.

2001 Auch wenn sich die Literaturlage inzwischen verändert hat und eine Vielzahl von Arbeiten zu *gender*-Themen vorliegen, so ist Offenheit für ein ganz anderes Thema als frau ursprünglich im Kopf hatte, immer noch ein wichtiges Gebot. Denn in vielen Fällen entscheidet die konkrete Situation vor Ort darüber, was untersucht werden kann und was nicht – und weniger die »Literaturlage«. Denn Feldforschung ist immer »verkörperte Forschung«.

Anmerkungen

1 1972–73 hatte ich die Gelegenheit, unter der Leitung von Prof. Dr. M. Schuster (Basel) zusammen mit fünf weiteren Studierenden, an einer vom Schweizerischen Nationalfonds unterstützten Forschungsreise in Neuguinea teilzunehmen.
2 Vgl. dazu Coffey 2000.
3 In ihrem Aufsatz über ihre Feldforschung gibt sie an (1970: 319), dass sie 1928/29 auf Manus den Fußknöchel gebrochen hatte. Da er nie mehr richtig erstarkte, hätte sie deshalb (drei Jahre später) zu den Berg-Arapesh getragen werden müssen.
4 Malinowskis Tagebücher, die er für sich selber gefühlt hatte wurden bekanntlich erst posthum veröffentlicht. Ihr Inhalt war jedoch nicht für die Öffentlichkeit bestimmt.
5 Vgl. dazu die Reaktion von feministischen Wissenschaftlerinnen (Behar und Gordon 1995), Women writing culture.

6   *2001* Nach ihrem Tod (1978) sind Margaret Mead und ihre Arbeiten ins
     Schussfeuer der Kritik geraten (für eine kritische Evaluation Meads Arbeiten
     vgl. Foerstel and Gilliam 1992). Aufgrund meiner eigenen Kenntnis von zwei
     Kulturen, in denen Mead gearbeitet hat, halte ich ihre Resultate für richtig.
     Selbstverständlich spiegeln die Fragen und die Art, wie sie diese gestellt und
     interpretiert hat, die Zeit wieder. Aber welche ethnologische Feldforschung und
     welche Veröffentlichung spiegelt nicht Zeit und die Gesellschaft wieder, aus
     der der/die Forschende stammte? Gleichzeitig hat Mead Schreibstile prakti-
     ziert, die heute postuliert werden, etwa reflexives, die Forscherin, ihre Eindrük-
     ke und ihre Gefühle mit einbeziehende Texte. Meads Schilderung der Begeg-
     nung mit der Samoanerin Phoebe Parkinson (1960; deutsche Übersetzung 1992)
     halte ich für eine Meisterleistung.

7   Im deutschsprachigen Raum haben die ethnopsychologisch arbeitenden Ethno-
     loginnen (und Ethnologen) das reflexive Schreiben schon längst zur Selbstver-
     ständlichkeit gemacht, weil dieses Teil der Methode ist; vgl. etwa Maya Nadig
     (1986) und Florence Weiss (gemeinsam mit Morgenthaler 1984) und 1991.

8   Der Titel lautet »I know Bali better than you« Denpasar 2001.

9   Dieser Teil ist leicht gekürzt.

10   Bis 1975 wurde Papua-Neuguinea von Australien verwaltet.

11   Dieser Idee begegnet man in vielen verschiedenen Kulturen Neuguineas; sie ist
     nur im Rahmen der Vorstellungen von Zeit verstehbar und mag eine der Ursa-
     chen für das Entstehen von Cargo-Kulten sein (Hauser-Schäublin 1997).

12   *2001* Die Arbeit für Weiße bekam damit eine andere *gender*-Konnotation, die
     auch mit Wertigkeiten zu tun hatte.

13   Kalabu war der Standort meiner stationären Feldforschung.

14   Er meinte die englische Ethnologin Phyllis Kaberry und den deutschen Ethno-
     logen Gerd Koch. Von Kaberry stammen die ersten Publikationen über die
     Abelam (1941); Gerd Koch hatte eine Sammelreise unternommen und diese
     veröffentlicht (1968).

15   »Being a Palestinian American Woman [...]« (1993: 40).

16   Offensichtlich hat sie nie dagegen opponiert, als Muslimin wahrgenommen zu
     werden, sagt dann aber an anderer Stelle – aber nur der Leserschaft, nicht den
     Betroffenen selbst –, dass sie persönlich nicht an die rituellen Handlungen glaube,
     zu der man ihr riet, als sie nicht schwanger wurde (1995: 343).

17   Zu den Prozessen von Gleichsein und Verschiedensein vor allem im Zusam-
     menhang mit feministischer Forschung vgl. Moore 1994 und auch Hauser-
     Schäublin und Röttger-Rössler 1998.

18   Vgl. Hauser-Schäublin 1977. Seither hat Florence Weiss eine Vielzahl von Ar-
     beiten über die Iatmul-Frauen veröffentlicht.

19   Dieser Abschnitt wird in leicht gekürzter Form wiedergegeben.

20   Erst später habe ich versucht, mein Wissen über Männer und Frauen auf einan-
     der zu beziehen (Hauser-Schäublin 1995).

21   Auch Schlehe gibt an (1998: 27), dass sie neben situationsgeleiteter Forschung
     und kommunikativem Austausch auch immer Beobachtungen und themen-
     zentrierte Interviews durchgeführt hatte.

Literatur

Abu-Lughod, Lila
1986   Veiled sentiments. Honor and poetry in a Bedouin society. Berkeley.
1993   Writing women's worlds. Bedouin stories. Berkeley.
1995   A tale of two pregnancies. In: Behar, Ruth and Deborah A. Gordon (Hg.), Women writing culture. Berkeley.

Behar, Ruth und Gordon, Deborah A. (Hg.)
1995   Women writing culture. Berkeley.

Blackwood, Beatrice
1935   Both sides of Buka Passage. Oxford.

Blackwood, Evelyne
1995   Falling in love with an-Other lesbian: reflections on identity in fieldwork. In: Kulick, Don und Willson, Margaret (Hg.), Taboo. Sex, identity, and erotic subjectivity in anthropological fieldwork, London/New York, 51–75.

Bowen, Elenore Smith
1984   Rückkehr zum Lachen: ein ethnologischer Roman. Berlin. [Original: Return to laughter. 1954].

Callaway, Helen
1992   Ethnography and experience. Gender implications in fieldwork and texts. In: Okeley, Judith und Callaway, Helen (Hg.), Anthropology and autobiography. ASA Monographs 29, London, 29–49.

Caplan, Pat
1992   Engendering knowledge: The politics of ethnography. In: Ardener, Shirley (Hg.), Persons and powers of women in diverse cultures. Oxford.

Clifford, James und Marcus, George
1986   Writing culture. The poetics and politics of ethnography. Berkeley.

Coffey, Amanda
2000   The ethnographic self. Fieldwork and the representation of identity. London.

Conton, Leslie
1977   Women's roles in a man's world: appearance and reality in a lowland New Guinea Village. Ann Arbor.

Foerstel, Lenora und Gilliam, Angela (Hg.)
1992   Confronting the Margaret Mead legacy. Philadelphia.

Harraway, Donna
1991   Simians, cyborgs, and women: the reinvention of nature. New York.

Hauser-Schäublin, Brigitta
1976   Feldforschung bei den Iatmul: Zwischen Erlebnis und Wissenschaft. Bulle-
          tin der Schweizerischen Ethnologischen Gesellschaft, Basel, 9–14.
1977   Frauen in Kararau. Zur Rolle der Frau bei den Iatmul am Mittelsepik,
          Papua New Guinea, Basler Beiträge zur Ethnologie 18.
1989   Kulthäuser in Nordneuguinea. Berlin.
1995   Puberty rites, female *naven*, and initiation. In: Lutkehaus, N. und Roscoe,
          P. (Hg.), Female initiation in the Pacific, New York/London, 33–53.
1997   Die Vergangenheit in der Gegenwart. Zeitkonzeptionen und ihre
          Handlungskontexte bei den Abelam in Papua-Neuguinea. In: M.
          Schindlbeck (Hg.), Gestern und Heute – Traditionen in der Südsee. Fest-
          schrift zum 75. Geburtstag von Gerd Koch. Baessler-Archiv, Neue Fol-
          ge, Band XLV, 409–429.

Hauser-Schäublin, Brigitta und Röttger-Rössler, Birgitt (Hg.)
1998   Differenz und Geschlecht. Neue Ansätze in der ethnologischen For-
          schung. Berlin.

Hauser-Schäublin, Brigitta; Kalitzkus, Vera; Petersen, Imme und Schröder, Iris
2001   Der geteilte Leib. Die kulturelle Dimension von Reproduktionsmedizin
          und Organtransplantation in Deutschland. Frankfurt a. M.

Kaberry, Phyllis M.
1941   The Abelam Tribe, Sepik District, New Guinea: a preliminary report. In:
          Oceania 11, 233–258, 345–367.

Koch, Gerd
1968   Kultur der Abelam. Veröffentlichungen des Museums für Völkerkunde
          Berlin. Neue Folge 16, Abteilung Südsee VIII.

Kohl, Karl-Heinz
1993   Ethnologie – die Wissenschaft vom kulturell Fremden. Eine Einfüh-
          rung. München.

Mead, Margaret
1970   Field work in the Pacific Islands, 1925–1967. In: Golde Peggy (Hg.),
          Women in the Field, Chicago, 293–331.
1991   Vermittlerin zwischen zwei Welten: Phebe Clotilda Parkinson. In: Hauser-
          Schäublin, Brigitta (Hg.), Ethnologische Frauen-Forschung. Berlin. [Ori-
          ginal: Weaver of the border. 1960].
1977   Letters from the Field. World Perspective 52. New York.
1972   Women's rights: a cultural dilemma. In: Women's role in contemporary
          society. The Report of the New York City Commission on Human Rights,
          Avon/New York, 175–184.
1973   Blackberry Winter. London/Sydney.

Meigs, Anna Stokes
1977   Sexual Ideology and pollution among the Hua of Papua New Guinea.
          University Microfilms International, Ann Arbor/Michigan.

Moore, Henrietta L.
1994   A passion for difference. Essays in anthropology and gender. Cambridge.

Moreno, Eva
o. J.   Rape in the field: reflections from a survivor. In: Kulick, Don und Willson, Margaret (Hg.), Taboo. Sex, identity, and erotic subjectivity in anthropological fieldwork, London/New York, 219–250.

Morgenthaler, Fritz; Weiss, Florence und Morgenthaler, Marco
1984   Gespräche am sterbenden Fluß. Ethnopsychologie bei den Iatmul in Papua-Neuguinea. Frankfurt a. M.

Nader, Laura
1970   From anguish to exultation. In: Golde, Peggy (Hg.), Women in the Field, Chicago, 97–116.

Nadig, Maya
1997   Die verborgene Kultur der Frau. Frankfurt a. M. [1986].

Okeley, Judith und Callaway, Helen (Hg.)
o. J.   Anthropology and autobiography. ASA Monographs 29, London, 29–49.

Powdermaker, Hortense
1933   Life in Lesu. New York.
1966   Stranger and Friend. New York.

Schlehe, Judith
1998   Die Meereskönigin des Südens, Ratu Kidul. Geisterpolitik im javanischen Alltag. Berlin.

Weiner, Annette B.
1977   Women of value, men of renown. St. Lucia.

Weiss, Florence
1991   Die dreisten Frauen: eine Begegnung in Papua-Neuguinea. Frankfurt a. M. [1991].

Wolf, Diane L.
1996   Situating feminist dilemmas in fieldwork. In: Wolf, Diane L. (Hg.), Feminist dilemmas in fieldwork, Boulder, 1–55.

Thomas Hauschild

Mein Mezzogiorno
Religionsethnologische Feldarbeit in Süditalien

»Uns selbst so zu sehen wie die anderen uns betrachten ist nichts weiter als eine Umkehrung und Ergänzung der Gabe, andere so zu betrachten wie sie sind und sein wollen.« Malinowski 1937 (übers. v. Verf.)

Ethnologie und Selbstanalyse

Am 1. Oktober 1908 versuchte ein hamburgischer Ethnologe, von dem an Bord des Expeditionsdampfers vorgeführten Squally-Insulaner *baulíu* die einheimische Vokabel für »Auge« zu erfragen. Vorher hatte Wilhelm Müller-Wismar schon Übersetzungen für »Zunge«, »Mund«, »Oberlippe« und »Nase« in Erfahrung gebracht. Da die Teilnehmer der von Georg Thilenius geleiteten Hamburger Südsee-Expedition zumindest in dieser Anfangsphase erhebliche Übersetzungsprobleme hatten (Fischer 1981: 98), wird der Forscher vielleicht sein Begehren durch entsprechende Mimik oder Gestik unterstrichen haben. Man braucht kein Wilder zu sein, um sich vor einer »Hünengestalt in schneeweißem Europäer-Anzug« (ebd., 143) zu fürchten, die mit den Augen rollt. Jedenfalls ist das Ende der Geschichte in Müllers »Wörterverzeichnis und Fragebogen« folgendermaßen geschildert:

»Die Aufnahme wurde nach kurzer Zeit unmöglich, da der Mann über das Fallreep in ein Kanu entsprang.«

Mal wieder war ein Einheimischer »ausgekniffen« (ebd., 131), ein Vorgang, der sich im Verlauf dieser und ähnlicher Expeditionen oft wiederholte. Nicht nur die Bewaffnung, sondern auch der forschende Blick und die Haltungen der Weißen wurden häufig als gefahrbringend verstanden. Ein Australienforscher berichtete:

»Ich hörte dann, dass man allgemein glaubte, der Weiße besäße übernatürliche Kräfte in seinen Augen. Man glaubte, er könne [...] sofort denjenigen töten, der ihn ansehe [...] Das war die Ansicht die die Kurnai ausdrückten, als sie beim Anblick der Weißen einander zuschrieen: ›Sieh nicht hin! Sieh nicht hin! Oder er wird dich töten!‹« (Seligmann 1921: 91/92).

Anscheinend reagierten die Erforschten mit körpersprachlichen Interpretationen auf die verbalen und sonstigen Zudringlichkeiten der Reisenden. In den ethnologischen Berichten aus jener Zeit findet man diesen Aspekt der Begegnung zwischen Wilden und Weißen lediglich am Rande, als »Curiosum« verzeichnet. Den Dialog mit seinem exotischen Gegenüber wissenschaftlich ernst zu nehmen, war Ethnologen der Jahrhundertwende mindestens so schwierig wie für uns heute. Manche dieser eilig in der Welt umherhastenden Forscher berührten den »Primitiven« nur mit der Zange, nämlich mit den anthropologischen Messinstrumenten der Rassengenetik. Und wieder ist es ein Kollege Müller-Wismars, der die Folgen beschreibt:

»Ich versuchte dann, anthropologisch zu arbeiten, erregte damit aber nur allgemeinen Schrecken [...].« (Fischer 1981: 131).

Allerdings löste sich Müller bald von der Rassengenetik und wurde zu einem der ersten »begabten« stationären Feldforscher der deutschen Völkerkunde (ebd., 68). Nur wenige Jahre später begründete dann Bronislaw Malinowski die Tradition der lang anhaltenden und bewusst als solche gestalteten teilnehmenden Beobachtung. Aber Hemmungen und Brüche im körperlichen und sonstigen Umgang zwischen Forscher und Wildem waren weiterhin kein Thema ernst zunehmender Feldberichte.

Offensichtlich war Ethnologie damals das Gegenteil von Selbsterkenntnis. Dabei hatte es an möglichen Vorbildern einer ethnographischen Körper- und Selbstanalyse der Europäer nicht gemangelt. Wir kennen die schmerzhafte Auseinandersetzung des romantischen Weltreisenden Chamisso mit seiner Unfähigkeit zur dauernden Teilhabe am Fremden, in der Figur des Peter Schlemihl mit den Siebenmeilenstiefeln. E. T. A. Hoffmann entwarf vom »Eckfenster« aus eine Volkskunde seiner Berliner Mitbürger, die nur auf der Beobachtung von Körpersprache und Kleidung beruhte – zugleich ironisierte er sich selbst als melancholischer, gelähmter Betrachter. Für die deutsche Romantik war die Aufzeichnung von Gefühlen und Irritationen des Berichtenden gerade eine Garantie der Authentizität einer Beschreibung »sentimentaler Reisen« (Stewart 1978), die gleichermaßen in Europa wie in Übersee durchgeführt wurden. Es scheint, dass sich im Rahmen dieser Literatur bald zuviel persönliche und politische »Freymüthigkeit« äußerte (ebd.). Jedenfalls galt am Ende des Jahrhunderts dann das Gegenteil, wurde auf »persönliche Bemerkungen, Beschwerden, [...] Bewertungen [...] Ausdruck persönlichen Empfindens« im streng vom Expeditionsleiter kontrollierten Tagebuch bewusst verzichtet (Fischer 1981: 61, 75). Selbsterforschung war außer Mode geraten und die ethnologische Analyse der eigenen Kultur schien jetzt nur noch vorstellbar als Wiederholung kolonialer Vorbilder – z. B. als Forschung an »primitiven« Bauern. Mit dieser

Haltung hatte schon 1906 der spätere Leiter der Südsee-Expedition, Thilenius, die in Hamburg versammelten Volkskundler geschockt, welche sich gerade zur Untersuchung des engen Zusammenhanges von »Volkskultur« und europäischer »Oberschichtskultur« anschickten (Korrespondenzblatt 1906: 14 ff.). Die »Innenansicht« der Feldforschung und die Meinung des zurückgekehrten Ethnologen von seiner Heimat blieben auch nach Thilenius ein Geheimnis. Aussagen berühmter Fachvertreter über ihre Felderfahrung und ihre Sicht der eigenen Kultur wurden zunächst nur in mündlicher Tradition von den Schülern weitergetragen. So soll Malinowski dem aufgeregten jungen Evans-Pritchard vor Beginn der Feldforschung gesagt haben: »Don't be a bloody fool!«, zu Deutsch, er solle sich mal nicht so blöd anstellen. Haddon hingegen empfahl, sich wie ein Gentleman zu benehmen. Seligmann meinte »[...] keep off women [...]« und riet im übrigen zu einer guten Dosis Chinin jeden Abend (Evans-Pritchard 1973: 1).

Vorsichtsmaßregeln und der Appell an die europäische Tradition (*gentleman*) mussten eine Unterrichtung über die subjektive Seite der Feldforschung ersetzen und selbst diese dürftigen Ratschläge blieben jahrzehntelang ungeschrieben. Noch Mitte der sechziger Jahre konnten größere Versuche der Selbstanalyse von Ethnologen nur als posthumes Tagebuch (Malinowski 1967) oder als Roman (Bowen 1964) erscheinen. Persönliches ließ sich im Zeichen naturwissenschaftlicher Objektivität kaum mitteilen.

Mit der Dekolonisierung schlug das Pendel dann aber wieder in die romantische Richtung zurück. Parallel zum weltpolitischen Prozess sollte Ethnologie nunmehr im Zeichen des Dialoges mit der Dritten Welt stehen, nicht mehr der entfremdeten Forschung am kolonial beherrschten Objekt. Schriften zum »subjektiven Aspekt der Feldforschung« gerieten plötzlich aus den Schubladen, wo man sie zurückgehalten hatte, an das Licht der Öffentlichkeit (Devereux 1976, erstmals erschienen 1967). Bald war es geradezu Mode, im Nachhinein persönliche Begleitumstände oder auch Niederlagen der Feldforschung zu schildern (Spindler 1970). Selbst banalste Probleme, wie sie jeder Reisende in der Fremde hat, wurden als Erkenntnismittel hoch gehandelt (vgl. Rabinows [1977] Schilderungen seiner Marokko-Forschung). Damit bahnte sich eine methodologische Neuorientierung der Völkerkunde auf die Übersetzer- und Vermittlerfunktion zwischen den Kulturen an (Tedlock 1979).

In den Literaturwissenschaften und in der Geschichtswissenschaft entfachte sich die postkoloniale Debatte nun dergestalt, dass die Ethnologie phasenweise zu einer Art Leitwissenschaft, einer literarischen Anthropologie aufrücken konnte (v. Graevenitz 1999; Hauschild 1999). Aber mittlerweile ist auch schon wieder ein Rückschlag des Pendels zu beobachten: zum Kulturvergleich, zum Universalismus und zur Einbeziehung geogra-

phischer und biologischer Probleme, zu materiellen Faktoren und welthistorischen Zusammenhängen (Schweizer 1997, vgl. für den Mittelmeerraum Horden/Purcell 2000). Die Erfahrung der postmodernen Debatte hilft
uns allerdings dabei, diese Seite der ethnologischen Arbeit nicht mehr mit
der Naivität einer falsch verstandenen Naturwissenschaftlichkeit zu bege-
hen. Die Selbstreflexion ist über all dem manchmal zum Ritual im Stile
eines »Bekennerschreibens« oder einer »Bußübung« verkommen – für zu-
kunftsträchtiger halte ich weiterhin ihre Umwandlung in eine experimentel-
le und kulturvergleichende Methode, die Europa und unsere eigene Gesellschaft mit Selbstverständlichkeit als Teil eines ethnologischen Themen-
spektrums betrachtet, das von in- und ausländischen Forschern in unterschiedlichster Weise bearbeitet wird (Hauschild/Warneken 2002). Feldforscher und Feldforscherinnen betrachten sich dann als Teil des Experi-
mentes (Hauschild 1995), über das sie berichten und sie sind nicht nur als
Individuen beteiligt, auf einer »psychologischen Ebene«, sondern als Akteure ihrer eigenen Kultur, die jetzt in einem anderen Rahmen agieren und
als Fremde in die andere Gesellschaft inkorporiert werden – ein Vorgang,
den jeder Mensch im Alltag in geringerem Maße erlebt, beim Übertreten
sozialer Schwellen oder der Grenzen zwischen den Lebensphasen. In diesem Sinne versuche ich hier, meine Felderfahrungen im größeren Zusammenhang europäischer nationaler Projektionen der daran gebundenen Machtverhältnisse *und* einer individuellen und sozialen Erfahrung zu deuten, die
ich, zwar unwiederholbar aber doch auch nachprüfbar und »echt«, in Süditalien habe machen können: Ich bin einem Trend gefolgt und meinem eigenen Drang, ich habe selbst dabei vor Ort bei der Forschung und danach,
daheim, eine »Drift« der Erkenntnis entfaltet, die mal im gesellschaftlichen
mainstream liegt, mal aber auch widerständiges und eigensinniges Wissen
zu Tage fördert über die Menschen einer anderen Kultur und über mich
selbst (vgl. Latour 1999; Fabian 2001).

Italienphantasien

Die Italienerfahrung und -vorstellung der Deutschen steht im Zeichen einer
besonderen Mischung von Sehnsucht und Abscheu. Luther (1913) fuhr
wundersüchtig nach Rom und beschrieb die Heilige Stadt dann später als
Ort der »Papst-Sau«, der »Hure zu Rom« (Boehmer 1925). Goethe entdeckte in Italien die Ideale der Antike neu, wurde »selbst zum Griechen«,
erschrak dann aber vor der blutigen »Nachtseite« dieser archaischen Kultur
(Buschor 1958). Der »überdrängten und vorbeirauschenden Freude«, dem

Prozession von San Donato, Ripacandida, August 1987:
Selten wird der Beobachter unbeobachtet bleiben.

Beobachtung – Dialog – Interpretation:
Mein Assistent, Freund und Gevatter
Luigi (Gino) Gilio (rechts neben dem Autor, mit Bart).

»Taumel« des römischen Carnevals widmete er eine detaillierte, liebevolle Beschreibung, zugleich ekelte ihn jedoch das Getümmel der »unzähligen Menschen«, die Obszönität und Ärmlichkeit der feiernden Massen (Goethe 1981). In vornehmlich protestantischen Schriften des 19. Jahrhunderts wird diese Ambivalenz verstärkt zum Bild der quasi-heidnischen, immer noch Ablass- und bildergläubigen Katholiken des Südens, die sowohl am hehren Bild der Antike wie am Ideal des Evangeliums gemessen, völlig verkommen wirkten (Trede 1890). H. C. Andersen nahm in den »Galoschen des Glücks« das Bild der Siebenmeilen-Stiefel wieder auf und berichtete, wie die Italiensehnsucht eines Nordländers am Elend und Schmutz des Südens zerbricht. Zugleich ergötzte man sich aber auch an den neckischen »Nachtschatten« des italienischen Volksglaubens, konsumierte populäre Erzählungen und volkskundliche Berichte über die heißblütigen Südländer (Kaden 1896). Das setzt sich fort bis zur sehr ambivalenten Duce-Begeisterung der Deutschen in den 20er und 30er Jahren und zur Beschwörung des ersehnten und zugleich todbringenden »fremden Gottes« der freien Liebe in Thomas Manns Strandphantasie »Der Tod in Venedig«. Bis heute gültige Italienvorstellungen der 50er und 60er Jahre versuchten dann, die Pole von »Natur« (Strände, Gigolos, Gesang) und »Kultur« (Kunst, Tourismus, Vatikanbesuche) wieder stärker einander anzunähern (vgl. Richter 1989; 1990).

Diese Betrachtungsweise hat sich auch in der Ethnologie niedergeschlagen. Kadens Deutung des süditalienischen Volksglaubens als heidnisches *survival* wurde bereits erwähnt und ähnlich suchten deutsche Volkskundler und Ethnologen noch lange Schamanismus, heidnische Fruchtbarkeitskulte und ähnliches in der italienischen Volksreligion (Wagner 1937; Hermann 1938; Petri 1954). Das ist europäische Ethnologie wie sie Thilenius 1906 zum Entsetzen der Volkskundler präsentiert hatte, als Primitiven- und Heidentumsforschung. Die höchste Blüte dieser Literatur dürfte Sir James Frazers »goldener Zweig« sein, wo nicht nur das Überleben primitiver Mysterien im altitalischen Priesterkönigtum Nemi beschworen wird, sondern diese Deutung auch mit zahlreichen Beispielen aus der zeitgenössischen Süditalienvolkskunde belegt ist (1977).

Noch immer klingt uns der Abschied des Altmeisters von der archaischen Welt in den Ohren (»Farewell to Nemi«) – umso überraschender ist allerdings, dass auch die von Italienern betriebene Süditalienforschung bis heute im Zeichen der Auseinandersetzung mit Theorien steht, welche den Mezzogiorno heidnischer und wilder erscheinen lassen, als er eigentlich ist. Die erste Generation der italienischen Folkloreforschung hatte ganz im Zeichen der Suche nach antiken Überresten gearbeitet und ihre Schriften ließen sich ohne weiteres von deutschen Italienschwärmern benutzen. Jeder noch so harmlose bäuerliche Brauch erscheint hier gleich unter einem latei-

nischen oder griechischen Klassikerzitat (Lares 1912 ff.). Im Widerstand
gegen die Volkstümelei des Faschismus öffneten dann Ernesto de Martinos
Forschungen Wege zu einer historisch-kritischen Aufarbeitung dieses
archaisierenden ethnographischen Stiles (1959; 1962) und zu Felduntersuchungen, welche soziale Funktion und Zeitbedingtheit der Volkskultur in den Mittelpunkt der Analyse stellen (Gallini 1971; Signorelli u.a.
1977). Allerdings erinnert der ständige Hinweis vieler dieser Autoren auf
die Unterentwicklung hier manchmal wie ein Ersatz des bekämpften ahi-
storischen Denkens, *la miseria*, das Elend muss alles erklären (Douglass
1983: 170). Noch mehr stehen einige der von englischen und amerikanischen Ethnologen nach dem Zweiten Weltkrieg durchgeführten Forschungen im Zeichen primitivistischer Vorstellungen: Banfield (1958) erscheinen
die Süditaliener so elend und verkommen, dass sie für ihn gar nicht mehr
über die Familie als Grundform sozialer Gestaltung hinausgelangen, »amo-
ralischer Familismus« ersetzte das Gemeinschaftsdenken. Ähnliche Monographien beschrieben süditalienische Dörfer als in sich geschlossene Bauern-
gesellschaften, die fast schon seit der Antike in dieser Form überdauerten
(Brögger 1971). Erst seit den 60er Jahren gelang es, die Dialektik von Gemeinschaft (lokaler Kultur) und Gesellschaft (Oberschichtskultur) in Süditalien, die Verbindung der Familien durch Netzwerkbeziehungen sowie den
Bezug der kleinen Dörfer zur Nationalkultur und zum internationalen Markt
zu beschreiben (Allum 1973; Schneider/Schneider 1976; Gribaudi 1981).
Damit folgt die Italienforschung einer allgemeinen Tendenz der Mittelmeerethnologie weg von der Bauernromantik und hin zur Anerkennung der Komplexität der untersuchten Gesellschaften (Davis 1977). Nicht ganz überwunden ist jedoch die Vorstellung, Süditaliener seien in ihrer Religiosität heidnisch, antiken Überbleibseln verhaftet und dem Einfluss der katholischen
Kirche weitgehend entzogen. Noch einmal deutlich zum Mythos geformt
ist dieser Gedanke in Carlo Levis (1947) Roman »Christus kam nur bis
Eboli«, einer vielgelesenen und erfolgreich verfilmten Schilderung
lukanischer Bauern als magiegläubige Naturmenschen. Auch Ernesto de
Martino konnte sich trotz aller historischen Kritik in der Wahl seiner
Forschungsthemen nicht von diesen suggestiven Bildern freimachen, er arbeitete vor allem über Magie und Besessenheit, Totenkulte und Hexerei des
Südens, nie jedoch über Heiligenkulte oder katholische Vorstellungen. In
den Arbeiten der britischen und amerikanischen Ethnologen findet man zu
diesem Thema weiterhin nur recht konfuse Aussagen (Appel 1977; Brögger
1971). Am Thema »Religion« ist die primitivistische Sichtweise geformt
worden und daher lässt sie sich bei Forschungen in diesem Bereich auch
nur unter größten Schwierigkeiten auflösen. Mein eigener Weg in dieses
Feld illustriert das deutlich, denn er war gekennzeichnet durch ständiges

Schwanken zwischen einer heidnischen und einer katholischen Interpretation der süditalienischen Glaubenswelt.

Meine Entwicklung zum Ethnologen begann in den Sammlungen und in der Bibliothek des Museums für Völkerkunde in Hamburg. Gerade den erzieherischen Einflüssen eines naturwissenschaftlich orientierten Gymnasiums und der meine Schulzeit begleitenden Studentenbewegung entkommen, reizte mich an der Ethnologie das Irrationale von Magie und Religion. Vorlesungen über wesentliche andere Themen unserer Wissenschaft – Feldforschung, Verwandtschaft usw. – empfand ich damals als langweilig (und musste das später oft bereuen). Aber ich verbrachte Wochen vor den Schubladen der Amulett-Sammlung Seligmann, in der Eurasien-Abteilung des Museums. In den Amuletten suchte ich buchstäblich einen festen Halt, ein materielles Zeugnis der mich faszinierenden magischen Welt und ich glaubte, dass uraltes Wissen in der versteinerten Körpersprache dieser Objekte auf uns kommt (Hauschild 1976). In meiner Dissertation über den »bösen Blick« untersuchte ich den Bedeutungshintergrund solcher Amulette. Das führte mich aber weg vom Uralt-Ewigen, ich musste die historische Bedingtheit der Glaubensformen, z.B. den Kontrast zwischen städtischen und ländlichen Vorstellungen, anerkennen lernen (Hauschild 1979/82). Dass in Süditalien viel alter Aberglaube – wenn auch entstellt – weiterlebt, dass dies die Religion der Süditaliener sei, blieb auch weiter meine Grundüberzeugung. Nach Fertigstellung des Buches hatte ich endlich Zeit und etwas Geld zur ersten Fahrt in den Süden. Bezeichnenderweise trat ich diese Reise bewaffnet mit Ranke-Graves' »White goddess« (1948/1981) an, einer romantisch-mythologischen Grammatik des europäischen Folklore. Und plötzlich stand ich mit meinem Rüstzeug von Luther bis de Martino und von Goethe bis Ranke in einer Kirche, im Dom von Neapel. Um mich herum drängten sich schluchzende Südländer, draußen krachte ein riesiges Feuerwerk und seine Eminenz, der Kardinal Ursi, hielt mir eine große Monstranz entgegen, in der in zwei Phiolen rote Flüssigkeit waberte. Und er brüllte: »Ein Wunder! Küsst es, küsst das wundersam verflüssigte Blut des heiligen Genaro, küsst es, ein Wunder! Und drängelt nicht so, einer nach dem anderen!« Erschreckt suchte ich das Weite und seitdem war ich nicht mehr nur ein Freund geheimer magischer Riten, sondern ich interessierte mich auch zunehmend für das Gegenteil, für öffentlich ausgedrückte und gesellschaftlich geforderte Religiosität. Die Imagination hatte sich an der Realität gestoßen. Diesmal war der Ethnologe ausgekniffen, nicht der Wilde. Ich musste mich entschließen, der eisernen Regel der Ethnographie nachzukommen (Evans-Pritchard 1973: 3), dass der Forscher immer seinem Objekt folgen soll. Wie schwer das in Wahrheit ist, zeigt vielleicht die Tatsache, dass noch mehr als vier Jahre vergehen mussten, bis ich meine Feldforschung in erster Linie auf das zentrale Thema des süditalienischen Volksglaubens konzentrierte – die Heiligen. Noch in meinem 1981 bei der Humboldt-Stiftung eingereichten Antrag auf Forschungsförderung heißt es über die gewünschte Beziehung zu meinen Informanten (Rapport):

»Es hängt von der Qualität des ›Rapport‹ ab, ob sich diese Befragungen vor allem auf die volksmedizinischen und magischen Praktiken beziehen können oder ob sie mehr im Bereich der volksreligiösen Praktiken, Heiligenkulte usw. verbleiben!«

»Heiligenkulte usw.« waren ein minderwertiges Ziel. Die Zeichen standen auf ethnomedizinischer Forschung, im engen Sinne des Vergleiches zwischen Magie und Psychotherapie (Hauschild 1982). Immerhin versprach ich, »genau« zu forschen, deswegen wohl und weil ich bei meiner »böser Blick«-Studie fleißig Material gesammelt und bearbeitet hatte, entschieden die Gutachter, dass ich mir in einer Feldforschung ruhig einmal die Hörner abstoßen solle.

Mit unzähligen Karten, Reiseberichten und Monographien herum-jonglierend machte ich dann in einem Hotelzimmer in Siena das Ziel meiner Reise aus: Lukanien sollte es sein, wo schon Carlo Levi, Edward Banfield und viele andere ihren Mythos des Südens geprägt hatten. Und in Lukanien sollte es die Gegend um den erloschenen Vulkan Vulture sein, wo noch um 1860 Tausende von Bauern der neuen italienischen Regierung offene Gefechte geliefert hatten und bestimmt ebenso viele (meist unbewaffnete) Lukaner dafür ihr Leben lassen mussten. Lukanien, wo Horaz herkam und Carmine Crocco, der Brigantenführer, wo die Vorsokratiker lehrten und de Martino forschte. Das waren meine Phantasien, und es war nicht schwer, ihnen stärker rationale Erklärungen beiseite zu stellen.

Ein wesentliches Kriterium der Ortswahl, so schrieb ich noch nach einem halben Jahr meiner Tutorin, Ulla Johansen, nach Köln, war »ein besonderer Ruf (Ripacandidas) als zurückgebliebener, traditionalistischer Ort«. Ich hatte so gehandelt wie Brögger (1971: Einleitung), der entschuldigend schreibt, eigentlich habe er »seinen« kalabrischen Ort wohl bloß gewählt, weil dort einige Leute »noch griechisch sprachen«. Diese Art Forschung musste mit einer Enttäuschung beginnen.

Es gab also eine Erfahrung zu machen, aber es gab auch eine Schiene, auf der diese Erfahrung vorgebahnt war. Fritz Kramer hatte mich gewarnt, bei einem langen Gespräch in Berlin: Vielleicht würden ja diese Magiethemen auch einmal wichtig werden, aber ich sollte mich doch zunächst mal an das halten, was die Menschen in Süditalien als Kollektiv interessiert, an die Heiligenkulte. Clara Gallini, die bekannte italienische Ethnologie, fasste es drastischer und riet mir, Schriften über die Magie des

Mezzogiorno nicht als »Baedecker für den Süden« zu missbrauchen. Mein
Betreuer bei der Humboldt-Stiftung, Franco Trevisani, mahnte immer wieder klug eine Historisierung meiner Daten und die fällige Arbeit in den Archiven an. Ohne diese Betreuer hätte ich dem, was nun kam, vielleicht nicht
standhalten können.

Im Felde

Verspätete Touristen, die im Herbst auf der Autobahn zu den süditalienischen
Griechenlandfähren unterwegs sind, durchreisen zwischen dem exotischen
Neapel und dem modernistischen Bari eine bizarre Bergwelt und dürre Mond-
landschaften. Pittoreske Bergdörfer tauchen kurz zwischen den Hügeln und
Felsen auf, manchmal sieht man altertümliche Gehöfte und Schafherden.
Wir – meine Frau Anita, unser siebenjähriger Sohn Simon und ich – nährten
beklommene und zugleich ein wenig heroische Gefühle, als wir auf der
Hälfte dieses Weges nach Süden abbogen, herausfuhren aus der Zivilisation, so wie wir sie kennen. Uns schwebte ein karges Leben in den kalkwei-
ßen Dorfhäusern vor, faszinierende Begegnungen mit einer Welt, in die
»Christus«, die nordeuropäische Lebensart, noch kaum vorgedrungen war.
Nur wenige Meter nach der Autobahnausfahrt bot sich uns ein anderes, fast
gegenteiliges Bild: Hier kreuzten sich drei oder vier Straßen und Brücken,
teils neu, teils von Erdbeben zerstört, teils Planungsruinen. Gleich darauf
folgte eine im Aufbau begriffene Industrieanlage, die schon wieder Rost
anzusetzen begann. Wir fuhren weiter, sahen ein »Zigeunerslum« in Melfi,
der ersten Stadt auf unserem Weg in den Süden, durchsetzt mit
Farbfernsehgeschäften und Autoreparaturwerkstätten, so schien es uns, deutlich unseriöser Natur. Wir sahen einen Bauern mit geschultertem Gewehr –
auf seinem Kleintraktor – und schließlich in Rionero, einer kleineren
Agrostadt, Heroinspritzen zwischen jahrhundertealten erdbebengeschüttelten
Häusern, Jugendliche auf dem Bahnhofsvorplatz, die sich mit Rock'n Roll
aus ihren Autoradios bedröhnten (es war Sonntagnachmittag). Schließlich
war da eine Pension *Al Buongusto*. Sie hatte bessere Zeiten gesehen. Die
Wirtsfamilie hatte sich gerade vor dem Fernsehgerät zu einem amerikanischen Spielfilm versammelt.

Das waren die ersten, katastrophalen Eindrücke. Wir befanden uns offensichtlich nicht in dem erwarteten konservierten Mittelalter, sondern in
einem schlecht erhaltenen und unvollkommen betriebenen Bezirk unserer,
der Industriegesellschaft. Das Erlebnis des »Kaputten« ist nicht gerade neu
für Süditalienreisende, Alfred Sohn-Rethel (1991) hat diesen Begriff in den

zwanziger Jahren geprägt und an Walter Benjamin weitergegeben. Schon
die Reisenden des 19. Jahrhunderts bezeichneten Neapel gelegentlich als
»Paradies, das von Teufeln bewohnt wird« – bei mir war es eher eine Hölle,
die von lauter feinen Menschen (»bravagente«) bewohnt wurde, aber in jedem Falle hätte mir eine gründlichere literarische Vorbereitung manchen
Schock erspart.

Manchmal, wenn wir durch das feuchtkalte abendliche Rionero streiften
– ja, auch den Traum vom ewigen Frühling Italiens hatten wir sofort aufgeben müssen – blitzten uns wie ein Versprechen aus höhlenartigen altertüm-
lichen Wohnungen Hausaltäre entgegen – und wieder die Farbfernseher.
Immerhin war das ein Trost, es schien Reste traditionellen Lebens zu geben, wenn auch zur Zeit noch unerreichbar für uns. Und doch packte uns
dann beim Abendessen in besagter Pension oft nackte Verzweiflung, wenn
wir das Zerbrechen unserer romantischen Illusionen mit der offensichtli-
chen Öde des provinziellen Lebens addierten. Wir erlebten am eigenen Leibe, was wir auch vorher schon aus den Statistiken und Demographien hätten schließen können: Die Basilikata – Lukaniens moderner Name – ist neben den Abruzzen die einzige Region Italiens, die in den letzten hundert
Jahren absolut an Bevölkerung verloren hat (Douglass 1983: 172 ff.). Das
bedeutet, dass in einigen Orten seit 1950 50% und mehr der Bevölkerung
nach Nordeuropa und Übersee emigriert sind. Veränderungen in der Alters-
pyramide, die Politik des Wohlfahrtsstaates und das hier besonders entwik-
kelte Spiel der Beziehungen führten dazu, dass annähernd die Hälfte der
verbliebenen Bevölkerung z. T. von Renten und Pensionen aller Art lebt.
Aus der Entwicklungskasse für den Süden wurden – wenn auch nicht eigentlich im notwendigen und verdienten Ausmaß (EG-Kommission 1979)
– Entwicklungsgelder gezahlt, die man dann falsch investierte oder in dunkle
Kanäle abzweigte. Auch in agrarökonomisch reichen Gegenden wie der von
uns erforschten nordlukanischen Zone um den Vulkan Vulture, ist die traditionelle Landwirtschaft (Weinbau, Olivenproduktion) auf dem Weg zum
Nebencrwerb. Heute wird Wein meist für die emigrierten Kinder, den Eigen-
bedarf oder für irgendwelche Subventionsbetriebe produziert. Am 23.11.1980
war die Gegend von einem Erdbeben schwer in Mitleidenschaft gezogen
worden, dessen Schäden 1982 bei unserer Ankunft kaum und 1984 bei unserer Abreise nur teilweise behoben waren. Beben dieser Art erschüttern in
jeder Generation einmal die wirtschaftlichen und sozialen Strukturen (Pietrafesa
1981). Naturkatastrophen und Emigrationswellen hatten eine Gesellschaft
getroffen, deren traditionelle Ausdrucksformen zugleich schon massiv durch
die norditalienischen Einflüsse und den auf die Heimat zurückwirkenden
Kulturwandel der Emigranten ausgehöhlt waren.

Es brauchte Monate, bis ich diese Enttäuschung überwunden hatte und versuchen konnte, zu einem Verständnis der modernen Basilikata zu kommen. Die anfängliche Desillusionierung war so übermächtig, dass mir auch zeitweise der Blick auf diejenigen Erscheinungen verstellt war, die ich eigentlich suchte. Ich erinnere mich, wie ich Anita in den ersten Tagen – wieder in dieser Pension – einmal die ganze Hoffnungslosigkeit der Situation erklärte: Hier würde es keine Zauberer geben und die Heiligenkulte seien zum Heimattheater für Emigranten herabgesunken, es habe alles keinen Zweck. Im Verlauf des Gesprächs beruhigte ich mich wieder und wir wandten – wie es unsere Gewohnheit ist – unsere Aufmerksamkeit den Gästen der Nachbartische zu. Seltsam schien uns der rauschebärtige Sizilianer mit der viel zu jungen schwangeren Frau. Wir wagten noch nicht, Fragen zu stellen und erfuhren deshalb erst Wochen später, dass dieser Mann »der ewige Jude« war, ein reisender Zauberer, der jeden Abend, drei Zimmer neben dem unseren, Verhexten das Fürchten austrieb.

Gerade angesichts des anfänglichen Schocks, beschloss ich, den Gewohnheiten und Vorlieben der erforschten Gesellschaft zu folgen. Evans-Pritchard hatte zum Viehhirten und Wahrsager werden müssen, um teilnehmend beobachten zu können. Was blieb mir zu tun, was stand im Zentrum der Aufmerksamkeit dieser Kultur? Versuche, irgendwie in der Landwirtschaft Fuß zu fassen, wurden mit Hohn beantwortet: Ein *signore*, ein Herr aus Deutschland, tut so etwas nicht, selbst die Bauern schämen sich für ihre Arbeit (Friedman 1953: 220).

Mein Platz war mir zugewiesen, ich war ein Mitglied der Oberschicht mit Interesse für die Bauern, mit Herz »für's Volk«. – Eine Gestalt, die man sowohl aus der sozialistischen (agitierende Schullehrer) wie aus der faschistischen Tradition (populistische Rhetoriker) gut kannte.

Wir zogen also in das kleinere, Rionero benachbarte Ripacandida, hoch auf dem Berg gelegen und wenigstens architektonisch noch dem ethnologischen Ideal der abgeschlossenen Einheit entsprechend. Buchstäblich im Mittelpunkt des Lebens dieser kleinen Agro- und Remigrantenstadt liegt die *piazza*: Eine Hauptstraße, zwei Kirchen, zwei kleinere Plätze, Bank und Rathaus, wo jeden Abend alle bedeutenden Personen (und alle, die etwas von ihnen wollten) auf einer festgelegten Route flanieren. Hier musste ich erst mal einen Platz finden, nicht in den von mir erwarteten Netzwerken der Hexengläubigen oder in katholischen Bruderschaften, die es ohnehin nicht mehr gab. Sicher, wir mussten auch Obrigkeit und Pfarrer von unserem Vorhaben überzeugen, eine Wohnung über vom Bürgermeister gestiftete Beziehungen finden. Aber das war nebensächlich im Verhältnis zu dem Stand, den ich mir *in piazza*, im Spiel der Grundwerte von »Ehre und Schande«, erkämpfte. So habe ich mir diese Vorgänge damals jedenfalls erklärt – heute ist mir klar, dass Konkurrenz und Würde nur ein Moment im Spiel der Prozesse von Selbstbehauptung, Befremdung und Befreundung ausmachten, in dem ich langsam zu einer akzeptierten *Persona* der Dorföffentlichkeit avancierte.

Aus der Literatur hatte ich geschlossen, dass in Süditalien Männlichkeit und Ehre an bestimmten Verhaltensweisen gemessen wird: Verteidigen der Familie, Standhalten im Streit, Fähigkeit zum Verbünden – daran hatte sich bei oberflächlicher Betrachtung nicht viel geändert. Es reichte aber nicht, wenn ich nur so tat, als ob oder mir einbildete, diese Verhaltensweise geschickt nachzuahmen. Ich musste erst wirklich wütend werden, wenn jemand aufdringlich zu meiner Frau war, ich musste mich wirklich für Freunde einsetzen, die etwas für mich zu tun bereit waren. Ich musste meine Hemmungen überwinden, mit Männern untergehakt gehen, um so Sympathie zu zeigen, oder jemanden einfach nicht grüßen, um meine Abneigung zu demonstrieren. Freundschaft wird hier auch durch Körpersprache ausgedrückt, ohne sie ist Freundschaft undenkbar. Freundliche Kommentare, die engere Beziehungen einleiten konnten, bezogen sich oft auf unsere als »Schönheit« verstandene körperliche Größe: *altezza è mezza bellezza* (Größe ist fast Schönheit) oder *sei alta-bella* (du bist groß-schön). Wer mich nicht mochte, sagte aber *come sei alto così sei cazzone* (So groß du bist, soviel bist du ein Strolch.) – das aber nicht direkt zu mir, sondern zu anderen, die mich vielleicht auch nicht mochten. »Ehre und Schande«, der zentrale Topos der damaligen Mittelmeerethnologie, war dabei primär als Raster der Zuschreibung im Spiel, auf dass ich mich für mich selbst berufen konnte – konkurrenzhaftes Verhalten gegenüber Männern hatte ich im Übrigen auch schon an deutschen Universitäten und Schulen lernen können. Aber hier im Feld entdeckte ich meine Verhaltensweisen im Spiegel des Fremden neu und so konnte ich es auch im Lichte eines exotischen Ehrenkodex interpretieren und gestalten.

Am einfachsten herzustellen war der Kontakt mit den »Jugendlichen«, unverheirateten oder jungverheirateten, bis 40 Jahre alten Männern. Ich lernte, mit ihnen über Fußball zu sprechen. Im Kommentar über Spieler und Mannschaften, in der Identifikation mit einzelnen Stars oder Vereinen entwickelten sich Freundschaften, die wiederum durch Körpersprache ausgedrückt wurden. Durch meinen besten Freund Gino Gilio – einen Tagelöhnersohn, der zeitweilig Soziologie studiert hatte und so in einer Randposition zum Ort stand – wurde ich zum Fan der süditalienischen Katastrophenmannschaften Catania und Avellino. Unter lauter Anhängern von Inter Mailand und Juventus Turin markierten wir deutlich unsere Außenseiterrolle und unsere Verbundenheit mit Mezzogiorno-Symbolik. Diese *piazza*-Gespräche setzten sich dann fort in Runden, bei denen ein Geschicklichkeitsspiel – die *morra* – Konkurrenz und Allianz symbolisiert: Zwei Mannschaf-

ten wählen Matadoren, welche sich auf ein Zeichen Finger entgegenstrek-
ken, zugleich raten sie, welche Summe sich aus der Zahl der insgesamt
entgegengestreckten Finger ergibt. Wer die richtige Zahl geahnt, Körpersprache und Charakter seines Gegners richtig gedeutet hat, gewinnt.

Ebenso wichtig war natürlich das verbale Reagieren. Oft musste ich Spott
über die Deutschen mit ihrem Wirtschaftswunder, ihren aufsässigen Frauen
und ihrer Gefühlskälte parieren, auch wenn ich manchmal der gleichen
Meinung war wie der Spötter. Das musste ich tun, denn solche nationalen
Eheprobleme standen im Vordergrund, nachdem deutlich geworden war,
dass Anita es vorzog viel Zeit im Hause zu verbringen – ihr gefiel nicht viel
in Ripacandida. Dadurch bot sie keinen guten Angriffspunkt. Ripacandida
war 1943 durch Intervention des Priesters knapp an einer deutschen Repressalie vorbeigegangen, bei der man 13 Bürger des Ortes hatte erschießen
wollen. Noch heute gibt es eine linke und eine rechte Fraktion im Ort, welche diese Ereignisse unterschiedlich interpretieren. Natürlich waren meine
ersten »Freunde« außer den Jugendlichen die Rechten, die in mir vor allem
»den Deutschen« sahen. In engere Beziehung zu diesen Kreisen geriet ich
durch Gefälligkeit, Briefe, die ich für Remigrierte an deutsche Landesversi-
cherungsanstalten schrieb. Schließlich begann man, mich mit »Heil Hitler«
zu grüßen und ich konnte es nicht mehr ertragen, bekannte meine antifa-
schistische Einstellung und gewann so die Anerkennung der Linken. Meine
ursprüngliche Klientel verlor ich aber nicht, denn ich war für sie schon vom
»Deutschen« zu »Tommaso, der uns Pensionen erkämpft« geworden. Die
Linken aber sahen mich weniger in der Tradition des Soldaten, als des politisch Verbannten. Im Zweiten Weltkrieg hatte man Juden und Linke aus
ganz Europa, die sich in Norditalien aufhielten, nach dem Süden verfrachtet, darunter auch Carlo Levi. In Ripacandida erinnert man sich gut an einen
sehr kontaktfreudigen polnischen Juden und weniger genau an eine Berliner jüdische Familie. Beide Rollen – Soldat und Verbannter – spiegelten
auch meine eigenen Empfindungen. Oft sah ich mich als eine Art Soldat der
Wissenschaft und spürte eine gewisse preußische Reizbarkeit gegenüber
dem Schlendrian des Südens, mehr noch aber fühlte ich mich als Verbannter, der keiner Kultur mehr wirklich angehört. Schließlich nahmen mich
einige Männer beiseite, die selbst eine Vermittlerrolle zwischen den Fraktionen des Ortes spielten und klärten mich über die lokale *oral history* auf:
Die Zeit der Repressalie, die Chronik der Ripacandideser Mordfälle bis zurück zur Zeit des Brigantenaufstandes 1861–1864, Hintergründe der politischen Allianzen im Ort. Ich hatte also gerade durch Parteinahme bei gleich-
zeitiger *disponibilità*, Hilfsbereitschaft, Anerkennung im ganzen Ort gesammelt, bis man schließlich scherzhaft sagte: »Tommaso muss Bürgermeister
werden, er ist mit jedem Freund und er wird uns deutsches Geld beschaffen

[...]!« Ortsfremden zeigte man mich vor wie einen Pokal, den die lokale Fußballmannschaft gewonnen hatte. Ich gehörte dazu, als »der Deutsche, der ein Buch über uns schreiben wird« oder als »Tommaso, der die Pensionen macht« oder auch unter ziemlich sinistren Vorzeichen, als »Spion«, »Ölsucher« und »protestantischer Missionar«. In jedem Falle gehörte ich aber zur Kultur der *piazza,* wo man anscheinend undurchschaubare Figuren mit zweifelhaften Motiven durchaus gewohnt war. Weit über geschicktes Einschleichen oder wissenschaftliches Erforschen hinaus wurde Freundschaft auch für mich zu dem zwischen materiellem Interesse und persönlicher Sympathie schwankenden kostbaren Gut, das sie für Süditaliener ist. Ich habe nie so viele Freunde gehabt, wenn auch nicht ganz im Sinne der nordeuropäischen Vorstellung von Freundschaft, die entweder oberflächlicher oder tiefgehender ist. Für mich bleibt das Leben in dieser kleinen und so intensiv kommunizierenden Gruppe wohl unvergesslich: Ich gehe aus dem Haus und werde empfangen, mit Schulterklopfen oder bösen Blicken. Ich hake mich unter – schutzsuchend oder schutzgebend – und verschmelze mit der einen oder anderen der umherwandernden Gruppe, nun löse ich mich, trinke einen Kaffee in der Bar, spiele das Spiel des zuvorkommenden Spenders oder des beschenkten Gastes, ärgere oder freue mich mit den anderen, teile ihre körperlichen und seelischen Reaktionen. Obwohl im Freien, fühle ich mich wie in einem geschlossenen Raum, als Teil eines großen sozialen Körpers. Insofern ist es ein weiter Weg von den wilhelminischen Ethnologen, welche ihr Objekt am liebsten mit der Zange anfassten oder durch ihr Äußeres erschreckten, bis zu meiner Forschung *in piazza.* Immerhin hatte aber doch schon Goethe diesen Unterschied zwischen deutscher und italienischer Öffentlichkeit gerade so erfahren wie ich:

»So scheint die Straße nach und nach immer wohnbarer. Indem man aus dem Hause tritt, glaubt man nicht im Freyen und unter Freunden, sondern in einem Saale unter Bekannten zu seyn«, notierte er über die zum Karneval aufgeputzte wichtigste *piazza* Italiens, den römischen Corso. Leider blieb meine Erfahrung der *piazza* kein solches Fest, sie wurde bald zur täglichen Routine, ausgerichtet am und gegen den Lebensrhythmus des Ortes.

Heute, fast 20 Jahre später hat dieses rege Gesellschaftsleben zu Fuß einer Reihe anderer Formen Platz gemacht und man findet nur noch wenige Menschen, die an den Abenden in der alten *Piazza* herumlungern. Die Schichtarbeit in dem neu gebauten Industriekomplex bei Melfi hat die althergebrachten Tagesabläufe durcheinandergebracht und politische Intrigen kann man auch am Telefon spinnen, wenn alle Bürger des Ortes darüber verfügen. Fast alle jungen Menschen haben jetzt ein Auto und können sich auf den teilweise dicht bevölkerten aber anonymer gewordenen *Piazze* der umliegenden kleinen Zentren umsehen. Und im Neubauviertel am Fuße des

Ortes leben, seit Anfang der neunziger Jahre die Hilfsgelder für das Erdbeben von 1980 zu fließen begannen, viele junge Familien. Die Jugendlichen und die großen Kinder von Ripacandida treffen sich dort abends im Park des Wallfahrtsheiligtums zu mehr oder weniger harmlosen Spielen. Aber auf allen diesen Bühnen finde ich immer noch Menschen, die mich kennen. »Hei Thomas, auch mal wieder da.« Manche reden mich aber auch als den »Vater von Simon« an, denn an diesen exotischsten aller ihrer Mitschüler erinnern sich die 20-30 jährigen gern und besser als an mich.

Wir wohnten damals in einem Neubau, im ersten Bauboom der 60er Jahre errichtet, am Ortsrand, wo man vor der Einführung der Wasserspülung sein Bedürfnis verrichtet hatte. Diesen Winkel verließ ich möglichst nicht vor elf Uhr morgens. Die Bauern waren ohnehin meist auf den Feldern beschäftigt, die Rentner in ihren Häusern. Aber die Straßenöffentlichkeit kreidete mir schon diesen kleinen Rückzug häufiger an: »Thomas, was macht ihr immer im Haus, ihr seid doch keine Jungverheirateten, oder? Komm' raus, wir tun dir doch nichts!« Ich nutzte den Morgen trotzdem zum Aufarbeiten meiner Notizen und manchmal zur Regeneration meiner deutschen Identität durch Zeitschriften- und Brieflektüre. Gegen Mittag war dann der erste Rundgang oder ein Interview fällig. Lag gerade nichts dergleichen an, war es schon wichtig, dass ich mich nur einmal zeigte, zum Austausch von Signalen wie »Was gibt es bei euch zu Mittag?« oder »Das Wetter will heute wieder nichts werden ...« Zeigte ich mich nicht, führte das zu besorgten Nachfragen. Nach ein Uhr verfiel der Ort in die satte Ruhe des umständlich zelebrierten Mahles und der beliebten Mittagsshows des Fernsehens. Erst ab drei Uhr war dann die beste Zeit für Gespräche gekommen. Wer nicht zu arbeiten hatte, begann jetzt, sich zu langweilen und der Ripacandideser Tagesplan der Pensionäre und Hausfrauen sieht für diese Stunden nichts Besonderes vor und zur Landarbeit ist es dann oft zu heiß. Abends gegen sieben entstand eine ähnliche Pause wie am Mittag. Wir nutzten sie zur Aufrechterhaltung unseres Familienlebens, denn Simon ging ganztägig zur Schule. Spätestens um halb neun erwartete man mich schon wieder *in piazza*. Ich musste wichtige Gründe haben (Einkauf in Rionero oder Interviews), um dort häufiger entschuldigt fehlen zu können. Vor elf oder zwölf Uhr abends kam ich selten heim, müde, aber bepackt mit Aufzeichnungen, Tonbändern, Heiligenbildchen und den obligaten Plastiktüten voller Liebesgaben des Tausches zwischen Familien, wie Brot, Wein, Wurst oder Obst.

Nach einem halben Jahr dieses andauernden Standhaltens und Mitgehens war es mir möglich, religiöse Vorstellungen der Ripacandidesi zu erforschen, die »großen methodologischen Probleme« zu überwinden, die sich nach David Kertzers Zusammenfassung bei der ethnologischen Arbeit auf diesem Gebiet stellen:

»In Italien ist das Sammeln von Daten über Glaubensvorstellungen schwierig, denn Sozialwissenschaftler und Intellektuelle allgemein werden oft als links, als Kirchengegner eingestuft. Die Schwierigkeiten der Leute beim Verbalisieren ihrer religiösen Empfindungen mischen sich hier mit Hemmungen, vor einem Skeptiker Religiöses zu bekennen.« (1983: 65, Übers. v. Verf.)

Ich hatte mich in eine Position begeben, wo nicht ich die Informanten aussuchte und mit meiner Fremdheit irritierte, sondern wo die Informanten häufig mich aufsuchten, um eine Beziehung zu mir herzustellen oder um ihre Welt dokumentiert zu sehen. Nach und nach entstand eine Spannung zwischen meiner anfänglichen Ankündigung, ich würde »ein Buch über das Folklore Ripacandidas schreiben« und meiner fraglosen Einpassung in die Kommunikationsstruktur des Ortes. Schließlich sprach mich mein Freund Donato, ein sozialistischer Buchhändler, an:

»Sag mal Thomas, bis Du nicht eigentlich hier, um ein Buch zu schreiben? Kann ich etwas für Dich tun? Weißt Du, ich könnte Dir meine Tante vorstellen, die Leute heilt. Ich glaube ja nicht daran, aber als ich klein war, hat sie mir oft geholfen, wenn ich Kopfweh hatte.«

In derselben Zeit wurde ich auch aufgefordert, an der Organisation des Heiligenfestes 1983 teilzunehmen, da ich doch »mehr über diese Dinge wissen wolle« und »sicher auch etwas beizutragen hätte«. Ich war nicht zum Viehhirten geworden, aber zum *piazza*-Freund und jetzt war der Weg frei zur Annahme von Rollen auch in dem mich speziell interessierenden Bereich. Es hatte ein halbes Jahr gedauert, langsam wurde es wärmer und ich hatte nur noch ein Problem: Die Humboldt-Stiftung von der Notwendigkeit der Fortsetzung meiner Arbeit für ein weiteres Jahr zu überzeugen. Dank einer ausführlichen Instruktion seitens meiner Tutorin im Verfertigen lesbarer Berichte gelang mir auch das. Für meine Frau aber begann eine Periode der Monotonie, sie musste weiter meine Position *in piazza* durch Häuslichkeit abstützen. Abwechslung brachten ihr das Fotografieren und gemeinsame Expeditionen in andere Orte. Ich kann hier nicht auf die obligate Frage » ... und was hat Deine Frau gemacht in dieser Männerkultur?« eingehen, denn das ist eine Geschichte für sich – ihre Geschichte. Am besten von uns Dreien erging es wohl unserem Sohn, der nach wenigen Wochen Italienisch und später auch den Dialekt gut beherrschte. Er wurde noch mehr als ich von dieser seltsam heimeligen und doch manchmal erdrückenden Straßenöffentlichkeit der Männer und Kinder aufgesogen. Seine Entfremdung fand erst nach der Rückkehr statt und auch das ist eine andere Geschichte. Wer mehr darüber wissen möchte, muss die beiden schon selbst fragen.

Datenproduktion

Paul Rabinow (1977, Einleitung) wies bereits darauf hin, dass der Ausdruck
»Fakten« vom lateinischen *facere* kommt, also auch etwas »gemachtes«
bezeichnet und nicht die pure Realität (vgl. dazu Latour 1999). In diesem
Sinn verstehe ich meine Forschungsmethodik weniger als System zur ob-
jektiven Wiedergabe der Realität, sondern als eine Form selbstkontrollierter
Annäherung an die untersuchte Kultur. Manche Methoden lassen sich erst
bei einem bestimmten Grade des Eintauchens in die fremde Kultur anwenden. Bestimmte Methoden fördern diesen Anpassungsprozess, wieder andere führen zu erneuter Distanzierung.

In den ersten Monaten der Eingewöhnung war ich darauf angewiesen,
Daten zu sammeln, wie sie sonst bei volkskundlichen und extensiven Studi-
en eingeholt werden: Ich konnte auf die Jahreszeit bezogenes Brauchtum
erfragen, z.B. Rezepte von Weihnachtsplätzchen oder bei der Weinherstellung
gesagte Gebete. Ich konnte den Festkalender notieren und mich äußerlich
den katholischen Riten anpassen, um dabei religiös motiviertes Verhalten
zu beobachten. Ich fotografierte Erstkommunionen und Heiligenpro-
zessionen und konnte dann durch Verteilen der Bilder neue Freunde gewinnen. Ich wusste aber nicht, was diese Menschen zum Kirchgang bewegte
und was sie dabei dachten und fühlten. Wenn ich sie fragte, bekam ich ba-
nale Antworten wie » ... das ist halt so – der Brauch.« Das Fortbestehen von
Hexereipraktiken und magischen Heilmethoden wurde mir gegenüber ab-
gestritten. Oft war ich daher auf die Auswertung historischer Materialien
zurückgeworfen, einerseits, um mehr Anhaltspunkte zum Verständnis des
Beobachteten zu bekommen, andererseits, um überhaupt etwas zu tun. Aber
dieser Suche nach historischen Begründungen fehlte der Bezug zu den
Motivationen des heutigen Verhaltens. Was nutzte es mir, wenn ich die gegen Halskrankheiten feiende Wirkung des Blasiuskultes damit erklärte, dass
der Heilige der Legende nach einmal einem Jungen half, der fast einmal an
einer Fischgräte erstickt war? Das wusste der Pfarrer auch.

Als ich besser Fuß gefasst hatte, versuchte ich mit Fragebögen und
Interviewleitfäden die Variationen religiöser Vorstellungen und Verhaltensweisen abzufragen. Das führte wenigstens zu produktiven Missverständnissen. Bei Gesprächen wie dem folgenden lernte ich etwas über das Bedürfnis der Ripacandidesi, heilige Mächte auf eine lokale Ebene herabzu-
ziehen und dabei kirchentreu zu bleiben:

Ich: »Was hältst Du von der Idee der Heiligen Dreifaltigkeit?«
Angelo (Bauer, ca. 60 Jahre): »Die Dreifaltigkeit, ja ... die ist in Venosa! Da
musst Du mal hinfahren! Es ist ja nicht weit, nur 10 Kilometer.«

Ich: »...?«

Angelo: »Ja, wenn man die Dreifaltigkeit anbetet, das hilft besonders gegen ...«

Neffe (arbeitslos, ca. 40 Jahre, Ex-Emigrant): »Onkel! Du kannst nicht die Sakramente und die Heilige Dreifaltigkeit aufteilen und für bestimmte Leiden haftbar machen ... Die Heilige Dreifaltigkeit ist im Himmel und für alle da!«

Mit diesem Wortwechsel wird zwar keine Information im Sinne der eigentlichen Fragestellung gewonnen. Aber es wird deutlich, dass zumindest der Neffe die Unterhaltung als Bekehrungsgespräch auffasst. Er stellt sich auf die Seite des modernen Klerus und zieht gegen Konzepte des Volksglaubens zu Felde, die er in den Aussagen des Onkels zu erkennen glaubt. Hätte der Neffe seinen Onkel reden lassen, wäre dieser schon noch auf seine Auffassung von der Unteilbarkeit Gottes zu sprechen gekommen. Wäre ich weniger begriffsstutzig gewesen, hätte ich verstanden, dass sich in Venosa die Kirche des Konventes der trinitarischen Brüder befindet, dessen Dreifaltigkeitswallfahrt in Nordlukanien allgemein bekannt ist. Angelos Korrektur meiner Fragestellung und die Kritik seiner Aussage durch den Neffen stellten Weichen für ein Gespräch, in dem Konzepte des Volksglaubens, eigenes religiöses Erleben und hochkirchliche Aussagen verglichen und bewertet werden. Oft korrigierten Informanten auch direkt meine Fragen, wenn sie ihnen »zu heidnisch« klangen, etwa auf Konkurrenz unter den Heiligen anspielten. Ich musste mich auf diese Gesprächsebene einlassen, um mehr über die religiösen Vorstellungen der Ripacandidesi zu erfahren. Meinen Fragebogen konnte ich getrost zu Hause lassen.

Die so zustande gekommenen offenen Interviews (aus meiner Sicht) bzw. Bekehrungsgespräche (aus der Sicht der Informanten) gingen nicht ohne Offenlegung meiner eigenen Ansichten. Es war noch leicht, als Ethnomediziner einer alten Heilerin zu bestätigen, dass ihr magisches System einen Sinn im süditalienischen Kontext habe. Wenn sie mich aber dann aufforderte, Stellung zu beziehen, z. B. im Vergleich zwischen ihr und dem Arzt, wurde es heikel. Was waren eigentlich noch »meine Ansichten«, wo ich doch gekommen war, um zu lernen? Ich hatte immer zwischen meiner vorgefassten Meinung und den mir bereits angeeigneten süditalienischen Standardmeinungen zu wählen. Oft schwankte ich selbst zwischen beidem und versuchte, den Widerspruch in mir zu Bildern zu verschmelzen, die nicht weiter nach Wirksamkeit und Rationalität fragten, sondern nur den Erlebniswert des von den Ripacandidesi geglaubten und von mir beobachteten nachvollziehbar machten.

So hatte mich ein Veteran der kommunistischen Bauernbewegung in einer größeren Runde zur Diskussion »über den Glauben« herausgefordert.

Mario C. witterte in mir einen theologisch angehauchten *signorino*, ein »Herrlein«, und begann mit einer langen Rede gegen den Heiligenkult, den er eine von Pfaffen erfundene Geldschneiderei und ein »Opium für's Volk« nannte. Dann wartete er mit listig zusammengekniffenen Augen auf meine Antwort. Ich konnte jetzt sagen: »Ja, eigentlich glaube ich auch nicht daran« (was meine private Meinung war) oder ich konnte für die Vorstellungen des Klerus sprechen. In jedem Fall hätte ich ihm Gelegenheit zur Fortsetzung seiner Rhetorik gegeben und das Gespräch in bereits vorgezeichnete Bahnen gelenkt, nichts Neues erfahrend. In meiner Not folgte ich dem Gefühl, dass mit dieser atheistischen Tirade noch nicht alles gesagt war und fragte Mario, was er von Jesus Christus halte. Da stellte sich heraus, dass ihm in der Gestalt des Gottessohnes die ganze Passion des lukanischen Bauern verkörpert ist – und natürlich hatte er Respekt vor der Mutter dieses Mannes und vor dessen Freunden, den Heiligen. Diese Gesprächsebene wäre mir bei einer anderen Antwort wahrscheinlich verborgen geblieben.

Mein Datenmaterial setzt sich zum großen Teil aus Aufzeichnungen solcher Gespräche zusammen. Ich notierte stets die Weichen, über die in Ausgangsfragen, gegenseitigen Vorinformationen und Vorbehalten das Gespräch kanalisiert worden war. Es schien mir nicht wichtig, ein für allemal den idealen Kurs für Interviews dieser Art festzulegen. Wesentlich war aber, dass ich nachträglich beim Aufzeichnen die Aussagen unterschiedlichen Ebenen des religiösen Lebens zuordnete. Es war sinnlos, in Marios Fall auf die Widersprüchlichkeit seiner Argumentation zu pochen, es galt, die Ebene des von politischer Parteinahme gegen den Pfarrer bedingten Atheismus zu trennen von seiner Interpretation der Passion Christi. Dann hatten wir einander verstanden und es entwickelte sich – wie häufig in dieser Situation – ein starkes emotionales Band, ich teilte Marios Alltagsaktivitäten und erweiterte dabei das Netz meiner Bekanntschaften.

Auf der so erreichten Stufe der teilnehmenden Beobachtung zeigten sich bald neue Grenzen der Datenaufnahme, sowohl von mir wie von den Informanten gezogene. Ich werde das an zwei Beispielen verdeutlichen, meiner Mitarbeit im Heiligenfestkomitee des Ortes und meiner Assistenz bei einem Heiler. 1983, kurz nach meiner Ankunft, signalisierte die Gründung eines vereinigten Komitees für sämtliche Patronatsfeste des Ortes, dass die traditionellen Rivalitäten der Bruderschaft und ortsinternen Fraktionen stark an Bedeutung verloren hatten. Die Führung des Komitees übernahm Pietro, linker Christdemokrat wie der amtierende Bürgermeister, eine Figur des historischen Kompromisses mit den Kommunisten. Er bot mir die Teilnahme an, um mir einen persönlichen Gefallen zu tun. Das fiel ihm aber auch leicht, denn er stand mit dem Komitee und dem von ihm geleisteten Heimatverein »Pro loco« ohnehin für die Überwindung dorfinterner Streitigkeiten und die Vertretung der Interessen Ripacandidas nach außen, z. B. bei der Planung von Tourismusprojekten durch die Regionalregierung. Sein nostalgischer Blick entsprach in gewissem Sinne meinem ethnographischen Blick. Es war interessant für Pietro, von mir etwas über die aktuelle Bedeutung und Tradition des Heiligenkultes zu erfahren und es musste ihm wichtig sein, dass die von ihm organisierten Feste durch meine Arbeit dokumentiert wurden. Diese Gemeinsamkeiten endeten, wenn ich die Rolle der Ortsfraktionen im Komitee untersuchen wollte. Das war gegen den einigenden Charakter seiner Aktivitäten. Forschung in dieser Richtung versuchte er zu behindern, indem er mich bei Streitereien während der Prozession abschirmte und in Interviews die Rolle dieser Auseinandersetzungen herunterspielte. 1984 war ich dann zu einer sehr anerkannten Persönlichkeit geworden, die man wegen der Forschung mit dem Heiligtum des Schutzpatrons St. Donatus assoziierte. Die Leitung des Festkomitees war an eine Gruppe konservativer Christdemokraten übergegangen, die jetzt auch innerhalb der Partei dominierten. Dass ich über Ortsfraktionen und dergleichen Bescheid wusste, war mittlerweile ohnehin jedem klar. Für das Komitee war nicht mehr so wichtig, bestimmte Dinge vor mir zu verheimlichen, sondern man versuchte, mich für die neue herrschende Gruppe zu gewinnen, damit ich sie bei meinen Freunden und Informanten repräsentierte. In diesem Jahr forderte Carlo, der Leiter des Komitees, mich häufig gerade in kritischen Situationen auf, mit ihm nahe bei der Statue zu gehen. So wurde es jetzt meine Aufgabe, zu bremsen, weil ich sonst künftige Interviewmöglichkeiten und bestehende Freundschaften durch die Identifikation mit Carlos Gruppe behindert hätte. Ich musste mich zeitweise aus dem Komitee zurückziehen, auch wenn das auf Kosten meiner teilnehmenden Beobachtung bei weiterhin für mich sehr interessanten Streitigkeiten ging.

Auch meine Beziehungen zu den vier wichtigsten Heilern des Ortes waren geprägt von Problemen der gegenseitigen Grenzziehung. Zum Beispiel hatte ich lange Zeit, trotz gegenteiliger Informationen nicht geglaubt, dass mein Nachbar Giuseppe ein angesehener *mago* sei. Dabei parkten fast täglich die Autos seiner Kunden aus der Provinzhauptstadt und anderen Orten der Gegend vor meiner Tür. Der durchschnittlich wirkende und einer katholischen Rhetorik verhaftete Bauer konnte in meiner Vorstellung kein Magier sein. Ich musste ihn als katholischen Heiler akzeptieren lernen, dann erst kam ein anhaltender Prozess der Gefühlsübertragung zwischen uns in Gang, in dessen Verlauf er mich – was die Magie angeht – an Stelle seines Sohnes und Erben setzte und ich ihn als meinen wesentlichen Lehrer in diesen Dingen verstehen lernte. Die wenigen Brüche in dieser für meine Forschung so wichtigen Beziehung gehen auf das Konto von Abgrenzungen meinerseits: Erst wollte ich Giuseppe nicht als wirklichen Heiler akzeptieren, dann fiel es mir immer schwerer, tatenlos zu beobachten, wie er mit meiner Meinung nach völlig untauglichen Mitteln – Totenbeschwörungen und Anrufung der heiligen Dreifaltigkeit – im Seelenleben schwer gestörter Menschen herumfuhrwerkte. Mich quälte der Gedanke, meine Diagnosen könnten zutreffender als seine sein. Besonders Giuseppes Verfahren bei schweren körperlichen Leiden machten mir Angst. Beispielsweise habe ich ihm bei der Behandlung eines Mannes assistiert, bei dem die Ärzte Diabetes festgestellt hatten und der wenige Wochen später in einer norditalienischen Klinik an Leberkrebs starb. Noch heute erzählt der Heiler von diesem Fall als einem Beispiel für »das, was passieren kann, wenn ein Verhexter zu spät zum Heiler geht.« Er versuchte nie, in meiner Gegenwart den Ärzten Kranke abzuwerben. Aber ich habe auch durch meine eigenen Äußerungen bei solchen Gelegenheiten deutlich zu verstehen gegeben, dass ich in diesem Punkt letztlich für die Schulmedizin eintrete. Ich habe Giuseppe nie direkt über eine Rechnung befragt, die er einem Emigranten in New York für »Mordanschlag« ausgestellt hatte und ich war froh, dass dieser nie kam, um sie zu bezahlen. Vor diesem letzten Schritt des Abhängigmachens und Tötens graute mir und ich konnte nicht darüber forschen. Meine Ängste zeigen aber deutlich, wie sehr ich mittlerweile schon von der Wirksamkeit seiner Methoden überzeugt war. Es war indessen auffällig, dass auch Giuseppe bei Akten des Gegenzaubers auf Distanz ging und verstärkte Eigentätigkeit der Klienten forderte. Er verriet ihnen z. B. die sonst eher geheim gehaltenen Beschwörungsformeln, wohl, um sie nicht selbst anwenden zu müssen. Es war und ist mir ein Trost, dass er hier selbst Grenzen zog. Im Gespräch mit mir und seinen Klienten versuchte Giuseppe oft, sein Handeln an christlichen Idealen zu messen und stellte selbst noch »Mordanschläge« in den Zusammenhang magischer Notwehr gegen Verhexung. Erkenntnisdrang des Forschers und Allmachtswünsche des Heilers traten hier letztlich an dieselbe Kreativität hindernde und zugleich freisetzende Grenze.

Es dürfte wohl deutlich werden, dass ich die Interviews meinen eigenen Möglichkeiten und Grenzen entsprechend kanalisierte und dass sie auch von den Informanten in bestimmte Bahnen gelenkt wurden. Ich konnte aber auf diesen Wegen in Bereiche vordringen, welche Angehörigen der lokalen Oberschicht und italienischen Feldforschern zumindest vorgeblich fremd waren, die sie als »Heidentum« und »Aberglauben« entweder ablehnten oder romantisierten. Diese Distanzierungen waren in gewissem Sinne berechtigt, denn durch die Gespräche mit den Bauern über Heiligenkulte und Magie verließ ich eindeutig meinen angestammten Bereich, den aufgeklärten Diskurs. Immer häufiger hatten die Gespräche assoziativen Charakter, führten ohne Rücksicht auf logische Verbindung oder Frage-/Antwort-Schemata von einem Bild zum anderen. Ein Beispiel aus einem Gespräch mit der etwa 50 Jahre alten Bäuerin und Heilerin Carmela kann das illustrieren. Wir sprachen über das Antoniusfeuer, eine von Ärzten oft als *Herpes zoster* identifizierte Hautrötung:

Carmela: »Du siehst, das Antoniusfeuer ist wirklich ein Feuer, und nur mit Feuer kann man es bekämpfen. Man bekreuzigt sich, betet zu St. Antonius und schwenkt ein Feuer über der kranken Stelle.«
Ich: »Könnte das Feuer etwas mit Scham zu tun haben, wie das Höllenfeuer, wie das Erröten?«
Carmela: »Nein, auf keinen Fall. Das St. Antoniusfeuer ist Feuer, keine Scham«.
Ich: »Sage mir bitte ein Beispiel ...«
Carmela: »Eine Frau hatte ein Ex voto, eine Kette von St. Antonius gestohlen ... Schließlich kam es heraus und sie wurde im Traum von einem Feuer gequält, das niemand sah ...«
Ich: »Eben, ist das nicht das was ich meine: Scham und Feuer?«
Carmela: »Ach, na ja ... Also, da ist noch eine andere Geschichte, die ich Dir erzählen wollte ...«

Es hatte keinen Sinn, wenn ich auf einer direkten Antwort beharrte, besser ich hörte mir die nächste Geschichte an. Deutung indirekter Aussagen und Denken in Bildern traten an die Stelle meines von der Wissenschaftswelt her geprägten Fragens. Diese Fähigkeit musste ich teuer bezahlen. Meine letzte Bastion, mein analysierendes wissenschaftliches Ich, wurde so zeitweise außer Kraft gesetzt. In meinen Träumen quälten mich die Gesprächspartner des Tages, sie sprachen immer weiter und ich konnte nichts dazu sagen. Ich hatte sie in meine Vorstellungswelt hineingelassen und konnte sie nicht einfach abends wieder hinausdrängen. Besonders in einer Periode großer Kälte, die Anita und Simon in Deutschland verbringen mussten, erschienen mir der Ortsheilige, ein totes Nachbarkind und ein Selbstmörder, den ich gut gekannt hatte, immer wieder im Traum. Meine Berichte von diesen Träumen führten dazu, dass ich von einigen Ripacandidesi fast in die Rolle der bis zu den 60er Jahren tätigen Totenbeschwörer gestellt wurde. Meine Persönlichkeit veränderte sich unter diesen Rollenzuschreibungen, ich hatte das Gefühl, die Grenzen meiner körperlichen und seelischen Identität würden bis zum Besessenheitszustand hin durchlöchert. Es war an der Zeit, die Rückkehr in meine Welt vorzubereiten. Um den bedrängenden Erfahrungen der letzten Monate auszuweichen, konzentrierte ich mich in dieser Endphase stärker auf Parallelbefragungen in Nachbarorten, auf genealogisches und historisches Material. Besonders Ausflüge in die spätfeudale Welt des Diözesanarchivs von Melfi und Gespräche mit dessen Leiter, dem von mir hochgeschätzten Don Dante Casorelli, hatten in dieser Zeit große Bedeutung für mich. Um es drastisch auszudrücken: Ich war bald selbst soweit, dass ich einen Priester brauchte.

Schluss

Notizen über Missverständnisse beim Abfragen und über Beobachtungen religiösen Verhaltens; zahlreiche Interviewaufzeichnungen, schriftlich und auf Bändern; historisches Material; von meinen Informanten notierte Zaubersprüche und Heiligenlegenden; Genealogien; im Tagebuch vermerkte flüchtige Begegnungen, Eindrücke und Gedanken: Das bildet den heterogenen Stoff, von dem ich mir oft nicht mehr vorstellen konnte, wie ein Buch daraus werden soll. Vor allem fiel es mir immer wieder schwer, zu beurteilen, wann ich genug Daten über ein bestimmtes Thema gesammelt hatte. Ich ging schließlich nach der Faustregel vor, die aktive Befragung zu einem Thema einzustellen, wenn trotz mehrmaligem Ansprechen bei verschiedensten Informanten immer nur dieselben Begebenheiten, Legenden und Meinungen mitgeteilt wurden. Mit der Zeit wusste ich über viele Einzelthemen oft mehr als der einzelne Informant. Und doch war ich vor Überraschungen nicht sicher. Es ist eine Ironie des Schicksals, dass mir ausgerechnet Geschichten über einen Scherzkobold erst zu Ohren kamen, als ich schon fast die Koffer packte. Das lag wohl auch daran, dass im Ort nur wenige darüber wussten, unter ihnen auffällig viel Zugereiste. Es mag aber auch am schelmischen Charakter dieses kleinen Eichhörnchens mit der roten Mütze liegen, das »nur spielen will«, und dem man durch den Raub der Mütze einen Schatz abpressen kann.

Vielleicht hatte ich mich zu sehr auf ernste Themen, wie Tote und Heilige, konzentriert und über der anstrengenden Erfahrung etwas von meinem Humor verloren. Es ist wohl möglich, dass ich einige meiner Persönlichkeit weniger entsprechende Aspekte des Ripacandideser Volksglaubens übersehen oder unterbetont habe. Ich kann nicht behaupten, ich hätte das Material »erschöpft«, weder im Sinne der Erforschung aller Glaubensvorstellungen, noch im Sinne der vollständigen Erforschung aller Aspekte eines Themas. Gerade diesen Eindruck erwecken viele Monographien mit hohem Abstraktionsgrad, wo es immer heißt »die XY-Gruppe verhält sich so ...« oder »der Volksglaube will, das ...« Hier wirkt Malinowskis (1979: 30) eindringliche Schilderung der Feldforschungstechnik nach, die weniger vom Möglichen spricht als vom Nötigen, von dem was der Ethnograph bewusst und als »aktiver Jäger« in die Forschungssituation einbringt. Hortense Powdermaker hat schon einmal kritisch bemerkt, dass die Anhänger des Klassikers »diesem Mythos« wahrscheinlich mehr gefolgt sind, als er selbst (1970: 347). Die orale Tradition der Ethnologie unterläuft in diesem Punkt die scheinbar naturwissenschaftliche Solidität der Methodik vollends: »Am Ende sitzen sie da mit ihrem Kram und müssen sehen, wie sie zurechtkommen. Eine Forschung ist nie richtig beendet, sie wird abgebrochen«, sagte Jürgen Jensen zu mir, der erfahrenste Feldforscher unter meinen Lehrern und Lehrerinnen, als ich ihn etwas ängstlich auf Probleme der Datenqualität ansprach. Der eigentliche Bruch mit der Tradition des Malinowskischen Mythos liegt wohl darin, dass wir heute versuchen, die Grenzen der Feldsituation und den Entstehungszusammenhang der Daten offen zu schildern. Ob die so entstehenden neuen Monographien fremde Kulturen besser widerspiegeln als die Schriften der Klassiker unseres Faches, wird sich erst noch erweisen müssen. Diese Schlacht wird nicht auf dem Feld der Forschung geschlagen (Evans-Pritchard 1973: 4), wo Ethnologen seit siebzig Jahren mehr oder weniger unter denselben Begleitumständen arbeiten, sondern am Schreibtisch, wo eben doch jede Völkerkunde beginnt und endet.

Der Rest ist schnell erzählt. Meine Ehe mit Anita hat dem Druck der Jahre in Italien letztlich nicht standgehalten, 1990 wurden wir geschieden. Danach war es eine Zeit lang gar nicht so einfach, nach Ripacandida zurück zu gehen, aber auch dort lassen sich nun gelegentlich Ehepaare scheiden. Auch mit dem Leben am Schreibtisch hatte ich Probleme. 1988 vollendete ich in Köln unter der Anleitung von Ulla Johansen meine Habilitationsschrift über lukanische Heiligenkulte, die möglichst wenig Selbstreflexion und möglichst viele Aufzählungen und Datenmassierungen enthielt. Die Daten über Magie hatte ich vorsichtshalber weggelassen. Das Buch gipfelte in der diplomatischen Aussage, dass Religion ein sich selbst perpetuierendes autopoietisches System sei (Hauschild 1994a). Durch die Überfülle der Daten zum Heiligenkult konnte ich meine Gutachter und Gutachterinnen zufrieden stellen und 1990 habilitieren, aber ich war überhaupt nicht mit mir zufrieden. »Willst Du denn nicht endlich mal ein wirklich schönes Buch über Italien schreiben?« fragte mich schließlich Fritz Kramer. In einer Reihe von Aufsätzen hatte ich mich bereits bemüht (Hauschild 1985 a, b, 1986 a, b, 1988, 1990, 1991, 1992, 1994 b), aber 1994 machte ich mich wieder an die Arbeit. Fünf Jahre lang ackerte ich mein gesamtes Material noch einmal durch. Ich bezog die Daten zur Magie und meine Tagebücher mit ein und alles, was ich in insgesamt weiteren 12 Monaten Aufenthalten von 1985 bis 1999 noch in Erfahrung bringen konnte – Gino machte mich derweil zum Paten seiner Kinder und langsam wirke ich auf manche Leute in Ripacandida wie sein emigrierter Bruder. Aus all diesen Verwicklungen im Feld und aus den Trennungsprozessen beim Aufzeichnen und den erneuten Mischungen der Daten bei der Durcharbeitung des Materials, setzte ich langsam eine umfassende Studie über »Magie und Macht in Italien« zusammen, die 1999 abgeschlossen, nach endlosen Verhandlungen mit allen möglichen Verlagen im Jahre 2002 erscheinen wird. Es hat lange gedauert. Effektiv habe ich an diesem Buch zwischen 1994–1999 auf Grund meiner Verpflichtungen in der akademischen Lehre allerdings nur etwa 15 Monate geschrieben.

Aber ich bin froh, dass ich mir Zeit gelassen habe und dass man mir etwas Zeit ließ. Beim Schreiben mußte ich immer wieder das ernüchternde Aha-Erlebnis des »Kaputten« zum Grundmotiv werden lassen. Das trifft sich am Beginn des 3. Jahrtausends überraschend aktuell mit der neuen Diskussion zwischen Historikern und Ethnologen über den Mittelmeerraum, seine Brüche und Nischen, die eine Einheit in Vielfalt erzeugen (Horden/ Purcell 2000). Wie von selbst fügten sich die bisher ideell, kognitiv, kulturalistisch verstandenen Daten zu überzeugenden Bildern der materiellen Zusammenhänge und der damit verbundenen süditalienischen Lebenskunst. Ich biete in meinem Buch unter anderem eine materielle und physiologische, eine körperbezogene These zu dem Vorgang an, den wir »Hexerei« zu nennen gewohnt sind und mit Vorliebe als rein psychischen und sozialen Prozess betrachten. Aber vor allem ist es mir manchmal gelungen, Traditionsfäden zwischen der privaten Magie und dem öffentlichen Kult zu erkennen, Kausalbeziehungen zwischen alltäglicher geistiger Selbsthilfe, kirchlichen Lehren, materiellen Umständen und politischer Macht. Von der Selbstreflexion und Einfühlung in das andere habe ich einen großen Weg zu einer materiell begründeten, gut belegbaren Erkenntnis über konkrete Zusammenhänge gemacht. Insofern haben mich 20 Jahre Arbeit an, für und mit Süditalien immer reicher werden lassen – nicht nur materiell durch die Versorgtheit in der Professorenrolle, sondern durch die Vielfalt der Beiträge, die ich aus der Tiefe meiner Datenmengen heraus zu gesellschaftlichen Debatten machen kann (1998, 1999, 2000 a–d, 2001), durch den Weg der Erkenntnis, der eben manchmal nicht nur auf dem Umweg über das Andere zum Ich führt, sondern umgekehrt, auf dem Umweg über das selbstreflektierte Ich zur Erkenntnis von Ursachen und Wirkungen in und zwischen Natur und Kultur, also zu einer eigentlichen Anthropologie. Diese Erkenntnisprozesse auch literarisch-handwerklich einigermaßen ansprechend und überzeugend zu platzieren und zu formulieren, bereitet mir Vergnügen und gibt meinem Leben Sinn. Auf diesem Weg werde ich weitergehen. Ein Projekt über Klientelismus und Korruption in Deutschland und Italien ist inzwischen schon wieder abgeschlossen und viele Studien zu einer neuen Ethnologie des Mittelmeerraumes sind in Vorbereitung, im Dialog zwischen mir, meinen Studenten und jungen Kollegen und Kolleginnen: eine neue Generation der Feldarbeit.

Anmerkungen

1 Dieser Aufsatz bezieht sich auf einen 20-monatigen Feldaufenthalt in Süditalien, den ich als Feodor-Lynen-Stipendiat der Alexander von Humboldt-Stiftung zwischen August 1982 und August 1984 durchführen konnte. Für Kritik, Anleitung und wertvolle Hinweise bin ich meinen Tutoren – Ulla Johansen und Francesco Trevisani – sehr dankbar, ebenso Clara Gallini, Carlo Ginzburg, Jürgen Jensen und Fritz Kramer. Außerdem bedanke ich mich stellvertretend für alle Informanten und Freunde in der Region Basilicata bei meinem Mitarbeiter Luigi Gilio.

Literatur

Allum, Percy
1973   Politics and Society in Post-War Naples. Cambridge.

Andersen, Hans Christian
o. J.   Die Galoschen des Glücks. In: Sämtliche Märchen, Bd. 1, Stuttgart.

Appel, Willa
1977   Idioms of Power in Southern Italy. In: Dialectical Anthropology, Bd. II.

Banfield, Edward
1958   The Moral Basis of a Backward Society. New York.

Boehmer, Heinrich
1925   Der junge Luther. Gotha.

Bowen, Elenore Smith (d. i. Laura Bohannan)
1964   Return to Laughter. New York [dt. Übers.: Rückkehr zum Lachen, Berlin, 1981].

Brögger, Jan
1971   Montevarese. Bergen.

Chamisso, Adalbert von
o. J.   Peter Schlemihls wundersame Geschichte. In: Sämtliche Werke, Bd. III/IV, Berlin.

Davis, John
1977   People of the Mediterranean. London.

De Martino, Ernesto
1959   Sud e Magia. Mailand [dt. Übers.: Katholizismus, Magie, Aufklärung, München, 1982].
1962   Furore, Simbolo, Valore. Mailand.

Douglass, William
1983   Migration in Italy. In: Kenny/Kertzer (Hg.): Urban Life in Mediterranean Europe, Chicago.

Evans-Pritchard, Edward. E.
1973   Some Reminiscences and Reflections on Fieldwork. In: Journal of the
            Royal Anthropological Society of Oxford, Bd. IV.

Fabian, Johannes
2001   Im Tropenfieber. Wissenschaft und Wahn in der Erforschung Zentral-
            afrikas. München.

Fischer, Hans
1981   Die Hamburger Südsee-Expedition – Über Ethnographie und Kolonia-
            lismus. Frankfurt.

Frazer, James George
1890/1977 Der goldene Zweig – Eine Studie über Magie und Religion. Frankfurt.

Friedman, Frederick
1953   The World of *la miseria*. In: Partisan Review, Bd. XX.

Gallini, Clara
1971   Il consumo del sacro, feste lunghe in Sardegna. Bari.

Goethe, Johann W. von
1789   Der römische Carneval. Weimar [Nachdruck Dortmund 1978].

Graevenitz, Gerhart von
1999   Literaturwissenschaft und Kulturwissenschaft. In: Deutsche Vierteljahres-
            schrift für Literaturwissenschaft und Geistesgeschichte, 73. Jahrgang,
            Heft 1, 94–115.

Gribaudi, Gabriella
1981   Mediatori. Turin.

Hauschild, Thomas
1976   Zur tatsächlichen Wirkung von Amulett und Talisman. In: Ethnomedizin,
            Bd. III.
1979/1982 Der böse Blick – ideengeschichtliche und sozialpsychologische Unter-
            suchungen. Hamburg (Berlin).
1982   Medizinische Mythen und Rituale. In: Brinkmann, Manfred u. Franz,
            Michael (Hg.): Nachtschatten im weißen Land, Berlin.
1985   Intervista con Thomas Hauschild (mit Lützenkirchen, G. u. Simonelli,
            V.), Storia e Medicina Popolare, Bd. 3, 2–12.
1985 b   Santi e guaritori in Lucania, Storia e Medicina Popolare, Bd. 3, S. 13–
            17. Deutsche Übersetzung:»Magie« und»Religion« in Süditalien. In:
            Kuntz-Stahl, A. (Hg.): Ort und Feld, Dokumentation des»Tages der eu-
            ropäischen Ethnologie«, Hamburg, 31–40. Nachdruck: Kuntz, A. u.
            Pfleiderer, B. (Hg.): Fremdheit und Migration, Berlin, 159–166.
1986   Protestantische Pilger und katholische Körperschaften. Süditalien-
            ethnographie zwischen Imagination und Realität. In: Zeitschrift für Volks-
            kunde, Jg. 83, Heft 1, 19–43. Italienische Teilübersetzung: Religione e
            struttura sociale. In Basilicata, Basilicata. Rassegna di politica e cronache
            meridionali, Bd. 28, Heft 2, 9–16.

1987 b   Identità lucana nell'esperienza di un antropologo culturale. In: Rosa, R.
          (Hg.): Identà e specifità di una regione: La Basilicata, Potenza, 53–63.
1988   Verzeihen, Vergelten, Vernichten. Recht und Magie. In Tradition und
          Moderne, Manuskripte, Bd. 98, 85–91.
1989   Symbolisches Kapital: Zur Geschichte und politischen Ökonomie einer
          katholischen Bruderschaft. In: Völger, G. u. v. Welck, K. (Hg.),
          Männerbünde. Zur Rolle des Mannes im Kulturvergleich, Bd. 1, Köln,
          177–185.
1990   Lukanische Magie und Hausmedizin. In: Ahrenholz, B. u. H. R.
          Brittnacher (Hg.): Apulien Basilicata. Ein Reisehandbuch, Leer, 95–98.
1991   Making History in Southern Italy. In: Hastrup, K. (Hg.): Other Histories
          (European Association of Social Anthropologists Monograph No. 1),
          London, 29–44.
1994 a   Studien zum religiösen Diskurs in Süditalien. Eine lukanische Hagio-
          graphie (Habilitationsschrift Köln 1991) Microfiche, Ketsch (Mikroform
          International), 670.
1994 b   Kultur der Gewalt in Süditalien. In: Brednich, R. W. u. Hartinger, W.
          (Hg.), Gewalt in der Kultur, Vorträge des 29. Deutschen Volkskunde-
          kongresses, Passau (Passauer Studien zur Volkskunde), Bd. I, 355–375.
1995   Dem lebendigen Geist. Warum das Studium der Ethnologie des Natio-
          nalsozialismus auch für Nichtethnologen von Interesse sein kann. In:
          Hauschild, T. (Hg.), Lebenslust und Fremdenfurcht. Ethnologie im III.
          Reich, Frankfurt a. M., 13–61.
1998   Il programma ‚postmoderno‘ e lo spirito demartiniano. In: Gallini, C. u.
          Massenzio, M. (Hg.), Ernesto de Martino nella cultura europea, Napoli,
          75–80.
1999   Blut, Fleisch und Knochen. Ethnologie zwischen Erfahrung, Archaik
          und Archiv. In: Rieger, Stefan, Schahadat, Schamma u. Weinberg, Man-
          fred (Hg.): Interkulturalität. Zwischen Inszenierung und Archiv, Tübin-
          gen, 103–116.
2000 a   Bimbes statt Bimbos. Ob in Neu-Guinea. In Italien oder in der CDU –
          überall entdecken Ethnologen die gleichen Rituale. In: DIE ZEIT, Nr. 6,
          3. Februar.
2000 b   Beiträge zur Kulturgeschichte des Kotzens. In: Hegemann, C. (Hg.),
          Endstation Sehnsucht, Programmheft Salzburger Festspiele/Volksbüh-
          ne Berlin, Berlin, 37–60.
2000 c   Lernt von den Sopranos. Wie man eine Fernsehserie als ethnologische
          Studie zukünftiger Verhältnisse begreifen kann. In: DIE ZEIT, Nr. 25,
          15. Juni.
2000 d   Karneval mit Blut- und Soßenflecken. Ein hungriger Australier, die Ära
          Andreotti und das System Kohl – Peter robb belebt mit »Sizilianische
          Schatten« die Reiseethnologie. In: Süddeutsche Zeitung, 13./14. Mai, V.
2000 e   Heilige Messe, Ritual und Frickelei. Eine ethnomedizinische Forschungs-
          reise nach Ripacandida im Süden Italiens, Frankfurter Allgemeine Zei-
          tung, 29. August, 10.
2002   [im Druck] Magie und Macht in Italien. Gifkendorf.

Hauschild, Thomas und Warneken, Gernd Jürgen
2002   [in Vorbereitung] Inspecting Germany. Kultur- und sozialanthropolo-
          gische Studien über die Deutschen.

Herrmann, Ferdinand
1938   Beiträge zur italienischen Volkskunde. In: Heidelberger Akten der von
          Portheim-Stiftung, Bd. XXIII.

Hoffmann, E. T. A.
1820/1979 Des Vetters Eckfenster. In: ders.: Späte Werke. München.

Horden, Peregrine u. Purcell, Nicholas
          The Corrupting Sea. A Study of Mediterranean History. Oxford.

Kaden, Waldemar
1896   Volksthümliches aus Süditalien. Leipzig.

Kertzer, David
1983   Urban Research in Italy. In: Kenny/Kertzer (Hg.): Urban Life in
          Mediterranean Europe, Chicago.

1979   Kommission der Europäischen Gemeinschaft: Regionales Entwicklungs-
          programm Mezzogiorno. Brüssel.

Korrespondenzblatt
1906   »Mitteilungen des Verbandes deutscher Vereine für Volkskunde«, Nr. 3.

Kuhn, Thomas
1962/1976 Die Struktur wissenschaftlicher Revolutionen. Frankfurt.

Kuper, Adam
1973/1978 Anthropologists and Anthropology – The British School 1922–1972.
          Harmondsworth.

Lares
1912 ff.   Bolletino della società di etnografía italiana, Rom.

Latour, Bruno
2000   Die Hoffnung der Pandora. Frankfurt a. M.

Levi, Carlo
1947   Christus kam nur bis Eboli. Zürich.

Luther, Martin
1913   Matthäus 18–24 in Predigten ausgelegt; Wider das Papsttum zu Rom,
          vom Teufel gestiftet. In: Werke, Weimar, Bd. 47 u. Bd. 54.

Malinowski, Bronislaw
1979   Argonauten des westlichen Pazifik. Frankfurt [Originalausgabe 1922].
1937   Introduction. In: Lips, Julius: The Savage Hits Back, New York.
1967   A Diary in the Strict Sense of the Term. New York.

Mann, Thomas
1978   Der Tod in Venedig. Frankfurt.

Nixdorff, Heide und Hauschild, Thomas (Hg.)
1982   Europäische Ethnologie. Berlin.

Petri, Helmut
1954   Europäische und außereuropäische Völker in ethnologischer Sicht. In:
          Studium Generale, Bd. VII.

Pietrafesa, Franco
1981   I terremoti del Vulture. Neapel.

Powdermaker, Hortense
1970   Further Reflections on Lesu and Malinowski's Diary. In: Oceania.

Rabinow, Paul
1977   Reflections on Fieldwork in Morocco. New York.

Ranke-Graves, Robert von
1948/1981 Die weiße Göttin – Sprache des Mythos. Berlin.

Richter, Dieter
1989   Alla ricerca del sud: tre secoli di viaggi ad Amalfi nell'immaginartio
          europeo. Scandicci.
1909   Der Vesuv: Geschichten und Gedichte über den brennenden Berg. Frank-
          furt

Schneider, Jane und Schneider, Peter
1976   Culture and Political Economy in Western Sicily. New York.

Schweizer, Thomas
1996   Muster sozialer Ordnung. Netzwerkanalyse als Fundament der Sozial-
          ethnologie. Berlin.

Seligmann, Siegfried
1921   Die Zauberkraft des Auges und das Berufen. Hamburg.

Signorelli, Amalia (Hg.)
1977   Scelte senza potere – il ritorno degli emigrati nelle zone dell'esodo. Rom.

Sohn-Rethel, Alfred
1991   Das Ideal des Kaputten. Über neapolitanische Technik. Bremen.

Stewart, William E.
1978   Die Reisebeschreibung und ihre Theorie im Deutschland des 18. Jahr-
          hunderts. Bonn.

Spindler, George und Spindler, Louise (Hg.)
1970   Being an Anthropologist. New York.

Szalay, Miklos
1982   Die Ethnologie auf dem Weg zur Historie? In: Hauschild/Nixdorff (Hg.),
          Europäische Ethnologie, Berlin.

Tedlock, Dennis
1979   The Analogical Tradition and the Emergence of a Dialogical Anthro-
          pology. In: Journal of Anthropological Research, Bd. XXXV.

Trede, Theodor
1890   Das Heidenthum in der römischen Kirche. Gotha.

Von Graevenitz, Gerhart
1999   Literaturwissenschaft und Kulturwissenschaft. Eine Erwiderung. Deut-
          sche Vierteljahresschrift für Literaturwissenschaft und Geistesgeschichte,
          73. Jahrgang, 94–115.

Wagner, Max Leopold
1937   Phallus, Horn und Fisch. In: Donum Natalicum Carolo Jaberg, Romanica
          Helvetica, Series linguistica, Bd. IV, Zürich.

Weber, Max
1978   Die protestantische Ethik und der Geist des Kapitalismus. In: Gesam-
          melte Aufsätze zur Religionssoziologie, Tübingen.

Günther Schlee

Mobile Forschung bei mehreren Ethnien
Kamelnomaden Nordkenias

Hier soll von meiner zweiten Feldforschung die Rede sein, die mehrere Ethnien und die historischen und sozialen Beziehungen zwischen ihnen zum Gegenstand hat (Schlee 1994 a). Die Forschung konnte bereits auf einer abgeschlossenen Untersuchung über eine dieser Ethnien, etablierten Kontakten mit Mitgliedern von Nachbargruppen und genereller Vertrautheit mit der Region fußen. Die erste Feldforschung, wie sie gelegentlich als Initiationsritus für angehende Anthropologen bespöttelt wird, mit ihren typischen Problemen (Überwindung des Kulturschocks, Erlernen eines modus vivendi und kommunikativer Strategien) lag also zu diesem Zeitpunkt bereits hinter mir. Was mich betrifft, habe ich diese Probleme an anderer Stelle diskutiert (Schlee 1979: 22–65), als die Erinnerung daran noch frischer war.

Ein mobile Forschung bei mehreren Gruppen mit verschiedenen Sprachen bringt eine Reihe von methodischen und arbeitspraktischen Problemen mit sich, die bei einer stationären, monographischen Studie nicht auftauchen. Diese spezifischen Probleme sollen Gegenstand dieses Beitrages sein.

Um darzustellen, mit welchen Voraussetzungen ich diese Forschungen antrat, muss ich etwas weiter ausholen und einen kurzen chronologischen Abriss darüber geben, was ich im letzten Jahrzehnt gemacht habe.

Ich bin durch äußere Umstände auf Afrika gekommen. Den größeren Teil meines Studiums (Völkerkunde, Romanistik, allgemeine Sprachwissenschaft) hindurch habe ich mich eigentlich lebhaft für Südamerika interessiert, alles über diesen Subkontinent gelesen, was mir in die Finger kam, und eine Menge Spanisch betrieben. Als ich anfing, mir Gedanken über ein Dissertationsthema zu machen, entwickelte ich eine zeitweilige Abneigung gegen Schreibtischarbeit und wollte unbedingt eine Feldforschung durchführen. Da es für Studenten ohne Abschluss nicht ganz leicht ist, Forschungsstipendien und Reisemittel zu beschaffen, und es für vorbereitende oder Orientierungsreisen überhaupt keine Unterstützung gibt, beschloss ich, auf eigene Kosten nach Südamerika zu fliegen und mir dort ein Forschungsgebiet auszusuchen. Es stellte sich heraus, dass die Rückflugtickets nach Südamerika damals etwa 3.000 DM kosteten, während man für ca. 1.000 DM nach Ostafrika und zurück gelangte. Also büffelte ich in den Frühjahrs-

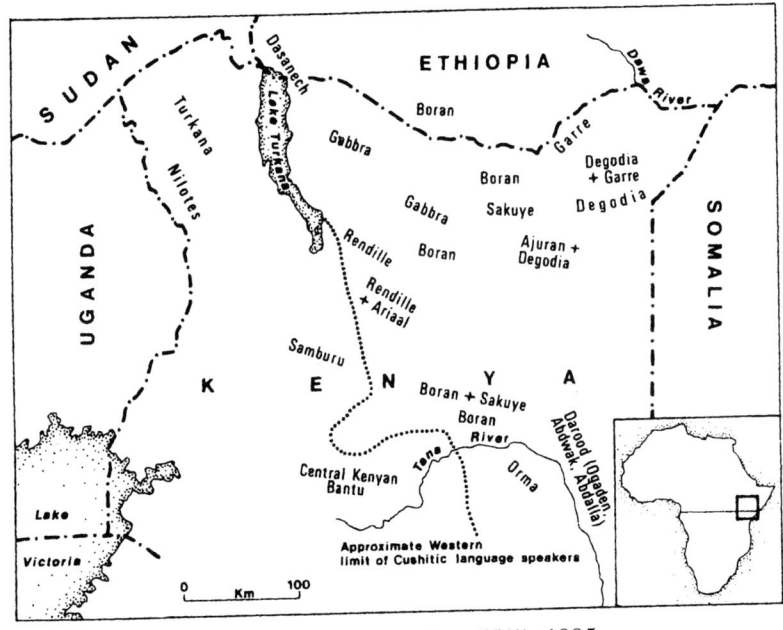

Karte aus Schlee in: *Africa* 55(1), 1985.

semesterferien 1974 Swahili, fing im folgenden Semester mit dem fortge-
schrittenen Kursus an und konnte im Sommer genau 500 Wörter Swahili.
(Ich konnte das an meinem »Idiotenskat«, den beidseitig beschrifteten Kärt-
chen, überprüfen.) Wenn man 500 Wörter immer wieder neu kombiniert,
kann man den ganzen Tag lang Swahili sprechen. Damit, und mit einer langen, bei verschiedenen Institutionen zusammengefragten Liste von Adressen deutscher Missionare und Experten, von denen ich mich aus Kosten-
ersparnisgründen bewirten zu lassen gedachte, flog ich für die Semesterferien nach Ostafrika und bereiste per Bus und in den Autos der erwähnten
Missionare und Experten Kenia, Tanzania und Uganda. Dass ich schließlich bei den Rendille-Nomaden im ariden Norden Kenias landete, hat sicher
seinen Grund in persönlichen Affinitäten: ich habe etwas gegen eng ge-
packte Gesellschaften mit intensiver gegenseitiger Kontrolle und komme
besser mit weiträumiger orientierten Menschen zurecht, die autonomer sind
und sich, statt sich aneinander zu reiben, einfach trennen und neu gruppie-
ren. Ich habe nie irgendwelche Anstrengungen unternommen, diese Entscheidung ausschließlich aus einer wissenschaftlichen Notwendigkeit heraus zu begründen, da ich die emotionalen Gründe für legitim halte; um bei
einer Gruppe eine Feldforschung mit der Methode der teilnehmenden Be-

obachtung durchzuführen, muss man anderthalb Jahre oder länger bei diesen Menschen leben, und das ist unmöglich, wenn man emotionale Wider-
stände gegen sie hat und schon nach sechs Wochen ihre Gesichter nicht
mehr ausstehen kann.

Aufgrund dieser Informationsreise, bei der ich auch schon eine Rendille-
Wortliste und grammatische Notizen aufnahm (die Rendille sprechen kaum
Swahili), konnte ich einen Stipendienantrag stellen. Die Studienstiftung des
Deutschen Volkes, von der ich damals gefördert wurde, ermöglichte mir
dann durch ein Auslandsstipendium und ein anschließendes Doktoranden-
stipendium einen Feldaufenthalt bei den Rendille von März 1975 bis Sep-
tember 1976. Die Studienstiftung stand so am Anfang einer Reihe von Institutionen und Individuen, die mir mit Stipendien, Urlaubsgenehmigungen,
Forschungserlaubnissen etc. geholfen haben und mir so ermöglichten, insgesamt etwa fünf Jahre, also die Hälfte der letzten Dekade, in Afrika zu
verbringen.

Die Rendille, wie sie sich durch ihre gemeinsamen Altersklassenrituale
selbst abgrenzen, zählten damals ca. 12.000 Individuen. (Die Sprache ist
etwas weiter verbreitet. Bei der Volkszählung von 1979 haben sich 21.794
Personen als »Rendille« identifiziert.) Sie leben in Klansiedlungen aus
Mattenzelten. Sie sind weder Christen noch Muslime, sondern hängen einem an bestimmte Teile des alten Testaments erinnernden Monotheismus
an. Neben Kamelen haben sie vor allem Kleinvieh. Die Rinderhaltung ist in
dem trockenen Rendilleland sehr risikoreich.

Die Geschichte meiner Integrationsversuche in die Rendille-Gesellschaft,
die von Schwierigkeiten und Rückschlägen begleitet waren, habe ich in der
Einleitung zu meiner Dissertation beschrieben (Schlee 1979). Da erfolgreiche Integration in die untersuchte Gesellschaft und baldestmögliche »Adoption« offenbar ein Erfolgskriterium für Anthropologen ist, findet man in
Vorworten oft überschwängliche Danksagungen für die Offenheit und Gastfreundschaft der Wirts-Ethnie des Forschers. Gemessen an dem Tenor dieser Vorworte bin ich entweder nur ein mittelmäßiger Anthropologe, oder
die Rendille sind schwieriger als andere Völker (sie leiden an periodischen
Knappheiten oder gar Hungersnöten und stellen entsprechende Anforderungen an das Portemonnaie des Forschers), oder aber die Kollegen, die nur
von Harmonie zu berichten wissen, verschweigen Rückschläge, um dem
fachinternen Erfolgskriterium zu genügen. Mein Verhältnis zu den Rendille
(und oft auch das der Rendille zueinander) ist und bleibt von Feilschen und
beidseitiger Zähigkeit bestimmt. Diejenigen, die Näheres hierüber erfahren
wollen, seien auf die obige Publikation verwiesen.

Neben dem Altersklassenzyklus ist die Klanzugehörigkeit ein wichtiges
Gliederungsprinzip der Rendille-Gesellschaft. Die Rendille, die eine

Auswanderungsethnie sind und ständig arme Leute aussondern (von denen sich viele den Samburu und Ariaal anschließen (vgl. Spencer 1973) oder auch den Gabbra), haben ein relativ geringes demographisches Wachstum. Möglicherweise deswegen haben die Klane eine geringe Tendenz, sich zu spalten und zu differenzieren und sind – zumindest in der Vorstellung der Rendille – stabile Einheiten mit festen, ererbten Merkmalen (wie Jähzorn, Durst, Friedfertigkeit, Heilkräften) und klanspezifischen Riten, Hausformen, Körperschmuck und anderen kulturellen Zügen.

Eines Tages wurde ich von Rendille-Frauen gefragt, ob es die Rendille Klane auch bei den Deutschen gibt. Meine verneinende Antwort erregte Erstaunen. Die Frauen folgerten, dass Deutschland sehr weit entfernt sein müsse, wenn es diese Klane dort nicht gebe.

In der Rendille-Vorstellung sind die Klane universal, so wie bei uns oft angenommen wird, dass Kretschmer's Konstitutions-Typen (Pykniker, Athleten, Leptosome) rassenunabhängig und universal sind. Dass Odola auch bei der nördlichen Nachbargruppe, den Gabbra, vertreten ist, war mir bekannt, weil es dort eine gleichnamige Sektion gibt. Viele Menschen wandern zwischen beiden Gruppen hin und her. Aber Odola ist nur einer von zehn Klanen. Damals beschloss ich, in einer späteren Forschung der Frage nachzugehen, ob es tatsächlich in den verschiedenen Ethnien Nordkenias immer wieder dieselben Klane gibt. Wenn ja, dann wäre das angesichts der deutlichen kulturellen und sprachlichen Unterschiede zwischen diesen Ethnien ein einigermaßen überraschendes Phänomen. Diese Gruppen sprechen nämlich Sprachen, die zwar alle dem Tiefland-Zweig des Ostkuschitischen angehören, aber wechselseitig nicht verständlich sind. Einige von ihnen sind Muslime, andere nicht, erstere tragen Vollkleidung, während letztere allerlei Ziernarben, Perlschmuck, Körperbemalung usw. auf weitgehend nackter Haut zur Schau stellen und oft nur ein Hüfttuch tragen. Das Verhältnis zwischen diesen Gruppen ist oft von Raub und Krieg bestimmt. Insgesamt also nicht gerade eine kulturelle Situation, in der man interethnische Klanbruderschaften erwarten würde. Der Ursprung und die Art dieser Beziehungen schienen mir daher eine Untersuchung wert.

Da es hieß, dass es die gleichen Klane wie bei den Rendille auch bei den Somali gebe, nützte ich die Gelegenheit, als wegen der Trockenheit weiter östlich ein gemischtes Siedlungs-Cluster von Ajuran- und Degodia-Somali sich den östlichen Teilen der Rendille-Weidegründe näherte, und suchte sie auf. Ich war von einigen Rendille begleitet, und die Gespräche kreisten nur zum Teil um mein Anliegen, mehr aber um die Frage, wie die neuen Nachbarn friedlich miteinander auskommen könnten. Eine Ziege wurde für uns geschlachtet, und dann schliefen wir gesättigt ein, denn die Querfeldeinfahrt mit dem Landrover war anstrengend und von mehrfachem Reifen-

Das Zelt des Ethographen.
Links Speere, Wasserkanister und Kamelsättel,
am Baum der Spazierstock (Dabel, Kenia).

flicken unterbrochen gewesen. Die Ruhe war kurz, denn gegen Mitternacht wurde Alarm geschlagen. Eine Rinderherde sei vermutlich von Boran, die mit Gewehren bewaffnet seien, geraubt worden, und der Hirte sei noch vermisst. Schließlich wurde beschlossen, dass beim ersten Tageslicht ich und zwei Leute, die bei der Polizei Bericht erstatten sollten, nach Marsabit, dem Haupt-Ort des Distriktes, mitnehmen solle. Diese zweite Querfeldein-fahrt dauerte den größeren Teil des nächsten Tages und gab meinen Reifen den Rest. Es ist manchmal besser, kein Auto zu haben; dann wird man auch nicht ständig auf Reisen geschickt. Letztlich aber war die Mission erfolg-reich, denn die Räuber wurden abgefangen, dabei wurde einer getötet, und die Herde wurde zurückgebracht. Bei meiner nächsten Reise schlachteten die Somali für mich keine Ziege, sondern ein Rind. Ich erwähne diese er-sten Kontakte zu Somali hier, obwohl sie an Forschungsergebnissen kaum etwas einbrachten, weil sie die Basis für mein späteres Verhältnis zu den betreffenden Gruppen bildeten. Ich wurde durch dieses Vorkommnis schlag-artig bekannt und mein Name war mit der zurückgebrachten Rinderherde verknüpft. Der vermisste Hirte fand sich übrigens später wieder ein.

Gewappnet mit sporadischen Kenntnissen über interethnische Klan-beziehungen und ausgewiesen durch meine erfolgreich abgeschlossene Pro-

motion, stellte ich 1977 einen Antrag bei der Deutschen Forschungsgemeinschaft auf ein Forschungsstipendium zum Thema »Interethnische Klanbeziehungen in Nordkenias«. Der Antrag wurde genehmigt. Eine zweite
Hürde war die Forschungsgenehmigung durch die kenianische Regierung.
Wegen des damals noch schwelenden Grenzkonfliktes war es nicht ganz
leicht, eine solche Genehmigung für die Somali-Gebiete Kenias zu erhalten. Umso mehr habe ich für das Vertrauen der kenianischen Behörden zu
danken, dass ich schließlich doch in den Distrikten Marsabit, Wajir und
Isiolo forschen durfte. Von August 1978 bis Juni 1980 war ich wieder im
Feld. Noch offengebliebene Fragen zu diesem Thema konnte ich später bei
kürzeren Aufenthalten klären: 1981, als ich meine jetzige Frau, die Tochter
eines Somali-Viehhändlers aus dem Rendille-Land, heiratete, 1983 sowie
1984, bei einer etwas längeren Anschlussforschung von Februar bis November. Soviel zur Chronologie. Bevor ich zu den methodischen Problemen dieser Forschung komme, möchte ich jetzt auf die Ergebnisse vorgrei-
fen und einen kurzen inhaltlichen Abriss über die betreffenden Ethnien und
die Beziehungen zwischen ihnen geben, soweit dies zur Erörterung der
Forschungsmethodik, meinem eigentlichen Anliegen, notwendig ist.

– Die Rendille sind weiter oben bereits kurz angesprochen worden.
– Die kamelhaltenden Gabbra leben nördlich von den Rendille in demsel-
   ben Distrikt (Marsabit) und erstrecken sich nach Norden über die äthiopi-
   sche Grenze hinaus. Ihre Zahl beträgt nach dem letzten Zensus 30.553
   (Republic of Kenya: 1981, Zensus von 1979). Ihre Sprache ist der Boran-
   Dialekt des Oromo. Sie haben ein Glaubenssystem, das dem der Rendille
   ähnelt.
– Die Sakuye, nach dem letzten Zensus (1979) 1.824, nach dem vorletzten
   von 1969 jedoch noch 4.369, sind nicht etwa, wie diese Zahlen suggerieren, biologisch am Aussterben, sondern stehen unter dem Druck, sich als
   »Boran« zu bezeichnen und so als Untereinheit in dieser dominanten Grup-
   pe aufzugehen, deren Sprache sie seit langem sprechen. Viele Sakuye
   wehren sich dagegen erbittert. Die Sakuye sind durch den erfolglosen
   Separationskrieg nach der Unabhängigkeit Kenias (1963) stark dezimiert
   und pauperisiert worden. Früher hatten sie große Kamelherden und ein
   aufs Wohl dieser Kamele gerichtetes Rituelleben mit Opferfesten wie die
   Gabbra und Rendille. Sie leben in zwei getrennten Regionen im Isiolo-
   Distrikt und im nordöstlichen Marsabit-Distrikt.
– Die Ajuran, mit einer Bevölkerung von 22.006, leben weiter östlich im
   Wajir-Distrikt. Die Waqle sind vorwiegend Kamelhirten und sprechen
   Somali, während die boran-sprechenden Walemügge kamelhaltende und
   vorwiegend rinderhaltende Subsektionen aufweisen. 1984 kam es zu hef-

tigen, mit Schnellfeuerwaffen ausgetragenen Konflikten zwischen den Ajuran und den Degodia-Somali.
– Die Garre, deren junge Männer in obigen Konflikt z.T. auf Seiten der Degodia eingriffen, zählen 83.083. Sie durchstreiften weite Gebiete im Mandera- und Wajir-Distrikt und sind ebenfalls in Äthiopien und Somalia anzutreffen. Die meisten von ihnen sprechen Boran, Teile jedoch auch einen dem Ralianwein verwandten Somali-Dialekt.

Die interethnischen Klanbeziehungen, die Gegenstand meiner Arbeit (Schlee 1994 b [1989]) waren, bestehen vor allem zwischen diesen fünf Gruppen, gehen aber auch darüber hinaus (etwa zu den Arbore in Südäthiopien und möglicherweise zu anderen Somali-Gruppen, so auch einer Degodia-Sektion). Neben diesen fünf Gruppen sind die Boran zu erwähnen, die selber nicht zu diesem Cluster gehören, aber in der Geschichte der Region und auch als katalytischer Faktor bei der Ethnogenese der obigen Gruppen eine große Rolle gespielt haben. Die Boran sind die in diesem Zusammenhang wichtigste Gruppe der Oromo, die heute teilweise islamisiert, teilweise christianisiert, teilweise, wie viele Boran, ihrem traditionellen Glaubenssystem anhängend, in viele lokale und Dialektgruppen aufgeteilt das größte Volk Nordostafrikas bilden. Die Anzahl der Oromo, früher Galla genannt, von denen die meisten in Äthiopien leben, mag 15 Millionen betragen. Die Boran in Kenia zählten 66.894 (alle Zahlen nach dem 1979er Zensus).

Im sechzehnten Jahrhundert, möglicherweise im Zusammenhang mit einer Reform ihres Generationsklassensystems, *gada*, das sich als wirkungsvolles militärisches Rekrutierungs-Verfahren erwies, erfuhren die Oromo von ihrem Stammland in Südäthiopien aus eine gewaltige territoriale Ausdehnung in alle Himmelsrichtungen (Haberland 1963: 24 ff., Legesse 1973: 154ff.).

In Nordkenia fanden die Boran Gruppen von Kamelnomaden vor, die eine gemeinsame Kultur aufwiesen, die ich als PRS (Proto-Rendille-Somali, nach den westlichsten und östlichsten unter den heutigen Erben dieser Kultur) bezeichnet habe. Diese Gruppen hatten eine gemeinsame, dem heutigen Rendille und Somali ähnliche Sprache, einen gemeinsamen, recht komplexen Kalender, der etliche Termine für Opferfeste sowie günstige und ungünstige Zeiten für die verschiedensten Handlungen vorsah, die man mit Kamelen vornahm: langfristig verleihen, für eine Melkperiode überlassen, kastrieren, als Lastkamel trainieren, Milch fortgeben, das Kamellager weiterziehen lassen etc. Aufgrund ihrer heute noch vorhandenen Elemente und mit Hilfe mündlicher Überlieferungen konnte diese Kultur in großen Teilen rekonstruiert werden.

Die Boran gliederten Teile der Proto-Rendille-Somali in eine Art hege-
moniales System ein, in dem die angegliederten Gruppen *qallu* (Hohen Prie-
stern) der Boran in bestimmten, durch das *gada*-System vorgegebenen Ab-
ständen rituelle Geschenke zu überbringen hatten. Andere PRS blieben als
Feinde der Boran außerhalb dieses Systems. So kommt es, dass heute die
Sakuye, Gabbra und Teile der Ajuran Boran sprechen, während andere, wie
die Rendille und östlichen Garre, ihre somaloiden Sprachen beibehalten haben.

Ein zweiter differenzierender Faktor, der die heutigen ethnischen Grenzen entstehen ließ, war die fortschreitende Islamisierung, die einige Somali
recht früh, die Sakuye erst in diesem Jahrhundert, und die Gabbra und
Rendille nie erreichte.

Durch diese Differenzierungsprozesse kommt es, dass die ursprünglichen PRS heute in verschiedene Ethnien aufgespalten sind, in denen man
jedoch immer wieder dieselben alten PRS-Klane findet, die ihre klan-spezi-
fischen Namen, Brandzeichen, rituellen Fähigkeiten, Sitten oder Teilmen-
gen dieser Merkmale beibehalten haben, sich dieser Beziehungen bewusst sind
und auf Reisen und beim Weidemanagement von ihnen Gebrauch machen.

Soviel, ganz kurz, zu den inhaltlichen Ergebnissen meiner Forschung.
Ich möchte jetzt auf die Verfahren zu sprechen kommen, mit denen ich zu
Ergebnissen dieser Art gelangt bin.

Ein Blick auf die Landkarte zeigt, dass das Untersuchungsgebiet halb so
groß ist wie die alte Bundesrepublik. Und doch ist auch dieses Gebiet nur
ein willkürlicher Ausschnitt, denn die untersuchten Beziehungen weisen weit
nach Äthiopien und Somalia hinein. In einer idealen Welt hätte ich in allen
drei Ländern forschen müssen, aber so wie aber die Dinge lagen, war es
unmöglich gleichzeitig Forschungsgenehmigungen und Visa für drei, zeitweilig untereinander Krieg führende und danach von rivalisierenden Super-
mächten infiltrierte Länder zu erhalten und sich frei über die Grenzen zu
bewegen. Außerdem sind die Behördengänge (Genehmigungen, Visa, Au-
topapiere) in einem einzigen Land bereits so zeitaufwendig, dass einem bei
der Vorstellung einer Verdreifachung dieser Mühen das Grauen kommt.

Auch innerhalb Kenias sind die untersuchten Gruppen z. T. Hunderte
von Kilometern groben Terrains voneinander entfernt. Man reist oft tagelang zu Fuß, im Landrover oder per Kamel, um bestimmte Informanten
aufzusuchen, findet dann möglicherweise die verlassene Siedlungsposition
vor und ist aufs Fährtenlesen angewiesen. An jedem neuen Ort muss man
erneut sein Anliegen plausibel machen und eine Vertrauensbasis für offene
Interviews aufbauen. Der teilnehmenden Beobachtung sind unter diesen Bedingungen wegen der kürzeren Verweildauern natürlich engere Grenzen gesetzt, als bei einem stationären Feldforscher, der sich nicht nur das Vertrau-

Der Ethnograph und sein Sakuye-Begleiter Ali Jarso
über den Arm fotografiert (Deemo Deera, Kenia, 1992).

en einiger Schlüsselinformanten, sondern der gesamten Lokalgruppe erwerben kann. Entsprechend überwiegt der Anteil der verbalen Information, auch über Rituale und andere im Prinzip beobachtbare Abläufe, gegenüber der visuellen.

Auf der einen Seite bringt eine solche mobile Feldforschung mit interethnischem Ansatz also eine Beschränkung des Informationsangebots mit sich, auf der anderen Seite aber bedeutet sie eine Öffnung gegenüber der klassischen Feldforschung sozialanthropologischer Tradition, wie sie von Malinowski begründet wurde. Während der Forscher mit interethnischem Ansatz ethnische Grenzen zum Untersuchungsgegenstand macht und möglicherweise als fließend, instabil, rezent, von älteren oder anderen Beziehungen überbrückt erkennt, setzt der Forscher sozialanthropologischer Tradition diese Grenzen voraus. Er untersucht die Institution X bei den XY und definiert die Ethnie XY bereits, bevor er ins Feld geht, weil er diese Definition für seinen Forschungsmittelantrag benötigt oder zu benötigen glaubt. Im Feld angelangt, vollzieht er allerlei äußere und innere Anpassungen und versucht, sich so weit es geht in die vordefinierte, zu untersuchende Gesellschaft zu integrieren, um möglichst intensive teilnehmende Beobachtungen betreiben zu können. Er erhält dann, was diese Perspektive vorgibt, nämlich ein Bild dieser Gesellschaft als System mit internen und ohne externe Zusammenhänge, als abgeschlossener Kosmos. Das, was dabei herauskommt, ist eine Stammesmonographie. Die Ethnologen zu Hause in den Universitäten der Metropolen zerbrechen sich dann die Köpfe, wie sie die angelieferten Stammesmonographien miteinander vergleichen können, um allgemeine Theorien aus ihnen abzuleiten. Ethnologische Feldforscher sind nicht selten starke, unabhängige Persönlichkeiten, für ihre europäischen Ursprungsgesellschaften untypisch und in ihnen unangepasst, deswegen nach außen strebend, mit ausgeprägten individuellen, idiosynkratischen Perspektiven. Als geschlossene Systeme beschriebene Gesellschaften, jede unter einem anderen originellen Aspekt dargestellt, sind dann entsprechend schwer miteinander zu vergleichen; es fehlt das tertium comparationis.

Die interethnische Perspektive gibt bereits im Feld den Zwang vor, nach Vergleichbarem Ausschau zu halten. So z. B. waren die mit Kamelen verbundenen Verhaltensregeln und Rituale etwas, was die Nachkommen der PRS untereinander vereint und von anderen Gruppen abgrenzt, z. B. den Turkana, kamelhaltenden Boran und bestimmten Somali, deren Art der Kamelhaltung offenbar einer jüngeren kulturellen Ausbreitung zuzuschreiben ist. Um interethnischen Klanbeziehungen nachspüren zu können, mussten die verschiedenen Sozialsysteme, die sich in ihrem internen Funktionieren stark unterscheiden, verglichen werden, um zwischen Merkmalen sozialer Einheiten unterscheiden zu können, die aus der internen Struktur einer Gesellschaft rekrutieren, und solchen, die entsprechenden Klanen oder »Bruder«-Klanen in verschiedenen Gesellschaften gemein sind. Zum ersten Typ gehören z. B. Aufgaben, die ein Klan bei Zeremonien zur Alterklassenpromotion ausführt (das Horn blasen, die Trommel schlagen, den Kamelpferch am Zeremonialplatz einzäunen usw.). Die Rendille führen solche Promotionen alle gemeinsam durch und deswegen ist jede dieser klanspezifischen Rollen bei ihnen auch nur einmal vertreten. Bei den Gabbra ist Altersklassenpromotion dagegen Sache jeder einzelnen der fünf Phratrien, die diese Rituale zwar in vorgegebener Reihenfolge, aber jede für sich ausführen. Daher bezeichnen die Gabbra ihren Stammesverband auch gerne als die »Fünf Trommeln« und alles andere gibt es auch mit gewissen Variationen fünfmal. Viele dieser rituellen Rollen haben daher bei den Rendille-Bruderklanen keine Entsprechungen, während es in anderen Bereichen der Kultur durchaus solche Entsprechungen gibt. Ein anderes Beispiel: Ein bestimmter Klan in einer Somali-Gruppe und sein Pendant bei den Rendille unterscheiden sich in der Regel in politischen und rechtlichen Funktionen, in der Größe, in den mit ihnen verknüpften Heiratsregeln (Klanexogamie bei den Rendille, nicht bei Somali) usw. Auf der anderen Seite sind interethnische Klanentsprechungen belegbar durch Merkmale wie Namen, Brandzeichen, rituelle Fähigkeiten, Identität der Abstammungslinien der von bei-

Garre beim Verladen von Hausrat (Mandera-Distrikt, Kenia, 1992).

den Klanen gezüchteten Kamele und der Besonderheiten von Verhaltensregeln diesen Kamelen gegenüber etc. So entwickeln sich allgemeine Parameter (Kamelhaltung, Sozialstruktur) und diagnostische Kriterien (bestimmte Regeln im Umgang mit Kamelen, bestimmte Merkmale von Klanen). Mit anderen Worten: der Kulturvergleich wird vom Schreibtisch ins Feld verlagert. In dieser Beziehung war also meine Forschung den Reisen von Frobenius viel ähnlicher als den Arbeiten englischer Tradition.

Interethnische Klanbeziehungen sind keine historischen Überbleibsel, sondern reale Bestandteile der Sozialstruktur. Ich habe an anderer Stelle (Schlee 1984) dargestellt, wie die Harrau-Lineage der Rendille und die Usmalo-Lineage der Gabbra, die auf einen gemeinsamen Ursprung zurückgehen, diese Beziehung durch die Generationen hindurch genutzt haben, um in Notzeiten beieinander Zuflucht zu suchen, sich beieinander als Lohnhirten zu verdingen, und wie sie Streitigkeiten untereinander in rechtlichen Verfahren austragen, statt, wie sonst zwischen Gabbra und Rendille üblich, durch Krieg. Für jeden Harrau sind seine Usmalo-Klanbrüder in der Nachbarethnie also reale oder potentielle Bestandteile seines sozialen Beziehungsnetzes. Dies zeigt, dass die sozialanthropologische Fixierung auf Einzelgesellschaften aufgebrochen werden muss, nicht nur, um interkulturelle Vergleiche zu ermöglichen, sondern auch, um zu einem realistischeren Bild der Sozialstruktur zu gelangen. Statt ethnische Grenzen als Untersuchungsgrenzen vorzugeben, sollte man Individuen in den von ihnen genutzten sozialen und wirtschaftlichen Beziehungen folgen; es wird sich dann, besonders in den ethnisch gewürfelten afrikanischen Gesellschaften herausstellen, dass nur ein Teil der relevanten Interaktionen innerhalb der eigenen Ethnie stattfindet. Sozialanthropologische Monographien dagegen suggerieren zumeist das Bild einer Polis, die von einer unsichtbaren Stadtmauer umgeben ist.

Ich habe mich oben, im Zusammenhang mit dem Kulturvergleich, auf einen etwas verwegenen Vergleich mit Frobenius, dem großen deutschen Afrikaforscher der Jahrhundertwende, eingelassen. Frobenius ist sicher schneller gereist als ich und hat auf das Sprachenlernen geringeren Wert gelegt. Auf der anderen Seite habe ich nicht sein Kenner-Auge für materielle Artefakte. Die Grenzen zwischen einer Forschungsreise im Stile von Frobenius und einer stationären Feldforschung englischen Stils sind sicher fließend. Ich habe mich einmal sieben Monate lang in Bubisa, einer kleinen Ansiedlung bei einem Tiefbrunnen im Gabbra-Land niedergelassen und große Teile des Lebens- und Jahreszyklus der Gabbra dort beobachten können. Ich habe mir dort einige junge Kamele zugeritten, und von dort Stichtouren zu Kamel zu den mit dem Auto unzugänglichen Gabbra-Siedlungen auf den umgebenden Lava-Plateaus unternommen. Für eine Feldforschung sind sieben Monate sicher zu kurz – aber waren sie nur eine Station auf einer Reise? Bei meinen Kontakten zu anderen Gruppen, wie den Sakuye, Ajuran, Garre, Degodia war der Reise-Charakter offensichtlicher. Auch wenn sich diese Kontakte insgesamt zu mehreren Monaten addieren, und einige Informanten längst von mir gehört hatten und auf mich warteten, bevor ich schließlich zu ihnen gelangte, so hatten doch viele dieser Unternehmungen den unangenehmen Nachgeschmack eines eiligen Beutezuges: Ich erkundigte mich nach in den Traditionen bewanderten älteren Männern bestimmter Sektionen, über die ich gerade Informationen brauchte, suchte diese auf, erklärte mein Anliegen, machte vielleicht noch am selben oder aber am folgenden Tag ein Tonbandinterview und zog am dritten Tage mit gefüllter Spule wieder ab. Zwei Jahre sind eben doch keine sehr lange Zeit.

Wenn man die meisten Erkenntnisse, nicht nur über die Vergangenheit, sondern auch über gegenwärtige Praktiken aus Tonbandinterviews bezieht, so ist es besonders wichtig, diese *Informationen zweiter Hand abzusichern*. Ein naheliegendes Prinzip ist es, nur solche Informationen als gesichert zu betrachten, die von mindestens zwei Informanten unabhängig voneinander spontan angeboten werden. Die Unabhängigkeit ist plausibel, wenn z.B. Rendille und Sakuye, die Hunderte von Kilometern auseinander siedeln, dieselbe Geschichte über ihre ursprüngliche Trennung erzählen. Es ist in diesem Fall zwar durchaus möglich, dass irgendwann früher die Rendille und Sakuye über diese Dinge diskutiert haben und so ihre Überlieferungen

Die Reitkamele drängen sich während der Mittagspause zum
Ethnographen in den spärlichen Schatten (Marsabit-Distrikt, Kenia, 1992).

vereinheitlicht haben, aber ich kann mit Sicherheit ausschließen, dass sie
sich zu dem Zwecke, mich zu täuschen, miteinander abgesprochen haben.
Problematischer ist es mit der Spontaneität. Spontaneität soll hier heißen,
dass die Information tatsächlich von dem Informanten stammt, und nicht
von dem Interviewer vorgegeben und vom Informanten bestätigt ist. Dies
schließt auch Informationen ein, nach denen man gefragt hat. (Unerfragt
erhaltene Informationen sind natürlich besonders wertvoll.) Wie aber soll
man nach etwas fragen, ohne ein Stück der Information, über die man verfügt, preiszugeben? Ich will dies an einem Beispiel illustrieren.

Die Kamele der Rendille-Lineage Harrau werden in Kriegszeiten zu einem Orakel verwendet. Ein Junghengst wird langsam in die Richtung getrieben, in der man Feinde vermutet. Grast er gemächlich und setzt sich
schließlich gesättigt hin, wird die Gegend als sicher betrachtet, scheut er
aber oder versucht er, in eine andere Richtung auszubrechen, schlägt man
Alarm und alle Rendille-Kamelkamps und Siedlungen im Umkreis werden
abgebrochen und fliehen.

Um nachzuweisen, dass die von Harrau als Brüder betrachteten Usmalo-
Gabbra tatsächlich ursprünglich mit ihnen verwandt sind, ist es wichtig,
möglichst viele solcher kulturellen Elemente auch bei ihnen aufzuzeigen.
Wie fragt man jetzt danach? »Was für Sitten führt ihr aus, wenn ihr euch im

Krieg befindet?« (Zwei Informationen preisgegeben: Es handelt sich um Usmalo. Es handelt sich um Kriegszeiten). Es folgt möglicherweise ein Bericht über ein anderes Ritual, z.B. eine Opferschlachtung. Also muss man spezifizieren: »Ich meine, was macht ihr mit eurem Kamelhengst?« (Die dritte Information preisgegeben.) Antwort: »Die jungen Männer, die in den Krieg ziehen wollen, warten am Morgen, bis der Kamelhengst uriniert, und reiben sich dann mit dem Urin die Stirn ein. Dann sind sie gefeit.« (Auch dies eine wertvolle Information, aber nicht die, die ich meinte; also weiter spezifizieren.) »Gibt es ein Orakel, bei dem der Kamelhengst von Usmalo gebraucht wird, um herauszufinden, wo Feinde sind?« (Die vierte Information aus dem Sack gelassen.) Wenn jetzt eine dem Rendille-Orakel entsprechende Beschreibung folgt, ist dieser Bericht nicht mehr spontan. Möglicherweise konstruiert der Informant eine Antwort aus meinen Fragen oder erzählt nur, was er von Rendille gehört hat, um mich mit meinen penetranten Fragen zufriedenzustellen.

Der Kamelhengst von Usmalo hat mir viel Kopfzerbrechen bereitet. Ich hatte zwei unabhängige Versionen, die dem Rendille-Orakel sehr ähnliche Sitte beschrieben und hatte dies bereits als ein Beispiel für meine Methode zum Herausfinden interethnischer Klan-Identitäten in einem Manuskript verwendet, das zur Publikation in einer Zeitschrift angenommen worden war. Das Manuskript wurde mir zur Überarbeitung zurückgeschickt, und ich nutzte die Gelegenheit, einige Details zu vervollständigen. Zu diesem Zweck suchte ich einen meiner ursprünglichen Informanten wieder auf. Der bestritt jetzt, nach 4 Jahren, von einem solchen Ritual je gehört zu haben. Ich dankte und ging. (Ich weise Informanten nie auf ihre Widersprüche hin. Das schafft böses Blut. Ich stelle mich lieber dumm und mache mir meinen Vers selber. Die mit den Kamelen von Usmalo zusammenhängenden Sitten sind von einer gewissen Heimlichkeit umgeben. Möglicherweise war der Informant für seine Offenheit mir gegenüber kritisiert worden. Oder war die ursprüngliche Version doch falsch?) Ich suchte also andere Gabbra auf, von Usmalo und anderen Sektionen. Die von den anderen Sektionen bestritten z. T., dass die Usmalo über irgendwelche wichtigen Rituale verfügten und betonten stattdessen die Wichtigkeit ihrer eigenen Rituale. Mit dem Kamelhengst von Usmalo mache man rein gar nichts. Möglicherweise war dies von Eitelkeit bestimmt, möglicherweise aber auch richtig? Sollte ich jetzt mein bereits zum Druck akzeptiertes Manuskript widerrufen? Es kamen mir schwere Gedanken über wissenschaftliche Redlichkeit, Scham und Schande. Es dauerte lange, bis ich genug unabhängig und spontane Informationen gesammelt hatte und wusste, was die Usmalo mit ihrem Hengst wirklich machen. Ich bin mir jetzt ziemlich sicher, dass meine ursprünglichen Informationen weitgehend richtig waren.

Gabbra bei der Konsekration eines
Opfertieres (Farole, Äthipien, 1986.

Das *Vertrauensproblem* habe ich bereits angesprochen. Auch, ob die
Usmalo mit Informationen über ihren ominösen Kamelhengst herausrük-
ken, ist natürlich ein Vertrauensproblem. Bei Somali kommt hinzu, dass
aufgrund der politisch-militärischen Vergangenheit oft ein tiefes Misstrauen
gegenüber der Regierung besteht. Man ist immer wieder gezwungen, klar-
zustellen, dass man nicht von der kenianischen Regierung angestellt ist.
Auf der anderen Seite setzt die Forschungsgenehmigung voraus, dass die
Arbeit zum Nutzen Kenias erfolgt und die Ergebnisse kenianischen Institutionen (den Distriktverwaltungen, der Universität, dem Präsidialamt) zur
Verfügung gestellt werden. Hier besteht also ein potentieller Loyalitäts-
konflikt: einerseits will man das Vertrauen der Informanten nicht enttäu-
schen, andererseits ist man gegenüber den Behörden Versprechen eingegangen. Ich bin meinen Versprechen immer prompt nachgekommen und
habe meine Berichte an die Regierung geschickt. Dasselbe tue ich mit meinen Publikationen. Informanten, die etwas gesagt haben, was für sie ver-

fänglich sein könnte, zitiere ich anonym. Einmal ist eine Amerikanerin an mich herangetreten, die Kopien von meinen Tonbändern für eine öffentliche Sammlung über mündliche Überlieferungen haben wollte. Das ist eine sehr gute Sache. Nur habe ich den Gewährsleuten oft versprechen müssen, dass ich die Tonbänder nur für mich selber verwerte und nicht an »die Regierung« weiterleite. An dieses Versprechen war ich selbstverständlich gebunden. Da die Amerikanerin auf mich nicht den Eindruck machte, als sei sie durch solche Subtilitäten zu beeindrucken, habe ich mich ihr gegenüber damit herausgeredet, dass die meisten meiner Tonbänder in Boran seien, in der frühen Phase mit Rendille-Übersetzungen, und dass ich erst englische Transkriptionen erstellen müsse, um sie für einen weiteren Benutzerkreis verwertbar zu machen. So ist dann schließlich Gras über die Sache gewachsen. Auch in Zukunft werde ich meine Tonbänder nur verleihen, wenn ich genau weiß, dass sie nur zu wissenschaftlichen Zwecken verwendet werden, und durch wen.

Damit sind wir beim *Sprachproblem*. Ich habe bereits erwähnt, dass ich zuerst Swahili gelernt habe und die Rendille sehr wenig Swahili sprechen. Also habe ich Rendille gelernt. Heute ist Rendille eine Sprache, die mir sehr nahe ist. Auch zuhause, mit meiner Frau und den Kindern, sprechen wir Rendille. Als nächstes habe ich versucht, Somali zu lernen. Mein Rendille und das bisschen Arabisch, das ich kann, waren mir dabei durchaus von Nutzen. Nach drei Monaten stellte sich jedoch heraus, dass die meisten Gruppen, die für meine Forschung von Interesse waren, sehr viel besser Boran sprechen als Somali. Also stürzte ich mich ins Boran und verdrängte große Teile des Somali, die ich bereits gelernt hatte. Heute komme ich mit Boran-Interviews alleine einigermaßen klar, während ich bei Somali auf die gelegentliche Hilfe eines Dolmetschers (meist eines Rendille-/Somali-Sprechers) angewiesen bin. Bei den Transkriptionen von Tonbändern hilft mir meine Frau.

All das mag abschreckend klingen, soll aber das Gegenteil erreichen. Ich habe nie eine Sprache umsonst gelernt und bereue nicht einmal mein Romanistik-Studium. Mein Italienisch war mir bei katholischen Missionaren, auf deren gelegentliche Hilfe ich angewiesen war, sehr von Nutzen. Mein Swahili brauche ich zum Einkaufen und zum Beschwichtigen der Verkehrspolizisten. Meine jahrelangen (damals noch weitgehend) erfolglosen Bemühungen, Arabisch zu lernen (gescheitert an mangelnder Sprechpraxis), sind schon deswegen nicht umsonst, weil ich durch eine gewisse passive Beherrschung in der Lage war, arabische Lehnwörter in afrikanischen Sprachen als solche zu erkennen und zu verstehen. Ganz ohne Arabisch wäre das sehr schwierig. Auch wenn mein Kopf bereits jetzt gelegentlich versagt und ich z.B. von Zeit zu Zeit Italienisch und Swahili durcheinander kriege, bemühe ich mich doch weiterhin, meine Sprachkenntnisse auszuweiten.

Jedes Erlernen einer Sprache hat ein Anfangsstadium. Ich habe bereits gesagt, dass ich mich im Anfangsstadium meines Boran-Lernens viel mit Rendille sprechenden Dolmetschern beholfen habe. Auch die erste Übersetzung der Tonbandtranskriptionen habe ich auf Rendille angefertigt. Damit habe ich sehr gute Erfahrungen gemacht. Obwohl die Entsprechungen in den Lautgestalten des Vokabulars nicht sehr weit gehen, haben Rendille und Boran eine sehr ähnliche Struktur, bis hinein in die Morphologie verbaler Ableitungen, und eine ähnliche Semantik. So kann man denn einen Boran-Text häufig Wort für Wort und Silbe für Silbe mit genauen 1:1-Entsprechungen ins Rendille übersetzen. Später kann man sich dann Gedanken machen, wie man denselben Text mit Hilfe von Fußnoten und Erläuterungen einigermaßen treu auf Englisch oder Deutsch wiedergibt.

Aus der Not des Sprachenlernens habe ich eine Tugend gemacht und einige kleinere linguistische Arbeiten zu Papier gebracht, sowohl strukturell als auch sprachvergleichend (Schlee 1978, 1988). Für jemanden, der sich mit geschichtlichen Problemen auseinandersetzt, sind Sprachvergleiche besonders wichtig, da die Argumente, die in der Debatte über die Ursprünge afrikanischer Völker kursieren, zum großen Teil auf Sprachvergleichen beruhen (z. B. Fleming 1964).

Für einen Feldforscher sozialanthropologischer Tradition, der sich an einem Ort niederlässt und nur eine Sprache lernt, ist der Arbeitsaufwand natürlich geringer. Afrikaner aber sind typischerweise mehrsprachig. Ich kenne viele analphabetische Rendille, die nicht nur fließend Boran sprechen, sondern auch Samburu, das einer ganz anderen Sprachfamilie (Nilotisch) angehört. Ein Forscher, der nur eine Sprache, »die Stammessprache«, lernt, wird nicht in der Lage sein, einem solchen Afrikaner in die Verästelungen seines sozialen Beziehungsnetzes zu folgen und ist schon deswegen der oben beschriebenen verzerrten Optik ausgesetzt, die intraethnische Beziehungen vergrößert und interethnische verkleinert.

Neben dem Sprachproblem vermehrfacht sich bei einer interethnischen Forschung das *Sicherheitsproblem*. Die Rendille halten Jähzorn und aggressiven Rausch nicht für Charakterschwächen, sondern für Merkmale von Männlichkeit. Es erfordert manchmal einen gewissen Balanceakt, zu einem Kenner der Rendille zu werden, ohne gleichzeitig ihr Opfer zu werden. Die Forschung erfordert intensiven Kontakt auch dort, wo man lieber auf Distanz bleiben würde. Man muss sich behutsam vortasten, Verbündete suchen, Arrangements treffen, bis man sich schließlich in der Rendille-Gesellschaft einigermaßen sicher bewegen kann. Bei mehreren Ethnien, von denen etliche Gewehre haben (die Rendille hatten damals noch keine) und sich untereinander bekriegen (Schlee 1994 b: 2001), müsste man eigentlich mehrere solcher Arrangements ausarbeiten. Da das nicht möglich ist, vergisst man das Sicherheitsproblem am besten ganz und verlässt sich auf seinen Schutzengel. Sicherheit ist ohnehin ein leerer Wahn, der von den Versicherungsgesellschaften geschürt ist. Schutzengel sind dagegen etwas sehr Reales. Hier ein Beispiel.

Somali-Banditen tragen nur ungerne Lasten. Wenn sie jemanden ausrauben, zwingen sie daher gerne den Beraubten mit ihnen zu kommen und ihre (zuvor: seine) Güter für sie zu tragen. Wenn der Lastenträger nicht mehr weitergehen kann, ist es das beste, ihn zu erschießen, um späteren Zeugenaussagen vorzubeugen.

Ich schlief eines Nachts in meinem Zelt auf dem Dach des Landrovers. Unter diesem Zelt fanden sich acht Banditen ein, fünf davon mit Gewehren, drei mit Speeren. Sie fragten 'Abdi Daqani, den Degodia-Somali, bei dessen Zelt ich mich niedergelassen hatte, von was für einem Stamm ich sei. Offenbar handelte es sich um Banditen mit geographischen und politischen Interessen. 'Abdi sagte, ich sei Westdeutscher. Dies sei schade, erwiderten sie, denn wenn ich Engländer, Jude oder Kubaner wäre, würden sie mich jetzt beladen. (Engländer: frühere Kolonialherren; Juden: Gegner der arabischen Liga, zu der Somalia als einziges nicht-arabisches Land gehört; Kubaner: Verbündete der Äthiopier im Ogaden-Krieg.) Da ich aber Westdeutscher sei, wüssten sie jetzt nicht, was sie tun sollten. (Die BRD und Somalia hatten gerade in einer spektakulären gemeinsamen Aktion einen Lufthansa-Jet aus Piratenhand befreit und waren jetzt befreundete Länder. Vor dieser »Aktion Feuerzauber« war Somalia gänzlich außerhalb des Blickfeldes deutscher Politiker gewesen.) 'Abdi Daqani erklärte den Banditen, dass ich unabhängig von meiner Stammeszugehörigkeit sein Gast sei und dass an Beladen nicht zu denken sei. Sie sollten doch lieber Tee trinken. Nach dem Tee zogen die Banditen ab.

Am nächsten Morgen zeigte mir 'Abdi Daqani die Fußspuren und die Lagerstelle mit den ausgeschütteten Teeblättern. 'Abdi fragte mich, ob ich nicht bei der Polizei Meldung erstatten wolle. Ich sagte, da mich die Banditen in Ruhe gelassen hätten, würde auch ich sie in Ruhe lassen. Dies kann keine allgemeine Maxime sein: selbstverständlich sollten Gewaltverbrecher bekämpft werden, wo immer sich die Chance bietet. In meiner Situation aber wäre jede Zusammenarbeit mit der Polizei meiner Arbeit als Feldforscher abträglich gewesen. So habe ich denn im Interesse meiner Feldforschung in Kauf genommen, dass die Banditen, die vielleicht mit meiner Hilfe hätten gefasst werden können, anderswo weiter raubten und mordeten. Andererseits hatten die Banditen durch ihre Fragen, ihre Zweifel und das schließliche Aufgeben ihres Vorhabens eine gewisse Noblesse bewiesen: Offenbar waren ihnen Kategorien wie Loyalität und Gastfreundschaft nicht ganz unbekannt. Hätte ich das Vorkommen gemeldet, wäre ich mir wie ein Verräter vorgekommen. Es gibt eben Situationen, in denen alles, was man nur machen kann, falsch ist.

Dies war der einzige je gegen mich gerichtete Banditenüberfall, und ich hatte ihn verschlafen.

Literatur

Fleming, Harold, C.
1964   Baiso and Rendille: Somali Outliers. In: Rassegna di Studi Etiopici XX, 35–96.

Haberland, Eike
1963   Die Galla Süd-Äthiopiens. Stuttgart.

Legesse, Asmarom
1973   Gada. Three Approaches to the Study of African Society. New York.

Schlee, Günther
1978   Sprachliche Studien zum Rendille. Grammatik, Texte, Glossar. With English summary of Rendille grammar. Hamburg.
1979   Das Glaubens- und Sozialsystem der Rendille. Kamelnomaden Nord-kenias. Berlin.
1984   Intra- und interethnische Beziehungsnetze nordkenianischer Wander-hirten. In: Paideuma 30, 69–80.
1985   Interethnic clan relationships among Cushitic speaking pastoralists of northern Kenya. In: Africa 55 (1), 17–37.
1988   The Causative in Rendille. In. Afrikanische Arbeitspapiere (AAP), 15, 5–65.
1994 a   Identities on the move: clanship and pastoralism in nothern Kenya. Nai-robi: Gideon S. Were Press, Hamburg, Münster: Lit-Verlag (Erstauflage 1989, Manchester University Press).
1994   Der Islam und das Gada-System in Nordost-Afrika. In: Sociologus 44 (2), 112–135.
2000   Identitätskonstruktionen und Parteinahme: Überlegungen zur Konflikt-theorie. In. Sociologus 50 (1), 64–89.

Spencer, Paul
1973   Nomads in Alliance. London.

Bettina Beer

Zusammenarbeit mit einer Hauptinformantin
*Feldforschung, Freundschaft und die Entgrenzung
des »Feldes«*

Folgende *E-Mail* bekam ich am 3. Juli 2000 von Alma Pineda (übersetzt aus
dem Visaya):

»Liebe Bettina, wie geht's?!

Am 27. Juni bekam ich Deine letzte *E-Mail*. Deine Fragen beantworte ich
dann lieber in einem »normalen« Brief, das ist nämlich ziemlich viel.
Hier nur kurz das Neueste: Ich arbeite wie immer bei der Gemeinde. Marege
und ich reden immer noch nicht wieder miteinander. Ich bin so sauer auf sie ...
Bettina, heute nachmittag war eine Deutsche hier. Sie hat einen Freund, der
»echte« Ati kennenlernen will. Er ist auch Deutscher, sein Name ist Hartmut Heller. Hast Du von dem schon mal gehört? Sie heißt Ursula Schoer-
Aznar und ich habe mir ihre *E-Mail*-Adresse geben lassen. Sie wohnt in
Cebu und will demnächst wieder herkommen. Es wäre gut, wenn Du bald
über sie und diesen Freund etwas herausfinden und mir schreiben könntest,
damit wir wissen, was sie von uns wollen. Für Dich ist das leichter.

Bis bald, viele Grüße

Alma«

Alma ist eine Filipina, die auf Bohol, einer Insel der philippinischen Zentra-
Visayas, lebt. Ihre Anfrage veranlaßte mich, im Internet nach den genannten Personen zu suchen. Ich wurde auch fündig: Der erwähnte Hartmut Heller
ist Vorsitzender eines Vereins, der sich »Freunde der Naturvölker« nennt.
Alles, was ich an Informationen finden konnte, stellte ich zusammen und
»mailte« es an Alma. Es stellte sich heraus, daß Hartmut Heller tatsächlich
nur an »unvermischten« und damit – seiner Ideologie entsprechend – »natur-
nahen« Negritos interessiert war. Die Ati in Bohol kamen für seine »Hilfsaktionen« nicht in Frage, denn viele von ihnen sind Kinder aus Ehen mit
Filipinos. Sie sind »Mischlinge«, die man in der Sprache der philippinischen
Mehrheitsbevölkerung der Region *kalibugan* nennt. Aufgrund von Almas
Frage begann ich, mich mit Vereinen, die den Schutz von »Naturvölkern«
als Ziel angeben, genauer zu beschäftigen. Das ist jedoch nicht Gegenstand

dieses Artikels, hier soll es um die Beziehung zu Alma Pineda gehen, die mich in ihrer *E-Mail* um Informationen über die beiden Deutschen bat und mir einen Brief mit ausführlicheren Antworten auf Fragen ankündigte. Dieser sehr kleine Ausschnitt unseres Informationsaustauschs und Briefwechsels macht deutlich, daß es sich um eine gegenseitige und persönliche Beziehung handelt, die schon eine längere Vorgeschichte hat. Eine Beziehung, die in der Ethnologie häufig als Zusammenarbeit mit »Hauptinformanten« bezeichnet wird. In diesem Fall war auch ich Informantin für Alma, die mehr über den Hintergrund der Besucherin erfahren wollte.

In der Ethnologie ist von »Informanten« die Rede. Gemeint sind alle Personen, von denen Ethnologen im Zusammenhang mit ihrer Feldforschung Informationen bekommen haben. Informationen reichen von einfachsten »Benimmregeln« einer fremden Kultur, die einem sogar Kinder beibringen können, bis hin zu sehr komplexen Aspekten der Verwandtschaftsbeziehungen oder Sprache. Informant kann also prinzipiell jeder Angehörige einer fremden Gesellschaft sein, ob Kind oder Greis, ob Hausfrau oder Künstler. Deutlich wird aber auch, daß Informanten für unterschiedliche Forschungsthemen unterschiedlich geeignet sind. Für einzelne Bereiche gibt es »Spezialisten«, die während der Feldforschung zu zentralen Ansprechpartnern werden. Keine Kultur ist so einfach, daß sich die Angehörigen dieser Kultur mit allen Bereichen auskennen können. Auch in sogenannten »traditionellen« Gesellschaften – wie etwa unter Jägern und Sammlern – gab es Spezialisierungen wie z. B. in der Kenntnis religiöser Vorstellungen oder aufgrund der Arbeitsteilung. Männer waren vorwiegend für die Jagd, Frauen für das Sammeln zuständig. Es sind jedoch nicht nur kulturspezifische Rollen und damit verbundenen Kenntnisse und Fähigkeiten, die Menschen für bestimmte Themen zu mehr oder weniger geeigneten Informanten machen. Es sind auch individuelle, persönliche Eigenschaften. Einen sehr schüchternen Menschen lange Mythen auf Band sprechen zu lassen, ist für beide Seiten anstrengend. Von demjenigen, der sich selbst gerne sprechen hört und seine Wirkung auf die Zuhörer genießt, Geschichten aufzunehmen, kann zu einer fruchtbaren Zusammenarbeit führen.

Manchmal werden solche Spezialisten als Schlüssel- oder Hauptinformanten und in der Volkskunde als Gewährsleute bezeichnet. Das Konzept des Hauptinformanten in seiner »klassischen« Form ging davon aus, daß eine solche Person als Repräsentant/in seiner/ihrer Kultur die wichtigsten Kenntnisse und Fähigkeiten besitzt und diese an den Forscher weitergeben kann. Diese Annahmen über Informanten und die erwähnten individuellen Eigenschaften sowie kulturspezifischen Rollen und die damit verbundenen Spezialisierungen werden in der Darstellung von Forschungsergebnissen

Die Philippinen

nicht immer erwähnt. Heute berücksichtigt man stärker individuelle Unterschiede der Informanten, unterschiedliche Interessen von Männern und Frauen, Jungen und Alten innerhalb der untersuchten Gesellschaft und geht nicht mehr von der Möglichkeit der Repräsentation einer »Kultur« durch eine Person aus. Aktuell ist jedoch nach wie vor die Zusammenarbeit mit Spezialisten, also Einzelnen, deren individuelle Fähigkeiten und Kenntnisse bestimmter Bereiche sie zu besonders guten Informanten für ihr Gebiet machen.

Für die Quellenkritik und damit die Bewertung der Ergebnisse sind Antworten auf die folgenden Fragen von großer Bedeutung:

– Mit wem hat der Ethnograph zusammengearbeitet?
– Wie viele Personen hat er zu einem Thema befragt?
– Wie hat er diese Personen ausgewählt?
– Warum wurde gerade diese Person ausgewählt und nicht eine andere? Oder hat der Informant den Ethnologen ausgewählt?
– Welche spezifischen Eigenschaften oder Kenntnisse hatten die jeweiligen Informanten?
– Welche Beziehung bestand zwischen dem Ethnologen und seinem Informanten?

Nicht immer ist die Beantwortung aller genannten Fragen möglich oder notwendig. Sie sind eher als Leitfaden für eine quellenkritische Lektüre gemeint. Diese recht allgemeinen Überlegungen zu Informanten und Informationen werde ich im Folgenden am Beispiel meiner eigenen Feldforschungen auf den Philippinen darstellen.

Kontaktaufnahme und die Position von Hauptinformanten in ihrer eigenen Gesellschaft

Alma lernte ich 1993 auf Bohol kennen. Zu dieser Zeit untersuchte ich Herkunftsfamilien philippinischer Frauen, die in Hamburg verheiratet waren (Beer 1996). In Bohol fielen mir einige sich äußerlich deutlich von der Mehrheitsbevölkerung der Filipinos unterscheidende Familien auf. Ich vermutete, daß es sich um sogenannte »Negritos« handelte. Allerdings hatte ich zuvor weder gehört noch gelesen, daß auch in Bohol Negritos leben. Beim *Office for Southern Cultural Communities* (OSCC), das in dieser Region der Philippinen für ethnische Minderheiten zuständig ist, erfuhr ich, daß es auf der Insel an mehreren Orten Ati gäbe, die man zu den Negritos rechne. Außerdem erhielt ich Adresse und Namen des vom OSCC ernann-

Alma Pineda und die Autorin, 1996.

ten *tribal chieftain*. Ich nahm mir vor, die Ati in Ubay zu besuchen, sobald mir neben meiner übrigen Arbeit Zeit dazu blieb. Ubay ist nicht der wirkliche Name des Ortes meiner Feldforschungen. Alma, wie auch ihr Mann Joe, hat nie gewollt, daß ich ihren Namen anonymisiere. Weil ich jedoch zum Schutz anderer Personen schon in früheren Publikationen deren Namen und die Ortsbezeichnung verändert habe, bleibe ich auch in diesem Artikel dabei.

Für meine Doktorarbeit beschäftigte ich mich damals mit interethnischen Ehen. Ich plante, bei den Ati allgemeiner über interethnische Beziehungen zu arbeiten. Wirtschaftliches Überleben, Siedlungsweise, Verwandtschaftsbeziehungen, Konflikte und auch Heiraten waren Themen, die ich in den Beziehungen zwischen Ati und der Mehrheitsbevölkerung, den Visaya, untersuchen wollte. Die ersten Besuche dienten der Kontaktaufnahme und ich wollte feststellen, ob die Ati mit einer solchen Forschung überhaupt einverstanden sein würden und ob die Forschung aus praktischen Gründen möglich wäre.

Josie, eine Filipina, die mir bei meiner Forschung zunächst als Dolmetscherin half, begleitete mich dann eines Tages zu den Ati. Ich verstand damals schon ganz gut Visaya, sprach es allerdings noch nicht. Josie übersetzte für mich, wenn Englisch zur Verständigung nicht ausreichte. Als wir nach einer mühsamen Wanderung über schlammige Wege die kleine Siedlung erreichten, trafen wir fast keine Ati an. Sie waren unterwegs, um Heilmittel zu verkaufen. Carlos, der als einziger mit seiner Familie in der Siedlung zurückgeblieben war, riet mir, am folgenden Wochenende wiederzukommen, damit ich auch die anderen Familien kennenlernen könnte. Bei meinem zweiten Besuch traf ich dann auch Alma zum ersten Mal. Sieben Jahre später beschrieb sie unsere ersten Begegnungen in einem Brief an mich:

Erinnerungen an unsere Freundschaft

»Am zweiten oder dritten Dezember 1993 traf ich Bettina zum ersten Mal an der Straße in Calvario, an der Abzweigung zur *tribal hall*. Es war wohl morgens um acht oder neun Uhr. Gemeinsam besuchten wir alle Ati-Familien, die sie gerne kennenlernen wollte. Mittags gingen wir zu uns nach Hause, und ich lud sie ein, bei uns zu essen. Bettina und Josie kauften auf dem Markt Fische und Tintenfische. Auf dem Weg zum Markt kamen wir an der Kirche vorbei, und ich bat Bettina um ein gemeinsames Foto. Josie fotografierte uns zusammen mit Matit vor der Kirche, vor der Christus-Darstellung. Dann gingen wir nach Hause und machten zusammen Essen.

Nach dem Essen ruhten wir uns erst einmal aus und gingen später ins Dorf, um den Umzug zu Ehren San Francisco Javiers zu sehen, des Schutzheiligen Ubays. Nachmittags fuhren Bettina und Josie in die Stadt zurück. Aber vorher lud ich sie noch zu Joes und meinem 11. Hochzeitstag am 15. Dezember ein, und sie sagte zu [...]

Joe und ich verabredeten mit Bettina am folgenden Wochenende, am Loboc-Fluß auf die Jagd zu gehen. Am Sonnabend kam sie mit Josie sehr früh nach Ubay, und wir fuhren schon morgens um acht los. Mittags aßen wir am Fluß und tranken Kokos-Wasser. An diesem Tag erzählte Joe die Geschichte von der ›Visaya-Frau und dem häßlichen Ati mit dem Kissen voller Geld‹. Das war die erste Geschichte, die er ihr erzählte und die sie auf Kassette aufnahm [...]

Dann kam Bettina noch einmal, um sich von den Ati-Familien zu verabschieden. Schon damals habe ich mir gewünscht, daß wir Freundinnen werden könnten. Leider haben wir danach nichts mehr von ihr gehört.

Es war am 1. Januar 1994, an Neujahr, Joe und ich fuhren nach Tagbilaran. Joe schickte mich zum Chef von Gaga, er wollte solange am Markt auf mich warten. Ich ging zum Haus von Josie und fragte nach Bettina. Am Hafen hatte ich gesehen, daß keine Schiffe fuhren, weil es einen Taifun gab. Ich fragte Josie nach Bettinas Adresse und besuchte sie im Haus in Booy. Bettina lag krank im Bett. Ich sah sie nur an, ich verstand ihr Englisch nicht,

Hütten der Ati in einem Weiler am Rande Ubays, 1996.

und ich traute mich auch nicht, etwas auf Englisch zu sagen. Als ich zum
Markt zurückkam, war Joe fürchterlich wütend auf mich, weil ich so lange
bei Gagas Chef geblieben war. Er wußte ja nicht, daß ich nach Booy gefahren war.

Eines Tages schickte mich meine Arbeitgeberin nach Tagbilaran. Ich fuhr
wieder zu Bettina, und wir unterhielten uns. Es war das letzte Mal, daß ich
sie sah. Ich erhielt keine Nachricht mehr. Im Februar 1994 bekam ich einen
Brief aus Deutschland, weil Bettina nach Hause zurückgekehrt war. Zwei
Jahre lang schrieben wir uns Briefe. Und am 17. Februar 1996 kam sie
zurück auf die Philippinen. Dieses Mal war ich glücklich und stolz, daß
Bettina bei keiner anderen Familie wohnte! Sie lebte bei uns! Ich habe ihr
viele Dinge beigebracht, vor allem über meine Lebensweise und auch über
die Tricks der Ati. Als sie später nach Deutschland zurückkehrte, habe ich
das erste Mal eine Freundin so sehr vermißt. Es tat weh. Während sie in
Deutschland war, setzten wir unseren Briefwechsel fort und am 29. Juli
kam sie zurück, um mit mir meinen dreißigsten Geburtstag zu feiern. Im
November feierten wir auch ihren dreißigsten.« (Alma Pineda, 28.11.2000)

Meine Erinnerungen decken sich mit denen von Alma. An viele Kleinigkei-
ten erinnere ich mich noch ebenso genau, allerdings aus ganz anderem Blickwinkel. Ich weiß noch, wie schwer ich es am Anfang fand, von so armen

Leuten zum Essen eingeladen zu werden, und wie erleichtert ich war, als Josie vorschlug, auf dem Markt einzukaufen und gemeinsam zu kochen. Das gemeinsame Essen hatte von Anfang an eine besondere Bedeutung, die auch aus Almas Brief hervorgeht. Es war für beide Seiten auch mit Unsicherheit verbunden. Da war das Gefälle von »arm« und »reich«, und auf beiden Seiten die Unkenntnis darüber, wie man sich richtig zu verhalten habe. Diese ersten gemeinsamen Mahlzeiten in Almas Haus waren vor allem auf der nicht-sprachlichen Ebene sehr wichtige Situationen, bei denen schon viel geklärt wurde. Es waren Situationen, die wir beide sehr bewußt wahrgenommen haben. Später sprachen wir häufig von diesen ersten Treffen: daß wir sehr »höflich« miteinander umgingen, wie die Kinder in respektvoller Distanz warteten, und was uns damals dabei durch den Kopf gegangen war, wie wenig wir in Worten ausdrücken konnten und wie sehr sich unsere gemeinsamen Mahlzeiten bei späteren Aufenthalten verändert hatten.

Schon bei unseren ersten Treffen fing Alma an, einige Wörter Englisch zu sprechen, wenn niemand anderes zuhörte. Alma ist nur wenige Jahre zur Schule gegangen. Vor anderen Filipinos schämte sie sich, aufgrund ihrer schlechten Ausbildung und geringen Englischkenntnisse, mit mir auf Englisch zu sprechen. Ich erinnere mich vor allem auch daran, daß ich krank wurde und mit hohem Fieber im Bett lag. Als Alma mich besuchte, konnte ich mich nicht konzentrieren, ich konnte sie nicht verstehen und auch nicht sprechen. Sie saß wohl nur eine Weile bei mir. Nicht beschrieben hat Alma, daß sie zum Pier kam, als ich nach diesen ersten Begegnungen Ubay verließ. Später, noch auf dem Schiff, fand ich in meiner Tasche einen klein zusammengefalteten Brief von ihr. Das war Almas erster Brief an mich, den ich leider damals während der Reise verlor. Später habe ich ihn dann aus Deutschland beantwortet.

Deutlich wird an Almas Beschreibung ihre Initiative und ihr Eigeninteresse daran, mich näher kennenzulernen. Die ersten Kontakte gingen zwar von mir aus, aber alles weitere nahm sie dann in die Hand. Wenn ich in Ubay war, organisierte sie, wen ich treffen und kennenlernen sollte. Sie besuchte mich in meiner Unterkunft und schrieb mir später Briefe nach Deutschland. Warum Alma ihrem Mann damals nicht gesagt hatte, daß sie mich besucht hatte, ist mir nicht klar. Sie konnte es selbst auch nicht erklären. Die Freundschaft war wohl etwas Besonderes, und sie wollte einen ganz eigenen Kontakt zu mir herstellen. Dieser Wunsch kann gerade in der Feldforschung manchmal auch problematisch sein. Darauf werde ich im nächsten Abschnitt näher eingehen.

Ein anderer Aspekt, den sie in ihrer Beschreibung nur streift, ist ihre »besondere Position« unter den Ati. Alma selbst ist Kind einer Visaya-Familie aus Mindanao. Verheiratet ist sie mit einem Ati, der dreißig Jahre älter ist als sie. Mit fünfzehn Jahren hatte sie sich entschieden, von zu Hause fortzulaufen und mit den Ati zu leben. Sie paßte sich ihrer Lebensweise an und zog mit ihnen von Ort zu Ort. Das unstete Leben und der risikoreiche aber einträgliche Verkauf von Heilmitteln kamen ihren Vorstellungen von Abenteuer und Unabhängigkeit entgegen. Alma zog die jüngste Tochter aus Joes erster Ehe auf und bekam selbst mit Joe fünf weitere Kinder. Als sie mit ihrer Familie und einigen Ati nach Loay kam, wurde sie nach und nach immer seßhafter: sie legte Felder an, baute mit ihrem Mann ein Haus, fand eine Arbeitgeberin und schickte ihre Kinder zur Schule. Sie entfernte sich sozial und räumlich immer weiter von den anderen Ati-Familien und integrierte sich allmählich in die Gemeinschaft der lokalen Mehrheitsbevölkerung. Deshalb schreibt Alma, sie habe mir viel über *ihre* eigene Lebensweise und über die »Tricks der Ati« beigebracht. Je nach Situation fühlt Alma sich nach wie vor den Ati verbunden oder den Visayas zugehörig, oder sie nimmt die beschreibende Position der Außenstehenden ein.

Zur Geschichte der Zusammenarbeit mit Hauptinformanten

Franz Boas ist wohl einer der bekanntesten Ethnologen, dessen enge Zusammenarbeit mit einem Hauptinformanten im Fach diskutiert wurde. Sein Beispiel verdeutlicht die wichtigsten Vor- und Nachteile der Beziehung zu einem Hauptinformanten. Boas lernte George Hunt (1854–1933) während *der Jesup North Pacific Expedition* 1888 an der amerikanischen Nordwestküste kennen. Hunt hatte schon als Übersetzer im Rahmen eines *surveys* der *Indian Reserve Commission* und für die Expedition Adrian Jacobsens (1881–1883) gearbeitet. Er war Sohn eines schottischen Angestellten der *Hudson Bay Company* und einer Tlingit-Frau aus Südost-Alaska. Aufgewachsen war er unter den Kwakiutl in Fort Rupert. Er konnte schreiben und sprach Englisch, Kwakiutl und Tlingit. Seine Erfahrungen mit Forschungsexpeditionen, seine Übung im Umgang mit Angehörigen mehrerer verschiedener Kulturen und vor allem seine Sprachkenntnisse machten ihn zum idealen Übersetzer und Informanten. Hunt wurde »hauptberuflicher Informant« und *anthropologist*, wie aus dem Eintrag im *International Dictionary of Anthropologists* (Winters 1991) hervorgeht.

Hunts Methoden, unter den Kwakiutl an Informationen und vor allem an Gegenstände von religiöser Bedeutung zu kommen, sind allerdings umstritten. So soll er einige Einwohner eines Dorfes mit einem Trick unter Ausnutzung seiner Position als Schamane dazu bewegt haben, Kultgegenstände zu verkaufen, und er hat diese dann während der Abwesenheit aller Dorfbewohner aus dem Kulthaus wegschaffen lassen. Schädel und andere Gegenstände habe er – da es billiger war – aus Grabstätten »besorgt« (Kasten 1992: 90). Für Boas war George Hunt nicht nur als Übersetzer tätig, sondern er untersuchte auch selbständig Aspekte der Kwakiutl-Kultur, diskutierte mit Boas dessen Ergebnisse und stand mit ihm in ständigem brieflichen Kontakt. Geschickt nutzte er seine Kenntnisse und Fähigkeiten, um damit seinen Lebensunterhalt zu verdienen und innerhalb der Kwakiutl-Gesellschaft zu Ansehen zu kommen. Lonergan behauptet, Boas sei sprachlich völlig auf Hunt angewiesen gewesen: »Boas never became fluent in Kwakiutl language and depended on Hunt to record and translate Kwakiutl texts for him. While Hunt is listed as the co-author of a few of Boas's publications on the Kwakiutl, his input was critical to the body of Boas's Kwakiutl works.« (Lonergan 1991: 318)

Helen Codere macht allerdings glaubhaft, daß Boas zwar langsam aber flüssig Kwakiutl sprach und die Sprache auf jeden Fall verstand (Codere 1966: XXV, XXVIII). Die Arbeitsbeziehung zwischen Boas und Hunt dauerte bis zu Hunts Tod an. Er verdiente sich seinen Lebensunterhalt als Feldforscher und wurde schließlich unter den Kwakiutl, trotz seiner Herkunft, als lokaler Führer anerkannt. Hunt erhielt sogar den Sitz eines Häuptlings und die Möglichkeit am *potlatch* teilzunehmen (Lonergan 1991: 318). Seine Bemühungen, unter den Kwakiutl zu Ansehen zu kommen, sind vermutlich einer der Gründe dafür, daß Prestigestreben und Wettbewerb in der untersuchten Gesellschaft auch von Boas überbewertet und in den Darstellungen zu sehr betont wurden.

An dieser sehr kurzen Darstellung der Beziehung zwischen Franz Boas und George Hunt, der dann selbst zum Ethnologen wurde, werden die wichtigsten Aspekte der Zusammenarbeit mit Hauptinformanten deutlich, die auch bei meinen Feldforschungen eine Rolle spielten:

– Hauptinformanten haben ein besonderes Interesse an der Zusammenarbeit,
– sie sind häufig Randfiguren der eigenen Gesellschaft,
– verfügen über bessere Sprachkenntnisse als andere Mitglieder,
– ihre Sicht der eigenen Gesellschaft kann die des Ethnologen weitgehend prägen,
– Beziehungen zwischen Ethnologen und Hauptinformanten gehen meist über bloße Arbeitsbeziehungen hinaus,
– überdauern lange Zeiträume
– und sind auch zwischen den einzelnen Feldforschungen von Bedeutung.
– Die Zusammenarbeit kann für den Hauptinformanten Anstoß sein, eigene Fragen zu verfolgen, Methoden zu entwickeln und Aspekte selbständig zu erforschen.

Probleme und ihre Lösungen

Alma war ausgesprochen interessiert an unserer Beziehung. Das bedeutete aber auch, daß sie eifersüchtig über mich wachte. In unserem ersten längeren Briefwechsel hatte ich sie gefragt, ob ich bei ihr wohnen könnte, wenn ich wieder auf die Philippinen käme. Sie hatte zugestimmt, und so lebte ich 1996 das erste Mal in ihrem Haushalt. Auch mit ihrem Mann Joe begann ich eng zusammenzuarbeiten, denn er erwies sich als begeisterter Erzähler und Kenner vieler Geschichten (Beer 1999 a). Als ich allerdings anfing, auch andere Familien zu befragen, gab es die ersten Probleme. Alma wurde eifersüchtig und hatte vor allem Angst, ich würde lieber bei Leuten mit einem schöneren Haus leben, die Englisch sprechen und wohlhabender sind. Diese Bedenken zerstreuten sich erst wirklich, als ich auch die nächsten Male in ihre Familie zurückkehrte.

Alma begleitete mich bei vielen Interviews, Gesprächen und Aktivitäten. Es gab allerdings auch Situationen, in denen das nicht möglich war. Etwa dann, wenn ich mir sicher war, daß ihre Anwesenheit die Aussagen beeinflussen würde. Dann mußte ich ihr erklären, warum ich sie nicht dabei haben wollte. Es war wichtig, sich in diesen Punkten offen auseinanderzusetzen und nicht dem Wunsch der Familie nachzugeben, die am liebsten die »Ethnologin als Privatbesitz« beschlagnahmen wollte.

Bei anderen Gelegenheiten erfuhr ich in Alltagsgesprächen Dinge, mit denen ich keineswegs einverstanden war – äußerte mich aber nicht dazu. Alma machte das wütend, und sie fand, ich sei »falsch« (wörtlich: aus Plastik), weil ich nicht meine Meinung sagte, sondern den Mund hielt. Ich erklärte Alma, daß ich nicht in Bohol sei, um andere Leute zu erziehen oder zu überzeugen, sondern daß ich *ihre* Sicht der Dinge kennenlernen wollte. Unsere Diskussionen über Religion, Kirche, Ehe, Freundschaft, Politik etc., die wir häufig in der Familie hatten, waren insofern »privat«. Viele andere Gespräche dagegen waren Teil der Forschung – auch wenn beides nicht immer sorgfältig zu trennen ist.

Ein weiteres ethisches Problem, das mir später bei der Ausarbeitung des Materials bewußt wurde, war die Verwendung von Aussagen aus solchen »privaten Diskussionen«. Häufig waren es gerade diese Gespräche, in denen Leute mir ihre Meinung sagten, in denen eine weitere, wichtige und andere Sichtweise deutlich wurde als bei einem eher formellen Interview. Sie sprachen zu mir als Bettina, der sie vertrauten, – durfte ich ihre Aussagen als Ethnologin verwenden? Bei der Ausarbeitung war häufig nicht mehr zu trennen, woher Informationen bzw. meine Einschätzung und Bewertung dieser Informationen eigentlich stammten. Das sind Probleme, die hier nur angerissen werden können, die man sich aber bewußt machen sollte. Ich entschied mich in vielen Fällen, auch solche »privaten« Aussagen zu verwenden, es sei denn, man bat mich ausdrücklich darum, daß etwas unter uns bleibt, oder die Veröffentlichung der Information würde den Betreffenden schädigen. Die Menschen, mit denen ich zusammenarbeitete, wissen alle aus ihrer eigenen Gesellschaft, daß Menschen privat und offiziell agieren, daß alle Rollen nie ganz voneinander zu trennen sind. Insofern traue ich auch ihnen zu, daß sie entscheiden können, wann sie was und in welcher Situation erzählen und notfalls um Verschwiegenheit bitten bzw. diese aufgrund des Gesprächsinhaltes selbstverständlich ist.

Die Gefahr der Einseitigkeit, die sich aus der »Adoption« in eine Familie ergibt, glich ich durch systematische Befragungen zu Einzelthemen und durch andere Verfahren aus, die ich bewußt auch außerhalb der Familie anwandte. Einseitigkeit als Gefahr muß einem bewußt sein, nicht nur auf der Ebene der Einzelperson, mit der man häufig spricht, der Familie, in der man lebt, sondern auch des Dorfes, das man gewählt hat. Viele Monographien, die von einer bestimmten Ethnie handeln, beschreiben in Wirklichkeit das Leben in einem ganz bestimmten Dorf bei dieser Ethnie. Vergessen werden häufig nicht nur Unterschiede zwischen Dörfern und Familien, sondern auch große individuelle Unterschiede. Arbeitet man eng mit Einzelpersonen zusammen, muß man sich immer wieder davor hüten, ihre Aussagen als repräsentativ anzunehmen. So wie wir Unterschiede im Aussehen uns fremder Menschen erst nach einiger Zeit wahrzunehmen lernen, dauert es auch einige Zeit bis uns ihre individuellen Eigenheiten bewußt werden. Viele Fragen während meiner Feldforschungen wurden erst durch den vertrauten und sehr nahen Umgang mit allen Familienmitgliedern aufgeworfen. Das hat mit Sicherheit die Nachteile einer möglichen Einseitigkeit aufgewogen.

Als weiteres Problem entwickelte sich nach und nach, daß Alma und ihre älteren Töchter mittlerweile so viel über meine Forschungsinteressen wußten, daß sie meistens reflektierten, was ich wissen wollte und immer häufiger selbst interpretierend über etwas sprachen, statt mir eine einfache Auskunft zu geben. Wenn ich etwas fragte, bekam ich immer öfter als Gegenfrage, worauf ich hinaus wolle. Insgesamt wandelte sich das Verhalten der Familie immer mehr. Die Veränderungen sind mittlerweile so groß, daß ich vieles besser in anderen Familien beobachte oder erfrage, da Almas Familie inzwischen eine Ausnahme darstellt. Nicht nur mein Mann besuchte mich während der Feldforschung, die Familie lernte auch meine Eltern kennen, die mich in verschiedenen Jahren auf den Philippinen besuchten. Für meine philippinische Familie war das eine Herausforderung, da meine Eltern seit vielen Jahren getrennt leben. Obwohl es auch in den Philippinen Trennungen gibt, sind nach geltender Rechtsprechung Scheidungen nach wie vor nicht möglich. Nur in besonderen Fällen werden Ehen annuliert. In diesem Sinne »nicht-vorhandene Scheidungen« werden häufig als moralische Überlegenheit der philippinischen Gesellschaft gegenüber dem euroamerikanischen Sittenverfall interpretiert. Der Besuch meiner Eltern war Anlaß, dieses Thema ausführlich zu diskutieren. Mit meiner Schwester steht Alma mittlerweile per *E-Mail* in Kontakt, da die beiden ihr Interesse für Kampfsport und Waffen teilen. Einerseits schaffen diese Beziehungen zwischen beiden Familien Vertrauen, sorgen für immer neue Themen und gegenseitigen Austausch, andererseits verändern sie auch viel. Meine Mutter zahlt seit zwei Jahren das Schulgeld für die beiden ältesten Töchter, die zur *high school* gehen, und ich das Schulgeld für die dritte Tochter. Almas Töchter hätten ohne diese Hilfe sicher nicht die *high school* besuchen können. Auch die Ausbildung der Kinder bedeutet Veränderung: Almas Familie ist seßhafter als die anderen Ati-Familien, ihr Status ist höher und ihr Ansehen ist unter den Visayas gestiegen.

Die im ersten Abschnitt erwähnte Außenseiterposition von Hauptinformanten kann einerseits ein Nachteil sein, sie hat andererseits aber auch Vorteile. Der Nachteil besteht darin, daß Ansichten und Einstellungen der Hauptinformanten für die untersuchte Gesellschaft eventuell nicht »typisch« sind. Das kann allerdings auch auf jeden anderen Informanten zutreffen. Letztlich haben es Ethnologen mit Individuen zu tun und müssen Informationen in vielen Gesprächen wiederholt erfragen, um Individuelles und Kulturelles unterscheiden zu können. Der Vorteil der Randstellung kann darin bestehen, daß das Bedürfnis geringer ist, die eigene Kultur und Gesellschaft in einem »günstigen Licht« erscheinen zu lassen. So verriet mir Alma eine ganze Reihe der Tricks, mit denen Ati ihr Geld verdienen, die ich sonst vermutlich erst nach langer Zeit von anderen erfahren hätte. Erst nachdem ich deutlich gemacht hatte, daß ich nichts verraten würde und mich längere Zeit »bewährt« hatte, konnte ich auch mit den anderen Ati über ihre Verkaufstechniken sprechen. Als klar geworden war, daß es mir – anders als Mitarbeitern der verschiedenen Kirchen – nicht darum ging, die Ati zu erziehen und zu »bessern«, waren sie sogar bereit, mich zum Verkauf von Heilmitteln mitzunehmen.

Eventuell durch die Außenseiterposition von Hauptinformanten, wie Alma, verursachte Reflexionen über die eigene Gesellschaft sind eine gute Basis für Diskussionen und das Interesse an der Zusammenarbeit. Mir fiel häufig auf, daß viele Dinge, die andere Filipinos selbstverständlich fanden, von Alma kritisch bzw. mit einer größeren Distanz gesehen wurden. Schon dieser Blickwinkel auf die eigene Lebensweise sorgt für ein höheres Maß an Verständnis für den »ethnologischen Blick« von außen auf die eigene Gesellschaft. Alma und ich hatten auf dieser Basis immer wieder Diskussionen über Fragen, die *sie* aufwarf, etwa: Warum dürfen in der katholischen Kirche Frauen weder Priester noch Papst werden? Warum soll man eigentlich beichten? Warum sagen viele, sie seien »stolz Filipino zu sein«? Alles Fragen, die vielen anderen gar nicht in den Sinn gekommen wären.

Vorteile und Möglichkeiten

Das Erlernen der Sprache war am einfachsten innerhalb der Familie möglich. Aber auch alle stark auf Sprache gestützten Verfahren, die viel Zeit und Geduld erfordern, wie die Aufnahme, Übertragung und Übersetzung von Texten bedeuten lange zeitintensive Zusammenarbeit mit verlässlichen Informanten. Dabei sind außerdem Interesse sowie individuelle Fähigkeiten erforderlich. Häufig erlebte ich, daß man sich gerne mit mir unterhielt, aber lange zeitraubende und nicht unmittelbar unterhaltsame Befragungen oder Diskussionen über Details der eigenen Kultur, die nur die Ethnologin interessierten, eher weniger schätzte. In diesen Fällen konnte ich immer auf Alma und Joe zählen. Gerade am Anfang, als ich wieder und wieder nicht verstand, wie ein Wort gebraucht wurde, wie bestimmte Personen miteinander verwandt waren, welche Heilmittel wogegen halfen, und was mit bestimmten Krankheitsbezeichnungen gemeint war, waren Almas und Joes geduldige Erklärungen sehr hilfreich.

Ein großer Vorteil der Zusammenarbeit mit Hauptinformanten ist, daß man Zeit hat, sich aufeinander einzustellen. Gerade zu Beginn meiner Forschung, als die Kommunikation noch sehr mühsam war, entwickelte Alma ihre eigenen »Unterrichtsmethoden«. Als sie etwa merkte, daß ich ihre Erklärungen der Taschenspielertricks der Ati nicht begriff, machte sie das Ganze anschaulicher. Sie inszenierte Heilungen, bei denen ich die Patientin sein mußte. Nachdem ich alles im Zusammenhang selbst erlebt hatte, erklärte sie mir jeden Trick noch einmal genau und zeigte mir Details. Diese Art der Demonstration machte ihr Freude und war weniger mühsam als lange Erklärungen.

»Alma hat mir heute vorgeführt wie eine der Krankenbehandlung funktioniert. Sie hatte ein Ei, das sie über meinen Kopf und meinen Bauch hielt. Dabei sagte sie eine Formel, die bewirken sollte, daß meine Krankheiten in das Ei übergingen. Dann pustete sie auf das Ei und strich damit über meinen Körper. Sie fragte mich, ob ich einen Feind/Feindin habe. Ich mußte natürlich ›ja‹ sagen. Darauf fragte sie, wenn die Krankheitserreger in das Ei übergegangen waren, wieviel ich pro Stück zu zahlen bereit sei. Ich sagte 50 Pesos. Sie schlug das Ei auf, und es waren ca. 15 Schwarze Stäbchen darin.

Diese wurden zusammen mit dem Ei auf eine mit heißen Kohlen gefüllte und mit einer Pappe abgedeckte Kokosnußschale getan. Da begannen sich die schwarzen Stäbchen durch die Hitze und die Feuchtigkeit des Eiweiß, wie Würmer zu bewegen. Alma erklärte, diese Krankheitserreger seien lebendig, und wenn ich nicht wie versprochen 15 mal 50 Pesos (!) zahlte, dann würde sie die Tiere in meinen Körper zurückschicken. Ich versicherte, ich würde zahlen. Daraufhin fragte Alma, ob ich Feinde hätte, die mir das angetan haben könnten, und ob ich gegen sie etwas unternehmen wolle. Ich mußte den Namen eines Feindes auf einen Zettel schreiben, und sie versprach, morgen würde der zweite Teil der ›Behandlung‹ folgen, die Rache an dem Verursacher. Dafür müßte ich, wäre ich wirklich Kundin, noch einmal eine Menge Geld bezahlen. Morgen will sie mir das Gras (*patuyop*) zeigen, mit dem sie die Eier präpariert hatte. Es sah wirklich eklig aus, und ich kann mir vorstellen, daß Filipinos bereit sind, hohe Summen zu zahlen, weil sie Angst haben und daran glauben [...].« (Tagebucheintrag vom 20.2.1996)

Die intensive und lange Zusammenarbeit hat auch den großen Vorteil, daß man einen eigenen Stil der Kommunikation und Problemlösung entwickeln kann. Je mehr ich Alma erklärte, was ich aus welchen Gründen wie tat, desto mehr erfuhr sie über Ethnologie und die Methoden der Feldforschung. Jeden Abend schrieb ich Tagebuch und übertrug außerdem meine täglichen Notizen in den Computer. Alma gewöhnte es sich an, zu dieser Zeit nach dem Essen, wenn alles erledigt war, ebenfalls Tagebuch zu schreiben. Danach tauschten wir uns über das Erlebte aus. Bei dieser Gelegenheit kamen Konflikte, Eifersüchteleien oder organisatorische Probleme zur Sprache und wir machten Pläne für den nächsten Tag. Die abendlichen Gespräche wurden während meiner Feldforschungen zu einer festen Einrichtung, mit klärenden Auseinandersetzungen und interessanten Diskussionen. Sie waren von großer organisatorischer, inhaltlicher und persönlicher Bedeutung für die Zusammenarbeit.

Wichtig waren auch Anstöße für die Beschäftigung mit Themen oder einzelnen Aspekten, die ich durch das Zusammenleben mit »meiner Familie« und durch Gespräche mit Alma bekam. So wies sie mich beispielsweise wiederholt auf die Bedeutung der Arbeit von (auf den Philippinen euphemistisch *domestic helper* genannten) Hausangestellten hin. *Domestic helper* sind junge Mädchen und Frauen, die in Familien sowohl auf den Philippinen als auch im Ausland leben und arbeiten. Joes jüngste Tochter aus erster Ehe arbeitet als *domestic helper* bei einer philippinischen Familie in Manila, wo ich sie einmal besuchte. Almas Schwester hat als *domestic helper* Erfahrungen in Kuwait und Saudi-Arabien gesammelt. Meldungen über philippinische *domestic helpers* im Ausland sind in den philippinischen Medien sehr häufig. Gespräche mit Alma über die Darstellung der Schicksale von *domestic helpers* im Ausland und deren tatsächlich häufig sehr schlechte Behandlung und Bezahlung auf den Philippinen führten dazu, daß wir immer mehr Informationen sammelten. Ich in der wissenschaftlichen Literatur und Alma in den Medien, in der Verwandtschaft und im Bekanntenkreis. Eventuell entsteht auch auf Basis dieser Zusammenarbeit eines Tages eine Publikation.

Eine große Hilfe war immer auch der Kontakt zwischen den einzelnen Feldforschungsaufenthalten. Ergaben sich Fragen oder war Material unvollständig, konnte ich jederzeit brieflich nachfragen. Es kamen aber auch neue Themen auf, und Briefe wurden zur Quelle zahlreicher Informationen (siehe: Beer 1998). Die Überbrückung meiner Abwesenheit durch Briefe, später *E-Mails*, das Schicken von Fotos, Zeichnungen und Kassetten hat die Grenzen zwischen Feldforschung und Ausarbeitung des Materials verwischt. Mehr und mehr hat »das Feld« so seine räumliche und zeitliche Begrenzung verloren.

Die große Bereitschaft, Briefe und *E-Mails* zu schreiben und so den Kontakt über Jahre aufrechtzuerhalten, ist nicht nur typisch für Alma. Die Kontinuität im Kontakt ist nicht nur unserer über die Jahre gewachsenen Freundschaft zuzuschreiben – es handelt sich dabei auch um einen Teil philippinischer Kultur und sozialer Beziehungen. Auf den Philippinen ist man daran gewöhnt, mit im Ausland lebenden Familienmitgliedern und Freunden Kontakt zu halten. Beziehungen werden durch Migration und Abwesenheit nicht unterbrochen, sie verändern sich nur. Das fällt mir besonders stark auf, seit ich auch in Papua-Neuguinea Feldforschung gemacht habe. Auch dort habe ich zu einigen Frauen sehr herzliche und persönliche Beziehungen aufbauen können. Zu einer dauerhaften Kommunikation hat das jedoch nicht geführt. In der Kultur der Wampar ist die Abwesenheit eines Familienmitglieds oder Freundes eine wirkliche Unterbrechung. Soziale Beziehungen finden im Hier und Jetzt statt. Insofern sind Abschiede und Rückkehr auch von stärkerer Trauer geprägt, der traditionell ritualisiert durch Weinen Ausdruck verliehen wird. Hat man etwa einen nahestehenden Menschen am Flughafen verabschiedet, herrscht danach im Haushalt noch den ganzen Tag eine sehr gedrückte Stimmung – ähnlich wie nach einem Todesfall. Rückkehr und Wiedersehen sind entsprechend freudige und besondere Ereignisse, zu denen jeder seine Arbeit stehen und liegen läßt, um mit einem heimgekehrten Verwandten oder Freund Stunden zusammen zu verbringen, in denen man Erzählungen von Erlebnissen und Ereignissen austauscht. Briefe jedoch schreibt man sich nur selten.

Gegenseitigkeit: Die eigene Gesellschaft im Blick der ethnographisch geschulten Informantin

Eine Beziehung ist nie nur einseitig – auch Beobachtungen und Befragungen in ethnologischen Feldforschungen beruhen auf Gegenseitigkeit. Arbeitet man sehr intensiv mit Hauptinformanten zusammen, beginnen auch diese, sich ein Bild von der Fremde, von der Herkunftskultur der Ethnologin zu machen. Alma, die nur kurze Zeit zur Schule gegangen ist, wollte mehr lernen und wissen. Das war sicher eine ihrer Motivationen, Kontakt zu mir aufzunehmen und aufrechtzuerhalten. Ich beantwortete ihre Fragen zu Deutschland, ich schickte ihr Fotos, und sie begann auch, mit meiner Mutter und meiner Schwester zu kommunizieren und ihnen Fragen zu stellen. So wurde ich auch Almas Hauptinformantin.

Ähnlich wie eine Ethnologin verglich Alma ständig zwischen der eigenen und der fremden Kultur. Deutlich wurden einerseits Gemeinsamkeiten, andererseits Unterschiede, die ihr besonders erklärungsbedürftig erschienen. Ein Beispiel: Alma wollte wissen, was und wie ich unterrichte. In meinen *E-Mails* beschrieb ich ihr Inhalt, Ziel und Gegenstand meiner Lehrveranstaltungen. Sie bat um ein Foto der Studierenden, das ich zum Erstaunen der Seminarteilnehmer/innen aufnahm, und an Alma schickte. Dieses Bild lieferte ihr zusätzliche Informationen, die sie überhaupt nicht verstand: Meine Studenten seien alle erwachsene Leute! Das Alter hatte ich ihr gegenüber nicht erwähnt, und sie war sehr irritiert. Auf den Philippinen geht man – wenn überhaupt – im Anschluß an die Schule zur Universität und bleibt dort im allgemeinen nicht so lange wie in Deutschland. Zweitausbildungen, längere Auslandsaufenthalte oder Zeiten, in denen man sich zunächst orientiert, sind die Ausnahme. Alma hatte viele Fragen an mich: Warum ich dem Aussehen nach »Erwachsene« unterrichte, wovon diese eigentlich leben, warum sie nicht schon längst arbeiten, ob sie schon Familien haben, was sie nach dem Studium arbeiten wollen, wieviel sie dann verdienen werden, etc. Für mich war es nicht immer leicht, eine Antwort zu finden.

Ein Beispiel für die Feststellung von Ähnlichkeiten zwischen Deutschland und den Philippinen und für Almas Annahme der Universalität bestimmter sozialer Phänomene waren Beobachtungen zu Konkurrenz und Klatsch. Ich schrieb Alma, ebenso wie sie mir, über viele Freuden und Ärgernisse, die ich im Alltag erlebte. Darunter war auch eine Schilderung des Verhaltens einer Kollegin, die sich vermutlich aufgrund von Konkurrenzgefühlen ausgesprochen merkwürdig verhielt. Alma konnte zahlreiche Beispiele aus ihrem Alltag, für üble Nachrede, Klatsch und Gerüchte sowie verschiedene Strategien, Konkurrentinnen auszubooten, aufzählen, die auch in Deutschland üblichen Verhaltensweisen ähnelten. Wir begannen uns daraufhin unabhängig von ihren oder meinen Erlebnissen über Klatsch und Konkurrenz sowie über den Umgang mit Aggression auszutauschen – ein Thema, das ich gerne weiterverfolgen würde und an dem auch sie nach wie vor sehr interessiert ist. Auch diese Gemeinsamkeit der Beobachtung und des Interesses am Vergleich verschiedener Lebensweisen geben während der Feldforschung Anstöße zur Beschäftigung mit sonst eventuell weniger beachteten Themen und machen unterschiedliche Blickwinkel auf die eigene wie die fremde Kultur möglich.

Hauptinformanten kommen ähnlich wie Ethnologen über den Umweg der Beobachtung des Fremden zu einem neuen Blick auf ihre eigene Kultur. Dieser beiderseitige Wechsel der Blickwinkel macht den Austausch lebendig. Die Beziehung zwischen Hauptinformantin und Ethnologin kann für beide so zu einem kaum mehr wegzudenkenden Bestandteil des Lebens werden.

Literatur

Beer, Bettina
1996   Deutsch-philippinische Ehen. Migration von Frauen und interethnische Heiraten. Berlin.
1998a   Post von den Philippinen. Ethnologische Forschung durch Briefe (Interethnische Beziehungen und Kulturwandel, Bd. 30). Hamburg.
1998 b   Freundschaft als Thema der Ethnologie. In: Zeitschrift für Ethnologie 123, 191–213.
1999a   Joes Geschichten. Analysen philippinischer Erzählungen in ihrem kulturellen Kontext (Kulturanalysen, Bd. 2). Berlin.
1999 b   Der Verkauf Panays. Varianten einer philippinischen Mythe als Ausdruck interethnischer Beziehungen. In: Sociologus 49 (1), 1–26.
2000/01   Ethnologische Migrationsforschung im Herkunfts- und Zielgebiet am Beispiel philippinischer Heiratsmigrantinnen in Hamburg. In: Mitteilungen der Anthropologischen Gesellschaft in Wien 130/131, 137–150.

Boas, Franz und Hunt, George (Hg.)
1994   Die fremde Welt der Kwakiutl. Übersetzt und eingeleitet von Dr. Harro Strehlow. Berlin.

Codere, Helen
1966   Introduction. In: dies. (Hg.), Kwakiutl Ethnography. Franz Boas. Chicago/London, XI–XXXII.

Dürr, Michael
1992   Die Suche nach »Authentizität«: Texte und Sprachen bei Franz Boas.
            In: ders., Kasten, E. und Renner, E., Franz Boas, Berlin, 103–124.

Kasten, Erich
1992   Masken, Mythen und Indianer: Franz Boas' Ethnographie und Museums-
            methode. In: ders., Dürr, Michael und Renner, E. (Hg.), Franz Boas, 79–
            102.

Lonergan, David
1991   Hunter, George. In: Winters, C. (Hg.), International Dictionary of
            Anthropologists, New York/London, 317–318.

Shostak, Marjorie
1982   Nisa erzählt. Das Leben einer Nomadenfrau in Afrika. Reinbek b. Ham-
            burg.

Christiana Lütkes

Forschung mit Ehemann
Ein Nichtethnologe als Begleiter

Ausgangssituation und Fragestellungen

Als ich nach meiner Magisterprüfung begann, mir Gedanken über eine Feldforschung in Papua-Neuguinea zu machen, tat ich das als allein stehende
Frau. Kurze Zeit später lernte ich Piotr, meinen späteren Ehemann, kennen.
Er hatte nach Abschluss seines Studiums 1989 seine Heimat Polen verlassen und war nach Deutschland gekommen, um sich dort Geld für seine ge-
plante Emigration nach Kanada zu verdienen. Eine kanadische Gemeinde
war bereit, ihn gegen ein Startkapital als Wasserbau-Ingenieur zu beschäftigen. Doch dann begegneten wir uns, und er änderte seine Pläne. Wir heira-
teten innerhalb kürzester Zeit, um die damals noch erheblichen Schwierigkeiten mit der Aufenthaltsgenehmigung zu bewältigen. Piotr blieb in Münster, wo er zunächst an einer Fortbildung teilnahm, deren Ende zufällig mit
der Bewilligung meiner Forschung zusammenfiel.

Von Anfang an sprachen wir viel über ethnologische Themen. Piotr war
mehr als interessiert an meinen Plänen, eine Forschung in Papua-Neuguinea durchzuführen, und es war bald klar, dass wir zusammen fahren würden. Ich erhielt ein DAAD-Stipendium, in dem eine Zulage von 300 DM
monatlich für den begleitenden Ehegatten inbegriffen war. Das war nicht
viel, aber wir rechneten uns aus, dass wir bei sparsamer Lebensführung
damit auskommen würden. Unter Verzicht auf viele Dinge, die in Papua-
Neuguinea sehr teuer sind – angefangen bei einer Tafel Schokolade bis hin
zu Übernachtungen in Hotels – ist uns dies auch gelungen.

Meine Forschung sollte sich mit dem Thema »Arbeit und Arbeitsethos«
beschäftigen und damit die Überlegungen meiner Magisterarbeit (Lütkes
1990) an einem empirischen Beispiel untersuchen (zu den Ergebnissen s.
Lütkes 1999). Über die Vermittlung von Hans Fischer, Professor in Hamburg, hatte ich Gelegenheit, zu den Wampar im Markham-Tal zu gehen. Mit
Hilfe zahlreicher bereits erfolgter Veröffentlichungen über diese Ethnie (s.
z.B. Fischer 1975) konnte ich mir schon vor Beginn meiner Forschung ein
gutes Bild über das machen, was mich erwarten würde. Ich nutzte die letzten Wochen vor der Abreise, um *tok pisin*, das melanesische Pidgin-English,

zu lernen und mir erste Begriffe aus dem Wampar anzueignen. Mein Mann
dagegen hatte kaum Zeit für intensive Vorbereitungen und war zudem noch
mit dem Erlernen der deutschen Sprache beschäftigt; er schaffte es jedoch
während des Aufenthaltes in Papua-Neuguinea schnell, sich auf *tok pisin* zu
verständigen.

Anfang Januar 1991 flogen wir nach Port Moresby, nach der Erledigung
der nötigen Formalitäten am Institute for Papua New Guinea Studies dann
weiter nach Lae. Von dort aus nahmen wir einen Bus nach Tararan, dem Ort
unseres geplanten zwölfmonatigen Aufenthaltes. Mein Doktorvater Hans
Fischer hatte unser Kommen bei einer seiner früheren Feldforschungen bereits angekündigt, so dass viele Bewohner Tararans wussten, dass ein Paar
aus Deutschland eintreffen würde - mein Brief mit Beschreibungen meiner
Forschungsabsichten und dem genauen Ankunftsdatum traf jedoch erst zwei
Monate nach unserer Anreise ein. So gab es einen gewissen Überraschungs-
effekt, als wir an einem Sonntagmittag aus dem Bus stiegen und mitten in
den Gottesdienst platzten, den die Tararaner unter zwei großen Mangobäu-
men abhielten. Und bei der folgenden Begrüßung wurde bereits klar, dass
den meisten Dorfbewohnern die Vorstellung von einer Ethnolog*in* mit be-
gleitendem Ehe*mann* nicht ganz geläufig war. Dazu aber später.

Die Begleitung durch den Partner oder die Partnerin, eventuell sogar durch
die Kinder, entspricht nicht unbedingt der Vorstellung einer klassischen ethnologischen Feldforschung als »Initiationsritus«. Diesem durchaus gängi-
gen Bild entsprechend lebt der Ethnologe bzw. die Ethnologin als Mitglied
einer einheimischen Familie mindestens ein Jahr lang völlig isoliert von der
eigenen Kultur und hat abgesehen von gelegentlichen Briefen kaum Außen-
kontakte. Je schwieriger die Umstände, desto gelungener die Initiation –
diesen Eindruck bekam ich als Studentin in Gesprächen oder durch die Literatur gelegentlich vermittelt.

Eine derartige Forschungssituation ist aber bei weitem nicht der Normalfall – soweit es diesen überhaupt gibt. Allein im Umfeld des Instituts für
Ethnologie der Universität Münster, an der ich studiert hatte, kannte ich
mehrere Kollegen und Kolleginnen vor allem aus der jüngeren, zum Teil
aber auch aus der Generation meiner Professoren, die ihre Forschung nicht
allein antraten – darunter einige, deren Partner wie in meinem Fall keine
Ethnologen waren. Und auch in Neuguinea selbst lernten wir Paare kennen,
auf die dies zutraf.

Aus der Literatur dagegen ist relativ wenig über Ethnologen oder Ethnologinnen zu erfahren, deren Familienmitglieder oder Lebensgefährten bei
der Forschung dabei waren. Generell gilt, dass persönliche Umstände der
Feldforschung in Veröffentlichungen nur selten reflektiert werden. Müller-
Wille aus der ersten Auflage dieses Bandes von 1985 ist mir als der einzige

Piotr Lütkes mit einer befreundeten Familie.

Ethnologe bekannt, der die Umstände einer Forschung mit Familie ausführ-
licher diskutiert. Meist bleibt es jedoch bei einer beiläufigen Erwähnung in
einem Nebensatz – so auch im vorliegenden Band: Sowohl Mark Münzel
als Thomas Hauschild erwähnen, dass sie von ihren Ehefrauen begleitet
werden. Wie sich diese Begleitung jedoch im Einzelnen gestaltet, wie die
Zusammenarbeit aussah und welche Auswirkungen die Anwesenheit der
Begleitung auf die Forschung hatte, erfährt man nicht - obwohl es bei beiden um eine Analyse ihrer Feldforschung geht. Und wie viele Ethnologen
und Ethnologinnen die Zeit ihrer Feldforschung nicht allein verbrachten,
diesen Umstand aber nicht erwähnen, bleibt unklar.

Dennoch ist die Frage, inwieweit sich diese persönlichen Gegebenheiten
auf die Forschung auswirken, nicht unwichtig:

Ist durch die Anwesenheit eines Partners oder der Familie etwa die Integration in die Gemeinschaft erschwert? Eine einzelne Person, so könnte
man annehmen, wird vielleicht eher als Mitglied einer Gastfamilie aufgenommen als ein Paar oder eine ganze Familie und erfährt damit mehr über
das alltägliche Leben.

Inwieweit findet sich die Sicht der begleitenden Person letztlich in den
ethnographischen Daten bzw. in deren Interpretation wieder? Hier können
ganz unterschiedliche Sichtweisen der Beteiligten hinein spielen - im Fall
des Ethnologen bzw. der Ethnologin geprägt durch die intensive Beschäfti-

gung mit der Ethnologie, im Fall der Begleitung vielleicht beeinflusst durch einen ganz anderen Beruf oder auch vom »gesunden Menschenverstand«.

Wie wird der Partner in der untersuchten Dorfgemeinschaft angesehen und in welcher Weise beeinflusst diese Rolle die Forschung selbst? Je nach Verständnis der Geschlechterrollen in der betreffenden Ethnie mag es eine Selbstverständlichkeit sein, dass ein männlicher Ethnologe von seiner Partnerin begleitet wird; dass aber eine Ethnologin als »Hauptperson« von einem Mann begleitet wird, kann vor Ort durchaus zu Irritationen und Verwechslungen hinsichtlich der Kompetenzen führen.

Und auch für den unmittelbaren Alltag stellen sich Fragen – womit etwa soll der Partner sich die ganze Zeit über beschäftigen, zumal, wenn er selbst kein Ethnologe ist und sich mit ethnologischen Fragestellungen bisher eher am Rande auseinandergesetzt hat? Hier kann es unter Umständen die Beziehung und die Arbeit belasten, wenn die Begleitung sich völlig fehl am Platze fühlt.

Die persönlichen Umstände einer Forschung können diese in erheblichem Maße prägen und in eine bestimmte Richtung lenken. Manchmal kann es erschwerend sein, den Partner oder die ganze Familie dabei zu haben, in anderen Situationen ist es wieder von Vorteil – ebenso wie die eigene Persönlichkeit an sich eine maßgebliche Rolle spielen kann. Persönliche Umstände sind nicht auszuschalten, selbst wenn man allein ist - denn auch eine Forschung als Einzelperson ist ein persönlicher Umstand, der bestimmte Auswirkungen hat. Wichtig ist in jedem Fall, dass man sich dieser Konsequenzen bewusst ist, sie analysiert und sie den Lesern bei Veröffentlichungen zugänglich macht, sofern sie für die Interpretation der ethnographischen Daten von Bedeutung sein könnten.

Die Forschungssituation in Tararan:
Alltagsbewältigung und Rollenverteilung

Unmittelbar nach unserer Ankunft in Tararan wurden Piotr und ich in die Familie aufgenommen, die sich über den Kontakt mit Hans Fischer für diese Aufgabe bereit erklärt hatte. Luke und Giam, ein Paar von damals Anfang 50, stellte sich uns als Eltern vor, und somit wurden weitere Personen zu Geschwistern, Geschwisterkindern, angeheirateten Verwandten etc. Bei allem wurde jedoch die Tatsache, dass Piotr und ich als Ehepaar nicht beide Kinder von Luke und Giam sein konnten, nie berücksichtigt; der Einfachheit halber behandelte man uns immer als Geschwister. Die Angehörigen unserer Gastfamilie wurden zugleich unsere wichtigsten Bezugspersonen, darüber hinaus entstanden später jedoch auch weitere persönliche Beziehungen, die Piotr und ich zum Teil als Paar, zum Teil auch als Einzelpersonen pflegten.

Ein kleines Problem bereitete zunächst die Frage der Unterbringung. Bei unserer Ankunft war Luke dabei, ein neues Haus für sich und seine unverheirateten Kinder zu bauen. Dieses Unternehmen war jedoch noch in den Anfängen, und im alten Haus war kein Platz für uns beide, denn als Paar sollten wir ein eigenes »Zimmer« bekommen. Steven, ein klassifikatorischer Bruder von Luke, besaß dagegen zwei Häuser, von denen eines für uns schließlich geräumt wurde. Damit erhielten wir nicht nur ein eigenes Haus, vielmehr wurden wir ganz entgegen unseren Erwartungen auch als eigener Haushalt etabliert. Wir kochten unser Essen meistens selbst, obwohl wir häufig auch bei anderen Familien aßen und sowohl von Stevens als auch von Lukes Familie mit Nahrungsmitteln versorgt wurden. Obwohl Luke immer wieder betonte, dass wir zu seiner Familie gehörten und die Unterbringung in Stevens Haus nur eine Übergangslösung war, blieb es jedoch auch bei dieser Aufteilung, als Lukes neues Haus fertig war, und Luke schob unseren Umzug immer wieder auf. Erst viel später erfuhren wir, dass Steven es war, der keine Veränderung wollte. Wie er selbst sagte, wollte er vermeiden, dass man ihm bei unserem Auszug mangelnde Gastfreundschaft vorwerfen würde; so wie ich ihn kennen gelernt habe, glaube ich bis heute, dass es für ihn vor allem eine Prestigefrage war, zwei Weiße zu beherbergen.

Im Hinblick auf die Forschung brachte dieses Arrangement Vor- und Nachteile. In einem eigenen Haushalt war natürlich die Nähe zur Gastfamilie längst nicht so groß, als wenn wir in Lukes Haus gelebt hätten. Sicherlich hätte ich in diesem Fall einige Informationen mehr über das alltägliche Leben in einer Familie gewonnen, und auch das Erlernen des Wampar wäre vielleicht schneller und besser erfolgt. Ein deutlicher Vorteil war dagegen, dass wir uns auf diese Weise ebenfalls mit Stevens Familie verbunden fühlten, und da beide Familien vollkommen unterschiedlich wirtschafteten – Luke als Subsistenzbauer, Steven als Geschäftsmann – erhielt ich sehr viele Informationen zu zwei zentralen Aspekten meines Forschungsthemas, bei dem es unter anderem um den Vergleich zwischen traditioneller und moderner Arbeit ging.

Bei unserem Einzug war unser Haus völlig leer, und alles, was wir besaßen, waren die Dinge, die wir in unseren Rucksäcken aus Deutschland mitgebracht hatten, sowie zwei Matratzen, ein Plastikeimer und ein Kocher mit Kochtopf aus einem Laden in Lae. Als wir nach einem Jahr auszogen, war unser Haus mit einem Tisch, zwei Bänken, einem Regal und einer vor Ameisen sicheren »Einbauküche« möbliert, die Piotr aus den noch brauchbaren Hölzern eines zusammengefallenen Wohnhauses angefertigt hatte. Darüber hinaus besaßen wir einen hölzernen, solarbetriebenen Ventilator, ein Windrad aus alten Dosen zum Aufladen von Akkubatterien und andere nützliche Dinge, die ich ohne eine praktisch begabte Begleitung sicher vermisst hätte. Die Tararaner, die Möbel in der Regel gar nicht besitzen, und wenn, dann nur in meist schon defekten Einzelstücken aus den Geschäften in Lae, kamen in dieser Zeit oft bei uns vorbei, um anerkennend über das zu diskutieren, was aus ihrem Müll recycelt wurde. Und die Frage, womit sich mein Mann beschäftigen sollte, stellte sich gar nicht erst.

Nachdem wir eingerichtet waren, hatte sich Piotrs nächste Aufgabe längst ergeben. Neben den täglichen Hausarbeiten wie Kochen und Waschen sowie gelegentlichen Fahrten zum Einkaufen nach Lae, die er zu einem großen Teil übernahm, um mir den Rücken für ethnologische Betätigungen freizuhalten, ergaben sich durch die Tararaner selbst neue Perspektiven. Es hatte sich herumgesprochen, dass Piotr vieles reparieren konnte, und man brachte alle nicht mehr funktionstüchtigen technischen Geräte zu uns. Dies waren vor allem Radios, von denen viele repariert werden konnten. Manchmal gab es jedoch das Problem, dass die Besitzer sich selbst schon an einer Reparatur versucht hatten und alles ihrer Meinung nach Überflüssige aus dem Radio entfernt hatten. Auch hier konnte Piotr Abhilfe schaffen: Er bastelte aus zwei Radios eines zusammen; doch stellte sich dann die Frage, wer das fertige Gerät zurückerhalten sollte. Hier war dann meist die soziale Nähe entscheidend, bzw. die Frage, wer mir bei meiner ethnologischen Forschung geholfen hatte. Es dauerte nicht lange, bis sich die Radios, Kassettenrekorder und Motorsägen auf unserer Veranda stapelten und selbst entfernte Verwandte ihre Geräte aus Port Moresby schickten. Für Piotr bedeutete dies, dass er eine Rolle zugewiesen bekam, die mit Ansehen verbunden war – nach meinem Verdacht mehr als meine eigene Rolle als Ethnologin. Für mich hatte es jedoch den Vorteil, eine Beziehung auf Gegenseitigkeit aufbauen zu können: ethnologische Daten und Nahrungsmittel gegen eine Reparatur, auch wenn dies explizit so nie ausgehandelt wurde. Vielmehr sah ich diese Beziehung im Sinne einer generalisierten Reziprozität, bei der ich Mitarbeit dann auch einmal deutlicher einfordern konnte.

Piotrs Einsatz für die Tararaner ging gelegentlich auch über Dienstleistungen in individuellen Beziehungen hinaus. So reparierte er drei der im Dorf vorhandenen Wasserpumpen, die bei unserer Ankunft gar nicht oder nur schlecht funktionierten, so dass die Frauen gezwungen waren, das Wasser für den täglichen Bedarf von den weit entfernten Bächen zu holen. Die Reparaturen hatten zur Folge, dass wir uns immer wieder in der Rolle von »Entwicklungshelfern« wiederfanden, und es gab nicht wenige Leute, die unsere Anwesenheit damit begründeten und meine ethnologischen Fragen als Beiwerk betrachteten. Trotz wiederholter Erklärungen meinerseits zum

Christiana Lütkes im Interview mit Kipi Orog,
1991 einer der ältesten Einwohner Tararans.

Sinn und Zweck von ethnologischen Feldforschungen waren die praktischen
Auswirkungen unseres Besuchs für viele Tararaner einfach einleuchtender,
während die Ethnologie immer wieder in Vergessenheit geriet. Noch unan-
genehmer war jedoch der Verdacht mancher Tararaner, Piotr sei ein Geschäftsmann, der mit den in Tararan gemachten Fotos in Deutschland das
große Geld machen würde, ohne sie selbst am Gewinn zu beteiligen.

Für meinen Mann lag der Vorteil, sich nützlich zu machen, auf der Hand:
Er geriet nur selten in die Rolle, lediglich als meine Begleitung angesehen
zu werden, er hatte eine sinnvolle Beschäftigung, und der Alltag in Tararan
machte ihm Spaß. In Deutschland dagegen hatte er immer wieder darüber
geklagt, dass er anders als zuvor in Polen nie dazu kam, zu improvisieren,
weil es alles jederzeit fertig zu kaufen gab. In Tararan war er tagtäglich
dabei, aus dem Nichts etwas schaffen zu müssen – für einen Ingenieur eine
ideale Situation.

Von anderen Paaren dagegen weiß ich, dass die Frage der Beschäftigung
während der Forschung nicht so leicht gelöst wurde: Manche begleitenden
Männer und Frauen fühlten sich nutzlos und langweilten sich, was ein ernst-
haftes Problem auch für die Beziehung darstellen kann. Ob jemand eine
Beschäftigung findet, mit der er oder sie sich wirklich identifizieren kann,

hängt stark von den jeweiligen individuellen Interessen sowie von der vor-
gefundenen Situation ab. In unserem Fall waren diese Bedingungen in mancher Hinsicht besser als bei anderen Paaren.

Die Tatsache, dass Piotr technisches Geschick zeigte und die Wampar
damit immer wieder verblüffte, rettete ihn vermutlich vor dem Vorwurf,
sich wie eine Frau aufzuführen. Angesichts seiner Fähigkeiten verzieh man
es ihm oft, dass er Dinge tat, die einen Mann in Tararan normalerweise der
Lächerlichkeit preisgaben: Kochen, Abwaschen, Wäsche waschen.

Die Wampar sind eine Ethnie, die eine relativ strikte Geschlechtertrennung
kennt. Frauen und Männer verbringen ihre Zeit weitgehend getrennt voneinander, sowohl die Arbeit als auch die Freizeit betreffend. Hinzu kommen
Vorstellungen von der Unreinheit der Frau, wie sie sonst eher im Hochland
von Papua-Neuguinea zu finden sind. Nach Auffassung der Wampar verur-
sacht zu häufiger Kontakt mit Frauen bei Männern eine körperliche Schwächung und einen vorzeitigen Alterungsprozess: Ein Mann, der die Berührung mit den schädigenden weiblichen Körperflüssigkeiten nicht genügend
meidet, verliert seine Muskeln, magert ab, bekommt graue Haare und wird
kurzatmig. Zu häufiger sexueller Kontakt ist verpönt, die Berührung mit Mat-
ten und Wäsche, die Frauen benutzen, soll von Männern gemieden werden.

Während Kochen und Abwaschen für Männer »lediglich« eine Arbeit
ist, die zu den gering geschätzten Tätigkeiten gehört und mit der sie sich vor
anderen herabsetzen, so ist das Waschen von Frauenkleidung gefährlich für
ihre Männlichkeit. Ein Mann, der sich an diese Regel nicht hält, wird von
anderen ausgelacht und verhöhnt. Elas, ein jüngerer Mann, der zu meiner Forschung sehr viel beigetragen hat und mit dem uns zunehmend freundschaftli-
che Gefühle verbanden, wies Piotr eines Tages vorwurfsvoll darauf hin, dass
dieser ja ziemlich mager und auch nicht gerade ausdauernd bei körperlicher
Arbeit sei. Nachdem uns auf diese Weise die Konsequenzen der Ansichten
über die Geschlechter, von denen wir zu Beginn der Forschung kaum Kenntnis hatten, deutlich wurden, wusch ich meine Kleidung wieder selbst.

Das Kochen allerdings behielt Piotr bei, zumal dies eine Diskussion insbesondere unter den Tararaner Frauen auslöste, die aus unserer Sicht durchaus auch Positives beinhaltete. Manche Frauen lobten mich angesichts meiner klugen Wahl, einen Mann zu heiraten, der Hausarbeit nicht scheute,
manche gaben an, dass sie aus diesem Grunde Männer benachbarter Ethnien
als Heiratspartner bevorzugen würden, und einige Frauen fühlten sich durch
unser Beispiel sogar ermuntert, ihre Männer zur Mithilfe zu bewegen - wobei ich einen Erfolg nie feststellen konnte. Für Männer allerdings blieben
Piotrs Haushaltstätigkeiten suspekt.

Schwer zu verstehen war für die Tararaner auch die Tatsache, dass ich
diejenige war, die aus beruflichen Gründen anwesend war. Viele von ihnen

schienen dies nie zu realisieren. Andere, vor allem Personen aus unserem engerem Umfeld, hatten diesen Umstand zwar akzeptiert; wenn jedoch Besuchern aus anderen Dörfern unsere Anwesenheit erklärt wurde, dann wurde unsere Rollenverteilung oft als bemerkenswerte Besonderheit herausgestellt. Zum Glück hatte Piotr, der bereits aus Polen an die Gleichstellung der Tätigkeiten von Frauen und Männern gewöhnt war, keine besonders großen Schwierigkeiten mit derartigen Wertungen – zumal er durch seinen Einsatz auf technischem Gebiet einiges ausgleichen konnte. Dennoch haben wir uns manches Mal gefragt, welchen zweifelhaften Ruf mein Mann ohne sein technisches Können in einer Gesellschaft wie der der Wampar gehabt hätte.

Ich selbst hatte eher damit zu kämpfen, so manches Mal in die zweite Reihe gedrängt zu werden (vgl. auch Hauser-Schäublin im vorliegenden Band). Einmal fuhren wir mit einem Kanu über den Markham, um eine Familie im Dorf Mare zu besuchen. Zu unserem Erstaunen war dort eine große Menschenansammlung für unseren Empfang zusammen gekommen, man schlachtete für uns ein Schwein, und die alten Männer hatten sogar eine Rede vorbereitet. In dieser Rede bedankten sich die Bewohner von Mare bei dem weißen Mann, der den weiten Weg von Deutschland nach Neuguinea gekommen war, um die Traditionen der Wampar zu dokumentieren. Als Dank für diesen Aufwand überreichte man Piotr einen hölzernen Speer – ich wurde ignoriert und stand verblüfft daneben. Angesichts der Tatsache, dass es sich um einen einmaligen Besuch handelte, und um keine Verwirrung unter den alten Männern zu stiften, verzichteten wir auf eine Richtigstellung.

Die Tatsache, dass wir als Paar anwesend waren, hatte möglicherweise zur Folge, dass ich eindeutig eine Rolle als Frau zugewiesen bekam. Während allein reisende Ethnologinnen in manchen Fällen als soziales Neutrum oder sogar als sozialer Mann angesehen werden (s. Burridge 1977: 1214; Faithorn 1976: 86), wurde ich von den Wampar immer wieder daran erinnert, dass ich als Frau bestimmte Dinge zu tun oder zu lassen hatte. Auch Hauser-Schäublin bemerkt im vorliegenden Band, dass in Papua-Neuguinea eine Ethnologin eindeutig dem weiblichen Bereich zugeordnet wird, sofern sie mit einem Mann unterwegs ist. In Tararan erfolgte diese Zuweisung weniger durch die Männer, die mich oft auch als einzige weibliche Anwesende zu ihren Treffen zuließen, als vielmehr durch die Frauen. Saß ich in einer Männergruppe, so kam im Auftrag einiger Frauen manchmal ein Kind vorbei, das die Nachricht überbrachte, ich solle mich zu den Frauen setzen. Ob ich als Einzelperson in der Rolle eines sozialen Neutrums jedoch tatsächlich mehr erfahren hätte, kann ich nicht einschätzen – zumal Piotr in vielen Fällen mit wichtigen Informationen von seinen persönlichen Unternehmungen mit Männern zurückkam, die ich in späteren Interviews mit den Betreffenden wieder aufgriff und die so einen Ausgleich schaffen konnten. Denkbar ist aber durchaus, dass ein Mann aufgrund größerer Autorität eine willigere und ergiebigere Mitarbeit erfährt.

Unterstützung durch den Partner

Die Anwesenheit eines Partners oder der ganzen Familie mag gerade in einer Situation wie der Feldforschung, die eine starke persönliche Belastung darstellen kann, eine nicht zu unterschätzende Hilfe sein. Belastungssituationen werden nur selten in Veröffentlichungen diskutiert, vermutlich da niemand sich die Blöße geben will, in dieser Hinsicht versagt zu haben – zu oft begegnet man dem Bild vom Ethnologen, der die schlimmsten Strapazen und Entbehrungen tapfer aushält. Dennoch bin ich der Auffassung, dass die allermeisten Ethnologen persönliche Krisen während ihres Feldaufenthaltes erlebt haben.

Obwohl ich keinen »Kulturschock« im engeren Sinne erlitt, gab es immer wieder Zeiten, in denen ich die Tararaner nicht verstehen konnte, mich von ihnen missverstanden fühlte oder ihrer einfach eine Weile überdrüssig war. In solchen Fällen war es eine große Unterstützung, dies in persönlichen Gesprächen zwischen meinem Mann und mir zum Ausdruck bringen zu können. Oft überlegten wir zusammen, wie bestimmte Äußerungen oder Verhaltensweisen interpretiert werden konnten, und manchmal unternahmen wir zu zweit kleine Ausflüge, um einmal abzuschalten, was in unserem Haus oft unmöglich war. Nicht selten war ich verärgert, weil man uns nicht mitteilte, wann ein besonderes Ereignis stattfand, und ich wieder einmal etwas verpasste. In Gesprächen mit Piotr musste ich nicht erst überlegen, wie ich meinen Ärger am besten zum Ausdruck brachte, sondern konnte einfach auch einmal losschimpfen. Und es war immer jemand da, mit dem ich auch meine Freude über ein gelungenes Interview oder über eine gute Beziehung teilen konnte.

Die Kehrseite unseres Zusammenlebens in Tararan war dagegen die ständige Enge, die vor allem für mich eine Belastung war. Anders als zuvor in Deutschland waren wir mit Ausnahme einiger Unternehmungen fast rund um die Uhr zusammen. Weder hatten wir in Tararan getrennte Arbeitsstellen noch ein eigenes Zimmer für einen gelegentlichen Rückzug. Zudem konnten wir sicher sein, dass wir über jede Bewegung des anderen von den Tararanern informiert wurden, die uns stets zuverlässig mitteilten, was der andere gesagt und getan hatte.

Sehr wichtig war mir die ständige Anwesenheit meines Mannes jedoch wiederum bei Enttäuschungen, die mich gelegentlich erschütterten – so zum Beispiel, wenn ich erfuhr, dass ein ausgesprochen netter Nachbar seine Frau verprügelt oder seinem Hund aus Wut den Schwanz mit einer Machete abgeschlagen hatte. Während solche Fälle zwar nicht alltäglich waren, so zeigten sie mir jedoch immer wieder auf, was mich bei aller angenommener Annäherung von den Wampar trennte.

Möglich ist auch, dass ich der Anwesenheit meines Mannes mein Leben verdanke. Als ich schwer an Malaria erkrankte – wie sich später herausstellte, hatte ich mir alle vier Varianten auf einmal eingefangen – und eine Selbstbehandlung mit Lariam nicht anschlug, baten wir unsere Nachbarn, die einen PKW besaßen, um einen Transport nach Lae ins Krankenhaus. Die jedoch waren wie auch die anderen Tararaner davon überzeugt, dass es sich um einen von einem Geist verursachten Schaden handelte. Folglich hielten sie einen Krankenhausbesuch für unnötig und fuhren mich gegen unseren Wunsch zu einem einheimischen Heiler. Als Piotr am nächsten Morgen endlich einen anderen Mann dazu bewegen konnte, mich nach Lae zu fahren, litt ich schon an Halluzinationen und konnte die Situation nicht mehr einschätzen. So aber kam ich noch gerade rechtzeitig ins Krankenhaus, wo eine Chininbehandlung zum Glück zu einer schnellen Genesung führte.

Piotrs Anwesenheit während meiner Forschung bedeutete für mich nicht nur moralischen Rückhalt und praktischen Beistand, sondern war vor allem auch eine wichtige Unterstützung der ethnologischen Forschung. Ich brauchte mich nur in geringem Umfang um Hausarbeit zu kümmern, fuhr nur selten nach Lae, um einzukaufen oder Geld bei der Bank abzuheben und hatte so Zeit, mich ganz den Gesprächen mit den Tararanern und der Transkription von Bandaufnahmen zu widmen.

Zudem gab es kaum Probleme, die vom Hauptdorf Tararan oft kilometerweit entfernten und nur durch kleine Pfade verbundenen Weiler zu besuchen. Allein hätten mich die Tararaner keinesfalls so weit gehen lassen, und auch ein einzelner einheimischer Mann wäre als Begleitung nicht in Frage gekommen. So wäre ich in den meisten Fällen auf Frauen angewiesen gewesen; da diese aber oft mit ihren alltäglichen Aufgaben beschäftigt waren, hätten Gänge in die Weiler langfristiger organisiert werden müssen. Piotr war es auch, der uns in Lae Fahrräder besorgte – ein Auto konnten wir uns nicht leisten –, wodurch es viel einfacher wurde, die weiten Wege zu bewältigen. Aufgrund der Tatsache, dass wir auf dem Weg in die Weiler häufig Flüsse durchquerten und in der Regenzeit streckenweise knietief im Schlamm versanken, waren die Fahrräder häufig kaputt – mein Mann hatte sie jedoch stets schnell wieder repariert.

Mindestens zweimal am Tag fuhr Piotr mit dem Fahrrad durch das Dorf, hielt bei den einzelnen Haushalten an und führte kurze Gespräche mit den Bewohnern. Ich saß derweil auf unserer Veranda und erledigte Schreibarbeiten, erfuhr auf diese Weise aber immer, was im Dorf vor sich ging. Da die Tararaner es wie schon erwähnt meist nicht für nötig hielten, uns offiziell darüber zu informieren, ob gerade ein Dach gedeckt, ein Schwein geschlachtet, eine Brautpreisübergabe stattfand, waren Piotrs Erkundungen ein absolut hilfreiches Arrangement. Sobald irgendwo etwas passierte, sagte er mir Bescheid, und ich konnte aufbrechen und mich dazugesellen. Bei zwei parallel stattfindenden Ereignissen teilten wir uns einfach auf und kamen dann beide mit einem Bericht zurück. Piotr übernahm es auch, sämtliche Fotos zu machen und die in der Umgebung von Tararan wachsenden Pflanzen zu identifizieren, indem er sie mit Hilfe einiger Männer sammelte, ihre einheimischen Namen und ihre Verwendung notierte und sie anschließend am Botanischen Garten von Lae bestimmen ließ.

Auch Piotrs Anwesenheit bei manchen Interviews vereinfachte viele Dinge. Gespräche mit Frauen führte ich allein, da diese sich durch die Anwesenheit eines Mannes oft einschüchtern ließen. Bei Männern hatte ich jedoch oft das Gefühl, dass es ihnen angenehmer war, wenn Piotr dabei war – zumal es in Tararan nicht unbedingt üblich ist, dass ein Mann mit einer Frau allein ist, sofern sie nicht miteinander verheiratet sind.

Nicht zuletzt waren auch die täglichen Diskussionen über das, was wir zu zweit oder allein an Informationen über die Wampar sammelten, eine unschätzbare Hilfe. In unserer Beziehung spielte die unterschiedliche kulturelle Herkunft ohnehin eine Rolle, so dass es nicht nur für mich, sondern auch für Piotr geläufig war, bei anderen eine andere Sicht als die eigene vorauszusetzen und Konflikte gegebenenfalls auf kulturelle Verschiedenheiten zurückzuführen. In Tararan redet wir täglich darüber, wie diese oder jene Verhaltensweisen und Aussagen der Wampar zu verstehen seien, und während es in vielen Fällen Übereinstimmung gab, interpretierte Piotr andere Dinge ganz anders als ich. Dabei ist seine Sicht mit Sicherheit in die ethnologische Auseinandersetzung mit der Kultur der Wampar eingeflossen.

Größere Meinungsverschiedenheiten gab es allerdings hauptsächlich in Bezug auf die Umgehensweise mit den Bewohnern von Tararan. So war ich zum Beispiel der Meinung, dass wir unseren Gastgebern, deren Haus wir kostenlos bewohnten, einiges schuldig waren, zumal die Familie sieben Kinder hatte und nun auf das andere Haus mit zwei kleinen Zimmern beschränkt war. Piotr, der aus Polen ähnlich beengte Wohnverhältnisse kannte, meinte stets, dies sei kein Problem für unsere Gastgeber. Als er eines späten Abends *alle* Familienmitglieder in *einem* der beiden Räume schlafend vorfand, sah er sich schließlich auch bestätigt. Und während ich mit meinen Fragen und Bitten an die Wampar immer sehr vorsichtig war – aus der Befürchtung heraus, mich aufzudrängen oder zu weit in ihr Privatleben einzudringen –, war Piotr in seinem Verhalten viel direkter. Dies lag auch daran, dass wir selbst unterschiedliche Vorstellungen von dem hatten, was zum Privatbereich gehörte und damit tabu war und was nicht. Manchmal war er es, der mir Aspekte für ein Interview vorschlug, und zunehmend stellte er selbst den Tararaner Fragen. Ich war nicht immer damit einverstanden, erhielt aber so zum Teil auch Informationen zu Punkten, die ich selbst nicht angesprochen hätte.

Fazit

Ob eine Forschung allein nun vorteilhafter ist als der Feldaufenthalt mit Begleitung, lässt sich pauschal nicht sagen. Dies kommt auf die jeweilige Art der Beziehung, die Persönlichkeit und Interessen aller Beteiligten genauso an wie auf die Sicht der untersuchten Ethnie über angemessene soziale Beziehungen. Wahrscheinlich gibt es in den meisten Fällen genauso viele Vor- wie Nachteile. Ebenso kann die Tatsache, allein zu forschen, für die Ergebnisse förderlich oder abträglich sein. Allein stehende Personen werden manchmal vielleicht leichter integriert; sie sind in vielen Gesellschaften allerdings nicht der Normalfall und zeigen eher einen unnatürlichen Zustand an. Das kann zum ständigen Rechtfertigungszwang führen, und ich weiß von vielen allein reisenden Ethnologen, dass sie immer wieder Fragen danach beantworten müssen, warum sie nicht verheiratet sind und Kinder haben. Insbesondere Frauen helfen sich damit, notfalls einen daheim gebliebenen Ehemann zu erfinden, um so den ständigen »Eheanbahnungsversuchen« zu entgehen. Reist man mit Partner oder der ganzen Familie, beweist man ein »normales« Verhalten und wird vielleicht auch ernster genommen (vgl. Müller-Wille 1985: 52). Mitreisende Familienangehörige können die Last der Isolation von der eigenen Kultur erleichtern, sie sorgen für die Art von Gedankenaustausch, die vielleicht in der untersuchten Gesellschaft nicht möglich ist und mögen aufgrund ihrer größeren Distanz zum Thema manchmal verhindern, dass man sich in bestimmte Auffassungen verrennt. Auf diese Weise schaffen sie gute Voraussetzungen für die ethnologische Arbeit.

Als großer Nachteil der Anwesenheit von Angehörigen für die Integration in die Gemeinschaft kann sich dagegen erweisen, dass die Aufnahme in den Haushalt einer Gastfamilie unwahrscheinlicher ist. Hat man eine Begleitung dabei, ist die Versuchung häufigen Rückzugs sicher größer, und man ist weniger auf Gesellschaft von Dorfbewohnern angewiesen. Die Konsequenz kann darin bestehen, dass die Informationen spärlicher fließen und das Erlernen der einheimischen Sprache langsamer vonstatten geht. Doch auch hier lassen sich keine pauschalen Aussagen treffen.

Wie meine Forschung für mich als allein stehende Frau verlaufen wäre, weiß ich nicht. Dass mein Mann bei der Forschung anwesend war, sehe ich dennoch auch im Nachhinein als Vorteil an – zumal er sehr schnell eine eigene Beschäftigung gefunden und eigene Kontakte aufgebaut hatte, mich zudem in meiner Forschung unterstützte und mir den Rücken für die ethnologische Arbeit freihielt. Voraussetzung für einen gelungenen Aufenthalt für alle Beteiligten ist aber sicherlich ein großes Interesse des Mitreisenden an ethnologischen Themen und eine Offenheit für das Leben in der Kultur, in der man sich so lange aufhält.

Literatur

Burridge, K. O. L.
1977   Male and Female in Melanesia. Times Literary Supplement 14, 1213–
          1214.

Faithorn, Elizabeth
1976   Women als Persons: Aspects of Female Life and Male-Female Relations
          Among the Kafe. In: Brown, Paula und Buchbinder, Georgeda (Hg.),
          Man and Woman in the New Guinea Highlands. Washington.

Fischer, Hans
1975   Gabsongkeg 71. Verwandtschaft, Siedlung und Landbesitz in einem Dorf
          in Neuguinea. München.

Lütkes, Christiana
1990   The Good Gardner. Horticulture, Work, and Work Ethnic in Traditional
          Melanesian Societies. Münster/New York.
1999   Gom. Arbeit und ihre Bedeutung bei den Wampar im Dorf Tararan, Pa-
          pua-Neuguinea. Münster u.a.

Müller-Wille, Ludger
1985   Ethnische Studien in der polaren Ökumene. Mit Familie bei Sami und
          Finnen. In: Fischer, Hans. Feldforschungen. Berichte zur Einführung in
          Probleme und Methoden. Berlin.

Stefan Seitz

Feldforschung nach einer Naturkatastrophe
Datenerhebungen zur Katastrophenbewältigung bei den Aeta am Vulkan Mt. Pinatubo, Philippinen

Zur Ausgangssituation:
Erste Feldforschungen vor der Katastrophe

In den Jahren 1979 bis 1982 hatte ich während mehrerer Feldaufenthalte bei einer Gruppe von Aeta im Westen der philippinischen Hauptinsel Luzon, in der Provinz Zambales, deren Subsistenzwirtschaft und adaptive Strategien untersucht, mit denen sich diese Minderheit durch geschicktes Kombinieren von wildbeuterischen und agrarischen Wirtschaftselementen an ihren Lebensraum in den Bergen sowie an ihre bäuerlichen Nachbarn im Tiefland angepaßt hatten. Zentrum ihrer Lebenswelt und Mittelpunkt ihres religiösen Denkens war der Mt. Pinatubo, ein erloschener Vulkan der Zambales Range, einer Vulkankette, in der dieser Berg mit 1747 m Höhe die höchste Erhebung war.

Die Aeta nehmen unter der philippinischen Bevölkerung eine besondere Stellung ein. Deutlich erkennbar unterscheiden sie sich in ihrem Aussehen und in ihrer Lebensweise von der Hauptbevölkerung, die ihnen gegenüber eine ambivalente Haltung erkennen läßt, einerseits eine gewisse Neugierde und Achtung, da sie als Urbevölkerung gelten und man in ihnen kulturelle Ursprünge sucht, andererseits eine spürbare Distanz aufgrund ihrer Andersartigkeit, so daß man sie als inferior betrachtet.

Sie werden den sogenannten »Negrito« zugerechnet, einer Altbevölkerung, deren Phänotyp durch geringe Körpergröße, krauses Haar und dunkle Hautfarbe gekennzeichnet ist. Die Aeta sind Schwendbauern mit einer deutlich erkennbaren Wildbeuterkomponente. Ihre Technik der Landnutzung mit Präferenz der Süßkartoffelkultivierung unterscheidet sich grundlegend vom Naßreisanbau der Bauern im Tiefland und läßt ihnen genügend Raum für ständige Mobilität innerhalb eines begrenzten Raumes und für ein Gemeinschaftsleben in kleinen Familiengruppen.

Sie waren ursprünglich Jäger und Sammler und hatten sicher schon vor längerer Zeit, spätestens aber seit Beginn des zwanzigsten Jahrhunderts, den Anbau aufgenommen. Doch das Sammeln wildwachsender Pflanzen und der Fischfang blieben neben dem Anbau bis heute wichtige Kompo-

nenten der Nahrungssicherung. Obwohl die Jagdaktivitäten auf ein Mini-
mum reduziert werden mußten, verstehen sich viele Aeta in ihrer Selbsteinschätzung immer noch als Jäger, und in der Vorstellung vieler Tiefland-
bewohner werden sie auch heute noch als solche betrachtet.

Auf der Westseite des Mt. Pinatubo, in der Provinz Zambales, lebten die
Aeta im wenig erschlossenen Hinterland der beiden Hauptorte Botolan und
San Marcelino räumlich getrennt von der bäuerlichen Bevölkerung der
Küstenebene, hielten jedoch über die Jahrhunderte hinweg intensiven Kontakt mit ihnen. Aufgrund der Trennung der Lebensräume konnten die Aeta
wirtschaftlich weitgehend autark und kulturell eigenständig bleiben. Sie
waren flexibel genug, nur das in ihre Kultur aufzunehmen, was ihnen nützlich erschien. So blieben nicht nur im Wirtschaftsverhalten, sondern auch
im Sozialverhalten und in ihrem Weltbild Elemente, die ihrer ursprünglichen Jäger- und Sammlerkultur zugerechnet werden können.

Diese Vielschichtigkeit ihres kulturellen Erscheinungsbildes und die
Ambivalenz des Verhältnisses zur Tieflandbevölkerung hatten mein Interesse an den Aeta geweckt und mich damals veranlaßt, ihre kulturelle Anpassungsfähigkeit zu untersuchen (vgl. Seitz 1984).

Meine Absicht war es, die Differenzen, die mit der Anpassung an unterschiedliche Umweltbedingungen entsprechend den Höhenlagen und der
Ressourcenverteilung sowie mit der unterschiedlichen Intensität des Kontaktes zu den verschiedenen Bevölkerungsgruppen im Tiefland innerhalb
der Gemeinschaft der Aeta aufgekommen waren, zu recherchieren. Sozioökonomische Disparitäten innerhalb der Gruppe manifestierten sich bereits
in der Selbsteinschätzung der Aeta ebenso wie in der Vorstellungswelt der
Tieflandbevölkerung durch die Abgrenzung von akkulturierten, stärker an
der bäuerlichen Lebensweise orientierten Familien, die näher zum Tiefland
siedelten, gegenüber eher traditionell ausgerichteten Familien, die nahe am
Mt. Pinatubo lebten.

Nach meinem Aufenthalt haben in den achtziger Jahren darüber hinaus
Entwicklungsinitiativen, mit denen einzelne Gruppen selektiv gefördert
wurden, weitere Unterschiede innerhalb der Aeta-Gemeinschaft geschaf-
fen. Motiviert von der Vorstellung, Population und Kultur der Aeta seien
vom Untergang bedroht, und mit dem Hinweis, das kulturelle Erscheinungs-
bild der Aeta zeige besonders archaische Züge, die meisten der Aeta wären
zudem nicht christianisiert, wurden private, kirchliche, aber auch staatliche
Hilfsaktionen initiiert.

Bereits in den sechziger Jahren des 20. Jahrhunderts war ein tiefgreifender Wandel im Hinterland eingetreten. Der Baumbestand wurde weitgehend
abgeholzt, der größte Teil der bewirtschaftbaren Flächen durch die Schwend-
bauaktivitäten ausgelaugt. Angehörige der Tieflandbevölkerung waren in

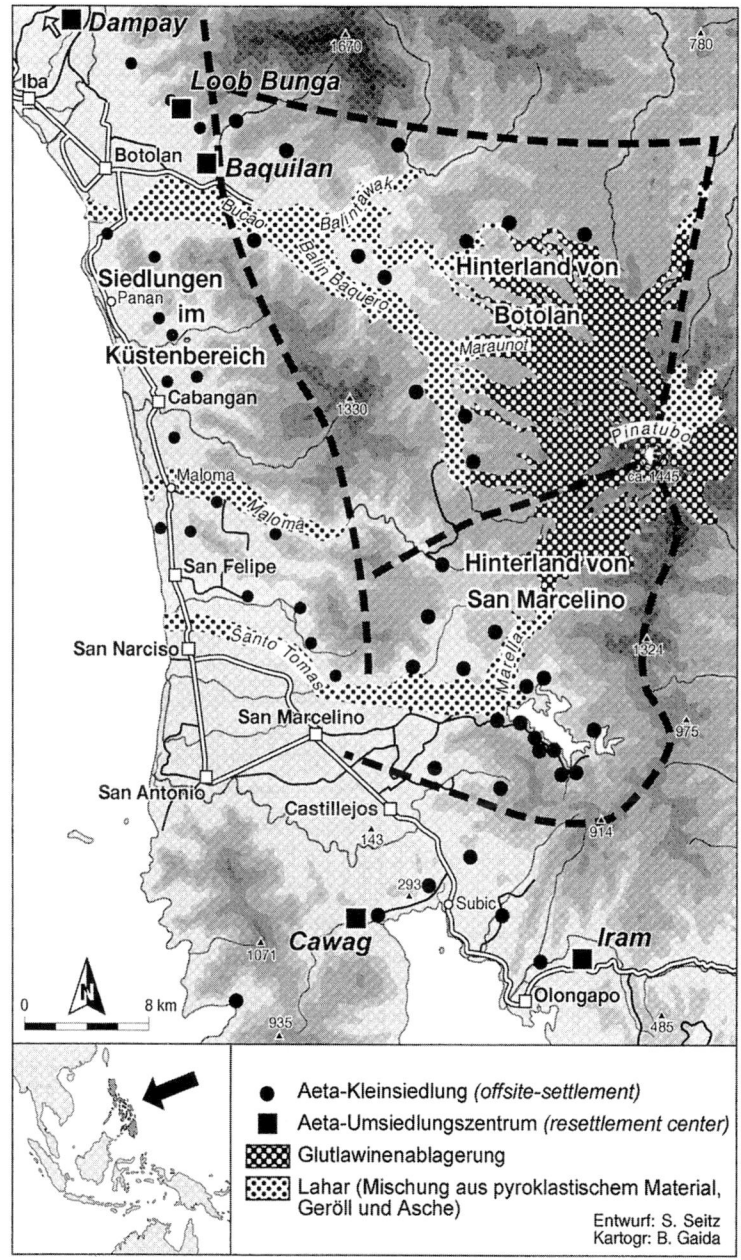

Karte des Untersuchungsgebietes in Zambales.

den Lebensraum der Aeta eingedrungen, auch in Gebiete, die jenen als Minorität per Gesetz zugesprochen worden waren. Der Druck auf die Aeta war stärker und die Verknappung der Ressourcen spürbar geworden. Doch konnte die Nahrungsversorgung insgesamt immer noch als relativ ausgeglichen gelten. Sie war zeitweise besser als die der ärmeren, landlosen Bauern im Tiefland.

Zur Zielsetzung:
Die Untersuchung wildbeuterischer Verhaltensweisen bei der Katastrophenbewältigung in einer bäuerlichen Gesellschaft

Als zehn Jahre nach meiner Feldforschung im Juni 1991 überraschend der Mt. Pinatubo ausbrach, waren die Aeta von allen Bevölkerungsgruppen die von diesem Ereignis am unmittelbarsten Betroffenen. Ihr Lebensraum wurde in weiten Teilen von Asche, Glutlawinen und Lahar – eine Mischung aus vulkanischem Material, Erde und Wasser – abgedeckt. Sie waren gezwungen, ihre Siedlungen in den Bergen aufzugeben. Kurz vor dem Ausbruch des Vulkans wurden etwa viertausend Familien an die Küste evakuiert. Teils wurden sie später in Umsiedlungszentren (*Resettlements*) angesiedelt, teils ließen sie sich im Tiefland in Kleinsiedlungen (*Off-Sites*) nieder.

Vertraut mit ihrer Kultur und mit ihren Lebensbedingungen vor der Naturkatastrophe und auch betroffen durch das Schicksal einzelner mir nahestehender Familien war es in dieser Situation meine Sorge und mein Interesse zu erfahren, auf welche Weise die Aeta als Minderheit während der Katastrophe und in den Jahren danach, in der Phase der Rehabilitation, ihre schwierige Lage zu bewältigen suchten.

Eine solche Untersuchung bot sich umso mehr an, als nur wenige Studien von Ethnologen über die sozioökonomischen Auswirkungen von Naturkatastrophen in Ländern der Dritten Welt vorlagen, und solche von Soziologen oder Psychologen wie auch von Geographen sich meist nur mit der Katastrophenbewältigung der Hauptbevölkerung befaßt hatten. Minderheiten blieben als marginale Gruppen und subsistenzwirtschaftliche Gemeinschaften in der Katastrophenforschung weitgehend unbeachtet.

Meine Feldforschung bei den Aeta nach dieser Naturkatastrophe sollte den Ablauf der Katastrophenbewältigung und die Konsequenzen unter Berücksichtigung der unterschiedlichen Ausgangsbedingungen aufgrund der bereits während der ersten Feldforschung unter den Aeta-Gruppen beobachteten sozioökonomischen Disparitäten festhalten. Damit war eine vergleichende Arbeitsweise gefordert.

So war die Forschungssituation zum einen bestimmt durch den Wunsch nach Beobachtung dieser Entwicklung über eine lange Zeitspanne mittels Langzeitbeobachtung, zum anderen durch die Notwendigkeit der Erfassung möglichst des gesamten Verbreitungsraumes der betroffenen Gruppe mittels mobiler Feldforschung und schließlich durch die Forderung der Miteinbeziehung möglichst aller mit den Aeta in Kontakt stehenden und in die Hilfsaktionen involvierten Gruppen, nicht nur der Zielgruppe selbst.

Eine der Leitfragen war für mich, zu eruieren, inwieweit bestimmte Fähigkeiten zur Katastrophenbewältigung aus einem wildbeuterischen Wirtschafts- und Sozialverhalten resultierten, nicht aus einer agrarischen Denk- und Handlungsweise, d. h. inwieweit die für Wildbeutergesellschaften typische Flexibilität in der Ressourcennutzung, die räumliche Mobilität und die soziale Dynamik die Existenzsicherung unter den veränderten Lebensbedingungen nach der Katastrophe erleichtert haben könnten. Ich wollte überprüfen, ob ihnen ihr Drang nach Ungebundenheit Freiraum für Eigeninitiativen und für die Aufnahme neuer Formen der Existenzsicherung ließ oder aber ob solche Vorgaben die Bereitschaft zu gemeinsamem Agieren und zur Akzeptanz von Führungsautoritäten verminderte.

Dabei kam mir nicht nur die Kenntnis der Situation der Aeta vor dem Ausbruch des Vulkans, sondern ebenso auch meine Erfahrung von früheren Feldforschungen bei ehemaligen Wildbeutergruppen in Zentralafrika und im insularen Südostasien zugute. Bei den meisten von ihnen hatte ich ebenfalls das Verhalten in einer Umbruchphase, in einem rezenten oder bereits vollzogenen Umstellungsprozeß auf eine neue Umweltsituation untersucht, wenngleich in diesen Fällen die Entwicklung nicht durch eine plötzliche Umweltveränderung ausgelöst worden war.

Erste Felderfahrungen hatte ich in Zentralafrika bei den Twa in Rwanda gesammelt, der pygmoiden Urbevölkerung des Landes, die als ursprüngliche Jäger und Sammler nach dem Verschwinden des Waldes gezwungen waren, sich auf ein Handwerk, die Töpferei, umzustellen und sich so in das soziale Gefüge des alten Königreiches Rwanda als unterste Schicht zu integrieren. Es folgte ein Feldaufenthalt bei den Rhwa, gleichfalls einer Gruppe von Pygmoiden, im Bergwald im Osten des damaligen Zaire (Kongo), einem Waldgebiet, das zum Schutz von Berggorillas zum Nationalpark erklärt wurde und aus dem die Rhwa ausgewiesen wurden. Mit der Untersuchung ihrer Anpassung an die neue Lebenssituation bot sich für mich die Möglichkeit, zugleich die Vielfalt der Lebensformen bei zentralafrikanischen Wildbeutergesellschaften generell herauszuarbeiten.

Im insularen Südostasien hatte ich mich neben den Aeta zunächst bei den Punan in Borneo mit der Frage befaßt, ob sich die Kultur dieser auf die Nutzung der wildwachsenden Sagopalme spezialisierten Wildbeutergruppe, die nach meiner Einschätzung weniger der einer ursprünglichen Jäger- und Sammlerkultur entsprach, aus einer bäuerlichen Gemeinschaft entwickelt haben könnte. Schließlich interessierten mich bei der kleinen Gruppe der mit den Negrito verwandten Urbevölkerung der Batak auf Palawan, auf den Philippinen, die Auswirkungen des interkulturellen Kontakts auf ihr Wildbeuterdasein.

Die praktischen Erfahrungen und Erkenntnisse, die ich bei der Arbeit mit diesen Wildbeuterkulturen gewonnenen hatte, waren mir überaus nützlich für die Gesamtbeurteilung der Situation der Aeta. Die Feldforschungen hatten mich nicht nur mit bestimmten, für Wildbeuter typischen Verhaltensweisen vertraut gemacht, sondern mir zugleich das unterschiedliche Verhalten ihrer benachbarten bäuerlichen Gesellschaften deutlich werden lassen.

Aus diesen Erfahrungen heraus glaubte ich, im Gesamtbild ihrer Kultur, insbesondere aber in der räumlichen Beweglichkeit, in der ökonomischen und sozialen Anpassungsfähigkeit sowie in dem eher individualistischen Handeln Relikte ihrer ursprünglich wildbeuterischen Lebensweise auszumachen, auch wenn andere Autoren (Shimizu 1989, Brosius 1990) bereits eine Dominanz agrarischer Kulturzüge bei ihnen erkennen wollten.

Wenn bäuerliche Filipinos sich so mobil und anpassungsfähig verhielten, waren diese Verhaltensformen notwendige Strategien zur Armutsbekämpfung in einer wirtschaftlich desolaten Situation, für die Aeta hingegen waren sie Teil ihrer traditionellen Lebensform, die sie nun zur Bewältigung der Katastrophe einsetzen konnten und die nicht erst situationsbezogen angenommen worden waren.

Solche Verhaltensnormen lassen sich durch eine konsequente Beobachtung der Handlungsweisen eher gefühlsmäßig und nicht immer objektiv beurteilbar aufnehmen. Doch sind konsequente Beobachtungen hierzu auch ein wichtiger Teil der Erfassung ihrer Kultur, neben exakten quantitativen Erhebungen über ihre Aktivitäten, die in der Folge der Neuorientierung nach dem 1966 in Chicago abgehaltenen Symposium über Jäger- und Sammlerkulturen (Lee u. DeVore 1968) lange Zeit die Wildbeuterforschung bestimmten, im Bemühen, die Theorie von einer *original affluent society* zu überprüfen.

Neu war für mich natürlich bei dieser Feldforschung die Katastrophensituation. So mußte ich mich zur Vorbereitung mit jener Literatur vertraut machen, die sich mit den sozioökonomischen Konsequenzen von Naturkatastrophen und mit der Frage nach den spezifischen Aufgaben einer ethnologischen Katastrophenforschung befaßte.

Viele Forschungsfelder der Katastrophensoziologie, deren Interesse bei den Interaktionen von Betroffenen und Helfern, bei der kognitiven Klärung der Katastrophe oder der Erfassung bestimmter sozialer Verhaltensmuster

In das Hinterland zurückgekehrte Aeta-Familie.

liegt, ebenso der Katastrophenpsychologie, die sich mit der Risikowahrnehmung, Risikoeinschätzung sowie der psychischen Wirkung auf die Betroffenen befaßt und die Bewältigung der Angst untersucht, und schließlich der geographischen Risikoforschung, die dem Zusammenwirken von Mensch und Natur sowie der Umweltanpassung bei solchen Ereignissen nachgeht, tangieren daneben auch Arbeitsbereiche einer ethnologischen Katastrophenforschung.

Meine primäre Intention der Feldforschung bei den Aeta nach dieser Naturkatastrophe war, deutlich zu machen, daß bei der Katastrophen- und Aufbauhilfe die kulturspezifischen Belange der Betroffenen gesehen werden sollten und damit die besondere, von der Hauptbevölkerung differente Lebenssituation ethnisch-kultureller Minderheiten beachtet werden muß. Das betrifft die Berücksichtigung der eigenen, von der betroffenen Gruppe eingesetzten Strategien zur Ernährungssicherung und zur Erschließung neuer Ressourcen, der Gruppendynamik und sozialen Anpassung sowie der Kommunikationsfähigkeit und Konfliktbewältigung in den Beziehungen zwischen den Betroffenen, ihren Nachbarn und ihren Helfern, wie auch die Erforschung der Erklärung der Ereignisse aus emischer Sichtweise und der kognitiven Bewältigung der Katastrophe. Diese Aufgaben stellen sich einer ethnologischen Katastrophenforschung.

Zur Datenerhebung:
Das Erfassen einer Vielzahl von Gemeinschaften und
unterschiedlicher Bewältigungsstrategien

Wesentliche Voraussetzungen für die praktische Durchführung meiner Feldforschung waren zunächst die Lokalisierung der Aeta-Gemeinschaften nach
der Umsiedlung und die demographische Bestandsaufnahme. Erst durch die
Katastrophe wurde die Verbreitung ihrer Siedlungsbereiche in der Provinz
Zambales und ihre Bevölkerungszahl genauer bekannt. Vor der Katastrophe
waren nur bestimmte Gruppen erfaßt worden.

Von der Mt. Pinatubo Commission, der für die Ansiedlung von Aeta-
Familien in den Umsiedlungszentren zuständigen Behörde, lagen die Zahlen der dort untergebrachten Aeta vor, von der *Office for Northern Cultural
Communities* (ONCC), der die Minderheiten in Luzon und somit auch die
Aeta in Zambales betreuenden staatlichen Organisation, die Zahlen für die
Aeta-Familien in den Kleinsiedlungen, von kirchlichen Institutionen Angaben für beide Gruppen. Diese Bevölkerungszahlen waren insofern sehr un-
präzise, da auch Nicht-Aeta mit erfaßt waren, die zum einen sich als Aeta
ausgaben, um die den Minderheiten gewährte Unterstützung zu erhalten,
und die zum anderen als Siedler des Hinterlandes durch die Gleichsetzung
des Begriffes *upland-Bevölkerung* gemeinsam mit den Aeta erfaßt worden
waren. Auch die Ortsangaben waren unvollständig oder aufgrund der Abwanderung und der Verdrängung von Aeta-Familien durch die Tieflandbevölkerung nicht mehr aktuell.

Meine eigenen Erhebungen, die getrennt die Aeta-Bevölkerung, die
Mischlingsfamilien und die in Aeta-Gemeinschaften lebenden Filipino-Fa-
milien erfaßten, konnten aufgrund der ständigen Mobilität ebenfalls nur an-
nähernde Werte erbringen. Es dauerte auch einige Zeit, bis ich mir ein konkretes Bild vom gesamten Verbreitungsraum verschafft hatte. So sammelte
ich bei jeder Gelegenheit alle erreichbaren Informationen über Aeta-An-
siedlungen, suchte alle Orte persönlich auf und hielt auf Kartenkopien die
Lage von Dörfern und Einzelsiedlungen fest, vermerkte Mobilität und Wege,
Vegetationsgrenzen und landwirtschaftliche Nutzflächen. Das war eine sehr
wichtige, notwendige Orientierungshilfe. Teilweise konnte ich die Technik
des *participatory mapping* anwenden und bei Gruppenbefragungen Lokali-
sierungen auf der Karte vornehmen oder Kartenzeichnungen anfertigen lassen. Dabei zeigten einige Aeta ein erstaunlich gutes Orientierungsvermögen.

Neben der Erfassung der aktuellen Verbreitung der Aeta in Zambales
mußte ich auch das Wissen über die Lage und Größe der Orte vor der Katastrophe aufnehmen, die ja nur für Teilbereiche erfaßt worden waren. Da

Der Verfasser am Standort des von Lahar überdeckten Ortes Poonbato
im Hinterland von Botolan.

Mitglieder von früher sehr isoliert gelegenen, wenig bekannten Siedlungen
nun im Tiefland angesiedelt und für mich erreichbar waren, ließen sich diese Daten vergleichsweise rasch ermitteln und gut überprüfen. So konnte ich
im Laufe der Zeit mein topographisches Wissen über den gesamten Verbreitungsraum vor und nach der Katastrophe sowie die Migrationswege vervollständigen.

Wesentlich erleichtert hat mir natürlich der Einsatz eines Notebooks die
Datenerfassung wie Datenbearbeitung. Neben den Kopien der wichtigsten
Publikationen über die Aeta, die ich mit mir führte, um die gesammelten
Informationen anhand der Texte nochmals überprüfen zu können, war mit
dem Notebook der schnelle Zugriff auf die bereits vorhandenen Daten und
damit ein sofortiges Abgleichen und Aufklären von Widersprüchen möglich. Besonders nützlich erwiesen sich eine Liste mit den Namen und Her-
kunftsangaben sowie Verwandtschaftsbeziehungen von befragten Personen,
ein Begriffskatalog mit den für das Forschungsthema wesentlichen indigenen
Termini, ein Kalender mit der zeitlichen Zuordnung von Wirtschafts-
aktivitäten im Jahresablauf und der saisonalen Versorgungslage sowie eine
Liste der geographischen Räume, Orte und Einzelsiedlungen mit Angaben
zu den Haushalten und Haushaltsvorständen. Da ich bei den systematischen Befragungen von Hauptinformanten die Ergebnisse sofort im

Notebook festhalten konnte, habe ich Interviews nur noch selten auf Tonband aufgezeichnet. So konnte die Bearbeitungszeit wesentlich verkürzt werden.

Erleichtert hat auch der Einsatz der Videokamera Wahrnehmung und Dokumentation von Lebens- und Siedlungsraum sowie von Ressourcen und deren Nutzung, denn die konsequente Beobachtung von Veränderungen im Raum war Teil der Feldarbeit. Diese Form des Festhaltens visueller Eindrücke war für mich gleichsam ein Notizbuch zur räumlichen Orientierung.

Zugleich ließen sich damit auch Vorgänge mit längeren und komplexen Handlungsabläufen festhalten, die später bei wiederholtem Betrachten präziser ausgewertet werden konnten. Mit Hilfe eines separaten, kleinen Monitors war unmittelbar nach der Aufnahme die Vorführung möglich. So konnte man die Neugier der Anwesenden nutzen, um sein Forschungsanliegen zu verdeutlichen und zugleich weitere Informationen zu erhalten. Die Fotokamera hingegen diente dazu, gezielt ausgewählte Motive festzuhalten.

Die Kommunikation mit den Aeta und mit den Angehörigen der mit ihnen befaßten Gruppen erfolgte in verschiedenen Sprachen. Im Untersuchungsbereich wurden fünf Sprachen gesprochen: die Sprache der Aeta, die die Sprache der benachbarten Sambal von Botolan sprechen, das Botolan-Sambal (Tiefland und Hinterland von Botolan), ferner Tina-Sambal (z. B. Palauig, Dampay Salaza), Ilocano (Tiefland und Hinterland von San Marcelino), Tagalog (Olongapo und Bataan) und Kapampangan (Iram). Wenn Übersetzer für die verschiedenen indigenen Sprachen notwendig wurden, dann waren dies sowohl Aeta als auch Angehörige der Tieflandbevölkerung.

Neben Tagalog wurde Englisch, dessen Verbreitung ja auf den Philippinen während der fast 50 Jahre währenden amerikanischen Oberhoheit mit der Amerikanisierung des Bildungswesens gefördert worden war, unter den Mitarbeitern der verschiedenen lokalen und überregionalen Institutionen als gemeinsames Kommunikationsmittel genutzt. Es wurde von dem größten Teil der Sambal und Ilocanos und auch von einem Teil der Aeta beherrscht.

Um die Effizienz der Strategien zur Bewältigung der Katastrophe zu ermitteln, mußte die Entwicklung über einen langen Zeitraum durch wiederholte Feldaufenthalte beobachtet werden. Die eigentliche Feldforschung begann Ende 1994. Ich hatte bereits im Jahr 1991, schon wenige Monate nach dem Ausbruch, Zambales kurz aufgesucht und mich dann bis zum Beginn der Forschung 1994 zu kürzeren Informationsbesuchen dort aufgehalten, ohne bei diesen Gelegenheiten konsequente Befragungen durchzuführen. Diese Besuche vermittelten mir jedoch einen Eindruck über den Fortgang der Hilfsaktivitäten.

Systematische Untersuchungen folgten dann von November 1994 bis April 1995, von Mitte Februar bis Mitte April 1996, von Oktober 1999 bis Fe-

Aeta-Männer auf neuerschlossenen Agrarflächen im Tiefland.

bruar 2000. Die Zeit um die Jahreswende hatte ich bewußt so gewählt, da nur in diesen Monaten der Trockenzeit auch der Zugang über den Lahar zum Hinterland am Pinatubo möglich war. Der zeitliche Abstand zwischen den einzelnen Feldforschungen ließ nicht nur die sukzessive Erfassung des Entwicklungsablaufes zu, sondern auch eine Aufteilung von schwerpunktmäßig bearbeiteten Fragenkomplexen.

Zum Zeitpunkt des Beginns der Feldforschung, dreieinhalb Jahre nach der Katastrophe, war bereits eine gewisse Stabilisierung erreicht. Schon in dieser Phase zeichneten sich erste Trends der weiteren Entwicklung für die einzelnen Gruppen ab, entweder der Verbleib im Tiefland und die Integration in die Gemeinschaft der Tieflandbevölkerung mit neuen Lebensformen oder die Rückkehr ins Hinterland und damit zur alten Lebensweise, oder aber zunächst noch ein ständiger Wechsel zwischen beiden Räumen, um alle erreichbaren Ressourcen auszuschöpfen. Es war zudem ein Zeitpunkt erreicht, an dem man bereits Aussagen über den Erfolg der bisherigen Hilfeleistungen machen konnte, ebenso auch über die Entwicklung der interethnischen Beziehungen zwischen Aeta und Tieflandbewohnern in dieser Streßsituation.

Da unterschiedliche Bewältigungsstrategien einzelner Gruppen vergleichend erfaßt werden sollten, war eine möglichst flächendeckende Datenerhebung in der Art eines Survey gefordert. Das bedeutete, daß ich wiederholt

Befragungen sowohl in den fünf ursprünglich nur für die Aeta bestimmten Umsiedlungszentren in Zambales, in der etwa die Hälfte der Aeta-Bevölkerung untergebracht war, durchführen mußte, als auch in den gut vierzig Kleinsiedlungen im Küstenbereich und im Hinterland der beiden Hauptorte Botolan und San Marcelino, in denen sich die andere Hälfte niedergelassen hatte.

Die zeitliche Perspektive und die räumliche Extension ergaben immer wieder veränderte Forschungsbedingungen, an die die Arbeitsweise stets neu angepaßt werden mußte. Eine Festlegung auf ein schematisches Vorgehen hätte mich behindert. Bei Gruppenbefragungen besprach ich zuvor mit den Mitarbeitern die vorgesehenen Schwerpunkte und führte die Interviews in offener Gesprächsform, der Alltagskommunikation angepaßt. Dabei achtete ich besonders darauf, daß in Gegenwart möglichst aller erwachsener Mitglieder der Gemeinschaft gefragt wurde, so daß Einzelinformanten in ihrer Aussage von der Gruppe kontrolliert waren und Antworten von den Anwesenden auch diskutiert werden konnten. Die Fragen wurden häufig vom Gruppenoberhaupt beantwortet, das sich in der Regel direkt angesprochen fühlte und dessen Autorität es zunächst zu respektieren galt, bevor unter den Anwesenden weitere Informanten gezielt angesprochen werden konnten.

Die Dauer der Befragungen betrug zwei bis vier Stunden, dann wurde eine deutliche Schwächung der Konzentration und zunehmendes Desinteresse erkennbar. Die längeren zeitlichen Intervalle zwischen den Besuchen, die sich zwangsläufig mit der Vielzahl der aufzusuchenden Orte ergaben, waren somit von Vorteil. Ich achtete darauf, günstige Zeitpunkte für Befragungen zu finden, um mit meinen Feldaufnahmen den täglichen Arbeitsablauf nicht zu sehr zu behindern. Die Entlohnung der Dorfbewohner erfolgte in Naturalien, in Form von Nahrungsmitteln oder Geräten, die jeweils der ganzen Gemeinschaft zugute kamen.

Neben den Befragungen zu bestimmten Themenkomplexen ließ ich mir von Einzelpersonen über ihr Leben berichten. Viele hielten im Grunde in ihrem Gedächtnis meist nur außergewöhnliche Ereignisse ihres Lebens fest, insbesondere natürlich die Vorgänge um den Vulkanausbruch und seine Konsequenzen. Solche Biographien waren menschlich gesehen auch zum eigenen Anliegen geworden, den Aeta zu helfen. Die Aufnahme solcher Erlebnisberichte einzelner Aeta von den Katastrophenvorgängen wurde von mir jedoch nicht systematisch verfolgt, da eine diesbezügliche Studie eines japanischen Kollegen in Vorbereitung war.

Zum Umgang mit den Mitarbeitern:
Ihre Motivation und Erwartungshaltung

Ein besonders enges Verhältnis ergab sich in der Folge der Langzeitbeobachtung zu den Schlüsselinformanten. Bei der Wahl meiner Hauptinformanten in der Zeit von 1979 bis 1982 hatte ich großes Glück. Einer meiner Hauptinformanten jener Zeit war ein Aeta, der als junger Mann für einen amerikanischen Ethnologen, Robert Fox, Ende der 40er Jahre gearbeitet hatte (vgl. Fox 1952). Dieser Aeta war einer der wenigen Lehrer aus der eigenen Ethnie und ein progressives Element in seiner Gesellschaft, zeigte ein sehr großes Interesse an der eigenen Kultur und an den sozioökonomischen Zusammenhängen, besaß beste Ortskenntnis und weitreichende Verwandtschafts- und Freundschaftsbeziehungen.

Motiviert und sehr eigenständig hatte er die Recherchen über die traditionelle Kultur der Aeta weiterverfolgt und aus eigenem Interesse die Entwicklung des kulturellen Wandels genau beobachtet. Es wurde bei ihm ein gewisser Stolz erkennbar, mir sein Wissen und das Wissen anderer über das eigene Volk vermitteln zu können.

Mehrfach konnte ich beobachten, daß nicht nur er, sondern auch andere Mitarbeiter durch mein gezieltes Befragen auf bestimmte Phänomene in ihrer Kultur aufmerksam wurden, die ihnen zuvor nicht bewußt waren, die ihnen selbstverständlich erschienen oder deren Konsequenzen sie zuvor nicht wahrgenommen hatten. Dies löste Diskussionen über ihre persönliche Situation, die mir als neutralem Zuhörer vorgetragen wurden, aber auch in meiner Abwesenheit weitergeführt wurden.

Diesem Hauptinformanten aus der Zeit meiner Feldforschung vor der Katastrophe war es aufgrund seines Alters nicht mehr möglich, bei meinen Untersuchungen nach dem Vulkanausbruch mitzuarbeiten. Einer seiner Söhne aber erwies sich dann als ebenso fähig, begeistert von der Sache und ausgestattet mit umfassendem Wissen. Inbesondere überschaute er die Gesamtsituation, hatte ein dichtes persönliches Netzwerk unter den Aeta aufgebaut, war als Entscheidungsträger in der Phase unmittelbar nach der Katastrophe aufgetreten und danach auch weiterhin bemüht gewesen, Führungspositionen zu halten und neue Aufgaben für die Aeta-Gemeinschaft zu übernehmen. Er war in verschiedenen Kommissionen für die Aeta tätig. Da sich die Aeta den Behörden gegenüber meist scheu und zurückhaltend verhielten und er hingegen bestens im Umgang mit der Verwaltung vertraut war, bekam er die Rolle eines Mittlers zwischen Staat und Minderheit zugewiesen.

Bei jenen Schlüsselinformanten aus der Gemeinschaft der Aeta, die sich schon sehr stark der Tieflandbevölkerung angepaßt hatten, und bei meinen permanenten Mitarbeitern aus der Tieflandbevölkerung brachte mich die enge Zusammenarbeit über die Jahre hinweg in eine Abhängigkeit, die aus dem kulturellen Verständnis der Filipinos heraus in der Forderung von Loyalität begründet liegt und die für die philippinische Gesellschaft typisch ist. Man wurde zunehmend mehr in die Familien eingebunden und damit auch verpflichtet, die soziale Norm zu reziproken Verpflichtungen einzuhalten.

Von Mitgliedern der Familie und von Verwandten erwartet man das Einhalten solcher Verpflichtungen aus Dankbarkeit heraus *(utang na loob)*. Man zeigt damit seinen guten Charakter *(mabuting asal)*, ein gutes Verhalten *(magandang asal,* s. Jocano 1997: 54). Anders als bei den traditionell eher individuell orientierten Aeta ist der Gemeinschaftsgedanke bei den christlichen Filipinos stark ausgeprägt und hat Vorrang vor jeder Art von Individualismus. Man ist dem Wohl *(kapwa)* der Familienangehörigen verpflichtet und sollte seine persönlichen Interessen zurückstellen, weshalb beispielsweise junge Leute auch gegebenenfalls auf Studium oder frühe Heirat verzichten, um arbeiten zu gehen, wenn es gilt, Familienmitglieder zu unterstützen (Jocano 1997: 63).

Mit dieser Forderung sieht man sich auch als Feldforscher konfrontiert. Die anfangs als gewöhnliche Entlohnung für die Mitarbeit erfolgten Zahlungen werden dann nicht mehr als eine Entschädigung betrachtet, vielmehr werden alle materiellen Leistungen als die Einhaltung einer sozialen Verpflichtung auch gegenüber der weiteren Familie des Informanten gesehen. Damit können natürlich auch Forderungen indirekt gestellt und sukzessive erhöht werden.

Sowohl die Größe des Untersuchungsraumes, der – im Gegensatz zur ersten Feldforschung in den Jahren 1979/1982, die sich nur auf das Hinterland von Botolan erstreckte – den gesamten Siedlungsraum der Aeta in der Küstenebene über eine Distanz von fast 150 km und das gesamte Hinterland umfaßte, als auch die ständigen Bewegungen der Aeta erforderten eine mobile Feldforschung.

Mit dem *Survey-Charakter* der Befragung und mit dem häufigen Ortswechsel wurde zwar bei den Erhebungen eine große Zahl von Informanten erfaßt, doch die Zahl derer, zu denen man ein persönliches Verhältnis aufbauen konnte, blieb beschränkt. Insgesamt jedoch bekam ich von den Aeta stets das Gefühl vermittelt, mir volles Vertrauen entgegenzubringen. Dazu trug anfangs nicht nur bei, daß ich Familien von meinen früheren Aufenthalten kannte, sondern sicherlich auch, daß meine Hauptinformanten wichtige Entscheidungsträger in ihrer Gemeinschaft waren und das Vertrauen, das sie genossen, auf mich übertragen wurde. Nachteilig war sicherlich, daß es mit der Vielzahl der aufgesuchten Aeta-Gemeinschaften zwangsläufig nicht möglich war, stets eine ausreichende Datendichte und exakte quantitative Erfassung zu erbringen. Die Werte blieben daher oftmals nur Schätzwerte, ließen aber durch die Bestätigung ähnlicher Ergebnisse bei verschiedenen Gruppen eindeutig Trends erkennen.

Andererseits erleichterte mir der große Aktionsradius vieler Aeta-Informanten die flächendeckende Informationsbeschaffung. Mit der Abwanderung in andere Regionen bei hohem Bevölkerungsdruck, mit der Verlegung der Wohnsitze auf der Suche nach neuen Tätigkeiten und Ressourcen sowie mit den häufigen Kontakten und Besuchen der Aeta untereinander konnten einzelne Personen enge Beziehungsnetze über sehr weite Aktionsräume aufbauen, die überdies auch Teil der Strategien zur Bewältigung der Katastrophe waren. Die Aeta waren meist sehr gut auch über die Situation von entfernt gelegenen Siedlungen orientiert und konnten dieses Wissen als Entscheidungshilfe bei beabsichtigtem Ortswechsel umsetzen. Für mich ermöglichten diese Kenntnisse über viele verschiedene Gruppen eine zusätzliche Kontrolle anderenorts gesammelter Daten.

Zum Umgang mit involvierten Gruppen: Das Problem der Inferiorität der Aeta

Neben der Datenerhebung bei den Aeta selbst war eine Befragung von Angehörigen aller jener Gruppen gefordert, die im täglichen Umgang mit ihnen standen oder an den Hilfsaktionen für sie nach der Katastrophe tätig waren, um das gesamte Umfeld der Aeta zu erfassen. Hierzu gehörte die Tieflandbevölkerung der Sambal und der Ilocanos, mit denen die Aeta nach der Katastrophe sowohl in den Küstenorten wie in den Umsiedlungszentren zusammen lebten, ferner die Mitarbeiter der für die Aeta zuständigen örtlichen Behörden, der Selbsthilfeorganisationen und nichtstaatlichen Hilfsorganisationen, die für die Aeta sorgten, sowie der für die Katastrophenhilfe verantwortlichen Institutionen.

Die Zusammenarbeit mit den verschiedenen Gruppen erforderte eine sehr differenzierte Vorgehensweise, da sie unterschiedlichste Grundhaltungen gegenüber den Aeta als einer Minderheit erkennen ließen. Die Befragung der verschiedenen Personenkreise machte insbesondere die Differenzen der Sichtweisen zwischen der ortsansässigen Bevölkerung und den Fremden deutlich und ließ entsprechend der jeweiligen Gruppe geringere oder stärkere Vorurteile gegenüber den Aeta und ihrer Lebensweise erkennen.

Was die Aeta selbst betraf, so ergab sich für mich zunächst die Frage, wie sie auf meine Präsenz reagieren würden. Als marginale Gruppe, die vor dem Ausbruch des Vulkans nur wenig Beachtung fand, standen sie nach der

Katastrophe als die direkt Betroffenen plötzlich im Mittelpunkt des öffentlichen Interesses und wurden durch die Medien der philippinischen Bevölkerung wie dem Ausland bekannt gemacht. Sie erfuhren einen intensiven
Kontakt mit der Außenwelt und machten in der Katastrophensituation positive wie negative Erfahrungen mit Helfern verschiedenster Herkunft. So
war durchaus eine ambivalente Haltung zu erwarten, einerseits ein gewisses Mißtrauen, andererseits aber auch die Erwartungshaltung, weitere Hilfe
zu erhalten.

Generell würde man von einer sozial zurückgesetzten Gruppe wie der
der Aeta eine größere Zurückhaltung den Europäern gegenüber erwarten
als von Angehörigen der Hauptbevölkerung. Das war nicht der Fall. Der
Zugang zu den Aeta war durch ihren inferioren sozialen Status eher begünstigt. Die meisten von ihnen haben es positiv aufgefaßt, daß ich mich gerade mit ihnen als einer marginalen Gruppe befaßte, und es als Wertschätzung
empfunden, daß ich für ihre Situation Interesse zeigte, zu einem Zeitpunkt,
zu dem die meisten Helfer bereits abgereist waren.

Die Bereitschaft zur Mitarbeit war ausgesprochen groß. Man zeigte Interesse für meine Arbeit und war gern zur Kooperation bereit. So gab es bei
Gruppenbefragungen die Situation, daß Leute sich danach drängten, nach
ihrer Meinung befragt zu werden, wenn sie nicht angesprochen worden
waren. Die Aussagen der Informanten waren offen, trotz der Streßsituation
sachlich und wenig emotional. Die Aeta waren auch nicht versucht, Angaben zu machen, die möglicherweise meiner Erwartungshaltung hätten entsprechen können. Natürlich sah man in meinen Befragungen eine Möglichkeit, einem Außenstehenden die eigenen wirtschaftlichen und sozialen Probleme und die Schwierigkeiten im Umgang mit Nachbarn und Helfern vor-
tragen zu können, verbunden mit der Hoffnung auf Hilfe. So wurden auch
immer wieder Bitten an mich herangetragen. Begünstigt waren die Arbeitsbedingungen sicherlich auch durch die Tatsache, daß man generell als Fremder auf den Philippinen meist einen raschen Zugang zu den Menschen bekommt und die Aeta, wie die übrigen Filipinos, in der Regel aufgeschlossen
und kontaktfreudig sind.

Die zweite Gruppe, mit der ich mich befassen mußte, war die Tieflandbevölkerung. Durch sie erst hatte ich Zugang zu den Aeta erhalten. In der
Einstiegsphase während meiner ersten Feldforschung vor der Katastrophe
haben mich Sambal bei den Aeta eingeführt. Durch diesen Personenkreis
bekam ich meine Aeta-Hauptinformanten vermittelt. Mit der Tieflandbevölkerung mußte ich stets ein gutes Auskommen suchen, da ich auf sie
gleichfalls angewiesen war. Sie war interessiert und neugierig, entsprechend
der für Filipinos typischen Verhaltensweise offen und sehr zugänglich, zumindest in der Anfangsphase. Bisweilen schwand das Interesse dann doch

rasch, und die Gesprächspartner mußten wieder von neuem motiviert werden. Unter der Tieflandbevölkerung waren für mich jene Personen wichtig, die in einer Art von Patronatsverhältnis zu Aeta-Familien standen, ihnen Land zur Bewirtschaftung überlassen hatten und als Gegenleistung erwarteten, daß diese für sie arbeiteten. Sie fühlten sich den Aeta gegenüber zu einer Art väterlicher Fürsorge verpflichtet, die ihnen Hilfe in Notlagen sicherte. Diese Filipinos waren sehr gut über die Aeta informiert und an meiner Arbeit auch sehr interessiert.

Viele der christlichen Filipinos zeigen ethnischen Minderheitengruppen gegenüber eine philanthropische Einstellung und lassen ein paternalistisches Verhalten erkennen. In diesem Sinne wollte man mit dem deutlich bekundeten Interesse an meinem Projekt auch Verständnis und Mitgefühl für die Aeta demonstrieren. Diese teilweise fast schon fürsorgliche Einstellung vieler Bauern gegenüber den Aeta erleichterte mir auch meine Position zwischen der Mehrheitsbevölkerung und der inferioren Minderheit. Im Gegensatz zu meiner Situation bei früheren Feldforschungen, wo ich zur Rücksichtnahme auf Konflikte zwischen Wildbeutern und Bauern gezwungen war, brachte hier das Verhältnis zwischen den Aeta und ihren Nachbarn weniger Schwierigkeiten als erwartet. Und doch war auch hier das Superioritätsgefühl der Bauern in der sozialen Distanz zu den Aeta deutlich spürbar, die sie als tieferstehend betrachteten. Man stand zwischen beiden Gruppen, der Hauptbevölkerung und der Minderheit, und damit nicht nur zwischen sozialen Schichten, sondern auch zwischen differenten Kulturen. Man mußte sich auf unterschiedliche Verhaltensweisen einstellen und die richtige Nähe bzw. Distanz zu beiden Gruppen finden.

Die Informationen, die ich von der Tieflandbevölkerung erhielt, betrafen nicht nur den Alltag der Aeta und die interethnischen Beziehungen zwischen beiden Gruppen, sondern auch historische Vorgänge. Die Feldforschung war zwar auf die aktuelle Situation der Aeta ausgerichtet, bei den Befragungen zum Zusammenleben von Aeta und bäuerlichen Nachbarn war ich jedoch auch auf geschichtliche Fakten angewiesen. Diese Traditionen waren vor allem von den Bauern festgehalten worden, deren historisches Interesse sehr ausgeprägt war, weniger von den Aeta selbst, deren Wissen um geschichtliche Vorgänge oftmals nur eine geringe zeitliche Tiefe aufwies. So war ich auf die Aussagen der Tieflandbevölkerung angewiesen, wenn es beispielsweise um die Frage der Verweildauer von Aeta-Familien an einem Ort oder um die Dauer der Anbautätigkeit einer Aeta-Familie ging.

Unter den Tieflandbewohnern waren auch jene Personen für mich wichtige Ansprechpartner, die in der lokalen Administration für die Angelegenheiten der Aeta-Minderheit im Hinterland verantwortlich waren. Ihre Informationen betrafen vor allem den Zensus, die staatlichen Hilfsmaßnahmen

Stefan Seitz

und die Aktivitäten der NGOs (Nichtregierungsorganisationen). Sie waren ortsansässig, somit mit der Kultur der Aeta vertraut und im Umgang mit ihnen meist entgegenkommend. Differenzen dieser staatlichen Stellen zu den Aussagen der Aeta beruhten oftmals darauf, daß die Verantwortlichen nicht aus eigener Anschauung die Situation vor Ort kannten. Diese Daten vermittelten mir damit aus der Sicht der Tieflandbevölkerung deren subjektive Einschätzung des Umfangs und der Effizienz der Hilfeleistungen für die Aeta.

Eine weitere Informantengruppe waren die philippinischen Mitarbeiter von NGOs, die sich um Aeta-Familien kümmerten. Mit der Katastrophenhilfe kamen sehr viele Hilfsgelder ins Land. Das brachte zahllose NGOs auf den Plan. Zeitweise sollen es über hundert gewesen sein. Jene für die Aeta arbeitenden NGOs waren meist von Filipinos, nicht von Aeta initiiert, die teilweise natürlich auch neben der Möglichkeit, den Betroffenen zu helfen, hier eine Chance sahen, sich selbst einen Job zu besorgen. Kleine Organisationen waren auf Nothilfe ausgerichtet, größere waren bemüht, nachhaltige Hilfe zu leisten mit dem Bestreben, den Aeta eine gewisse ökonomische Eigenständigkeit zu ermöglichen, ihnen soziale Unabhängigkeit und auch eine gewisse territoriale Autonomie zu geben, auch um ihre kulturelle Identität zu sichern.

Da Mitarbeiter der NGOs in ihrer Abhängigkeit von Spendengebern verständlicherweise eher versucht waren, positive Effekte der Arbeit herauszustellen, ergaben sich bisweilen Widersprüche zwischen den Aussagen der Nicht-Aeta-Mitarbeiter, den Rapports und Zeitungsberichten über diese Projekte einerseits und den Angaben der Aeta-Mitglieder dieser Organisationen andererseits. In einigen Fällen zeigten sich Aeta, die solchen Organisationen angeschlossen waren, weniger gesprächsbereit. Das lag wohl daran, daß es in diesen Gemeinschaften Probleme geben konnte. Als ehemalige Wildbeuter sind die Aeta auf Ungebundenheit bedacht. Ein solches Verhalten erschwert natürlich eine engere Bindung an größere Gemeinschaften und eine starke Kooperation, wie sie NGOs oder Selbsthilfegruppen von den Mitgliedern fordern. Etliche Aeta fühlten sich auch von der Leitung der Organisation bevormundet und wollten über die eingeworbenen Geldmittel selbst verfügen.

Die größeren dieser Einrichtungen wurden des öfteren von Europäern, Japanern und einheimischen Journalisten aufgesucht. Ihnen wurden von den Verantwortlichen der NGOs vorbildliche Lebensbedingungen für die Aeta vorgeführt, eben auch, um Spendengelder einzuwerben. Wenn ich solche Gemeinschaften aufsuchte, dann sahen die Aeta-Mitglieder dieser NGOs in mir als ausländischem Besucher zunächst natürlich eine der Führung der NGO nahestehende Person und verhielten sich entsprechend zurückhaltend.

Und schließlich mußte ich die Funktionsträger der staatlichen Katastrophenhilfe befragen. Die Mitarbeiter dieser Behörden waren in der Regel sehr offen, behilflich und informationsbereit, standen aber nicht in direktem Kontakt mit den Aeta. Ihre Informationen betrafen primär Konzeption und Entscheidungsprozesse der Hilfsmaßnahmen sowie Organisation und Umfang der Hilfeleistungen. Informationen über die Akzeptanz der Hilfe suchte ich vor Ort bei den Aeta selbst herauszufinden.

Diese Entscheidungsträger waren Filipinos, die von außerhalb der Provinz Zambales stammten und aus dem urbanen Raum kamen, meist auch Angehörige der Oberschicht, die zuvor nie mit den Aeta zusammengetroffen waren, kaum konkretes Wissen über ihre Kultur besaßen und oftmals an einem von negativen Vorurteilen geprägten Bild von deren Lebensweise festhielten. Im Gegensatz zu den Filipinos im Tiefland, die mit den Aeta zusammen lebten, war in ihrer Vorstellungswelt mit den Aeta nicht nur eine inferiore Gruppe assoziiert, sondern auch eine Ethnie mit einer angeblich »extrem primitiven« Lebensform, die mit dem Tragen von T-Strings, dem ständigen Mitführen von Pfeil und Bogen und dem Fehlen einer richtigen Behausung charakterisiert wurde.

So war dieses Feldforschungsvorhaben bei den Aeta nicht nur durch die besondere Flexibilität und Dynamik der Zielgruppe und damit durch die außergewöhnliche Vielfalt von lokalen Ausprägungsformen ihrer Kultur über einen weiten Raum in Anpassung an die Erfordernisse der Situation nach der Naturkatastrophe eine ausgesprochen vielschichtige Aufgabe, sie hatte auch mit der Konstellation dieser verschiedenen Kontaktgruppen und der Konfrontation mit deren unterschiedlichen Vorstellungen über die Aeta vor dem Hintergrund meines eigenen, aus meinen persönlichen Erfahrungen und Beobachtungen konstruierten Bildes dieser Gruppe seinen eigenen Reiz.

Literatur

Brosius, J. P.
1990   After Duwagan. Deforestation, Succession, and Adaption in Upland
            Luzon, Philippines. Michigan Studies of South and Southeast Asia
            Number 2. Center for South and Southeast Asian Studies. The University
            of Michigan.

Fox, R.
1952   The Pinatubo Negritos: Their Useful Plants and Material Culture. In:
            The Philippine Journal of Science 81, 173–414.

Lee, R. und Devore, I. (Hg.)
1968   Man the hunter. Chicago.

Jocano, F. L.
1997   Filipino Value System. A Cultural Definition. Quezon City.

Seitz, S.
1984   Von der wildbeuterischen zur agrarischen Lebensweise: Die Negrito im Westen von Luzon. In: Paideuma 30, 257–274.
1998   Aeta am Vulkan Pinatubo: Katastrophenbewältigung in einer marginalen Gesellschaft auf den Philippinen. Sozioökonomische Prozesse in Asien und Afrika Bd. 3. Pfaffenweiler.
1998   Coping Strategies in an Ethnic Minority Group: The Aeta in Zambales, Philippines, after the Eruption of Mt. Pinatubo. In: Disasters 22 (1), 76–90.

Shimizu, H.
1989   Pinatubo Aytas. Continuity and Change. Quezon City.

Gunter Senft

Feldforschung in einer deutschen Fabrik – oder: Trobriand ist überall!

Wie kommt man dazu, Feldforschung auf den Trobriand-Inseln zu machen?

Ich werde oft gefragt, wie ich dazu gekommen bin, ethnolinguistische Feldforschung auf den Trobriand-Inseln in Papua-Neuguinea zu machen. Meine Antwort auf diese Frage ist einfach, aber für viele verblüffend: Ich habe für meine Doktorarbeit Feldforschung in einer deutschen Fabrik durchgeführt und wurde deshalb später gefragt, ob ich nicht Lust hätte, das auch auf den Trobriand-Inseln zu tun. Die Frage, die diese Antwort meist nach sich zieht, lautet: Kann man das denn überhaupt miteinander vergleichen? Man kann! Und daß dem so ist, will ich hier zeigen. Ich werde im folgenden zunächst begründen, warum ich eine Feldforschung in einer deutschen Fabrik gemacht habe. Dann stelle ich dar, wie ich die Feldforschung geplant und durchgeführt habe, welche Erfahrungen ich dabei gemacht habe und welche Rolle die Ergebnisse der Feldforschung für meine Dissertation gespielt hat. Zum Schluß komme ich auf die Eingangsfrage zurück und begründe, warum man in der Tat Feldforschung in einer deutschen Fabrik mit Feldforschung auf den Trobriand-Inseln vergleichen kann.

Feldforschung in einer deutschen Fabrik

Nach meinem Staatsexamen machte mir mein Professor für germanistische Linguistik das Angebot, in einem Forschungsprojekt an der Universität Heidelberg mitzuarbeiten. Dieses Projekt untersuchte, wie »Gastarbeiter« im Alltag Deutsch lernen. Ich nahm das Angebot an und interviewte dann auch Heidelberger, die mit unseren ausländischen Informanten zusammenarbeiteten. Mit dieser Erfahrung und auch weil damals viele Linguisten meinten, etwas über Arbeitersprache sagen zu können ohne jemals selbst Daten dazu erhoben zu haben, beschloß ich, eine Dissertation zum Thema »Arbeitersprache« zu schreiben.

Wenn man ein solches Projekt durchführen will, kann man nicht einfach mit einem Tonbandgerät losziehen und Leute fragen, ob sie Arbeiter sind und wenn ja, ob sie bereit wären, irgendetwas auf ein Tonband zu sprechen. Wenn man die Alltagssprache von Arbeitern (oder anderen Zielgruppen) erforschen will, dann muß man zunächst einmal in Kontakt mit Vertretern dieser Sprechergruppe kommen und etwas über ihren Alltag und über Formen ihres Sprachgebrauchs wissen. Außerdem muß man mit dem spezifischen Wortschatz, dem Fachjargon, der »Insider«-Sprache der Gruppe vertraut sein. Mit solchem Wissen kann man Informanten zeigen, daß sie vom Feldforscher nicht nur als nützliche Material-Lieferanten gesehen werden, sondern daß man ihnen mehr als nur wissenschaftliches Interesse entgegenbringt. Dieses »Mehr« an Interesse trägt entscheidend zum Gelingen einer solchen Untersuchung bei.

Um Arbeitersprache untersuchen zu können, mußte ich also Daten erheben, die das natürliche Sprachverhalten der zu untersuchenden Sprecher dokumentieren sollten. Dabei sehen wir Linguisten uns mit einem Beobachter-Paradox (Labov 1972: 209) konfrontiert, denn um die Daten zu erhalten, die für uns am wichtigsten sind, müssen wir beobachten, wie Leute sprechen, wenn sie nicht beobachtet werden. Dieses Paradox war zu überwinden.

Von Forschern kann man nicht erwarten, daß sie mit der Situation von Industriearbeitern vertraut sind. Ein gewisses Maß an Kenntnissen über die zu untersuchende Gruppe ist aber wie gesagt unabdingbare Voraussetzung, um in sozialwissenschaftlicher Forschung brauchbare Daten zu erheben. Anders ist es unmöglich, bei der Datenerhebung Strategien zur Durchbrechung des Beobachter-Paradoxons zu entwickeln. Dazu bedarf es Einsichten, die nur im Rahmen einer Feldforschung mit teilnehmender Beobachtung gemacht werden können.

Für meine Untersuchung zum Thema Arbeitersprache sollte die teilnehmende Beobachtung im Feldtyp Produktionsbetrieb folgende Aufgaben erfüllen:

Sie sollte mir Einblick in den Arbeitsalltag einer Abteilung innerhalb einer Fabrik geben. Dabei wollte ich mich besonders auf die Organisation der Abteilung, auf hierarchische Strukturen, auf den Tagesverlauf und auf die Arbeit und die Arbeitsphasen konzentrieren.

In der Feldforschung wollte ich etwas über die Kommunikationsabläufe in der Abteilung erfahren. Dabei interessierte mich vor allem:

– Wann, wie, wie oft und worüber reden die Leute miteinander?
– Gibt es Bereiche der Abteilung, wo Leute mehr reden als in anderen Bereichen?
– Welche Personen sind Träger der Kommunikation?

Vor dem Hintergrund dieser Information mußte ich dann einen Interviewleitfaden erstellen, um vergleichbare Daten zu erheben und um die Interviews als »gelenkte Gespräche« zu führen, bei denen ich Themen ansprechen konnte, die helfen, das Beobachter-Paradox zu überwinden. Die Feldforschung mußte also so organisiert werden, daß sie diese Aufgaben erfüllen konnte.

Organisation der Feldforschung

Da meine Muttersprache der westpfälzische Dialekt der Stadt Kaiserslautern ist, schien es mir am sinnvollsten, die stark von diesem Dialekt gepräg-
te Sprache von Arbeitern meiner Heimatstadt zu untersuchen. Zum Zeitpunkt meiner Untersuchung war die G.M. Pfaff Industriemaschinen GmbH
für die gesamte Pfalz einer der bedeutendsten Arbeitgeber. Mein Vater und
mein Bruder waren bei Pfaff angestellt, ich selbst hatte dort schon als Ferienarbeiter gearbeitet, und während meines Studiums hatte ich ein Stipendium
von der G.M. Pfaff Gedächtnisstiftung erhalten. Deshalb nahm ich zunächst
Kontakt mit der Geschäftsleitung des Betriebes auf und stellte ihr mein
Anliegen dar. Es ist natürlich möglich, Feldforschung in Fabriken ohne
Wissen der Arbeitgeber durchzuführen, aber es schien mir geboten, mit Einverständnis der Geschäftsleitung zu arbeiten, da ich sonst in meiner Rolle
als Ferienarbeiter Konflikte erwarten mußte, die sich aus der Diskrepanz
zwischen der von mir erwarteten Arbeitsleistung und meinen Beobachter-
Interessen vor allem in der Interaktion mit Meistern hätten ergeben können.
Meister erwarten von Ferienarbeitern, daß sie versuchen, möglichst an einer Maschine wenig unterschiedliche Arbeiten mit hohen Akkordleistungen
zu erledigen, um so ihren Verdienst zu steigern. Ich wollte aber an verschiedenen Maschinen arbeiten, um so mit vielen Arbeitern Kontakte aufzunehmen. Außerdem sollte die Abteilung von der Struktur her meinen Überlegungen zur Bestimmung der Informanten-Stichprobe und zur teilnehmenden Beobachtung entsprechen: sie sollte überschaubar sein, es sollten Männer und Frauen aus Kaiserslautern dort beschäftigt sein, und es sollte nichts
Außergewöhnliches sein, wenn dort Ferienarbeiter beschäftigt sind. Bei der
Auswahl dieser Abteilung war ich also angewiesen auf die Mithilfe von
Vertretern der Firma, die mir aufgrund eines Briefes meines Doktorvaters
und nach einem Gespräch mit dem Personalleiter auch ohne Einschränkungen gewährt wurde.

Mit dem Einverständnis der Meister und des Leiters der Abteilung, in der
ich arbeiten wollte, erhielt ich von der Firma Pfaff für die Zeit vom 1.9.–

14.10.1977 einen Arbeitsvertrag als Akkordarbeiter mit festem Einarbeitslohn und einem danach garantierten Akkordlohn. Dabei war mir vom Personalleiter und den Vorgesetzten Kooperation und Rücksichtnahme auf meine Forschung zugesichert.

Verlauf der Feldforschung

Während der Semesterferien werden in vielen Betrieben Studenten als Ferienarbeiter eingestellt. Sie arbeiten, um Geld für ihre Ausbildung, einen Urlaub oder Ähnliches zu verdienen. Viele Arbeiter sind daran interessiert, mit Studenten über deren Situation im ihnen meist fremden Bereich der Universität zu reden. Für einen Forscher in einer Fabrik ist die Übernahme der Rolle eines Ferienarbeiters besonders gut geeignet, da kaum Schwierigkeiten bestehen, in dieser Rolle zunächst einmal akzeptiert zu werden.

Nachdem ich von den Meistern als Ferienarbeiter bei den Arbeitern eingeführt wurde, erkannte ich schnell, daß es für das Akzeptiert-Werden entscheidend war, wie ich als Student an meinem Arbeitsplatz zurechtkam. Wie mir später gesagt wurde, geht es den Arbeitern bei jedem Neuen darum, ob er arbeiten kann oder als Faulenzer einzuschätzen ist. Erst wenn er sich mit guter Arbeit legitimiert hat, kann er damit rechnen, in die relativ lose Gemeinschaft der Arbeiter integriert zu werden. Diese Integrationsbereitschaft wird dem neuen Kollegen dadurch gezeigt, daß ältere Arbeiter, die innerhalb der Abteilung Autorität besitzen, während der Arbeitszeit zu ihm kommen und ihm nach einem Gespräch fast beiläufig das »Du« anbieten. Ich wurde zu Beginn meiner Feldforschung als teilnehmender Beobachter von vielen Arbeitern sehr genau beobachtet!

Daß ich in den ersten Tagen meiner Feldforschung mehr Zeit auf meine Rolle als Arbeiter als auf meine teilnehmende Beobachtung verwandt habe, hat sehr zum Erreichen meiner Ziele beigetragen. Einmal anerkannt als fleißiger Arbeiter wurde es mir leicht nachgesehen, wenn ich meine Maschine verließ, um mit Leuten zu reden oder kurze Beobachtungen in Bereichen der Abteilung zu machen, die ich nicht einsehen konnte.

Entscheidend bei jeder Feldforschung scheint mir aber, daß man sich als Beobachter natürlich, offen, unverstellt und gesprächsbereit zeigt. Jede Art der Anbiederung und jeder konstruierte, erzwungene Versuch, schnell erkennbare Unterschiede zwischen Beobachter und Beobachteten in Auftreten, Sprachverhalten und Interessen zu leugnen, führen zum Scheitern der Untersuchung. Es ist das Nicht-Vertrautsein mit der Situation eines zu untersuchenden Feldes, das es dem Beobachter ermöglicht, Kontakte aufzunehmen und Fragen zu stellen, die sich nur aus dem unterschiedlichen Hintergrund von Beobachteten und Beobachter erklären lassen. Erst durch den gegenseitigen Austausch von Informationen über verschiedene gesellschaftliche Bereiche wie Universität und Fabrik kann zwischen Beobachteten und Beobachter Vertrauen entstehen. Aufgrund dieses Vertrauens können Feldforscher viel über Hintergründe von Beobachtungen erfahren, die ihnen sonst unerklärlich oder marginal erscheinen würden.

Das Beobachtungsschema zur Standardisierung meiner Feldforschung war vorgegeben durch die zu erfüllenden Aufgaben; es mußte aber den durch die aktuelle Feldsituation definierten Bedingungen angepaßt sein. Ich wollte in der Abfolge der Beobachtungsphasen, die mir Einblick in die Situation eines Arbeiters am Arbeitsplatz, in die Kommunikation der Arbeiter und in die von ihnen angesprochenen Themen geben sollten, flexibel sein, um den unterschiedlichen Anforderungen meiner Doppelrolle als Ferienarbeiter und Beobachter gerecht zu werden.

Zu Beginn meiner Feldforschung erforderte meine Arbeit an den Maschinen so viel Konzentration, daß ich beschloß, in den ersten Tagen auf die Gesprächsthemen der Arbeiter zu achten. Dabei konzentrierte ich mich auf Gespräche von Arbeitern in meiner nächsten Umgebung, um nicht zu oft meinen Arbeitsplatz zu verlassen. Ich registrierte besonders in den Pausen, in der Kantine, beim Angelernt-Werden an einer Maschine und bei anderen Kontakten mit Arbeitskollegen die jeweiligen Gesprächsthemen.

Nachdem ich mich in der Abteilung eingelebt hatte und als Ferienarbeiter anerkannt war, beobachtete ich vom 11. bis zum 20. Arbeitstag, wie die Arbeiter untereinander kommunizierten. Dabei interessierten mich besonders Gesprächsanlässe, wie Gespräche geführt und beendet wurden, welche Rolle gestisches Verhalten spielte, ob es unterschiedliche Bereiche in der Abteilung gab, in denen öfter geredet wurde als in anderen Bereichen und warum, wie sich die Leute in den Pausen verhielten, ob es Zeiten gab, an denen besonders viel geredet wurde, und wie viele Kontakte ein Arbeiter während der Arbeitszeit hatte.

Während der letzten Tage sah mein Beobachtungsschema vor, mich auf Alltägliches zu konzentrieren. Es sind oft die selbstverständlichen Dinge im Feld, die leicht übersehen werden, die aber zur Erklärung bestimmter Beobachtungen entscheidend sein können. Die offene Form der letzten Beobachtungsphase sollte die Dinge, die in jeder teilnehmenden Beobachtung nicht berücksichtigt werden, im Rahmen halten. Außerdem sollte sie ermöglichen, bisher gewonnene Ergebnisse noch einmal punktuell zu überprüfen. In den letzten Tagen wollte ich durch teilweises Offenlegen meiner Forschungsinteressen Informanten für die geplanten Interviews gewinnen.

Meine Beobachtungen schrieb ich jeden Tag nach Feierabend zuhause in ein Tagebuch, wobei ich auch Dinge festhielt, die nicht im Zusammenhang mit den festgelegten Beobachtungseinheiten standen.

Von verdeckten Tonbandaufnahmen innerhalb des Betriebes sah ich ab, denn jeder Feldforscher muß sich der ethischen Problematik seiner Arbeit bewußt sein. Arno Ruoff (1973: 105) hat für Linguisten eine klare Maxime zur Datenerhebung aufgestellt: Wir müssen uns immer darüber im klaren sein, »daß wir unsere Belege nicht nur als Linguistikum, sondern auch als Humanum erhalten und anzusehen haben«. Verdeckte Aufnahmen scheinen mir deshalb kaum vertretbar. Wer dennoch solche Aufnahmen in einem relativ geschlossenen Feld machen will, muß sich der Gefahr bewußt sein, daß die Entdeckung seines Tuns unweigerlich zu einem kaum noch zu überwindenden Mißtrauen auf seiten der Beobachteten führen wird. Heimlichkeiten erzeugen Verdacht - Verdacht und Mißtrauen zwischen Beobachter und Beobachteten aber verurteilen jede Feldforschung zum Scheitern.

Das Feld

Ich arbeitete 31 Arbeitstage lang in einer Schleiferei bei Pfaff. Ich war in der Normalschicht eingesetzt und arbeitete meist von 6.30 Uhr bis 16.30 Uhr. Es gab neben dieser Schicht noch eine Früh- und eine Spätschicht. In allen Schichten konnten die Arbeiter Beginn und Ende ihrer Arbeitszeit innerhalb einer bestimmten Gleitspanne selbst bestimmen.

Die Frühschicht begann zwischen 5.00 Uhr und 6.00 Uhr und endete um 14.15 Uhr. Danach begann die Spätschicht, die spätestens um 23.15 Uhr endete. Innerhalb der Schichten gab es Pausen von 15 und 30 Minuten.

In der Abteilung arbeiteten 73 Männer und 19 Frauen. Die Abteilung wurde von einem Abteilungsleiter geführt, dem Vorgesetzten der Meister, die für die Kostenstellen verantwortlich waren. Abteilungsleiter und Meister waren Angestellte. Die Arbeiter gliederten sich auf in Lohn- und Akkordarbeiter; alle Lohnarbeiter waren Einrichter. Die Einrichter, meist Facharbeiter, mußten die ihnen vom Meister zugewiesenen Maschinen für neue Arbeiten umrüsten und sie gemäß des zu fertigenden Teiles in Schnittgeschwindigkeit, Zustellung und Vorschub einstellen. Sie arbeiteten eng mit den Meistern zusammen und hatten Einfluß auf die Arbeitsverteilung. Die Akkordarbeiter waren meist angelernte Arbeiter. Oft fanden sich hier aber auch Arbeiter, die einen anderen Beruf gelernt hatten, aber nicht mehr ausübten. An einzelnen Maschinen konnten erfahrene Arbeiter zum Selbsteinrichter ernannt werden. Sie rüsteten dann selbst ihre Maschinen für neue

Pfaff Industriemaschinen GmbH, Kaiserslautern.

Arbeiten um. Die Mehrarbeit wurde ausgeglichen durch Einstufung in eine höhere Arbeitswertgruppe und durch die Vorgabe von Umrüstzeiten bei der Akkord-Berechnung. Frauen waren nur in Akkordarbeit beschäftigt. Dabei wurden sie nach einer niedrigeren Arbeitswertgruppe als ihre männlichen Kollegen bei gleicher Arbeit entlohnt. Daß einzelne erfahrere Akkordarbeiter in manchen Monaten mehr verdienen konnten als ihre in Lohnarbeit stehenden Einrichter konnte zu Konflikten zwischen den Betroffenen führen.

Jede Abteilung hatte einen Betriebshelfer und eine Werkstattschreiberin. Betriebshelfer waren Mädchen und Jungen, die von der Firma keinen Ausbildungsvertrag erhalten hatten. Sie wurden eingestellt und mußten bis zu ihrem 18 Lebensjahr in der Abteilung Botengänge und Handlangerdienste leisten; danach wurden sie meist als Akkordarbeiter eingestellt. Die Werkstattschreiberin erledigte verschiedene schriftliche Arbeiten zur Führung der Abteilung wie z.B. das Berechnen der Arbeitszeiten der einzelnen Arbeiter anhand der Stechkarten. Sie war die einzige Beschäftigte der Abteilung, die nicht in der Werkhalle arbeitete.

Diese Halle war 46 m lang, 20 m breit und 4,65 m hoch. Der durchschnittliche Lautpegel betrug 75–79 db (der Lautpegel eines Preßlufthammers beträgt 120 db). In der Abteilung standen 60 Maschinen, wobei körnerlose-, Außenrund-, Flächen- und Innen-Schleifmaschinen jeweils zusammenstanden und so die Abteilung in verschiedene Bereiche einteilten. Neben den Schleifmaschinen gab es noch eine Hohnmaschine, zwei Härtemaschinen, eine Richtwalze, 7 Richtpressen, 6 Lichtspalt-Richtertische und zwei Zentrierschleifmaschinen.

Die Arbeiter erhielten von einer elektronisch gesteuerten Arbeitsverteilung über zwei Förderbänder die zu bearbeitenden Werkstücke zugeteilt. Die Förderbänder untergliederten die Abteilung in drei Räume. Das Übersteigen der Förderbänder war nur an zwei Stellen durch Treppen möglich. Die Maschinen waren so aufgestellt, daß alle Arbeiter in gleicher Blickrichtung stehen mußten. Im Rücken der Arbeiter befanden sich die Büros der Meister und des Abteilungsleiters. Sie grenzten an eine die Abteilung abschließende Wand. Hier waren Schleifsteine und Schleifmittel gelagert. Außerdem stand dort ein Arbeitstisch für den Betriebshelfer vor einer Tafel, auf der alle in der Abteilung bearbeiteten Werkstücke angebracht waren. Daneben hing das schwarze Brett und Mitteilungen zur Unfallverhütung. Auf beiden Seiten der Abteilung waren hohe Fenster, und dort befanden sich auch Ausgänge. Neben dem Tor zur Linken der Arbeitsverteilung hingen die Stechuhr und die Halterung für die Stechkarten. Von hier aus gelangte man über eine Treppe zu den Umkleideräumen und zu den Toiletten. Vor der Arbeitsverteilung auf der linken Seite schloß sich die Teilekontrolle an. In den Ecken der Abteilung waren Waschtröge aufgestellt. Hinter den Innenschleifmaschinen und links am Mittelgang des Bereiches der Abteilung, der von den Förderbändern der Arbeitsverteilung umschlossen wurde, standen Schränke mit Werkzeugen und Spinte mit Meßgeräten und Vorrichtungen der Einrichter. Daneben waren kleine Tische aufgestellt. Durch Oberlichter auf dem Dach und durch die Fenster an den beiden Längsseiten erhielt die Abteilung Frischluft und Tageslicht. Außerdem befanden sich über den körnerlosen Schleifmaschinen Absaugevorrichtungen. Die Arbeitsplätze wurden zusätzlich von Neonröhren beleuchtet. An den Dachträgern waren Ventile und Hauptschalter für die zum Betrieb der Maschinen nötige Elektrizitäts- und Preßluftversorgung angebracht. An den Wänden hingen viele Kalender und Tafeln, die die Nummer des jeweiligen Arbeitstages anzeigten.

Ergebnisse der Feldforschung

Ich schildere im folgenden zunächst exemplarisch den Arbeitsalltag eines Innenschleifers. Dann beschreibe ich die Kommunikationssituation in der Abteilung, und zum Schluß liste ich die Themen am Arbeitsplatz auf, die zur Erstellung des Interviewleitfaden führten.

Endmontage einer Nähmaschine

Der Arbeitsalltag eines Innenrundschleifers läßt sich wie folgt beschreiben: In der Regel betrat der Arbeiter in der Normalschicht nach Vorzeigen seines Werkausweises beim Pförtner den Betrieb gegen 6.30 Uhr, ging zur Garderobe bei seiner Arbeitshalle und zog dort seine Arbeitskleidung an. Danach »stach« er an der Stechuhr, die den Beginn seiner Arbeitszeit auf seine Anwesenheitskarte druckte. Dann betrat er die Werkhalle und ging unter Begrüßen seiner Kollegen zu seiner Maschine. Er kontrollierte erst den Ölstand und den Schleifstein, den er, wenn nötig, austauschen mußte. War die Maschine für eine bestimmte Arbeit schon eingestellt, schaltete er sie ein und ließ sie warmlaufen. Erst eine gleichmäßig temperierte, gut geschmierte Maschine garantiert exaktes Arbeiten. Während dieser ersten Minuten richtete der Arbeiter einige Teile zur Bearbeitung in Griffnähe und nutzten die Zeit zu kurzen Gesprächen.

Gegen 7.00 Uhr stellte sich der Arbeiter an seine Maschine, zog den Schleifstein mit dem Industriediamanten ab, spannte das erste Teil in die Vorrichtung ein und begann mit seiner Arbeit. Die Schleifzeit war abhängig vom Material, dem Schleifmaß und den vorgeschriebenen Toleranzen. Für den Arbeiter war eine Vorgabezeit pro Werkstück auf der Arbeitskarte verzeichnet. Konnte er durch schnelle Arbeit diese Zeit unterbieten, ohne daß

die geforderte Qualität darunter litt, bedeutete dieser Zeitgewinn Mehr-
verdienst. Da die Vorgabezeit eng festgelegt und der Grundlohn für Akkordarbeiter relativ niedrig war (7.99 DM pro Stunde), erforderte dieses
Arbeiten viel Geschick und Konzentration bei immer wiederkehrendem
Arbeitsablauf. Viele waren sich dieser Situation bewußt. Einer meiner Informanten sagte mir: »Der Mann muß sich konzentrieren, weil er ja von der
Maschine etwas will. Und wenn ich von der Maschine was will, muß ich
der Maschine meine Gedanken und mein Gefühl geben«.

Hatte ein Innenschleifer die ersten Teile bearbeitet und dabei mit einem
Meßgerät ihre Stärke geprüft, gab er sie seinem Einrichter, der an einem
Prüfgerät die Rauhtiefe, die Oberflächenstruktur des Schliffes, elektronisch
prüfen ließ. Lag auch dieses Maß im geforderten Toleranzbereich, konnte
der Arbeiter seine Arbeit fortsetzen. Diese umfaßte bei einem Innenschleifer
die folgenden Schritte:

– Teil aus dem Teilekasten nehmen,
– Einspannen,
– Schleifstein abziehen,
– Heranführen des Teils zum Stein (Einfahren),
– Einstellen des Vorschubs auf »Schruppen« (Grobschliff),
– Ausfahren des Teils,
– Schleifstein abziehen,
– Einfahren des Teils,
– Einstellen des Vorschubs auf »Schlichten« (Feinschliff),
– Ausfahren des Teils,
– Prüfung des Teils mit dem Meßgerät (ist das Endmaß nicht erreicht: Nach-
  schleifen im Feinschliff und erneute Prüfung),
– Ausspannen des Teils.

Bis zur Pause um 9.00 Uhr wurde ohne viel zu reden gearbeitet. Die Arbeit
wurde nur durch den Betriebshelfer unterbrochen, der Bestellungen zum
Einkauf in der Werkskantine aufnahm. Kurz vor 9.00 Uhr wurden die Maschinen abgeschaltet, die Schleifer tauchten die gefertigten Teile in ein Rost-
schutzmittel und legten sie in einen Metallkasten. Teile, die nicht den Toleranzen entsprachen, wurden daneben gelegt und nicht verrechnet. Danach
ging jeder zu einem der Waschtröge, wusch sich, ging zurück zu seiner
Maschine, setzte sich dort auf einen Stuhl und frühstückte. Während des
Frühstücks wurde Zeitung gelesen und es kam zu kurzen Gesprächen. Um
9.15 Uhr war die Pause zu Ende, die Arbeit ging weiter. Besonders bei den
Innenschleifern wurden während der Arbeit Pausengespräche bis etwa um
9.30 Uhr weitergeführt.

Von 9.30 Uhr bis 11.45 Uhr war es wieder relativ ruhig. Diese Phase des Arbeitstages war sehr arbeitsintensiv. Gegen 11.40 Uhr brachte ein Elektrokarren einigen Arbeitern gewärmte »Henkelmänner«. Jetzt schalteten die ersten Arbeiter ihre Maschinen ab, wuschen sich wieder und gingen dann entweder zum Essen in die Kantine oder setzten sich in die Nähe ihrer Maschine und aßen von zuhause Mitgebrachtes. Die meisten Arbeiter, die in der Halle blieben, wollten ihre Ruhe. Während des Essens wurden Zeitungen oder Kurz-Romane gelesen. Viele schliefen auch für 15 Minuten am Arbeitsplatz. Die Arbeiter, die in die Kantine gingen, hatten dort eine in längerer Zeit gewachsene Gemeinschaft von Kollegen, mit denen sie oft in fester Sitzordnung zusammensaßen. Unter ihnen fanden sich die kommunikationsfreudigsten Arbeiter.

Bei schönem Wetter saßen einige während der Pause auf Bänken oder auf den wenigen Grünflächen im Freien. Andere verbrachten ihre Pause mit Kartenspiel oder mit Kiebitzen und Kommentieren des Spiels. Während der Pause hatte jeder seinen festen Platz innerhalb dieser Gruppen, die selten mehr als 7 Personen umfassten. Das Pausenverhalten der Einzelnen war stark vorhersagbar. Arbeiten in den Pausen war verpönt und wäre von den Kollegen sanktioniert worden. Nach der Pause wurde wieder bis zum Schichtwechsel und bis etwa 5 Minuten vor Arbeitsende, wo noch einmal die Gelegenheit zu Gesprächen genutzt wurde, intensiv gearbeitet.

In dieser Zeit hatte ein Innenrund-Schleifer an der Maschine immer wieder die oben beschriebenen Arbeitsgänge ausgeführt. Dabei hatte er die meiste Zeit vor der Maschine in einer ihr bestimmten Arbeitshaltung gestanden und versucht, Stehbeschwerden durch eine Art Tänzeln vor der Maschine zu erleichtern. Wenn eine Serie der zu bearbeitenden Teile, die in die Tausende gehen konnte, beendet war, kam der Einrichter, nahm die Teile entgegen, unterzeichnete die vom Arbeiter ausgefüllten Lohnkarten, lieferte die Teile bei der Kontrolle ab, kam mit neuer Arbeit zurück und rüstete die Maschine wenn nötig um. Inzwischen informierte sich der Schleifer anhand der Laufkarte über die von der Arbeitsvorbereitung festgesetzte Vorgabezeit und rechnete sich aus, wieviel Teile er pro Minute machen mußte, um einen bestimmten Verdienst zu erzielen. Während des Umrüstens der Maschine hatte der Arbeiter meist Zeit für ein Gespräch mit einem Kollegen, zu einem Gang auf die Toilette oder zu einem kurzen Aufenthalt im Freien. Dabei ergaben sich jeweils Anlässe zu kurzen Gesprächen. Hatte der Einrichter seine Arbeit beendet, begann der Schleifer mit der neuen Akkordarbeit. Da die einzelnen Maschinen in ihrer Arbeitsweise eingeschränkt waren, brachte auch neue Arbeit kaum Abwechslung.

Kurz vor Feierabend stellte der Schleifer seine Maschine ab, ließ noch einige Zeit zur Reinigung die Schleifwasserpumpe laufen, schaltete sie dann ab, wusch sich die Hände, packte seine Sachen, verließ den Arbeitsplatz, stach wieder auf der inzwischen auf Ausgang umgestellten Stechuhr, ging zur Garderobe, zog sich um und verließ dann das Werk.

Dieser Tagesverlauf änderte sich nur freitags: Gegen 15.00 Uhr wurden dann die Maschinen abgestellt, geputzt und gewartet. Während dieser Zeit wurde in der Abteilung am meisten geredet, die Leute gingen durch die Halle, Lotto- und Totto-Wettgemeinschaften füllten ihre Spielzettel aus. Die letzte halbe Stunde der Arbeitszeit wurde als Überleitung zum Wochenende begriffen.

Im folgenden will ich kurz beschreiben, wie die Leute miteinander redeten. Wegen des Lärms in der Halle war eine Unterhaltung über eine Distanz von mehr als zwei Metern ohne Verlassen des Arbeitsplatzes unmöglich. Arbeiter, die mit ihren Kollegen ihrer Umgebung reden wollten, mußten sich ihren Gesprächspartnern zuwenden, um verstanden zu werden. Eine Unterhaltung in normaler Lautstärke war auch dann unmöglich. Die Förderbänder untergliederten die Abteilung so, daß für den einzelnen Arbeiter die Zahl der möglichen Gesprächspartner in seiner nächsten Umgebung stark eingeschränkt war. Daß alle Arbeiter der Halle wegen der Aufstellung der Maschinen in einer Blickrichtung stehen mußten, erschwerte Gespräche zusätzlich. Wollten Arbeiter mit Kollegen reden, so mußten sie sich von der Maschine abwenden – und das bedeutete Zeitverlust. Der Zeitverlust wurde noch größer, wenn jemand seinen Arbeitsplatz verließ, um mit einem Kollegen zu reden, der einige Maschinen weiter arbeitete. Dieser Kollege konnte zwar weiterarbeiten, aber er war nicht mehr so konzentriert und arbeitete deshalb langsamer. Im Akkord impliziert Zeitverlust direkt Geldverlust. Dieses Wissen beherrschte alle Gespräche, die eben doch länger dauerten, als sie von der Arbeitsvorbereitung bei der Festsetzung von Vorgabezeiten einkalkuliert wurden.

Da Kommunikation mit Kollegen die einzige Abwechslung im Arbeitsalltag darstellte, versuchten Arbeiter, die ein Gespräch suchten, auf verschiedene Arten einen Partner zu finden, der bereit war, für kurze Zeit seinen Arbeitsrhythmus zu verlangsamen. Dabei spielten Gestik und Mimik eine große Rolle. Viele Kontakte begannen mit gegenseitigem Zunicken, Zuwinken, Zulächeln, mit Grimassen, Augenrollen, Stirnrunzeln, hinweisendem Nicken und Deuten und mit herausforderndem Abwinken. Hatten diese gestischen und mimischen Mittel keinen Erfolg beim Versuch des Kontakt-Aufbaus, versuchten manche Arbeiter durch Pfeifen, Singen, durch Ausrufe wie »ja, ja« oder witziges »Beschimpfen« ihren Kollegen anzuzeigen, daß sie gesprächsbereit wären. Es gab aber auch einen sehr direkten Versuch, mit einem Kollegen Kontakt aufzunehmen. Derjenige, der ein Gespräch suchte, stellte sich zunächst still neben einen anderen Arbeiter und schaute ihm bei der Arbeit zu. Wollte dieser Arbeiter mit dem anderen reden, eröffnete er das Gespräch meist mit einer Frage oder einer ironisch-witzigen Bemerkung. Auch ein freundschaftliches In-die-Seite-Boxen konnte als Einverständnis zum Gespräch aufgefaßt werden. Die meist nur wenige Minuten dauernden Unterhaltungen wurden jeweils von einem der Partner mit der Begründung beendet, daß er wieder weiterarbeiten mußte. Zu Beginn und am Ende des Gespräches kam es häufig zu Körperkontakten. Man legte dem anderen die Hand auf die Schulter, kniff oder boxte sich gegenseitig und dokumentierte damit Sympathie. Reagierte der Arbeiter an der Maschine dagegen nicht auf den Kollegen, der sich neben ihn gestellt hatte, dann zeigte er damit, daß er gerade in einer intensiven Arbeitsphase war und aufgrund seiner Konzentration auf die Arbeit keine Unterhaltung wünschte. Diese Nicht-Reaktion wurde vom Gesprächssuchenden akzeptiert.

Wegen des Lärms in der Halle und wegen der Arbeitsbedingungen kam es nur selten zu Gesprächen, an denen drei oder mehr Leute beteiligt waren – Zweiergespräche herrschten vor. Dabei ließ sich aber oft beobachten, daß einer der Gesprächspartner nach einem Kontakt einen anderen Arbeiter in seiner Umgebung über die Unterhaltung informierte und dann den Beitrag des zweiten Kollegen an den ersten wieder weitergab. Diese Vermittler-funktion wurde von erfahrenen Arbeitern eingenommen, die durch intensives Arbeiten bei sogenannten »guten« Akkorden Mehrarbeit geleistet hatten. Sie hatten diese »gutgemachten Minuten« nicht alle auf einmal auf ihren Lohnkarten angegeben und konnten nun mit einbehaltenen Lohnkarten, dem Vorrat an geleisteter Arbeit, dem »Rucksack«, wie es im Fachjargon hieß, ihre Arbeitsleistung ausgleichen, so daß sie am Monatsende einen von ihnen vorberechneten Lohn erhielten. Das Erarbeiten eines solchen Rucksacks erforderte einen guten Einblick in das Akkordsystem und permanentes Rechnen mit Industrieminuten und Arbeitswertgruppen, um über den Stand der geleisteten Arbeit informiert zu sein. Auch Einrichter, manchmal die Meister und die für die Arbeitsverteilungs-Anlage verantwortlichen Terminsachbearbeiter sowie Betriebshelfer und Betriebsrat spielten für die Vermittlung von Gesprächen eine große Rolle.

Der Arbeitsplatz der Vermittler bedingte zwangsläufig, daß es Bereiche der Abteilung gab, in denen mehr geredet wurde als in anderen. Aber dafür gab es auch noch andere Gründe. Die Magazinschränke für Schleifmittel und ein Tisch in der Nähe der Außenrundschleifmaschinen waren Orte, wo Arbeiter und Vorgesetzte öfter zusammentrafen und miteinander redeten. Die Arbeiter an den Maschinen bei den Treppenübergängen über die Förderbänder hatten ebenfalls gute Möglichkeiten, mit Kollegen ins Gespräch zu kommen. Daneben spielte natürlich auch das persönliche Verhältnis zwischen einzelnen Arbeitern für die Intensität von Gesprächskontakten eine Rolle. Auffallend war, daß alle Innenschleifer häufig miteinander redeten. Das ließ sich einerseits dadurch erklären, daß die Innenschleifmaschinen relativ nahe beieinander in Zweier-Reihen aufgestellt waren; andererseits mußte man aber auch wissen, daß sich bei den Innenschleifern aufgrund der geforderten Schleifqualität eine Art Standesdenken herausgebildet hatte: Innenschleifer nannten sich »Schleiferkönige«. Aufgrund dieser elitären Selbsteinschätzung begriffen sich diese Arbeiter stärker als Gruppe und in diesem Bewußtsein kam es auch häufiger zu Gesprächen.

Wenn die Arbeiter miteinander redeten, sprachen sie Dialekt. Das galt auch für Einrichter, Meister und Abteilungsleiter. Selbst Nicht-Pfälzer und Ausländer redeten mit starker dialektaler Färbung. Wechsel vom Dialekt in Hochsprache konnte ich nur bei Nachfragen (zur Verständnissicherung), in der Redeerwähnung (zur Markierung eines Zitats) und während der Interaktion mit leitenden Angestellten (als Ausdruck des Respekts) beobachten.

Man kann also festhalten, daß alle Gespräche davon abhingen, wie einzelne Arbeiter ihre Vorgabezeiten im Akkord bewältigten, daß die Arbeiter verschiedene Strategien entwickelt hatten, um Gesprächsbereitschaft anzuzeigen oder zu erkunden, daß es bestimmte Arbeiter gab, die Gespräche in verschiedene Bereichen der Abteilung vermittelten, daß es aufgrund der Struktur der Abteilung, wegen eines bestimmten Arbeitsethos und aus persönlichen Gründen verschiedene Bereiche der Abteilung mit verschiedener Kontakthäufigkeit einzelner Arbeiter gab, daß dabei keine Unterschiede nach Geschlecht zu beobachten waren, und daß die Arbeiter meist Dialekt sprachen.

Wenn man die Sprache einer bestimmten Gruppe untersuchen und dazu Daten im Interview erheben will, so muß man wissen, wie sich Mitglieder dieser Gruppe sprachlich verhalten und worüber sie reden. Die erste Art von Wissen ermöglicht es dem Feldforscher später beim Interview einzuschätzen, ob die erhobenen Daten vergleichbar sind mit alltäglichem Sprachverhalten, die zweite Art von Wissen schafft die Voraussetzung dafür, das Gespräch so zu strukturieren, daß die angesprochenen Themen den Interviewten so vertraut sind, daß die Interviewsituation der Alltagssituation angenähert ist.

Ich erwähne im folgenden kurz, worüber die Arbeiter in der Abteilung während meiner Feldforschung geredet hatten. Ich habe für 56 beobachtete Personen festgehalten, welche Themen von wem angesprochen wurden. Folgende Themenbereiche wurden – nach Häufigkeit geordnet - angesprochen: Arbeit und Arbeitsituation; Kollegen; Akkord; Privates; Beruflicher Werdegang; Betriebsinterna, Politik, Freizeit, Streß; Fußball, Fachliches, Probleme; Maschinen; Besondere Vorkommnisse in der Abteilung; Ferienarbeiter und Universität, Scherze, Unfallgefahr und Unfälle; Arbeitsorgani-

sation; Sexualität, Beschwerden, Krankheiten, Zeitung; Mädchen, entfremdete Arbeit; Betriebsrat, Rollenprobleme; Gewerkschaft, Fernsehen; Fortbildung, Kontrolle; Urlaub, Autos; Bundeswehr. Jedes einzelne Thema lieferte Zusatzinformationen, die mir als Hintergrundwissen bei den Interviews
sehr von Nutzen waren.

Die Arbeiter thematisierten also besonders ihre Alltagserfahrung, ihre
Arbeit, ihre Interaktion mit Kollegen, Vorgänge in der Abteilung und ihre
Situation als Arbeitnehmer in Beruf und Freizeit. Eine große Rolle spielten
auch private Erfahrungen und Erlebnisse und Stellungnahmen zu politisch
Aktuellem. Die als vorrangig erkannten Themen waren nun zu einem Leit-
faden für die Interviews zusammenzufassen.

Interviewleitfaden und Interviews

Die Feldforschung war damit begründet, Mittel und Wege zu finden, um
das Beobachter-Paradox zu durchbrechen; erst dann ist es beim Interview
gewährleistet, daß die Informanten so reden, wie sie es in ihrem Alltag tun.

Einem natürlichen Gespräch am nächsten kommt das sogenannte Tie-
feninterview. Dabei liegt »ein festes Frageschema vor (Leitfaden) , aber die
Fragen sind nicht standardisiert: ihre Reihenfolge und Formulierung werden vom Interviewer bestimmt, der auch Zusatzfragen stellen kann« (Mayntz
et al. 1972: 104). Dabei kann der Interviewer durch geschickte Gesprächs-
führung erreichen, daß während der Interviews mit verschiedenen Informanten auf alle Themen des Leitfadens eingegangen wird, damit die so erhobenen Daten als vergleichbar gelten können.

Nach der teilnehmenden Beobachtung mußte ich also einen Interviewleitfaden erstellen, der aufgrund meiner Erfahrungen dazu beitragen sollte,
in den Interviews natürliche Sprachdaten zu erheben.

Der Einstieg zum Gespräch war dadurch vorgegeben, daß ich bei der
Suche nach interviewbereiten Arbeitern mein Anliegen damit begründet hatte,
daß ich eine Dissertation über die »Kommunikationssituation am Arbeitsplatz« schreiben wollte. Bei diesem ersten Teil des Leitfadens faßte ich die
Gesprächsthemen, die den Arbeitsplatz und die Interaktion mit Kollegen
betrafen und die zum Tagesverlauf eines Akkordarbeiters gemachten Beobachtungen unter folgenden Themenkreisen zusammen:

Kommunikation am Arbeitsplatz
1. Beschreibung des Arbeitsplatzes
2. Tagesverlauf
3. Kontakte

4. Anlässe
5. Gesprächsthemen
6. Unterschiede: Früh-, Spät-, Normalschicht, Situationen, Personen

Da aus der Häufigkeit der am Arbeitsplatz besprochenen Themen hervorging, daß die Arbeitssituation allgemein bei Gesprächen eine große Rolle spielte, folgte nun ein Frageschwerpunkt zu diesem Thema, der so aufgeschlüsselt war:

Zur Arbeitssituation
1. Beschreibung
2. Probleme
3. »Entfremdete Arbeit«
4. Ärger, Streit
5. Besondere Vorkommnisse
6. Unfall
7. Betriebsrat
8. Ausländische Arbeiter
9. Ferienarbeiter
10. Betriebsklima, Solidarität - früher/heute
11. Arbeit und Freizeit

Ich konnte feststellen, daß Arbeiter gerne über sich und über Privates redeten. Deshalb sollte ein Themenbereich Fragen zur Person umfassen. Da persönliche Fragen ein gewisses Vertrauensverhältnis zwischen Gesprächspartnern voraussetzen, wollte ich diesen Themenkreis erst im 3. Viertel des Interviews ansprechen. Die Fragen zur Person umfaßten die folgenden Punkte:

Zur Person
1. Beruflicher Werdegang
2. Fortbildung
3. Berufs-»Krankheiten«
4. Arbeit und Familie
5. Verhältnis zu Kaiserslautern und zum Dialekt

Zum Schluß stellte ich aus Eigeninteressen Fragen zum Sprachverhalten und zur Spracheinstellung und thematisierte den Verlauf des Interviews, um so eine Rückkoppelung von Informant zu Interviewer zu erhalten, die Hinweise zum methodischen Vorgehen geben konnte:

Zur Sprache und Methode
1. Wann und warum Dialekt bzw. Hochsprache

2. Spracheinstellung
3. Verlauf des Gesprächs, Informanten-Verhalten, Einfluß der Technik, Mißtrauen?

Während der Interviews würde sich zeigen, ob der Leitfaden die Ziele des Interviews einlösen konnte. Der Verlauf der geplanten Gespräche und Antworten zu einzelnen Fragen würden Aufschluß darüber geben, ob die Ergebnisse meiner teilnehmenden Beobachtung zutrafen und zur Strukturierung des Interviews brauchbar waren. Würden die Interviews scheitern, so würde das in erster Linie bedeuten, daß mein methodisches Vorgehen bei der Feldforschung im Betrieb falsch war.

Das Frageschema des Interviewleitfadens schrieb ich auf eine Karteikarte, die ich während der Interviews bei mir hatte, um zu kontrollieren, ob alle Themen angesprochen wurden.

Bei der Suche nach geeigneten Informanten wandte ich mich zunächst an Arbeiter meiner Abteilung. Die Bekanntschaft mit ihnen schien mir Garant dafür zu sein, daß die Qualität der erhobenen Sprachdaten nicht von Mißtrauen auf Seiten der Informanten beeinträchtigt würde. Wie sich bei den Interviews zeigte, waren diese Faktoren entscheidend dafür, daß sich ein Großteil meiner Informanten überhaupt zum Interview bereiterklärt hatte.

Während der letzten Tage der Feldforschung sprach ich verschiedene Arbeiter an und erinnerte sie an Gespräche, bei denen ich erwähnt hatte, daß ich eine Doktorarbeit schreiben wollte. Ich erklärte ihnen, daß mir mein Professor als Thema meiner Promotion »Kommunikation am Arbeitsplatz« vorgeschlagen hätte. Da ich so etwas erwartet hätte, wollte ich meine Ferienarbeit auch dafür nutzen, zu diesem Thema eigene Erfahrungen zu sammeln. Diese Eindrücke würden natürlich nicht ausreichen, kompetent über das Thema zu schreiben. Deshalb sei ich darauf angewiesen, daß sich Arbeiter zu einem Interview mit mir bereiterklären würden – als die eigentlichen Experten für diesen Bereich. Anonymität verstehe sich dabei von selbst. Schon am ersten Tag erhielt ich durch direktes Ansprechen und durch die Vermittlung von Arbeitskollegen 13 Adressen von Arbeitern mit festen Zusagen zum Interview. Bei insgesamt 46 Kontaktaufnahmen verweigerten mir nur 7 Männer und 10 Frauen ein Interview.

Die Verläßlichkeit meiner Informanten zeigte sich darin, daß ich in der Zeit vom 19.5. bis 31.5.1978 alle 29 Informanten (davon einmal 4 an einem Tag) im Durchschnitt eine Stunde lang interviewen konnte. Daß es mir gelungen war, das Beobachter-Paradox zu durchbrechen, zeigt die folgende (ins Hochdeutsche übertragene) Aussage des (anonymisierten) Informanten KL-15:

G.S.: »Hat Sie eigentlich jetzt bei dem, bei dem Interview bisher das Tonband und das Inter ... und, und, und die Mikros belastet?«

KL-15: »Überhaupt nicht. Wissen Sie, Sie haben zu mir gesagt, wie ich, wie Sie reinkommen sind, wir, wir, wir unterhalten uns. Und da habe ich gedacht, eh, warum sollten wir uns eigentlich nicht unterhalten? Eh, es macht mir, ich kenne Sie ja nicht, und, eh, es hat mir Spaß gemacht. Es hat mir wirklich Spaß gemacht.«

G.S.: »Ja finden Sie das, einfach weil es eine Unterhaltung war und nicht so eine Abfragerei, wie man sich sonst so ein Interview vorstellt oder was?«

KL-15: »Ich bin nicht abgefragt worden. Wissen Sie, es gibt manchmal einen Zeitpunkt, wo man sich gern mit jemand unterhalten täte über seine Probleme. Und man findet nicht immer den Richtigen, nicht, wo einem zuhört. Und da waren Sie gerade einmal der richtige Mann.«

Trobriand ist überall

Ich habe zu Beginn dieses Beitrags gesagt, daß man Feldforschung in einer deutschen Fabrik mit Feldforschung auf den Trobriand-Inseln vergleichen kann. Das will ich noch einmal begründen. Zum ersten kann ich wohl annehmen, daß für viele Leser meine Ausführungen so exotisch sind wie entsprechende Berichte über Feldforschungen in anderen ihnen unbekannten Kulturen. Wenn man sich weiter überlegt, wie man Feldforschung plant, wie und warum man sich für ein bestimmtes Feld entscheidet, und wie man die Feldforschung dann vorbereitet und durchführt, dann werden die Parallelen zwischen meinen Feldforschungen in Kaiserslautern und auf den Trobriand-Inseln offensichtlich. Jede Feldforschung wird vor dem Hintergrund eines bestimmten Erkenntnisinteresses geplant – dieses Forschungsziel bestimmt die Auswahl des Feldtyps. Ist diese Wahl getroffen, dann muß die Forschungsgenehmigung eingeholt werden. Wenn man dann meint, daß man ins Feld gehen und sofort mit der Forschung beginnen kann, dann wird man immer erleben, daß man zunächst einmal selbst im Zentrum des Interesses steht – und mehr Beobachteter denn Beobachter ist. Wenn es dabei gelingt, sich das Vertrauen der zu erforschenden Gruppe zu erwerben, seien es nun Metallarbeiter oder Trobriander, dann hat man den ersten Schritt zum Gelingen des Projekts getan, denn in dieser Phase lernt man wichtige Vertreter der zu erforschenden Gruppe kennen, die hilfreiche Informanten sein können. Im Anschluß an diese Phase machen sich Feldforscher mehr und mehr mit ihrem Feld vertraut. Dabei können sie erst lernen, wie sie Methoden zur Datenerhebung im Feld anwenden müssen. Dabei ist von

Gunter Senft auf den Trobriand-Inseln.

Forschern immer flexibles Eingehen auf die jeweilige Situation und ein großes Maß an Einfühlungs- und Anpassungsvermögen gefragt. Es geht in jeder Feldforschung darum, einen Zugang zu den Menschen zu finden, über
deren Sprache und Kultur man etwas erfahren will – und je besser es Feldforschern gelingt, diesen Zugang zu »den Anderen« zu finden, desto besser
werden die Daten sein, die sie erheben können. Feldforschung ist nicht nur
ein methodologischer Ansatz, sondern auch und vor allem eine Form der
mitmenschlichen Begegnung. Deshalb kann ich getrost behaupten: Trobriand
ist überall!

Literatur

Senft, Gunter
1982   Sprachliche Varietät und Variation im Sprachverhalten Kaiserslauterer
         Metallarbeiter. Bern.
1995   Fieldwork. In: Verschueren, Jef; Östman, Jan-Ola und Blommaert, Jan
         (Hg.), Handbook of Pragmatics. Manual, Amsterdam, 595–601.

Hinweise zum Weiterlesen

Barbour, Stephen und Stevenson, Patrick
1998   Variation im Deutschen. Soziolinguistische Perspektiven. Berlin

Fischer, Hans
2000   Wörter und Wandel. Ethnographische Zugänge über die Sprache. Berlin.

Friedrichs, Jürgen und Lüdtke, Hartmut
1973   Teilnehmende Beobachtung. Einführung in die sozialwissenschaftliche Feldforschung. Weinheim.

Labov, William
1972   Sociolinguistic Patterns. Philadelphia.

Lehmann, Albrecht
1976   Das Leben in einem Arbeiterdorf. Stuttgart

Mayntz, Renate; Holm, Kurt und Hübner, Peter
1972   Einführung in die Methoden der empirischen Soziologie. Opladen

Ruoff, Arno
1973   Grundlagen und Methoden der Untersuchung gesprochener Sprache. Tübingen.

Eveline Dürr

Feldforschung in der Stadt
Erfahrungen und Methoden

Einleitung

Als ich 1997 meinen Forschungsaufenthalt in der Stadt Albuquerque im Südwesten der USA plante, besaß ich bereits umfassende Felderfahrung. Ich hatte in den Jahren 1991 und 1992 eine 12-monatige stationäre Feldforschung in einer zapotekischen Gemeinde im ländlichen Mexiko durchgeführt und in den folgenden Jahren weitere kürzere Feldstudien unternommen (Dürr 1996). Die Feuertaufe hatte ich also bereits bestanden und vertraute bei der Vorbereitung der urbanen Feldforschung auf meine bisherigen Erfahrungen und Kompetenzen. Allerdings mußte ich feststellen, daß die stadtethnologische Forschungspraxis vielschichtiger war als ich im Vorfeld angenommen hatte und meine Erfahrungen aus dem dörflichen Umfeld nur bedingt auf die urbane Forschungssituation übertragbar waren. In der Stadt herrschten andere Gegebenheiten und Interaktionsformen als auf dem Land. Anstelle der *Face-to-face*-Beziehungen der Dorfgemeinschaft trat die Anonymität des Stadtlebens, Behörden und städtische Verwaltungsinstitutionen gehörten mit zu meinen Anlaufstellen, und ich mußte meine Untersuchungsgebiete innerhalb der Großstadt räumlich definieren und abgrenzen. Meine Forschungsstrategien und Verfahrensweisen sowie mein persönliches Erleben des urbanen Feldaufenthaltes werde ich im folgenden genauer darlegen. Zur Einordnung der Studie in ihren Kontext beschreibe ich zunächst die Entstehung, Planung und Konzeption der Forschung.

Rahmenbedingungen und Forschungskontext

Über mehrere Jahre hinweg hatte ich mich mit verschiedenen Themen Mesoamerikas beschäftigt (Dürr 1991; 1995: 39–46; 1997) und war daher auch emotional mit Mexiko sehr verbunden. Dennoch wollte ich mir mit meiner Habilitation ein neues Forschungsfeld erschließen, wofür mir im Rahmen meiner Stelle als wissenschaftliche Assistentin am Institut für Völ-

kerkunde der Albert-Ludwigs-Universität in Freiburg jedoch nur ein begrenzter Zeitraum zur Verfügung stand. Deshalb suchte ich nach einem Forschungsgebiet, in das meine bisherigen Studien zwar Eingang finden konnten, aber dennoch meine Kompetenzen regional und inhaltlich erweitert
wurden.

Der Südwesten der USA erfüllte diese Bedingungen in mehrfacher Hinsicht. Als nördlichste Region des Vizekönigtums Neuspanien verband ihn
mit Mexiko jahrhundertelang eine gemeinsame Geschichte. Erst nach dem
amerikanisch-mexikanischen Krieg von 1846 und dem Vertrag von Guadalupe
Hidalgo im Jahre 1848, in dem Mexiko nahezu die Hälfte seines Territoriums an die USA abgetreten hatte, entwickelten sich die beiden Länder unterschiedlich. Ende des 19. Jahrhunderts führte der Bau der Santa Fe-Eisen-
bahn zu tiefgreifenden Veränderungen in den abgelegenen Gebieten des Südwestens, da die verbesserte Infrastruktur eine stärkere soziale und wirtschaftliche Integration in die US-amerikanische Gesamtgesellschaft bewirkte.
Durch den Ausbruch des Zweiten Weltkriegs wurde diese Entwicklung be-
schleunigt, insbesondere durch die Gründung bedeutender Zentren der Atomforschung und Rüstungsindustrie im Südwesten. Dies beeinflußte die Be-
völkerungsentwicklung und das soziale Gefüge der sogenannten *sunbelt*-
Staaten enorm. Im *sunbelt*, der sich von Küste zu Küste parallel unterhalb
des 37. Breitengrades erstreckt, wuchs die Bevölkerung durch die forcierte
Arbeitsmigration zu den aufsteigenden Metropolen im Süden zwischen 1940
und 1980 um ca. 112%. Im selben Zeitraum verzeichneten die nordöstlichen Staaten und die des Mittleren Westens, die sogenannten *frostbelt*-Staa-
ten, lediglich ein Bevölkerungswachstum von ca. 42% (Rice/Bernard
1983: 1). Im Südwesten ist die Zuwanderung von *Anglo Americans* und die
transnationale Migration von Mexikanern, die legal und illegal die Grenze
überqueren, bis heute nicht abgerissen, weshalb dieser Raum für Mexiko
auch gegenwärtig eine herausragende soziale und wirtschaftliche Bedeutung besitzt. Diese historisch gewachsenen und aktuellen internationalen
Verflechtungen boten zahlreiche Anknüpfungspunkte an meine bisherigen
Studien.

Die inhaltliche Ausrichtung meiner geplanten Untersuchung sollte ge-
genwartsorientiert und zukunftsweisend sein, gleichzeitig aber auch historische Prozesse berücksichtigen und eine diachrone Perspektive beinhalten.
Als Forschungsfeld entschied ich mich für die ethnologische Stadtforschung,
die sich in der deutschsprachigen Ethnologie – im Unterschied zur angel-
sächsischen – erst in jüngerer Zeit als eigener Forschungszweig etabliert
und stetig an Bedeutung gewonnen hat. Dies ist einerseits mit dem weltwei-
ten Urbanisierungsprozeß und der Abwanderung in Städte zu begründen,
andererseits aber auch damit, daß sich die Definition des ethnologischen

Forschungsgegenstandes verändert hat. Die Ethnologie läßt sich nicht mehr ausschließlich auf eine Wissenschaft reduzieren, die abgelegene, der westlichen Welt sowohl geographisch als auch kulturell ferne Gesellschaften untersucht, sondern sie befaßt sich ebenso kompetent mit nicht-ländlichen, westlich geprägten, komplexen hybriden Systemen. Die Einbeziehung von Städten und städtischen Lebenswelten in die ethnologische Forschungspraxis eröffnet auch für Studierende zusätzliche Möglichkeiten, bereits an ihrem Studienort erste Feldforschungserfahrungen zu sammeln und mit den diversen Methoden der ethnologischen Datenerhebung vertraut zu werden. Mich interessierte das Forschungsfeld Stadt, abgesehen von Gegenwartsbezug und Zukunftsorientierung, auch aufgrund der interdisziplinären Ausrichtung, die mit der Stadtforschung und ethnologischen Studien in komplexen Gesellschaften verbunden ist. Da diese Bereiche nicht zu den klassischen Untersuchungsgebieten der Ethnologie gehören, müssen Forschungen aus andren Disziplinen zwangsläufig Berücksichtigung finden.

Thematisch beabsichtigte ich, mittels einer vergleichenden Untersuchung in zwei unterschiedlichen Stadtvierteln die Konstruktion und Repräsentation von kollektiven Identitäten im urbanen Raum zu analysieren. Ich wollte aufzeigen, wie kollektive Identitäten entstehen und wie sie räumlich verankert sind, welche Orte und Räume für die Einwohner spezifische Funktionen besitzen, wie verschiedene Gruppen den Stadtraum wahrnehmen, sich zu eigen machen und gegebenenfalls gegen Konkurrenten verteidigen. Diese Phänomene stehen in Wechselbeziehung zur Gesamtgesellschaft und sind in eine spezifische historische Entwicklung eingebunden, weshalb die soziale Konstruktion von Geschichte mit berücksichtigt werden muß, um den dynamischen Verlauf der Identitätsbildung umfassend deuten zu können.

Auswahl des Forschungsstandortes

Zur Auswahl des Forschungsstandortes führte ich eine Voruntersuchung durch und reiste in verschiedene Städte und Bundesstaaten des Südwestens. Vor Ort informierte ich mich über die aktuelle Situation, interviewte Angehörige verschiedener Institutionen, u. a. Vertreter von städtischen Nachbarschaftsgruppen, Angestellte der Stadtverwaltung und auch Wissenschaftlerinnen und Wissenschaftler verschiedener Universitäten, aus den Fächern Ethnologie, Soziologie, Geographie und Geschichtswissenschaft.

Mehrer Kriterien waren für die Bestimmung eines geeigneten Standortes ausschlaggebend. Eine Grenzstadt kam nicht in Betracht, da ich die Problematik der mexikanisch-amerikanischen Beziehungen nicht in den Mittel-

punkt meiner Untersuchung stellen wollte. Diesen Aspekt berücksichtigte
ich auch bei der Auswahl des Bundesstaates. Aufgrund der historischen Entwicklung und der gegenwärtigen ökonomischen Bedingungen spielt die
Grenzproblematik nicht in allen Staaten die gleiche Rolle. In Kalifornien
beispielsweise verkehren seit Generationen mexikanische Wanderarbeiter,
die sich dort zur Ernte einfinden – anders als im kargen New Mexico, wo
keine großflächigen landwirtschaftlichen Anbaugebiete entstanden sind.
Aufgrund der naturräumlichen und sozioökonomischen Bedingungen war
New Mexico, auch in politischer Hinsicht, lange Zeit relativ isoliert. Die
Regierung in Washington schenkte dem marginalen Gebiet wenig Beachtung und integrierte es erst 1912 in das übrige Staatengefüge (Jenkins/
Schroeder 1993: 73). Auch heute noch ist die Migration aus lateinamerikanischen Ländern nach New Mexico geringer als in die angrenzenden Bundesstaaten (Heer 1990).

Ein weiterer Grund, der für New Mexico als Forschungsfeld sprach, bestand darin, daß hier der Anteil der Bevölkerungsgruppe der sogenannten
Hispanics mit 40% im Vergleich zu den benachbarten Staaten am höchsten
ist. Gerade diese Bevölkerungsgruppe interessierte mich besonders. Ihre
Definition ist uneinheitlich und in mehrfacher Hinsicht problematisch. In
offiziellen statistischen Erhebungen bezieht sich dieser Terminus auf Personen, die sich auf ihre spanische Abstammung berufen oder aber aus unterschiedlichen lateinamerikanischen Ländern stammen, ungeachtet ihres
Phänotypus. Damit ist diese Kategorie zu einem diffusen Sammelbecken
geworden, dem Individuen aus völlig verschiedenen nationalen, ethnischen
und kulturellen Kontexten angehören, z. B. sowohl spanischstämmige und
damit weiße Personen als auch schwarze Puertoricaner.

New Mexico zeichnet sich außerdem durch eine gut dokumentierte, relative lange Kolonialgeschichte aus, da das Gebiet bereits im Jahre 1598 von
Juan de Oñate für Spanien in Besitz genommen wurde. Dies wiederum kam
meinem Vorhaben entgegen, die historische Perspektive bei der Untersuchung von gegenwärtigen Prozessen mit zu berücksichtigen.

Die Auswahl einer geeigneten Stadt in New Mexico war von ähnlichen
Gesichtspunkten wie die Wahl des Bundesstaates geleitet. El Paso als Grenzstadt kam nicht in Frage. Santa Fe, seit 1610 Hauptstadt von Nuevo México,
ist zwar noch älter als Albuquerque, das erst 1706 gegründet wurde, jedoch
entschied ich mich aufgrund seiner bewegteren Geschichte für Albuquerque.

Die Stadt Albuquerque

Ende des 19. Jahrhunderts war Albuquerque noch eine kleine hispanische Ansiedlung am Rio Grande, die allerdings binnen weniger Jahrzehnte zu einer Großstadt heranwuchs. Während des Zweiten Weltkrieges machten die Niederlassungen verschiedener militärischer Einrichtungen und Forschungsinstitutionen Albuquerque neben Los Alamos zu einem wichtigen Stützpunkt der Atomforschung und Hightech-Industrie (Rabinowitz 1983: 256). Dies bewirkte einen enormen Anstieg der Zuwanderungsrate. Neben *Anglo Americans* ließen sich vermehrt Mexikaner in der Stadt nieder, die bei der Eisenbahn, im florierenden Dienstleistungssektor und im aufkeimenden Tourismus Arbeit suchten. Allein in der Dekade von 1940 bis 1950 verdoppelte sich die Einwohnerzahl, und die Stadt dehnte sich flächenmäßig stark aus. Im weiteren Verlauf des 20. Jahrhunderts entwickelte sich Albuquerque zur größten Stadt in New Mexico und zählt heute ca. 400.000 Einwohner.

Die demographische Expansion veränderte die ethnische Zusammensetzung und das soziopolitische Klima der Stadt. Da sich besonders viele *Anglo Americans* in Albuquerque niederließen, fühlten sich die Einheimischen hispanischer Herkunft bald als Minderheit, die von der Anglo-Mehrheit in ihrer eigenen Stadt zurückgedrängt und diskriminiert wurde. Noch heute sind die sozialpolitischen Differenzen und Vorurteile zwischen beiden Gruppen deutlich spürbar.

In den 1990er Jahren dominierte in Albuquerque der als *white* klassifizierte Bevölkerungsanteil mit 78%, einschließlich der als *white* klassifizierten *Hispanics*. Der Anteil der *Hispanics* insgesamt, also ungeachtet ihrer Hautfarbe, betrug 34% (*Bureau of the Census* 1990: 13). Im Beschäftigungsprofil der Stadt spielt der Dienstleistungssektor noch immer eine große Rolle, in dem über 30% der Arbeitsplätze angesiedelt sind (Cordell/Schmader 1996: 165). Der Tourismus gewinnt weiterhin an Bedeutung. Jedoch ist dieser Wirtschaftszweig nicht prägend für das gesamte Stadtbild. Während die Hauptstadt Santa Fe sehr stark auf diese Klientel ausgerichtet ist und sich dies auch im Stadtbild deutlich niederschlägt, bietet in Albuquerque bislang nur das Stadtviertel Old Town eine touristische Fassade. Die anderen Stadtviertel sind vom Fremdenverkehr wenig beeinflußt. Die dynamische Entwicklung der Stadt, die ethnische Zusammensetzung sowie ihre historische und aktuelle Bedeutung für die gesamte Region waren die ausschlaggebenden Gründe, Albuquerque als Forschungsfeld auszuwählen.

Als Untersuchungsgebiete in der Stadt entschied ich mich für die Stadtviertel Old Town und Barelas (Karte 1). Beide zählen zu den ältesten Stadt-

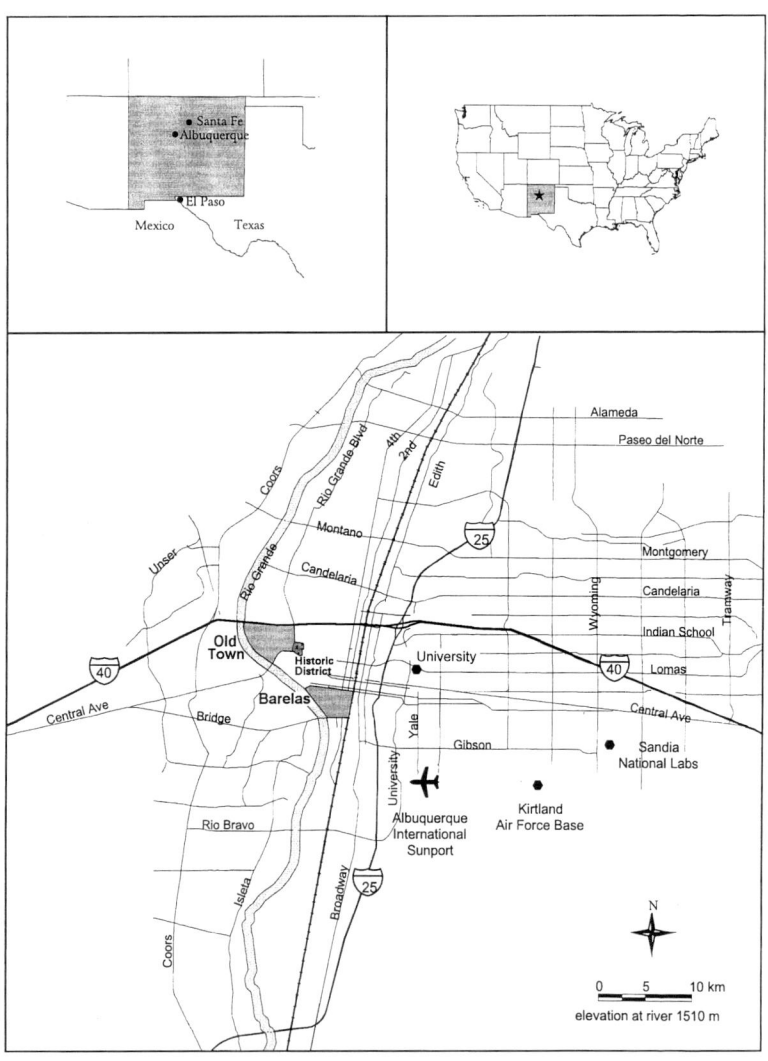

Karte 1
Albuquerque mit den Untersuchungsgebieten
Old Town und Barelas.

Touristisches Stadtbild in Old Town.

4th street in Barelas, im Hintergrund die Skyline von Downtown.

teilen und zeichnen sich durch eine gut dokumentierte Geschichte aus, hatten sich aber dennoch unterschiedlich entwickelt. Old Town ist heute ein pittoresk aufgemachtes touristisches Zentrum, in dem sich der ursprüngliche spanische Siedlungskern am Rio Grande befindet. Vor der touristischen Erschließung in den 1920er und 1930er Jahren lebten dort vorrangig *Hispanics*, die sich als Nachkommen der spanischen Pioniere verstanden. Durch den Einzug von zahlreichen Geschäftsleuten anglo-amerikanischer Abstammung änderte sich die Bevölkerungszusammensetzung und die Hispanics fühlten sich diskriminiert. In diesem Viertel befindet sich auch die älteste Kirche der Stadt, San Felipe de Neri, deren Gemeinde sich weitgehend aus weißen hispanischen Mitgliedern zusammensetzt. Pueblo und Navajo, die als fliegende Händler Schmuck und andere Waren an die Touristen verkaufen, gehören ebenfalls zum täglichen Stadtbild.

Barelas hingegen ist ein sozial und wirtschaftlich schwaches Stadtviertel. Dieser Stadtteil erstreckt sich entlang der Bahngleise und wird heute vorrangig von Personen bewohnt, die im 19. und 20. Jahrhundert aus Mexiko eingewandert sind. *Anglo Americans* und indigene Bevölkerungsteile finden sich hier nur vereinzelt. Für den Tourismus war dieser Stadtteil bislang völlig uninteressant. Gegenwärtig vollzieht sich in ihm allerdings ein tiefgreifender Wandel. Zur Sanierung des Viertels werden von der Stadtverwaltung verschiedene Projekte durchgeführt, was nach meinen Recherchen mit der Lage von Barelas südlich des sich ausdehnenden Geschäfts- und Bankenviertels Downtown zu begründen ist.

Forschungsituation

Nach dem Abschluß meiner Vorstudie beantragte ich bei der Deutschen Forschungsgemeinschaft die Finanzierung meiner Feldforschung. Von meiner Stelle als wissenschaftliche Assistentin konnte ich mich für diesen Zeitraum unbezahlt beurlauben lassen. In der Hoffnung auf die Genehmigung meines Antrags reiste ich im Juli 1997 nach Albuquerque – ohne die Finanzierung sichergestellt zu haben. Die Zusage von der DFG erreichte mich erst im August 1997.

Im Rahmen einer vergleichenden Analyse beabsichtigte ich, in den unterschiedlichen Stadtvierteln die Identitätsbildung der Einwohner zu untersuchen und in ihrem historischen Kontext zu deuten. Mein besonderes Augenmerk galt ihren symbolischen Repräsentationsformen im Stadtraum sowie der spezifischen Darstellung und Nutzung von Raum, den Strategien zu seiner Aneignung und den dabei zutage tretenden sozialen Konflikten.

Zu Beginn meiner Feldforschung hatte ich geplant, in beiden Stadtvierteln einige Monate zu wohnen. Denn schließlich wollte ich den Anforderungen einer ethnologischen Feldforschung gerecht werden und ohne Berührungsangst den Alltag der Bewohner unmittelbar erleben. Ich bezog in Old Town ein Haus der oberen Mittelklasse. Aus Sicht der hispanischen Besitzerin war ich eine ideale Mieterin, vor allem deshalb, weil ich Deutsche und nicht Mexikanerin war, und weniger, weil ich dringend eine möblierte Unterkunft benötigte. Meine Wohnsituation und Lebensumstände paßten so gar nicht in das Bild einer klassischen Ethnologin, die unter exotischen und abenteuerlichen, meist auch beschwerlichen oder sogar gefährlichen Bedingungen zu ihren Forschungsergebnissen kommt. Nichts davon war in meinem Fall zutreffend. Ich lebte weder karg noch asketisch. Vielmehr war ich in den USA besser ausgestattet als in Deutschland, wenngleich meine komfortable Unterkunft dem Standard in meinem Untersuchungsgebiet weitgehend entsprach.

Eine Institution, von der ich während meines Forschungsaufenthaltes sehr profitierte, war die *University of New Mexico* vor Ort. Mit den dortigen Wissenschaftlerinnen und Wissenschaftlern stand ich in regelmäßigem Kontakt, konnte den Verlauf meiner Forschung diskutieren und erste Ergebnisse präsentierten. Dadurch wurde ich angeregt, meine Daten stetig zu systematisieren und zu reflektieren. Dieser fortwährende, die gesamte Forschung begleitende Prozeß der kritischen Diskussion sensibilisierte mich für meine selektive Wahrnehmung und ermöglichte einen intersubjektiven Blick auf die Interpretation meiner Daten.

Das Eingebundensein in den akademischen Rahmen besaß noch einen weiteren Vorteil. Ich war dadurch nicht auf mich alleingestellt, sondern fühlte mich in eine akademische *community* eingebettet, deren Rituale und Interaktionsformen mir weitgehend vertraut waren. Sicherlich auch deshalb hatte ich den Eindruck, außer Fachlichem auch Persönliches thematisieren zu können, sollte ich das Bedürfnis dazu verspüren.

Die ersten Wochen meines Feldaufenthaltes verbrachte ich damit, detaillierte Informationen über die beiden Stadtviertel einzuholen und mich mit dem Alltagsgeschehen vertraut zu machen. Dabei wurden mir die Unterschiede zu meiner Feldforschung im ländlichen mexikanischen Umfeld immer deutlicher – zumal in einem gut organisierten Land wie den USA. Die zuverlässig funktionierenden Kommunikationsmittel wie Telefon und *E-Mail* empfand ich als ausgesprochen segensreich. Ich vereinbarte über sie zahlreiche Termine, holte Auskünfte ein, die mir lange Wege in der Stadt ersparten, und war selbst ebenfalls jederzeit erreichbar.

Als bedeutende Informationsquellen erwiesen sich die zahlreichen Archive der Kirchengemeinden, Museen, Lokalzeitungen, Nachbarschafts-

gruppen etc., in denen unveröffentlichte Dokumente, Manuskripte und Bild-
material über die verschiedenen Stadtviertel zur Verfügung standen. Eine
weitere wichtige Anlaufstelle war die Stadtverwaltung. Neben touristischen
Broschüren, Selbstdarstellungen der Stadt und »grauer« Literatur erhielt ich
dort einen Zensus und exakte Karten, die sonst in mühevoller Kleinarbeit
erstellt werden müssen. Zusätzlich bot die Universitätsbibliothek und das
dortige Archiv weiteres Material, was mir die Literaturrecherche erleichterte.

Die gut funktionierende Verwaltung vereinfachte mir einige Arbeitsschritte, die schriftliche Materialfülle hingegen barg aber auch eine Gefahr. Sie
verleitete mich dazu, mich intensiv mit Dokumenten *über* die Bewohner
der verschiedenen Stadtviertel und weniger *mit* ihnen zu beschäftigen. Die
Stärke der ethnologischen Feldforschung liegt jedoch gerade in der unmittelbaren, direkten Erfahrung der Lebenswelt der zu untersuchenden Individuen. So aufschlußreich die Dokumente auch waren, meine Zeit für die
Feldforschung war nicht unbegrenzt und ich war gezwungen, Prioritäten zu
setzen. Ich mußte mich verstärkt mit den Personen selbst befassen, wußte
aber nicht genau, wie ich einen guten Einstieg finden konnte.

In dieser Situation wurde mir ein weiterer wesentlicher Unterschied zu
meinen bisherigen Erfahrungen im ländlichen Kontext bewußt, der wohl
für eine Forscherin mit meinem Hintergrund in einer »westlichen« Stadt
generelle Gültigkeit besitzt. Während ich in Mexiko schon allein durch mein
Äußeres, wie Aussehen oder Kleidung, als »Fremde« auffiel und dadurch
eine gewisse Aufmerksamkeit erzielte, schenkte mir in der Stadt niemand
Beachtung – ich hatte den Eindruck, nicht einmal wahrgenommen zu werden. Erneut erlebte ich die Bedeutung der Körperlichkeit in Forschungs-
situationen buchstäblich am eigenen Leib. Die Körperwahrnehmung wird
in den Feldforschungskontexten nur wenig thematisiert, obwohl sie für die
Interaktionsbeziehungen eine wichtige Komponente darstellt (Schlehe 1996:
451–460). In Mexiko weckte die Beschaffenheit meines Körpers die Neugier der Dorfbewohner und verleitete sie dazu, meine Haut zu befühlen,
sich über die Farbe meiner Augen zu wundern und über meine Körpergröße
zu spekulieren. Ich selbst empfand die körperliche Differenz oftmals als
unangenehm, da ich das Gefühl hatte, dadurch ungewollt über die Maßen
aufzufallen oder unter ständiger Beobachtung und somit auch unter sozialer
Kontrolle zu stehen. Im Unterschied zur Stadt konnte ich mich auf dem
Land nur selten in ein anonymes Umfeld zurückzuziehen, weder im öffentlichen Raum des Dorfes noch im privaten Bereich, da ich bei einer einheimischen Familie gewohnt hatte. Das intensive Erleben der körperlichen Unterschiedlichkeit begleitete mich dort nahezu ständig. Sicherlich konstruierte dies auch meine Forschungssituation erheblich mit. Bei verschiedenen
Anlässen, seien es Feste, Rituale oder auch Alltagsbegegnungen, konnte ich

nicht einfach nur »Dabeisein« – ohne den Eindruck zu haben, übertrieben präsent zu wirken. In Albuquerque hingegen hatte ich jederzeit die Möglichkeit, mich in die private Sphäre meiner Wohnung zurückzuziehen oder in die Anonymität der Stadt einzutauchen, da es keine äußerlichen Besonderheiten gab, die mich von den anderen Stadtbewohnern maßgeblich unterschieden und sie auf mich aufmerksam oder gar neugierig gemacht hätten. Im Gegenteil, aufgrund meiner dunklen Haarfarbe fiel ich auch in der Gemeinschaft der *Hispanics* nicht sonderlich auf. Rein äußerlich hätte ich sowohl den *Anglos* als auch den *Hispanics* zugerechnet werden können. So sehr ich in Mexiko mit der körperlichen Unterschiedlichkeit zu kämpfen hatte, so sehr fehlte sie mir in der Stadt als möglicher Ausgangspunkt für eine Konversation. Denn in Mexiko war die äußerliche Differenz bereits Anlaß genug für ein Gespräch, in der Stadt hingegen fiel sie in meinem Fall nicht ins Gewicht. Hier mußte ich anderweitig in Erscheinung treten, um auf mich aufmerksam zu machen und erste Kontakte zu knüpfen.

Forschungsverlauf

Das Ausfindigmachen von Personen, die bereit waren, mir einen Einblick in ihre persönliche und familiäre Lebenssituation zu geben und mich an ihrem Alltag teilhaben zu lassen, verlief in den jeweiligen Stadtvierteln unterschiedlich. Obwohl ich in Old Town wohnte und Nachbarschaften pflegte, fiel mir dort die Kontaktaufnahme besonders schwer. Bald stellte ich fest, daß ein Großteil der *Hispanics* in Old Town aktive Mitglieder der katholischen Kirchengemeinde San Felipe de Neri waren, deren Geschichte eng mit der Gründung der Stadt verknüpft ist (Dürr 2000 a: 301–321). Das kirchliche Leben und die religiösen Rituale, wie Taufe, erste Kommunion oder Hochzeit, prägen wichtige Abschnitte im Lebenzyklus und beeinflussen ihr Weltbild maßgeblich. Außerdem spielt der Geistliche als Orientierungsperson für die Gemeindemitglieder eine herausragende Rolle. Ich versuchte nun, über die kirchliche Gemeinschaft erste persönliche Beziehungen aufzubauen.

Doch obwohl ich regelmäßig die Messen besuchte und an den Ritualen teilnahm, fand ich keinen richtigen Anschluß. Die Gespräche mit den Kirchgängern reichten nur selten über den Austausch von Floskeln hinaus, ganz zu schweigen von Einladungen oder anderen persönlichen Begegnungen. Allerdings erkannte ich, daß nicht nur ich das Gefühl hatte, ausgeschlossen zu sein. Auch andere Gemeindemitglieder, insbesondere anglo-amerikanischer Abstammung, klagten über die Verschlossenheit der *Hispanics* und

Gemeindemitglieder der Kirche San Felipe de Neri in Old Town.

bemerkten nicht ohne Bitterkeit, man müsse wohl einen spanischen Nach-
namen tragen, um integriert zu werden. Sie hatten mit noch größeren Vorurteilen zu kämpfen als ich, denn schließlich war ich keine *Anglo* sondern
Deutsche. Daher versuchte ich nun, diesen Unterschied strategisch stärker
einzusetzen. Obwohl ich rein äußerlich als *Anglo American* eingeschätzt
werden konnte, verriet mein Akzent meine nicht-amerikanische Herkunft,
auf die ich nun deutlicher und öfter verwies. Um zudem auf eine Gemeinsamkeit mit den *Hispanics* aufmerksam zu machen, die mich von den meisten *Anglos* unterschied, versuchte ich, meine Spanischkenntnisse zum Einsatz zu bringen. Jedoch erzielte ich damit nur wenig Eindruck. Die älteren
Hispanics, die noch spanisch sprechen, gaben mir zu verstehen, ihr Spanisch sei das alte Kastilisch der Eroberer, die Sprache eines Miguel de Cer-
vantes, das keine mexikanische Färbung besaß – im Unterschied zu dem
meinigen. Mit mir unterhielten sie sich weiterhin nur auf Englisch.

Ich mußte also einen anderen Weg einschlagen, um meine Kontakte zu
intensivieren. Auf Anraten eines Gemeindemitglieds führte ich ein Gespräch
mit dem Geistlichen, erzählte ihm von meiner Absicht, in Old Town eine
ethnologische Studie durchzuführen und bedauerte das Mißtrauen der
Hispanics. Dieses Gespräch markierte einen Wendepunkt in meiner Feldforschung in Old Town und erwies sich als Schlüssel zu dieser Gemeinde.

Interpretation von Archivbildern mit einer Bewohnerin (re.)
aus Old Town.

Der Geistliche zeigte Interesse an meinem Projekt und sicherte mir seine
Unterstützung zu. Ein paar Tage später erhielt ich von ihm eine Namensliste
mit ausgewählten Personen, die er für geeignete Gesprächspartner hielt und
die sich auf sein Nachfragen hin zu einem Interview mit mir bereit erklärt
hatten. Diese Gemeindemitglieder waren bestens mit der lokalen Situation
vertraut und stammten aus alteingesessenen Familien. Ausführlich und offen erzählten sie mir nun ihre Lebensgeschichten, zeigten mir stundenlang
Fotoalben und Briefe ihrer Familienmitglieder und gestatteten mir, die Gespräche auf Band aufzunehmen. Ohne die Referenz des Geistlichen wäre
mir der Aufbau eines Vertrauensverhältnisses weitaus schwerer gefallen und
es wäre wesentlich mühevoller gewesen, Individuen mit entsprechendem
lokalen Wissen und historischen Kenntnissen ausfindig zu machen.
   Andere Bevölkerungsgruppen, wie die anglo-stämmigen Geschäfts- und
Restaurantbesitzer im touristischen Old Town waren weniger skeptisch als
die alteingesessenen *Hispanics*. Vor allem während ruhiger Geschäftstage
unterhielten sie sich gerne mit mir und waren spontan zu Interviews bereit,
vielleicht auch, weil sie in mir eine potentielle Kundin witterten. Mit Deutschland bzw. Europa verbanden ältere Personen vor allem Kriegserinnerungen
oder aber sie erzählten von stationierten Armeeangehörigen aus dem
Verwandschafts- oder Bekanntenkreis. Diese Assoziationen boten oftmals

den Auftakt für ein Gespräch. Mit den Pueblo und Navajo, die auf einer Art Flohmarkt in Old Town verschiedene Waren an Touristen verkauften, gestaltete sich die Kontaktaufnahme hingegen schwieriger. Erst als ich über einen längeren Zeitraum hinweg täglich in Old Town anwesend war, entwickelten sich Gespräche, die über ein bloßes Verkaufsinteresse hinausgingen. Erschwert wurde der Aufbau eines intensiveren Kontakts durch die Tatsache, daß die Verkäufer häufig wechselten und sich nicht täglich in Old Town aufhielten, weshalb ich erst nach längerer Zeit einzelne Personen näher kennenlernen konnte.

Als zusätzliche Anlaufstellen hilfreich waren auch Vereine, Schulen und lokale Interessengemeinschaften, die in den verschiedenen Stadtvierteln aktiv sind und die wiederum über andere Netzwerke verfügen als die Kirchengemeinden. Auch Gastwirte, Briefträger, Lehrer oder Angestellte bestimmter Geschäfte sind Personen, die über die lokalen Verhältnisse bestens informiert sind.

In Barelas hingegen verlief der Einstieg und die erste Kontaktaufnahme einfacher. Ich suchte zunächst die kleinen Ladengeschäfte auf, die von einheimischen Personen geführt wurden. Sie waren ohne größere Vorbehalte zu Interviews bereit, zeigten sich gastfreundlich und weitaus weniger mißtrauisch als die *Hispanics* in Old Town. In diesem Fall kam mir auch mein mexikanisches Spanisch zugute, obgleich die meisten Personen im Laufe des Gesprächs wieder ins Englische wechselten. Auch in Barelas gab es eine Kirche, die jedoch wesentlich weniger bestimmend für den Lebenszyklus und die Alltagspraxis ihrer Mitglieder war als in Old Town. Dies galt auch für die Rolle des Geistlichen, den ich dort ebenfalls aufsuchte. Er zeigte sich zwar interessiert und kooperativ in Bezug auf mein Forschungsvorhaben, beklagte sich aber über die Nachlässigkeit seiner Gemeindemitglieder bei den kirchlichen Ritualen und über die Respektlosigkeit gegenüber seiner Person. Ich hatte den Eindruck, daß er keinen maßgeblichen Einfluß besaß, zumal die Geistlichen in Barelas häufiger wechselten als in Old Town. Doch auch in Barelas gab es Institutionen, die mir mit Mißtrauen begegneten. Dies betraf vor allem Behörden, die an der Sanierung des Viertels beteiligt waren. Sie verlangten ausführliche Informationen über den Zweck und das Ziel meiner Untersuchung und forderten einen Lebenslauf, eine Projektbeschreibung sowie ein Empfehlungsschreiben meiner Universität, bevor sie sich zu einem Gespräch oder zur Freigabe von Daten bereit erklärten.

Obwohl sich die Einwohner von Old Town und Barelas sowohl hinsichtlich sozioökonomischer Merkmale als auch ethnischer und kultureller Zugehörigkeit unterschieden, existierten dennoch Gemeinsamkeiten, die für meine persönliche Feldforschungssituation ausschlaggebend waren. In beiden Stadtvierteln begegnete ich vorwiegend selbstbewußten und kritischen

Gesprächspartnern. Anders als im ländlichen Mexiko, wo strukturelle und materielle Ungleichheiten meine privilegierte Position untermauerten und den Interaktionsprozeß zwischen den Dorfbewohnern und mir wesentlich geprägt hatten, verwischten sich diese Kategorien in meinem städtischen Untersuchungsfeld stärker. Weder in Old Town noch in Barelas erlebte ich mich als bestimmende ober gar überlegene Person, die die Bedingungen des Forschungsprozesses maßgeblich vorgab. Im Gegenteil, häufig befand ich mich in einer defensiven Position, da meine Informanten die dominanten Akteure waren, die Termine und Gesprächsdauer festlegten, Treffpunkte bestimmten etc. In den Beziehungsstrukturen, die sich zwischen ihnen und mir entwickelten, empfand ich mich eher als abhängige Person, die auf Mitarbeit angewiesen war und andere Mittel und Ressourcen als im ländlichen Mexiko einsetzten mußte, um diese stimulieren. Während dort allein in den Statusunterschieden Motive zu einer Zusammenarbeit liegen konnten, waren solche Anreize in Albuquerque kaum vorhanden.

Ein weiterer Aspekt, der mich immer wieder zur Reflexion meiner Rolle als Feldforscherin veranlaßte, bestand darin, daß konkurrierende Gruppen versuchten, meine Person für ihre Zwecke zu instrumentalisieren und meine Solidarität für ihre Anliegen einforderten. In Old Town wurde dies in der kirchlichen Gemeinde deutlich, als Mitglieder anglo-amerikanischer Abstammung von mir erwarteten, ihre Einschätzung hinsichtlich der *Hispanics* zu teilen, die sie als abweisend und hochmütig empfanden. Andererseits forderten die hispanischen Gemeindemitglieder von mir Zustimmung, wenn sie mir von ihren Ressentiments gegenüber den *Anglos* berichteten. In Barelas erwarteten die Gruppen, die sich gegen die Sanierung des Stadtviertels aussprachen und eine Gentrifikation fürchteten, daß ich ebenfalls die städtischen Projekte ablehnte. Ich hingegen wollte mich weder von der einen noch von der anderen Gruppe vereinahmen lassen und verwies darauf, nur begrenzte Zeit anwesend zu sein und ein wissenschaftliches Projekt durchführen zu wollen. Meine Argumente stießen zwar vordergründig auf Verständnis, aber dennoch hatte ich den Eindruck, daß auch weiterhin Solidaritätsbezeugungen von mir erwartet wurden, zu denen ich mich allerdings nicht bereit erklärte.

Im Vorfeld meiner Studie war mir die Komplexität einer vergleichenden Untersuchung von zwei verschiedenen Stadtvierteln nicht bewußt gewesen. Vor allem zu Beginn der Feldforschung, als ich mit den Lokalitäten und Gepflogenheiten noch nicht gänzlich vertraut war, empfand ich dies als problematisch. Hielt ich mich in Old Town auf, befürchtete ich, gerade jetzt wichtige Dinge in Barelas zu verpassen – und umgekehrt. Das Pendeln führte dazu, daß ich mich weder in dem einen noch im anderen Stadtviertel »heimisch« fühlte und an der Lebenswelt der Bewohner intensiv teilnehmen konnte. Außerdem kam ich in beiden Stadtviertel nicht gleich gut mit meinen Forschungen voran, was meine Unzufriedenheit vergrößerte. Anfangs konnte ich in Barelas schneller Fuß fassen, später hingegen partizipierte ich stärker am Alltagsgeschehen in Old Town. Heute sehe ich den wichtigsten Grund dafür in meiner Wohnsituation. Denn entgegen meiner ursprünglichen Absicht, in beiden Stadtvierteln eine Zeit lang zu wohnen, stellte sich im Laufe meines Aufenthalts heraus, daß dies nicht praktikabel war. Schon zu Beginn meiner Forschung war ich zwar über die problematische soziale Situation in Barelas informiert und wurde auch immer wieder auf die Gefahren von Straßengangs, Drogenhandel, Einbruch und Diebstahl hingewiesen, dennoch hatte ich mich persönlich zu keiner Zeit bedroht gefühlt – bis ich einen bewaffneten Überfall auf offener Straße beobachtete. Fortan hielt ich mich nur noch tagsüber zu Forschungen in Barelas auf. Als Wohnort kam dieser Stadtteil für mich daher nicht mehr in Frage.

Methoden der Datenerhebung

Eine weitere Schwierigkeit, die sich in den beiden Stadtvierteln unterschiedlich darstellte, war die Eingrenzung und Definition der Untersuchungsgebiete. Auch in klassischen ethnographischen Studien mit dem Schwerpunkt auf kleinräumigen, wenn auch nur scheinbar isolierten und überschaubaren Untersuchungseinheiten auf dörflicher Ebene müssen sich die Forschenden dieser Problematik stellen. Denn auch diese Gemeinschaften sind in dynamische globale Netzwerke und komplexe Prozesse eingebunden, die die Lebenswelten der beteiligten Individuen und Gruppen durchdringen. Anstelle der geographisch-räumlich definierten Territorien sind hybride und fließende Grenzzonen getreten, die auch an die Feldforschung neue methodische und strategische Anforderungen stellen (Marcus 1995: 95–117; Gupta/ Ferguson 1997: 1–46).

Meine Studie konzentrierte sich räumlich auf zwei Stadtviertel, deren Einwohner aber auch außerhalb dieser präsent und in übergeordnete soziale Kontexte eingebunden sind, sei es im Rahmen ihres Berufes oder ihrer Freizeit. Außerdem interagieren sie mit zahlreichen Personen, die sich zwar in »ihrem« Stadtteil aufhalten, nicht aber unbedingt dort wohnen. Die Intensität der alltäglichen sozialen und wirtschaftlichen Beziehungen, die inter- und intraethnischen Interaktionsformen, die Kommunikationsgeflechte und die Mobilitätsmuster der Stadtbewohner können durch urbane Netzwerkanalysen belegt und transparent gemacht werden (Mitchell 1969). Um eine fundierte Analyse in den jeweiligen Stadtvierteln zu erzielen müssen sie

auch im Licht ihrer historischen Entwicklung und in Beziehung zum Gesamt-
kontext der Stadt gesehen werden. Darauf haben bereits stadtethnologische
Studien aus den 1970er Jahren hingewiesen (Moore 1975: 17–25; Rollwagen 1980: 370–383).

Dennoch ist es erforderlich, die komplexen urbanen Strukturen in überschaubare Einheiten zu gliedern, damit auch rein praktisch eine Feldforschung durchgeführt und der physische Aktionsraum des Forschenden ein-
gegrenzt werden kann. Dazu orientierte ich mich weniger an den von der
Stadtverwaltung festgelegten Grenzen, sondern vielmehr daran, wie die Bewohner selbst die Begrenzung »ihres« Viertels perzipierten, sowohl phy-
sisch als auch sozial. Aufgrund der historischen Entwicklung und städte-
baulichen Gegebenheiten wurden diese in beiden Stadtteilen unterschiedlich wahrgenommen und kategorisiert. Die *Hispanics* in Old Town zählten
Personen, die zwar nicht mehr in diesem Stadtgebiet wohnten, aber spezifische Merkmale besaßen und durch Verwandtschaftbeziehungen mit ihnen
verbunden waren, immer noch zu ihrer Gemeinschaft. In Barelas war dies
nicht zwangsläufig der Fall. Hier beschränkte sich die Zugehörigkeit zur
Stadtviertelgemeinschaft stärker auf die tatsächlich dort lebenen Individu-
en. Auch die physischen Grenzen verlaufen in Old Town fließender als in
Barelas, wo sie eindeutig durch markante Linien im Stadtbild, wie Bahngleise, Flußlauf, Industriegebiet und dem Geschäftsviertel Downtown, mar-
kiert sind (vgl. Karte 1).

Zur Datenerhebung setzte ich in verschiedenen Phasen des Feld-
forschungsprozesses unterschiedliche Methoden ein, die von der jeweiligen Fragestellung abhingen. Die teilnehmende Beobachtung konzentrierte
sich zunächst auf das Alltagsgeschehen im öffentlichen Raum sowie auf
bestimmte Rituale und Ereignisse, die dort stattfanden, wie etwa Prozessio-
nen oder Kundgebungen etc. Ergänzend dazu erstellte ich Situations-
protokolle. Neben der teilnehmenden Beobachtung führte ich während der
ersten drei Monate unstrukturierte, narrative Interviews durch, die sich vor
allem auf die Aufnahme von Lebensgeschichten, ethnischen Selbst-
definitionen und sprachlichen Kompetenzen konzentrierten. Anhand der
Biographien konnte ich Rückschlüsse auf die soziale und historische Entwicklung der jeweiligen Gemeinschaften ziehen. Daran schlossen sich halb-
strukturierte Interviews an, die sich an einem von mir entworfenen Leitfaden
orientierten. Im Vordergrund standen Fragen nach der Geschichte und der aktuellen Situation der Stadtteile, aber auch zum Alltagsgeschehen, zu gemein-
schaftlichen Aktivitäten und Festen sowie zur Wahrnehmung des Wandels.
Zur besseren Übersicht kartierte ich die Wohnorte der befragten Personen.

Im nächsten Schritt erarbeitete ich, aufbauend auf den Ergebnissen der
teilnehmenden Beobachtung und den Interviews, einen erweiterten Leitfa-

den für zukünftige Gespräche. In dieser zweiten Phase legte ich den Schwerpunkt vor allem auf die Ermittlung verschiedener Identitäts- und Wahrnehmungsmuster, interethnischer Beziehungsstrukturen, persönlicher Assoziationen und Beziehungen zu den Stadtvierteln, der symbolischen Darstellung sowie auf die Einschätzung des eigenen Viertels im Unterschied zu anderen Teilen der Stadt. Um dies zu erfassen, erweiterte ich das Methodenrepertoire und integrierte in die Befragungen verschiedene Anschauungsmaterialien wie Abbildungen und Fotographien, die ich aus den Archiven erhalten hatte. Zur Ermittlung der Wahrnehmung von verschiedenen Orten und Gebäuden setzte ich partizipative Methoden ein, z. B. die Erstellung von *rankings* und *mental maps*. Mit *rankings*, in Tabellenform aufgelistete Lokalitäten, die ich aus den Interviews und Archivdaten ermittelt hatte und auf einer Skala von 0 (schlechtester Wert) bis 10 (bester Wert) in Bezug auf ihre Wichtigkeit einschätzen ließ, ergaben sich Anhaltspunkte für die Perzeption und Funktion bestimmter Orte im Stadtraum aus Sicht der Befragten. Die Bewertung mußte wiederum begründet werden. Die Anfertigung von *mental maps* diente dazu, die subjektive Repräsentation und Wahrnehmung des Raumes zu erfassen. Sie beruhen vorrangig auf affektiven und assoziativen Besonderheiten, die ein Individuum mit der städtischen Umwelt verbindet, und weniger auf wirklichkeitsgetreuen Abbildungen (Lynch 1960; Downs/Stea 1973, 1977).

Ich stellte fest, daß die herausragenden Elemente der Identitätskonstruktion der *Hispanics* in Old Town auf primordialen Merkmalen wie spanischer Abstammung und katholischer Konfession basieren. Beide Eigenschaften sind eng miteinander verknüpft und stehen in Verbindung mit einem spezifischen Geschichtsbild. Sie dienen als Definitionskriterien für die Zugehörigkeit zu ihrer Gemeinschaft und markieren gleichzeitig Abgrenzungsmerkmale gegenüber den Mexikanern, *Anglo American*s sowie den *American Indians*. Auch diese Gruppen sind in Old Town präsent und beanspruchen ebenfalls das Stadtviertel für ihre Interessen. In Erzählungen erinnern die *Hispanics* an die geschichtliche Entwicklung dieses Stadtteils und weisen darauf hin, diejenigen zu sein, die das Land erobert und durch die Mission »kultiviert« haben, weshalb sie sich als die rechtmäßigen Besitzer betrachten. Dieses Geschichtsbild manifestiert sich auch im Stadtraum, insbesondere in der Kirche, die auf symbolischer Ebene die wichtigste Säule der Identitätskonstruktion der *Hispanics* verkörpert – sie ist spanischen Ursprungs und Zentrum der religiösen Praktiken. Neben weiteren architektonischen und gestalterischen Attributen, die auf die Zeit der spanischen Pioniere aufmerksam machen, dokumentieren die *Hispanics* ihre Sichtweise durch spezifische Rituale und Aufführungen im öffentlichen Raum. Die unterschiedliche Wahrnehmung und Nutzung von Old Town durch

Kirche San Felipe de Neri in Old Town.

die verschiedenen Gruppen führt zu zahlreichen Konflikten, die um sozial-politische Macht und wirtschaftliche Vorteile kreisen, und sich in Ausein-andersetzungen um die gestalterische Kontrolle des Stadtraumes manife-stieren.

In Barelas hingegen entwickelte sich kein vergleichbar ausgeprägtes Gemeinschaftsgefühl, das zur Entstehung einer dauerhaften, historisch ge-wachsenen kollektiven Identität führte. Die geschichtliche Entwicklung, die hohe Fluktuation sowie die Interaktionsmuster mit der Gesamtgesellschaft trugen dazu bei, daß heterogene, individuelle Erfahrungen und Erinnerun-gen im Vordergrund stehen und sich kein Kollektiv im Sinne einer Schick-salsgemeinschaft ausbildete, das auf gemeinsamer Vergangenheit und Ab-stammung basiert. Auch im Stadtraum finden sich keine vergleichbar be-deutenden Markierungen, die auf ein gemeinsames Geschichtsbewußtsein aufmerksam machen oder auf ein herausragendes gemeinsam erlebtes Er-eignis hinweisen würden. Die Einwohner von Barelas waren im Unterschied zu Old Town bislang nicht gezwungen, ihren Raum in konzertierten Aktio-nen gegen andere Gruppen zu verteidigen, was ebenfalls zur Entstehung eines stärkeren Gemeinschaftsgefühls hätte beitragen können.

Dennoch gab es auch in Barelas rege Aktivitäten, die der Pflege des ge-meinschaftlichen Lebens dienten und die teilweise heute noch praktiziert werden. Allerdings lassen sich diese nach Alter, Geschlecht und weiteren sozioökonomischen Merkmalen differenzieren. Nur wenige Veranstaltungen besitzen übergreifenden Charakter, der sämtliche Einwohner zusammenführt – wie das in Old Town durch das ausgeprägte religiöse Leben der Fall ist. Dort werden die Individuen durch die Feiern des Lebenszyklus von der Wiege bis zur Bahre an die Kirche gebunden und die Gemeinschaft durch die religiösen Feste zusammengehalten. Durch die Konzentration auf das kirchliche Leben kann in Old Town auch eine wesentlich stärkere soziale Kontrolle als in Barelas ausgeübt werden, wo die Einwohner unterschiedlichen Aktivitäten nachgehen und verschiedene soziale Treffpunkte aufsuchen. Doch ist zu beobachten, daß sich dieses Stadtviertel aufgrund der umfassenden städtischen Sanierungsmaßnahmen in einem tiefgreifenden Wandel befindet, der mit einem neuen Selbstverständnis und verändertem historischen Bewußtsein der Bewohner einhergeht (Dürr 2000 b: 282–324).

Selektion und Präsentation der Ergebnisse

Generelle Aussagen über Feldforschungen zu treffen, ist problematisch, da ihr Verlauf und ihre Ergebnisse stark von der Wahrnehmung, den spezifischen Umständen und der jeweiligen Biographie des Forschenden abhängen. Die Person des Feldforschers besitzt dabei nicht nur den Status eines Beobachters sondern vielmehr auch eines Akteurs, der während des Forschungsprozesses das »Feld« und seinen Untersuchungsgegenstand selbst mitkonstruiert und prägt (Abu-Lughod 1991: 137–162; Cyrus 1998: 90–99). Auch wenn diese individuellen Erfahrungen die Einzigartigkeit jeder ethnologischen Feldforschung ausmachen, lassen sich dennoch bestimmte Muster erkennen, die in den Berichten über die Forschungsaufenthalte immer wieder auftauchen. Beispielsweise wird der Anfangsphase wesentlich mehr Aufmerksamkeit geschenkt als der Schlußphase und der Verabschiedung, obwohl auch sie wichtige Teile des Forschungsverlaufs darstellen (Barrett/Cason 1997: 121–126). Außerdem erinnern viele Erzählungen an Heldengeschichten, in denen der Protagonist zunächst vor nahezu unlösbaren Aufgaben steht und mit zahlreichen Widrigkeiten zu kämpfen hat, schließendlich aber doch von einem glorreichen Finale berichten kann (vgl. Kohl 1993: 114, 116). Versteht man Feldstudien jedoch als reflexiven Prozeß und ethnologische Datenerhebung als dialogisches Verfahren zur Deutung der kulturellen Interaktionsstrukturen aller beteiligten Gruppen, wobei die Erforschten auch zu Wort kommen und Stellung beziehen sollen, so ist eine ethnographische Untersuchung nie wirklich »abgeschlossen«. Vielmehr liegt es einzig bei der Autorität des Forschenden, die Datenaufnahme und Feldarbeit für »beendet« zu erklären und die Auswertung in schriftlicher Form als »fertig« zu präsentieren - wie ich es bei meiner stadtethnologischen Forschung auch getan habe. Die Bestimmung dieses Zeitpunktes kann weniger an inhaltliche als vielmehr an strukturelle Bedingungen geknüpft sein, wie zur Verfügung stehende finanzielle Mittel oder auch Zeitvorgaben, die nicht überschritten werden können.

Doch auch nach der Beendigung des Aufenthalts vor Ort muß die Feldforschung und Datenerhebung nicht zwangsläufig zu Ende sein. Gerade im Zeitalter der erhöhten und vereinfachten Kommunikation ist es möglich, über große Distanzen hinweg mit den betreffenden Personen weiterhin in Verbindung zu bleiben und das örtliche Geschehen über *online*-Medien zu verfolgen. Die Interpretation und Diskussion der gewonnenen Erkenntnisse mit den untersuchten Gruppen führt zu ihrer erneuten Modifikation, und die modifizierten Ergebnisse können wiederum zur Diskussion gestellt werden – ein Kreislauf ohne Ende.

Die Auswertung der Feldforschungsdaten und die Präsentation der Ergebnisse erfolgen in der Regel nach der Rückkehr des Forschenden, also aus einer gewissen Distanz heraus, sowohl räumlich als auch sozial und emotional. Ebenso wie die Feldforschung selbst besitzen auch diese Arbeitsschritte prozeßhaften Charakter, deren Verlauf nicht eindeutig zu prognostizieren ist, sondern an verschiedene Bedingungen geknüpft bleibt. Während sich im Feld häufig das Gefühl einstellt, eher zu wenig als zu viel Daten zu besitzen, ist bei der Auswertung das Gegenteil zu beobachten. Die Selektion der Daten ist ein grundlegender, oft mühevoller und zeitraubender Schritt, der die Ergebnisse wesentlich beeinflußt und von der Subjektivität und Parteilichkeit der Forschenden zeugt. Ähnlich verhält es sich mit der Entscheidung über die Form der Repräsentation. Dazu stehen dem Ethnographen verschiedene Mittel und Medien zur Verfügung, die von unterschiedlichen Schreibstilen und Lesarten bis hin zu verschiedenen Techniken der Darstellung und Publikation reichen, sei es in Buchform, durch Performanz oder als visuelles oder virtuelles Dokument. Welche Form auch immer gewählt wird, sie ist untrennbar verbunden mit den persönlichen Erlebnissen und ihrer Deutung durch die Autorin oder den Autor.

Literatur

Abu-Lughod, Lilag.
1991   Writing Against Culture. In: Foy, Richard (Hg.), Recapturing Anthro-
           pology, Santa Fe, 137–162.

Barrett, Christopher B. und Cason, Jeffrey W.
1997   Overseas Research: A Practical Guide. Baltimore/London.

Bureau of the Census
1990   Census of Popluation, Social and Economic Characteristics, New Mexico.
           Bureau of the Census. Washington.

Cordell, Linda und Schmader, Mattew
1996   Heritage and Human Environment. In: Albuquerque´s Environmental
           Story: Toward a Sustainable Community, Albuquerque: City of Albu-
           querque, 153–165.

Cyrus, Norbert
1998   »Glokale« Lebenswelten in der Stadt: Anmerkungen zur methodologi-
           schen Perspektive einer »Multilokalen Ethnographie«. In: Berliner Blät-
           ter. Ethnographische und Ethnologische Beiträge 1998 (17), 90-99.

Downs, Roger und Stea, David (Hg.)
1973   Image and Environment: Cognitive Mapping and Spatial Behavior. Chi-
           cago.

Downs, Roger und Stea, David
1977   Maps in Minds: Reflections on Cognitive Mapping. New York.

Dürr, Eveline
1991   Der Aufstand der Tzeltal (1712–1713). Analyse einer Revitalisations-
           bewegung im kolonialen Mesoamerika. Münster.
1995   Change and Integration: A New Perspective on the Zapotec »guelaguetza«.
           In: Gubler, Ruth und Hostettler, Ueli (Hg.), The Fragmented Present.
           Mesoamerican Societies Facing Modernization. Acta Mesoamericana
           Volume 9, Möckmühl, 39–46.
1996   Mitla zwischen Tradition und Moderne. Wandel einer zapotekischen
           Gesellschaft in Oaxaca, Mexiko. Münster.
2000a   Perzeption und Funktion von städtischem Raum im multikulturellen
           Kontext. In: Kokot, Waltraud; Hengartner, Thomas und Wildner, Ka-
           thrin (Hg.), Kulturwissenschaftliche Stadtforschung. Eine Bestandsauf-
           nahme, Berlin, 301–321.
2000b   Verortung und Repräsentation von Identitäten in städtischem Raum.
           Hispanics im Südwesten der USA. Habilitationsschrift, Ms. Freiburg.

Dürr, Eveline und Seitz, Stefan (Hg.)
1997   Religionsethnologische Beiträge zur Amerikanistik. Münster.

Gupta, Akhil and James Ferguson
1997   Discipline and Practice: »The Field« as Site, Method, and Location in
            Anthropology. In: Gupta, Akhil und Ferguson, James: Anthropological
            Locations. Boundaries and Grounds of a Field Science, Berkeley, 1–46.

Heer, D. M.
1990   Undocumented Mexicans in the United States. Cambridge.

Jenkins, Myra Ellen und Schroeder, Albert H.
1993   A Brief History of New Mexico. Albuquerque. [1974].

Kohl, Karl-Heinz
1993   Ethnologie – die Wissenschaft vom kulturell Fremden. Eine Einführung.
            München.

Lynch, Kevin
1960   The Image of the City. Cambridge.

Marcus, George E.
1995   Ethnography in/of the World System: The Emergence of Multi-Sited
            Ethnography. In: Annual Review of Anthropology 24, 95–117.

Mitchell, J. Clyde (Hg.)
1969   Social Networks in Urban Situations: Analyses of Personal Relationships
            in Central African Towns. Manchester.

Moore, Kenneth
1975   The City as Context: Context in Process. In: Urban Anthropology 4 (1),
            17–25.

Rabinowitz, Howard N.
1983   Albuquerque: City at a Crossroads. In: Bernard, Richard M. und Rice,
            Bradley R. (Hg.), Sunbelt Cities: Politics and Growth Since World War
            II, Austin, 255–267.

Rice, Bradley R. und Bernard, Richard M.
1983   Introduction. In: Bernard, Richard M. und Rice, Bradley R. (Hg.), Sunbelt
            Cities: Politics and Growth Since World War II, Austin, 1–30.

Rollwagen, Jack R.
1980   New Directions in Urban Anthropology: Building an Ethnography and
            an Ethnology of the World System. In: Gmelch, George und Zenner,
            Walter P. (Hg.), Urban Life: Readings in Urban Anthropology, New York,
            370–383.

Schlehe, Judith
1996   Die Leibhaftigkeit in der ethnologischen Feldforschung. In: Historische
            Anthropologie 4 (3), 451–460.

Aparna Rao

Einige Bemerkungen zur
»Feldforschung in der Heimat«

»[...] ich hab' nichts gegen Fremde. Einige meiner besten Freunde sind Fremde. Aber *diese* Fremden da sind nicht von hier.«
(Methusalix, der Dorf-Älteste. In: Asterix-Band XXI Das Geschenk des Cäsar, S. 16, Hervorhebung im Zitat A. R.)

Akademische Traditionen, Gefühle der Dankbarkeit und manchmal politische Korrektheit veranlassen Ethnologen in Fußnoten und Vorworten sich bei einzelnen Mitgliedern der Gesellschaften, bei denen sie geforscht haben, zu bedanken – für ihre Gastlichkeit, ihre Hilfe, ihre Freundschaft. Hiermit bezeugt ein »Fremder«, der angeblich für kurze Zeit ein »Einheimischer« (*insider*) geworden ist, seine Dankbarkeit den Menschen gegenüber, die wirklich einheimisch sind. In der Tat fußen alle ethnologischen Feldforschungen und Analysen auf dieser ambivalenten Prämisse einer »Einheimisch – Fremd« Beziehung. Sie bezieht sich auf die vieldeutige Rolle und den liminalen Zustand des »Wanderers«, der, wie der Fremde beim Soziologen Georg Simmel, für einige Zeit verweilt und der für kurze Zeit innerhalb klar definierter und spezifischer Grenzen seinen Platz in einer Gemeinschaft einnimmt. Diese Grenzziehungen ermöglichen es ihr/ihm einerseits einige intime Einblicke in die jeweilige Kultur zu erlangen, gleichzeitig aber helfen sie bei der Aufrechterhaltung einer gewissen wissenschaftlichen »Objektivität«.

In den Gesellschaften, in denen ich in den letzten Jahren Feldforschungen durchgeführt habe, galt auch ich als »Wanderer« – als *musafir* wie man in vielen Teilen Südasiens sagt – und über diese Situation lud mich der Herausgeber ein, einen Beitrag zu schreiben. Er nannte zwei schwerpunktsmäßige Themenbereiche: »Forschung in der eigenen Gesellschaft« und »Forschung durch Nicht-Westler«. Beide Punkte, meinte er, träfen auf mich zu – ich bin keine westliche Ethnologin und habe, als indische Staatsbürgerin indischer Herkunft, in Indien Feldforschungen unternommen. Die knappen Gedanken, die ich hier zur Papier bringe, während ich meine nächste Feldforschung vorbereite, behandeln also überwiegend meine Feldforschungs-Erfahrungen in Indien. Dennoch halte ich es für notwendig, hier und da einige meiner Erfahrungen, die ich außerhalb des indischen Territoriums gemacht habe, zur Sprache zu bringen – die bei den Sinti im Elsaß und bei verschiedenen peripatetischen Gruppen in Afghanistan. Diese beiden Erfahrungen werden helfen, so meine ich, die Idee von der »eigenen Gesellschaft« klarer zu fassen.

Noch heute bleibt die ethnologische Feldforschung aus verschiedenen wirtschaftlichen und politischen Gründen eine Disziplin, die überwiegend von Westlern in nicht-westlichen Gesellschaften betrieben wird. Immer noch gilt es in der Ethnologie, implizit zu mindest, und v. a. in Deutschland, nicht irgendeinen *Other* zu untersuchen, sondern ganz spezifische *Others* in sog. traditionellen Gesellschaften. Und in den meisten westlichen Universitäten neigt man dazu, Ethnologen aus nicht-westlichen Gesellschaften »nach Hause« zu schicken, da sie automatisch nur für fähig gehalten werden, in ihren »eigenen« jeweiligen Gesellschaften erfolgreich zu forschen. Diese Tendenz, die eine gewisse post-koloniale politische Denkweise widerspiegelt, wird pragmatisch rationalisiert – »sie können die Sprachen«, »sie haben ein Gefühl für die Kultur«, »sie haben die Kontakte«, usw. Im Gegensatz hierzu geht man davon aus, daß westliche Ethnologen – v. a. wenn sie die jeweilige Sprache erlernen – im Prinzip überall Feldforschung durchführen können.

Die Frage nach »dem Einheimischen«

Indien ist, neben Brasilien, Mexico, Ägypten und Malaysien, eines der wenigen nicht-westlichen Länder, in denen seit langem eine ganze Reihe ethnologischer Feldforschungen durch »Einheimische« durchgeführt wird. Auch meine Forschungen gehören in diese Kategorie, obwohl meine Forschungsgelder nicht einheimisch, sondern aus dem Ausland stammten.

Meine erste Feldforschungserfahrung in Südasien machte ich bei den Bakkarwal, muslimische pastorale Nomaden im westlichen Himalaja (Rao 1998). Es war die erste ethnographische Untersuchung, die bei dieser Gesellschaft durchgeführt wurde und fand in Djammu und Kaschmir statt – in einer Region also, die unter indischer Verwaltung steht und im kulturhistorischen Sinne im allgemeinen als Teil Indiens betrachtet wird. Obwohl der politische Status Djammu and Kaschmirs als Teil des indischen Staates nicht geklärt ist und obwohl Indien ein sehr großes, sehr heterogenes Gebilde mit einer Vielfalt von sehr unterschiedlichen Kulturen ist, forschte ich also gewissermaßen in »meiner eigenen« Kultur. Gleiches betraf auch meine zweite Studie in Südasien, die im westlichen Radjasthan, also im Herzen Indiens, durchgeführt wurde. Dort habe ich bei unterschiedlichen agro-pastoralen Kasten und Gesellschaften gelebt und geforscht.

Und dennoch ist die schlichte Annahme, daß ich in meiner »eigenen Kultur« Feldforschungen durchgeführt habe, falsch. In beiden Regionen, bei beiden Feldforschungen, waren die Sprachen, die Geschlechterbeziehung, die Glaubensvorstellungen, die Kleider, das Essen unterschiedlich von einander und auch anders als die meinen. In beiden Fällen hatte mein gewohnter Lebensstil – urban, stark laizistisch, seßhaft, »modern«, in Indien wie im Ausland – oberflächlich betrachtet, nichts gemeinsam mit denen, die ich vorfand. Sie waren mir fremd – und dennoch kamen sie mir auch irgendwie sehr vertraut vor. Viele Worte dieser Sprachen hatte ich schon seit meiner Kindheit im Ohr; auch hatte ich Nachbarn, die manchmal Maisbrot wie die Bakkarwal oder Hirsebrot wie die Radjasthani aßen; auch ich esse das indische Essen mit den Fingern und mir waren viele der Diät- und Gesundheitsvorstellungen fast selbstverständlich, auch wenn ich sie nie praktiziert habe. Auch ich bin gewöhnt von Kindesbeinen an, auf dem Boden zu sitzen, zu Hause meine Schuhe auszuziehen und älteren Menschen gegenüber allein ihres Alters wegen meinen Respekt zu bezeugen. Auch ich habe öfters solche Menschen mit einem *pranam* (Fußberührung) begrüßt und als Kind hielt ich mich im Sommer öfters in den Bergen auf – genau wie die Bakkarwal. Der Islam der Bakkarwal wie auch manche religiöse Zeremonien (*pudja*) in Radjasthani-Haushalten waren mir aus Nachbarschaft und von meinen Großeltern vertraut, und nicht nur aus Büchern, wie es vielleicht der Fall bei einer Ethnologin wäre, die nicht in Südasien erzogen wurde.

Die Ethnographie ist, wie Sherry Ortner bemerkte, schon immer ein Versuch gewesen, ein anderes Leben, soweit wie möglich mittels des eigenen Selbst, zu ergründen. Daher mußte ich mich dem Wechselspiel zwischen Ähnlichkeit und Differenz widmen, wobei ich es als notwendig empfand, mich selbst »im Bezug auf die Unterschiede innerhalb des multi-kulturellen Kontextes Indiens und der erweiterten Region«, zu betrachten, wie der indische Kulturanalytiker und Theaterkritiker Rustam Bharucha (1994: 106) in einem anderen Kontext schrieb. Dies bedeutet aber nicht, daß ich durch die ethnographische Feldforschung, etwa wie der berühmte indische Ethnologe M. N. Srinivas (1976: 5), versuchte meine »kulturellen und sozialen Wurzeln« besser zu verstehen. Im Zentrum aller meiner Forschungen standen stets die Individuen und die Gesellschaften, bei denen ich meine Forschungen durchführte. Dennoch habe ich natürlich durch diese Untersuchungen auch viel über die verschiedenen Facetten der Unterschiede und Ähnlichkeiten in meiner persönlichen Entwicklung erfahren.

Die Frage nach dem »einheimischen Ethnographen« wurde, auch Südasien betreffend, schon von zahlreichen Ethnologen gestellt. Dabei sind die Begriffe »einheimisch« und »nicht-einheimisch« zu vielschichtig, heterogen und komplex, um zwischen den beiden Begriffen eine eins-zu-eins

Opposition zu erstellen, um also eine klare Dichotomie zu konstruieren. Schon 1972 erwähnte Mamdani bezüglich der anfänglichen Ängste des internationalen Forscherteams bei der sog. »Khanna Study« in Nordindien und seiner *Restudy*: »Man hatte unnötige Ängste bezüglich kultureller Vorurteile«. Was die Untersuchung hinderte, war nicht ein *nationales* (westliches versus indisches) Vorurteil, sondern eine klassenspezifische Sicht (Mamdani 1972: 48–50). Vorurteile und Befangenheiten hängen nämlich mit einer ganzen Reihe »kultureller« Faktoren zusammen und genau wie wir als Ethnologen die Weltsicht unserer Gesprächspartner im Feld zu verstehen und zu klassifizieren versuchen, so versuchen auch sie uns Ethnologen zu begreifen und uns in ihr System einzuordnen. Auch ich mußte mich bei meinen Feldforschungen mit den häufigen Versuchen meiner Informanten auseinandersetzen, mich zu klassifizieren und kategorisieren bezüglich Klasse, Glaubensvorstellungen, politischen Überzeugungen, Kaste, usw. Hierbei waren meiner Meinung nach einige ihrer Schlußfolgerungen richtig, andere aber falsch. Die *multiplex identity* von der Kirin Narayan (1993) schreibt, trifft auch auf mich zu: als Kind von Eltern aus zwei sehr verschiedenen Regionen und Gesellschaften Indiens, erzogen wie viele InderInnen aus der Mittelschicht in unterschiedlichen Regionen des Landes, von Kindheit an gewöhnt, wie viele meiner Landsleute, an die tägliche Praxis von vier indischen Sprachen und Englisch. Wie viele andere InderInnen lebte ich in Nachbarschaften mit sehr unterschiedlichen religiösen Vorstellungen und Praktiken und erhielt eine formale Ausbildung, wie sehr viele urbanen InderInnen, im europäischen Ausland.

Obwohl ich mir während der Feldforschung immer bewußt war, daß meine Identität ausgehandelt wurde und auch wenn dies für viele vielleicht anstrengend und erstaunlich klingen mag, erschien mir dieses Aushandeln vertraut und fremd zugleich. Vertraut, weil die Kategorien, in die ich eingeordnet wurde, mir von meiner »eigenen Gesellschaft« bekannt waren; fremd, da ich mich persönlich mit keiner von ihnen je identifiziert habe. Und dennoch trug diese Fremdheit in keiner Weise zum Gefühl einer Verfremdung bei, vielleicht weil es trotz aller Unterschiede ein unausgesprochenes gefühlmäßiges Verstehen gab. Es bleibt unumstritten, daß, wie (Obeyesekere 1981: 11) es so treffend ausdrückt:

»Sharing features of common culture and personality makes me sensitive not only to language nuances but also to cultural ones - problems of etiquette and tact, timing of questions, and sensitivity to areas that require delicate and careful probing. I fully recognize this common affinity and use it to understand my informants better ... I am one with them yet not one of them ... It helps the anthropologist to recognize implicit meanings and render them explicit for cultural analysis [...].«

Für mich waren von Anfang an, auch ohne die perfekte Kenntnisse der jeweiligen Sprache bzw. des Dialekts in den Anfangszeit der Feldforschungen, zahlreiche kulturelle Untertöne, Stimmungen und Nuancen fast instinktiv mehr oder weniger klar, und dies ist vielleicht der wichtigste Aspekt der Praxis der »Feldforschung in der Heimat«. Auch die Frauen und Männer bei denen ich lebte und die ich befragte, sowohl in Djammu und Kaschmir als auch in Radjasthan, erkannten diese »gemeinsame Affinität«. Daher parrierten sie oft manche meiner Fragen mit: »aber Du weist das doch – warum fragst Du?«, »das müßtest Du doch wissen, deine Leute tun das doch auch«, oder aber auch, »ja, deine Leute machen das anders, nicht wahr?«. Anders formuliert, auch sie schienen davon auszugehen, daß gewisse Gemeinsamkeiten zwischen uns im Wissen, wenn auch nicht in der Praxis, vorhanden waren und als solche empfunden wurden. Als mein deutscher Ehemann für seine eigenen ethnologischen Forschungen nach Kaschmir kam, fiel es mir daher manchmal leichter bestimmte Fragen zu stellen – Fragen auf die ich eigentlich die Antworten hätte »wissen müssen« und die ich daher schlecht stellen konnte. Die Erklärung, daß mein Mann gerne die Antworten von ihnen hätte war für sie aber völlig verständlich – von ihm erwartete man keine Kenntnisse.

Die Besonderheit der ethnographischen Forschung »zu Hause« liegt dann also primär im Bereich des Kontextes, in dem ein Gegenüber die Meinung äußert, daß auch der Ethnologe eine ganze Reihe von Dingen, in denen ein großer kultureller Konsens besteht, weiß – oder zumindest wissen sollte. Nicht weil er es erst vor kurzem gezielt erlernt hat, sondern weil er/sie sozusagen damit groß geworden ist. Es ist das Gefühl, daß trotz aller Unterschiede eine Menge gemeinsames, soziales und kulturelles Wissen voranden ist – daß der »Andere« nur einen Aspekt des Selbst darstellt.

Die von meinem Informanten wahrgenommenen kulturellen Unterschiede zwischen mir als Mitglied einer anderen Gruppe und ihnen legitimierten für sie meine Feldforschungen, sowohl in Kaschmir als auch in Radjasthan. Sie schränkten aber auch meine Aufgaben als »teilnehmende« Beobachterin ein. Als jemand »aus der Stadt« wurde ich zumeist als unfähig betrachtet die meisten der täglichen Arbeiten einer erwachsener Frau richtig und kompetent durchzuführen. Meine »Arbeiten« beschränkten sich daher auf Küchenarbeiten, Wäsche waschen, Kinderpflege und bei den Nomaden auch auf die Pflege des neugeborenen Kleinviehs, Packen bei den saisonalen Migrationen und Krankenbehandlung in leichten Fällen. Mein Mann dagegen, obwohl als absolut »fremd« wahrgenommen, wurde von den Bakkarwal-Nomaden als kräftig genug eingestuft, einige männlichen Arbeiten (hauptsächlich als Hirte) durchzuführen. Dies lag daran, daß er in die Kategorie der als stark und ausdauernden eingestuften Europäer fiel, die als Trecker und Bergsteiger ihre hochmontanen Gebiete besuchten.

Wie nahe beieinander, bzw. wie weit auseinander müssen kulturell wahr-genommene Merkmale liegen, um als »ähnlich« eingestuft zu werden, und wie erkennt man »kulturelle Affinität«? Gibt es überhaupt einzelne Merk-male, an denen sie festgemacht wird, oder sind sie nur Aspekte eines diffu-sen Gefühls? Spielen Aussehen und Sprachfähigkeiten eine Rolle? Es steht außer Zweifel, daß die Menschen in Südasien ihre Mitmenschen nach ih-rem Aussehen klassifizieren und dies auch aussprechen. Dieses pragmati-sche politisch-inkorrekte Benehmen hat Anne Feldhaus zutiefst gestört und sie schreibt

»Growing up in 1960s America, I learned very emphatically *not* to categorize people based on the way they look. It thus feels wrong to me to make [...] choices based on such a categorization.« (Feldhaus 2000: 52)

Jeder, der hingegen in Südasien groß geworden ist, kennt diese Art der Klas-sifizierung nach sozialer Schicht, Region, manchmal Religion (und in länd-lichen Gebieten oft auch Kaste) – durch Kleidung, Schmuck, Hautfarbe, Gesichtszüge usw., wobei diese Merkmale dann auch eine Rolle bei der Abwägung und Einstufung der kulturellen Affinität spielen. Diese Affinität ist jedoch auch in Südasien kein zeitloses, statisches Gefühl; sie ändert sich und hat sich durch die Geschichte der Region immer wieder geändert. Wird also die »kulturelle Affinität«, die man zu mir in den 80er Jahre in Kaschmir empfand, dort noch heute empfunden – in einer Region, die nun einen Krieg gegen die indischen Staatsmacht erlebt, also gegen »mein Land«? In wie-weit ein Perspektivenwechsel stattgefunden hat, wird sich in den kommen-den Monaten meiner nächsten Forschungsetappe erweisen, die ich, wie Ein-gangs bemerkt, zur Zeit vorbereite.

Genau wie es Kategorien von »Fremden« und von »Fremdheit« gibt, so gibt es auch Kategorien von »kultureller Affinität« und genau wie erstere werden auch sie dem jeweiligen Zeitgeist folgend manipuliert. Des weite-ren gibt es in vielen Teilen der Welt auch Konzepte, die helfen, Nähe-beziehungen zu konstruieren. Das in seiner Struktur sehr flexible Konzept der *biradari* kann in Südasien als solches wirksam werden. So z. B. stellte Makhni, eine Bakkarwal-Frau eines Tages mich und meinen Mann einem Besucher vor: »Sie sind von Farooq's *biradari*, so wie wir von Y's (ein Bakkarwal Führer) *biradari* sind – nicht verwandt mit ihm – sie gehören nur zu seiner *biradari*«. Mit Farooq war Farooq Abdullah gemeint, der da-mals beliebte, heute verhasste Regierungschef Djammu und Kaschmirs. Makhnis Kategorisierung basierte auf folgender Überlegung, wie sie mir später erklärte: Abdullahs Mutters Vater war Europäer wie man Mann, und als Ehefrau eines Deutschen fiel somit auch ich in diese Kategorie. Dieses Beispiel zeigt, daß gleichgültig ob »einheimisch« oder »nicht-einheimisch«,

Einzelinterview mit einem Bakkarwal Herdenbesitzer
in seinem Winterweidegebiet.

das Konzept der *biradari* Menschen sehr unterschiedlicher Herkunft und
Kultur zusammenfügen kann. Auch hier werden also die beiden Kategorien
nicht dichotomisiert, die Einordnung kann verhandelt werden.

Dies bringt mich zu einem weiteren Punkt, den ich bereits erwähnte –
meine Feldforschungserfahrungen bei den Sinti im Elsaß und bei verschiedenen peripatetischen Gruppen in Afghanistan.

Noch als Studentin in Frankreich hatte ich 1971 die Möglichkeit, im
Rahmen eines Forschungs-Teams der Universität Straßburg bei den Sinti
im Elsaß meine ersten Feldforschungserfahrungen zu sammeln. Bei dieser
Forschung lernte ich als Ausländerin im Elsaß eine Gruppe kennen, die zwar
de jure dort inländisch war, sich aber selber kulturell weder für Elsäßer
noch für Franzosen hielt und die von letzteren ebenfalls als Fremde betrachtete wurde. Für mich jedoch waren diese »Zigeuner« in vielen Dingen
vertrauter als viele Elsäßer. Ihre Sprache, das Romanes, ist mit einigen nordindischen Sprachen verwandt und viele ihrer Vorstellungen und Verhaltensweisen, beispielsweise ihre Reinheits-Unreinheits-Vorstellungen, waren mir
vertraut. Nicht zuletzt auch weil sie gehört hatten, daß sie ursprünglich auch
aus Indien stammen, erhielt ich relativ rasch einen Zugang zu ihrer Gesellschaft. So war ich quasi als ausländische Ethnologin bezogen auf die inlän-
dischen Sinti eher eine »Insiderin« als die Elsäßer.

Meine darauf folgende Feldforschung in Afghanistan fand im Rahmen der Vorbereitung meiner Dissertation an der Pariser Sorbonne statt. Bis heute gibt es sowohl aus finanziellen als auch politischen Gründen nur wenige ethnographische Studien, die von Südasiaten in anderen südasiatischen Ländern duchgeführt werden, und ich war bis heute die zweite Ethnologein aus Indien, der in Afghanistan eine Feldforschung unternommen hat. Meine Arbeiten, die im Rahmen des damals noch bestehenden Indo-Afghanischen Kulturaustausch-Programms vom afghanischem Kultusministerium finanziert wurden, widmeten sich einigen migrierenden Gruppen mit sehr niedrigem Status, die vom Verkauf selbstgemachter Produkte, wie Siebe und Trommeln, wie auch von einer Reihen Dienstleistungen lebten (Rao 1982). Dies war das erste Mal, daß solche peripatetischen Gesellschaften in Afghanistan untersucht wurden (zur selben Zeit arbeitete auch eine dänische Ethnologin bei ähnlichen Gruppen). Als ich noch in Europa mein Forschungsprojekt vorbereitete, wurde mir von einigen männlichen westlichen Ethnologen stark abgeraten, als Frau und als nicht-muslimische Inderin in Afghanistan zu forschen. Die Probleme, mit denen ich während der Forschung konfrontiert wurde, hingen jedoch weniger mit meinem Geschlecht und überhaupt nicht mit meiner nicht-islamischen Herkunft zusammen, sondern eher mit der Tatsache, daß ich bei Gemeinschaften arbeitete, die einen außerordentlich niedrigen sozialen und wirtschaftlichen Status inne hatten. Eben weil ich aus Indien kam, erwarteten viele urbane Afghanen der Mittelschicht, daß ich mich – genau wie eine Afghanin und im Gegensatz zu einer Frau aus dem Westen – vor solchen »dreckigen, schlechten« Menschen eher ekeln und ängstigen würde. Als Inderin im damaligen Afghanistan nahm ich eine Zwischenstellung zwischen einheimisch und nicht-einheimisch ein, da sich über die Jahrhunderte hinweg viele Kontakte und daher Gemeinsamkeiten zwischen diesem Land und dem Indien in der Zeit vor der Unabhängigkeit entwickelt hatten. Dari (das dortige Persisch), die Sprache die ich dort erlernte, hatte eine jahrhundertealte vorkoloniale Tradition in Indien, die Frauenkleider waren den nordindischen ähnlich, und der gesamte Lebensstil hatte ein für mich altertümliches Flair, das ich aus vielen Kindheitserinnerungen meiner Mutter und meiner Großmutter kannte. Auch ich hatte als Kind von meiner Mutter über die *Kabuliwala* in ihrer frühen Kindheit gehört – Wanderhändler mit Nüssen, glasiertem Obst und anderen Lekkereien, über die der bengalische Dichter Rabindranath Tagore eine berühmte Nouvelle schrieb, und genau so hatte mir mein Vater Geschichten über die *Kandaharis* erzählt, die sein Dorf regelmäßig besuchten, um Stoffe, Datteln und andere Güter zu verkaufen. Außerdem hatte ich Nachbarn in Delhi gehabt, die, obwohl brahmanische Hindus, sich »Pathan« (d.h. Paschtunen) nannten, weil sie bis zur Teilung des Subkontinents 1947 nahe der heutigen

Afghanisch-Pakistanischen Grenze in der Region Peshawar lebten, fließend Pashto sprachen und noch dreißig Jahre später ihre Heimat, aus der sie als Hindu-Minderheit geflohen waren, vermissten. Als ich einmal von Afghanistan nach Indien fuhr, bat mich die alte Großmutter, ihr »ein bisschen Heimat-Erde« mitzubringen. Nach dreißig Jahren fühlte sie sich immer noch als Fremde in Indien, und als einheimisch »im Lande der Pathanen«.

Durch diese ganz allgemeine Vertrautheit wußte ich mich daher im Prinzip in den meisten Situationen instinktiv richtig zu benehmen. Und trotz der allgemeinen Vertrautheit mit bestimmten Aspekten der afghanischen Kultur(en), fühlte ich mich als Ausländerin. Daher fehlte mir dort auch die Leichtigkeit und Selbstverständlichkeit, gewisse kulturelle Regeln zu durchbrechen, in der Art, wie ich es bei späteren Feldforschungen in Indien, aufgrund der größeren »Nähe« und Vertrautheit getan habe.

Geschlechter- und andere hegemoniale Beziehungen

In jedem ethnographischen Kontext gibt es eine kulturelle Heterogenität – und daher auch eine Multiplizität der Stimmen – und auch hegemoniale Tendenzen der einzelnen Gruppen und Individuen. Solche Tendenzen können und wurden oft durch eine Feldstudie verstärkt und hier könnte ein »einheimischer« Ethnologe vieleicht besser und v. a. viel schneller in der Lage sein, die Feinheiten und Komplexitäten der lokalen Machtstrukturen zu verstehen und sich gegen Versuche der Manipulation zu wehren, durch die verschiedene Individuen eigene Vorteile auf Kosten anderer zu erlangen trachten.

Solche Situationen treten z.B. in Gesellschaften auf, die durch ein Kastensystem gekennzeichnet sind. Jede Kaste hat im Prinzip seine Kasten-spezifischen Normen. Wie M. N. Srinivas bemerkte,

»[...] even within a single village, each caste has a culture which is somewhat different from that of the others. In fact, it would not be an exaggeration to state that each kinship unit has ist own distinctive cultural practices [...].« (Srinivas 1996: 656).

In einem Dorf mit verschiedenen Kasten gibt es also eine ganze Reihe von Normen, die jedoch durch die Normen der dominanten Kaste bestimmt und manipuliert werden. Auch innerhalb jeder Kaste werden die Normen wiederum zumeist von der Macht der Patriarchen beherrscht. Damit ist das Aushandeln der politischen Machtstrukturen äußerst wichtig. Im Feld macht man immer wieder eine ähnliche Erfahrung dieses Aushandelns, wenn man nicht nur bei einer Gruppe oder Kaste, sondern bei mehreren gleichzeitig zu arbeiten versucht. Einige Ethnologen, die im Iran oder in Nordafrika bei Gruppen mit sehr niedrigem Status zu forschen versucht haben, haben darüber berichtet, wie schwer es ihnen fiel, gleichzeitig bei hochgestellten Gemeinschaften zu arbeiten. In Afghanistan habe ich dieses Problem nicht gehabt, da ich ausschließlich bei Gruppen forschte, die von der Mehrheit der Bevölkerung verachtet wurden. Bei meiner letzten Feldforschung in Radjasthan, West-Indien, aber war ich mit dem Problem konfrontiert, als ich bei sehr unterschiedlichen Kasten und religiösen Gruppen lebte und meine Studie durchführte. Ich denke, daß ich auch hier als Inderin einen leichteren Stand hatte, weil ich, obwohl viele Frauen und Männer ihr Bedenken darüber äußerten und dies auch erklärten, vielleicht besser als z. B. eine Deutsche, die an dieses kontinuierliche Aushandeln weniger gewöhnt ist, auch meine Argumente für mein Vorhaben darlegen konnte.

Bei meiner Feldforschung in Radjasthan mußte ich mich mit nicht nur hegemonialen Machtverhältnissen zwischen den Kasten auseinandersetzen, sondern auch mit bestimmten Strukturen der Unterdrückung im Bereich der Geschlechterbeziehungen. Vor allem ältere Männer versuchten oft ihre Normen und Werte diesbezüglich »zu verteidigen«, auch ohne daß ich das Thema erwähnte. Dies lag daran, daß sie sehr bestimmte Vorstellungen über urbane indische Frauen aus der Mittelschicht hatten und anfänglich Angst hatten, daß ich »moderne« urbane Ideen in ihrem Dorf verbreiten würde. In allen Gesellschaften die ich untersuchte, gab es eine gewisse Hierarchie der Geschlechter und in Radjasthan gab es auch eine physische Geschlechtertrennung. Selbstverständlich folgte und respektierte ich auch diese Trennung, verbrachte die meiste Zeit bei den Frauen und übte eine allgemeine Zurückhaltung und zeigte Respekt gegenüber diesen Traditionen. Trotzdem wurde meine Anwesenheit bei den Männern auch oft akzeptiert und manchmal war sie sogar erwünscht. Dies hatte aber nichts mit meiner Herkunft zu tun. Ob einheimisch oder nicht, weibliche Ethnologen haben in Gesellschaften mit strikter Geschlechtertrennung öfters Zugang zur weiblichen wie zur männlichen Sphäre; männliche Wissenschaftler dagegen haben selten Zugang zur weiblichen Sphäre. Dies liegt daran, daß Frauen, die nicht traditionelle Tätigkeiten ausüben und aus dem »modernen«, urbanen Milieu stammen, in ihren Augen die traditionelle und gewohnte Frauenrolle weitgehend verlassen haben. Sie werden dann, wie ich es erfahren habe, häufig als »Mann-Frau« bezeichnet. Ein Beispiel aus Radjasthan zeigt, wie ambivalent die Situation für eine Ethnologin sein kann: In Radjasthan wie in vielen Teilen Asiens ist die Sitzordnung und damit der Platz an dem man sitzt, ein klares Zeichen der sozialen Hierarchie; dies beschrieb auch Ann Gold: Während sie verzweifelt aber erfolglos versuchte (Gold 2000: 66) in

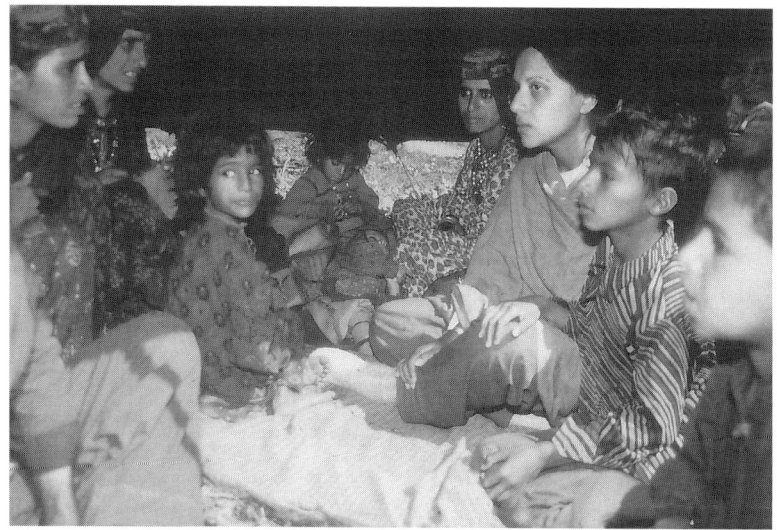

Abendliche Gespräche in einem Bakkarwal Zelt.

den vielen Jahren ihrer Feldforschung in einem Dorf diese Hierarchie für sich abzulehnen, habe ich mich durchsetzen können. Von mir als indischer Frau akzeptierte man – nach vielem hin und her natürlich – daß ich mich auf Grund meines Alters und Geschlechts auf den Boden setze, während ältere Menschen und auch Männer generell sich höher setzten. Dies wurde sogar besonders gelobt, da ich aus der Stadt kam und daher nach den »modernen Normen« hätte eigentlich höher sitzen müssen. Da man davon ausging, daß auch ich dieses hierarchische Denken gut kannte, die Tatsache, daß ich eher dem traditionnellen System als dem modernen folgte, fand man sehr lobenswert.

Ein anderes Beispiel zeigt jedoch, dass, wie ich schon erwähnte, die kulturelle Nähe es einem ermöglichen kann, bestimmte Regeln zu durchbrechen. Dieses Beispiel betrifft die Kleiderordnung. In meinem Forschungsgebiet in Radjasthan leben sehr unterschiedliche Gruppen und v.a. die Frauen jeder der Gruppen haben eine sehr spezifische Kleidung. Da ich bei verschiedenen Gruppen lebte und arbeitete, wollte ich mich nicht an eine bestimmte dieser Kleiderordnungen anpassen, obwohl ich sehr oft danach gefragt wurde. Ich blieb daher bei meiner städtischen Kleidung. Meine Ablehnung, lokale Kasten- und Kleider-Vorschriften zu respektieren, machte mich zwar anders aber nicht unbedingt kulturell wirklich fremd. Distanz und damit Fremdheit wird, so meine ich, anders betrachtet bzw. verstanden als bei einer ganz und gar Nicht-Einheimischen – bei letzterer wird die Fremdheit, die eine Distanz schafft, ihrer Unwissenheit zugeordnet; bei mir war es Fremdheit wegen all der Dinge, die ich genau so gut wie sie hätte »wissen müssen«, und die ich dennoch nicht praktizierte und vielleicht sogar ablehnte. Damit erhielt mein Verhalten automatisch einen politischen Akzent. Da eine solche Ablehnung inzwischen als modern gilt und zumindest offiziell vom Staat gepredigt wird, entsteht eine gewisses Dilemma, in das eine Nicht-Einheimische nicht geraten kann. Auch darf man nicht vergessen, daß in der Multiplizität der lokalen Stimmen auch viele von Jugendlichen und von Frauen stammen, die diese Modernität durchaus nicht ablehnen, sondern oft sogar anstreben. Allerdings muß der einheimische Ethnologe hierbei – viel mehr als der Nicht-Einheimische – aufpassen, daß koloniale und post-koloniale Ideen der Rückständigkeit und die Idee, daß urbane, »gebildete Leute« alles besser wissen, oder meinen es besser zu wissen, in dieser ambivalenten Beziehung nicht mit ihm/ihr in Verbindung gebracht werden. Dies würde nicht nur die Forschung gefährden, es würde auch die Würde des Informanten als »Lehrer« und die Rolle des Ethnologen als »Lernender« grundsätzlich in Frage stellen.

Im Gegensatz zu den Dörfern in Radjasthan gab es bei den muslimischen Bakkarwal trotz einer Geschlechterhierarchie keine räumliche Trennung der Geschlechter und auch keine Restriktionen in den Interaktionen zwischen Männern und Frauen. Im Gegensatz zur seßhaften Dorfbevölkerung gab es für sie eine relativ große Bewegungsfreiheit und so gab es auch keine Restriktionen hierin für mich. Allerdings fühlten sich meine Gastgeber zumeist verantwortlich für mich und mein Wohlergehen und waren froh als mein Mann endlich kam – und diese Verantwortung übernahm! Diese Verantwortung wurde einer alleinstehenden Frau gegenüber empfunden und ich bin sicher, daß sie diese Verantwortung auch gegenüber einer westlichen Ethnologin empfunden hätten.

Schlussbemerkungen

Keine Feldforschungserfahrung ist oder kann ein Bericht des ungetrübten Erfolges sein. Sie ist immer eine Mischung aus Erfolgen und Versagen, von Frustrationen und Freude – Freude über bestimmte Beziehungen, die man anknüpft, Freude an den Daten und v.a. Freude an den Augenblicken, in denen man plötzlich das Gefühl hat, hier und da wirklich etwas verstanden zu haben. Die Gründe, weswegen Informanten mit Ethnologen sprechen, sind im Prinzip dieselben, gleich ob diese Ethnologen einheimisch oder nicht-einheimisch sind. Dies betrifft auch die oft ambivalente Beziehung zwischen Forschern und Informanten – mit dem Unterschied, daß sich der Kontakt zwischen den beiden wahrscheinlich länger aufrecht erhält wenn der Forscher einheimisch ist.

Zwischen 1939 (siehe Malinowski: »an anthropology of one's own people is the most arduous, but also the most valuable«, S. XIII) und 1983 (Geertz: »We are all natives now«) wurde viel zum Thema »einheimische Ethnologen« geschrieben. In den letzten zwanzig Jahren ist weiteres zu diesem Thema aus den Perspektiven der feministischen Ethnologie und der Postmoderne erschienen. Es ist klar, daß es müßig ist sich vorzustellen, daß irgend ein Ethnologe als richtiger *insider* betrachtet wird – er/sie bleibt immer der Fremde, doch natürlich gibt es unterschiedliche Grade auf dem Kontinuum zwischen *insider* und *outsider*.

Im Bezug auf den Zugang zu Informationen haben sowohl der einheimische als auch der nicht-einheimische Ethnologe ihre jeweiligen Vorteile. Der Nicht-Einheimische wird automatisch, oft fälschlicherweise, für neutraler gehalten und ist daher manchmal besser situiert Informationen zu bekommen als der Einheimische – wenn z. B. Spannungen, gar Konflikte zwischen Gruppen vorhanden sind. Ein Nicht-Einheimischer bemerkt oft Dinge, die ein Einheimischer vielleicht nicht sieht, weil sie für ihn selbstverständlich sind und daher nie hinterfragt werden; nach einer gewissen Zeit aber neigt auch ein Nicht-Einheimischer wohl auch dazu, manche Dinge zu übersehen – Vertrautheit kann oft blind machen.

Ist die Ethnologie, die von Einheimischen praktiziert wird, anders als die, die von Nicht-Einheimsischen betrieben wird? Oder denken und handeln Ethnologen ähnlich, gleich welcher kultureller Herkunft, wie Stanley Diamond (1980) postulierte? Der Unterschied zwischen einheimischen und nicht-einheimischen Perspektiven ist, wie Béteille und Madan (1975: 7) bemerkten, »höchstens ein gradueller«. Mehr Unterschiede zwischen Einheimischen und Nicht-Einheimischen zu sehen, oder sehen zu wollen, wäre meiner Meinung nach eine spezifische Form des Orientalismus, in der das Selbst durch ein fundamentale Opposition zu dem Fremden definiert wird. Die Ethnographie ist zwar eine nach westlichem Vorbild entwickelte Disziplin; ethnologische Texte sind aber keine Texte, deren kulturelle Identität nur durch den Westen gestellt werden kann. Es gibt keine westliche und keine nicht-westliche Ethnologie; es gibt nur gute und schlechte, bzw. situations-adäquate und nicht-adäquate Ethnographien. In erster Linie sollten alle Ethnologen, wie Kuper (1994) schreibt, eine »kosmopolitische Ethnologie« betreiben – d. h. eine Wissenschaft, die primär für andere Wissenschaftler bestimmt ist, unabhängig von ihrem kulturellen Hintergrund. Gleichzeitig aber meine ich, daß »einheimische« Ethnologen vielleicht mehr als »nicht-einheimische« daran denken sollten, daß sie eine vielschichtigere Leserschaft haben können. Im übrigen ist es höchste Zeit, daß Ethnologen aus nicht-westlichen Ländern auch die Möglichkeiten und Mittel erhalten, Gesellschaften zu untersuchen, die weit von ihren »eigenen« entfernt liegen.

Mehr als je zuvor haben Ethnologen heute zahlreiche Rollen inne und dies gilt besonders für diejenigen, die in ihren Heimatländern forschen. Sie sind den Gesellschaften, bei denen sie forschen, nicht nur die Reziprozität der Freundschaft, Hilfe und Gastfreundschaft, die alle Ethnologen erfahren – oder erfahren sollten, wenn sie sich richtig benehmen – schuldig. Sie sind zusätzlich noch moralisch verpflichtet und oft auch eher in der Lage, da ihre sozialen, politischen und wirtschaftlichen Netzwerke zumeist über die reine Forschungsebene hinausreichen, Individuen und Gruppen innerhalb diesen Gesellschaften zu helfen, wenn ihnen Unrecht geschieht. Mehr als Nicht-Einheimische sind sie vielleicht verpflichtet, ihren fachlich-erlernte Kulturrelativismus – der für die Forschung unabdingbar ist – in solchen Situationen bei Seite zu lassen und bestimmte Kenntnisse, die sie durch ihre transkulturellen Verbindungen gewonnen haben, vor allem eine allgemeine Vorstellung über Menschenrechte zur Geltung zu bringen. Und auch hier besteht der Unterschied zwischen dem Ethnologen – besonders dem »einheimischen« – und Simmels Fremden; der Ethnologe hat oder sollte bis zum gewissen Grade gewisse Verpflichtungen gegenüber den Menschen empfinden, die ihn für eine gewisse Zeit bei sich aufgenommen haben.

In all diesen Rollen und Situationen müssen wir versuchen mit Empathie zu verstehen, die Informanten weitestgehend selber sprechen zu lassen und gleichzeitig so gut wie möglich zu analysieren. Eine der besten und sichersten Wege zum Ziel, eine gut fundierte Ethnographie von einer Gesellschaft zu verfassen, zumal wenn man mit ihr von Kindheit an vertraut ist, ist es, die Daten vergleichend und problemorientiert zu behandeln und die untersuchte Gesellschaft seiner Heimat als eine von vielen Formen aus der Vielzahl menschlicher Gesellschaften zu betrachten. Hiermit kann er dem Ziel näher kommen, das Universelle in allen menschlichen Kulturen zu erkennen und gleichzeitig die spezifischen Muster einer einzelnen Kultur zu verstehen.

Literatur

Béteille, André und Triloki N. Madan (Hg.)
1975   Encounter and Experience. Personal Accounts of Fieldwork, Delhi/Bombay.

Bharucha, Rustam
1994   Somebody's Other. Disorientations in the Cultural Politics of our Times,
            Economic and Political Weekly 229 (3), 105–110.

Diamond, Stanley
1980   Anthropological Traditions: the Participants Observed. In: Diamond, S.
            (Hg.), Anthropology: Ancestors and Heirs, Paris, 1–16.

Feldhaus, Anne
2000   On My Way of Living in India. In: Meister, M. W. (Hg.), Ethnography
            and Personhood, Jaipur/Delhi, 47–63.

Geertz, Clifford
1983   Local Knowledge: Further Essays. In: Interpretative Anthropology. New
            York.

Gold, Ann Grodzins
2000   Shared Blessings as Ethnographic Practice. In: Meister, M. W. (Hg.),
            Ethnography and Personhood, Jaipur/Delhi, 65–85.

Kuper, Adam
1994   Culture, Identity and the Project of a Cosmopolitan Anthropology, Man
            (N.F.) 29, 537–554.

Malinowski, Bronislaw
1939   Preface. In: Fei, H-T., Peasant Life in China. New York, xix–xxvi.

Mamdani, M.
1972   The Myth of Population Control. Family, Caste and Class in an Indian
            Village. New York.

Narayan, Kirin
1993   How Native is a »Native« Anthropologist?, American Anthropologist
            95 (3), 671–686.

Obeyesekere, Gananath
1981   Medusa's Hair. An Essay on Personal Symbols and Religious Experience.
            Chicago.

Rao, Aparna
1982   Les Ġorbat d'Afghanistan. Aspects économiques d'un groupe ìtinérant
            »ǰat«. Institut français d'iranologie de Téhéran, Bibliothèque iranienne
            No. 27. Paris/Teheran.
1998   Autonomy. Life Cycle, Gender and Status among Himalayan Pastoralists.
            Oxford/New York.

Srinivas, M. N
1976   The Remembered Village. Berkeley.
1996   Indian Anthropologists and the Study of Indian Culture, Economic and
            Political Weekly 31 (9), 656-687.

Justin Stagl

Feldforschungsideologie

Weltliche Pilgerfahrt und geistiges Abenteuer

Der Feldforscher ist in der Ethnologie etwa dasselbe wie ein Mekkapilger. Diese Pilgerfahrt ist verpflichtend für alle gläubigen Muslime; nur wer sie hinter sich gebracht hat, ist ein volles Mitglied der Glaubensgemeinschaft. Die ethnologische Feldforschung gilt als für das Fach charakteristische Methode der Datenerhebung und zugleich als persönlichkeitsbildende Bewährungsprobe, die, wenn sie gelingt, einen jungen Menschen mit ethnologischen Kenntnissen recht eigentlich erst zum Ethnologen macht. Nun hat wohl jede wissenschaftliche Methode eine sinnstiftende Innen- und eine objektivierbare Außenseite; nirgends aber wird dieser Doppelaspekt so deutlich wie gerade in der Feldforschung, wo die eigene Person in ihren mitmenschlichen Bezügen das Hauptinstrument der Forschung bildet; der Anteil der je besonderen Persönlichkeit und das mit diesem gegebene Risiko des Scheiterns oder Nichtverstehens, der partiellen Blindheit oder der Inkommunikabilität des Erkannten ist hier besonders groß. Die persönliche Bewährung durch die Feldforschung gleicht einem Abenteuer- und Entwicklungsroman. Gelingt sie, führt sie zu einer neuen Welt- und Selbstsicht des Forschers: Er ist nun ein anderer Mensch geworden. Eben diese Persönlichkeitstransformation gilt als Vorbedingung der Zugehörigkeit zur Ethnologenzunft; welche damit zu einer Elite von Erprobten und Eingeweihten wird, einer Art Orden oder Geheimbund. Dieser Vergleich ist schon mehrfach gemacht worden (s. etwa Freilich 1970: 15; Jarvie 1970: 29). Andere Fachvertreter (z. B. Lévi-Strauss 1958: 409 f.; Powdermaker 1967: 39 f.) verweisen auf den Parallelfall der Entdeckungsreise ins eigene Ich, die sich auf der Couch des Psychoanalytikers vollzieht – auch sie, als »Lehranalyse«, Eintrittsvoraussetzung in einen Bund von Initiierten. In solchen und vergleichbaren Fällen (der »Seelenreise« des Schamanen, der »Schutzgeistsuche« angehender indianischer Krieger usw. usf.) erfolgt eine persönliche Läuterung durch Sich-Aussetzen an unkontrollierbare, nur vage vorausgeahnte Schrecknisse jenseits der Lebenswelt – im Übernatürlichen, im Exotischen, in den dunkleren Kammern des eigenen Ich –, die man je-

doch besteht und überwindet. Die ethnologische Feldforschung erweist sich
darin als ein Sonderfall der weltweit gehandhabten Verhaltensmuster für
den Erwerb einer neuen Identität, die man seit A. van Gennep als »Über-
gangsrituale« bezeichnet (s. Van Gennep: 1986).

Der Feldforscher kann demnach als ein weltlicher Pilger gesehen werden, dessen Mekka eben das »Feld« ist; er lebt dort als ein Asket und Eremit
der Wissenschaftsreligion. Wie jeder *homo religiosus* ist er auf der Suche
nach dem Absoluten. Dieses Absolute offenbart sich ihm in Gestalt »authentischen« fremden Menschentums in dessen eigenem Lebensraum
(»Feld«). Die Beschwernisse des Zuganges, die Gefahren des Aufenthaltes
steigern noch die Verdienstlichkeit und Heiligkeit seines Unternehmens. Ein
Pionier der modernen Ethnographie, C. G. Seligman, sagt es in treffenden
Worten: »Die Feldforschung ist in der Ethnologie das, was das Blut der
Märtyrer für die Kirche ist« (zit. n. Koepping 1980: 21).

Während jedoch der Eremit an der von ihm gewählten Stätte jenseits der
Lebenswelt verbleibt, kehrt der Feldforscher (abgesehen von Sonderfällen
des Übertritts zur anderen Kultur, des *going native*), darin dem Pilger gleich,
wieder in die eigene Lebenswelt zurück. Die Feldforschung lässt sich in
dieser Hinsicht auch mit der »Ritterfahrt« vergleichen, denn auch diese ist
ein nicht bloß weltliches Abenteuer. Die Aufnahme in die Ethnologenzunft
wäre damit also so etwas wie ein Ritterschlag. Was aber ist nun, über die
erwähnten Beschwernisse und Gefahren hinaus, das Abenteuer des Feldforschers? Er blickt in den Abgrund, der menschliche Lebensformen voneinander trennt. Dies kann die eigene Verankerung in der Welt bis in die
Grundfesten der Persönlichkeit erschüttern (D. Nash 1963: 152ff). Ansonsten
gegeneinander geschlossene Lebens- und Sinnwelten werden nun in seiner
Biographie – einem schwachen Band – aneinandergeknüpft. Auf ihn, auf
seine Leistung bei der Bewältigung dieser Situation, kommt hier alles an.
Welchen Maßstäben soll er vertrauen – den alten, den neuen? Wie kann er
sich in dieser Situation »richtig« verhalten? Wie die persönliche Integrität
wahren? »Was ist Wahrheit«, die alte Pilatusfrage, stellt sich hier mit erneuter Wucht (vgl. Smith Bowen 1984). Unter den Dingen, die hierbei fragwürdig werden, ist auch die wissenschaftliche Objektivität, gleichsam die
Tugend der Dame, der der Feldforscher seinen Ritterdienst geweiht hat.
Nun heißt es im Spiegellabyrinth interkultureller und interpersoneller Relativitäten dem Drachen entgegenzutreten, dessen Name »Seinsgebundenheit
der Erkenntnis« lautet. Da entsinkt vielen der Mut. Sie schleichen sich an
dem Drachen vorbei, indem sie sich völlig »objektiv« auf Detailfragen zurückziehen, bei denen man immerhin noch etwas festen Grund unter den
Füßen behält. Oder sie marschieren, vor dem Gesichtsfeld das Visier einer
»unfehlbaren« Methodik, durch dessen Spalten man den Drachen möglichst

wenig sieht, robust und gepanzert hindurch. Andere wieder entschließen sich, das Ungeheuer, das ja immerhin auch seine charmanten Seiten hat (es kann die Gestalt einer Circe, einer Sirene annehmen), zu umarmen; sie sagen ihrer Dame Wissenschaft valet und versinken in Irrationalismus, ästhetisierende Kontemplation oder politischen Aktivismus (»Aktionsethnologie«). Viele endlich murmeln etwas von sauren Trauben und lassen die ganze Sache sein. Heil kommen nur wenige aus diesem Labyrinth wieder heraus.

Die Schrecknisse des inneren, des geistigen Abenteuers dauern zuhause am Schreibtisch an, ja können sich noch verschlimmern: Hier erst beginnen sich manche über Probleme Rechenschaft zu geben, durch die sie vielleicht im Felde halb blind hindurchgestolpert sind. Feldforscher lieben es, auf die »Lehnstuhlethnologen« herunterzuschauen (ein Terminus, der körperliche und geistige Behaglichkeit impliziert; z. B. Malinowski 1973: 128). Doch die traurige Wahrheit ist, dass die meisten Feldforschungen erst am Schreibtisch wirklich scheitern (Den Hollander 1967: 23 ff.; Stagl 1981 c: 287 ff.; Geertz 1983: 28 ff.). Edward Evans-Pritchard, der selbst das geistige Abenteuer ruhmreich bestanden hat, sagt dazu mit müdem *understatement*:

»Es war für mich eine schmerzliche Erfahrung zu sehen, wie so mancher Student aus dem Felde zurückkehrte, kaum wissend, was er mit den Körnchen, die er unter solchen Mühen gesammelt hatte, machen sollte, und nur noch ein Buch über noch ein Volk schrieb.« (Evans-Pritchard 1978: 330).

Wogegen sich Sir Edward hier wehrt, ist die halbblinde, theorie- und gedankenlose, die Feldforschung um der Feldforschung willen. Gerade die Reduktion des geistigen auf das körperliche Abenteuer ist besonders ideologieanfällig; gerade sie sucht ihre Blößen mit einer Aura zu verdecken (wer dem Drachen ausgewichen ist, kann nachher umso leichter prahlen, ihn überwunden zu haben). Doch unterdessen hat der Drache sein Labyrinth verlassen und sucht die Studierstuben heim, ja er beunruhigt auch schon die vormals so selbstgewisse Wissenschaftstheorie (vgl. Koepping 1976; Duerr 1981; Gellner 1985; Gottowik 1997). Um es zu bannen, mag vorläufig die von Karl Acham formulierte Überlegung dienen:

»Die Relativität von wissenschaftlichen Theorien und von Paradigmen der Forschungspraxis mit Rücksicht auf soziale Bedingungen besagt jedoch – und dies gilt es mit Nachdruck geltend zu machen – noch nichts über die Relativität derjenigen Standards, die uns den Nachweis solcher Relativitäten und temporärer Geltungsansprüche erst ermöglichen.« (Acham 1976: 93).

Lob der Feldforschung

Zu diesen Standards gehören nicht zuletzt auch die der ethnographischen Feldforschung, wie sie sich im Laufe des 20. Jahrhunderts herausgebildet haben und in diesem Buche dargestellt werden. Wenn ich hier die Feldforschungsideologie kritisiere, möchte ich nicht den Eindruck erwecken, als ob ich etwas »gegen die Feldforschung hätte«, sie gar für unwissenschaftlich hielte. Im Gegenteil: Gerade weil der Persönlichkeitsanteil an dieser Forschungsmethode so hoch ist, dass er mit bestem Willen nicht mehr übersehen werden kann, ist sie gleichsam eine Probe aufs Exempel für die Gültigkeit wissenschaftlicher Methodik überhaupt (Koepping 1976; Stagl 1981b: 2 ff., 20 ff.; zu den qualitativen Methoden allgemein s. Flick et al. 1991). Das mit dem Namen Bronislaw Malinowski verbundene Feldforschungsmodell der gesamthaften Erkundung einer Stammesgesellschaft in allen ihren Aspekten durch einen einzelnen Ethnologen, der sich in ihrem Lebensraum aufhält, ihre Sprache benützt und in laufender Kommunikation mit ihr steht, ist nach dem Ersten Weltkrieg zum vorherrschenden Paradigma der modernen Ethnologie geworden (Koepping 1973: 259 ff.; Stocking 1978: 532; Stagl 1991; Gottowik 1997: 155–204). Dieses Forschungsmodell hat den Sozial- und Kulturwissenschaften eine Fülle an Wissen eingebracht, das sonst auf immer verschlossen geblieben wäre. Mit seiner Hilfe hat die Ethnologie zwei Generationen lang die Gunst der welthistorischen Stunde zwischen der Auflösung der Kolonialreiche und der Festigung der neuen Nationalstaaten nutzen können. Viele Forscher haben dabei Außerordentliches geleistet; die Worte Genialität und Heroismus sind dabei nicht zu hoch gegriffen. Die Ergebnisse zusammenfassend stellt George Peter Murdock fest:

»Ich zögere nicht, die Gesamtheit der ethnographischen Beschreibungen, die wir hervorgebracht haben, als die bei weitem größte Tat der Ethnologie zu kennzeichnen – den krönenden Ruhm unseres Faches.« (Murdock 1971: 17).

Doch diese Großleistung gehört, man muss es sagen, inzwischen der Vergangenheit an. Die Gunst der Weltgeschichte hat sich in Ungunst verwandelt. Während die Stammesgesellschaften nach dem Malinowskischen Paradigma weitgehend »ausgeforscht« sind und überdies rapide dahinschwinden, erhebt sich in den Forschungsgebieten ein Ressentiment gegen die Ethnologie:

Das »wir«, von dem Murdock hier spricht, meint die Ethnologenzunft, die nach Herkunft und Bildung ihrer Mitglieder eine westliche war und weitgehend noch ist. Sie hat also während ihrer weltgeschichtlichen Stunde vom Status des Weißen in ihren Forschungsfeldern profitieren können. Doch die Ethnologen wollten dabei der universalen Wissenschaft dienen und nicht, jedenfalls nicht vornehmlich, der Festigung der weißen Vorherrschaft. Die Wissenschaft hat sich zwar im Schoße der westlichen Zivilisation ausgebildet, ist aber heute im Begriffe, sich von dieser abzulösen, sich zu »globalisieren«. Doch die Haltung der – westlich gebildeten – Eliten der »Dritten Welt« ihr gegenüber ist aufgrund ihrer Herkunftsgeschichte ambivalent, und das betrifft alle Kulturwissenschaften.

Es ist heute im Felde keineswegs eine Empfehlung, wenn man sich als Ethnologe deklariert (J. Nash 1975). Der Feldforscher war immer schon ein unerwünschter Außenseiter, der Schwierigkeiten hatte, einen plausiblen Grund für seine Anwesenheit und seine wissenschaftliche Neugier anzugeben (dem wissenschaftsfremden Menschen gilt ja der Naturforscher als Magier, der Sozialforscher als Spion). Heute kann er die Erforschten bloß als Weißer kaum noch beeindrucken. Den Zugang zum Feld kontrollieren die neuen Eliten. So beginnen sich die Feldforscher für ihre Tätigkeit zu entschuldigen oder sie (als »Historiker«, »Landwirtschaftsexperten« od. dergl.) zu kaschieren; das heißt, dass zu den körperlichen Strapazen und geistigen Abenteuern nunmehr auch noch moralische Gratwanderungen treten: der Verdacht, ein Spion oder Heuchler zu sein, wird gerade dadurch nicht entkräftet (Spittler 1983; Dawani 1984). Auf der Seite der Erforschten weckt die Feldforschung Ressentiments, wie sie etwa die selbstironische Definition zum Ausdruck bringt: *Anthropology is the study of everybody shorter and darker than you.* Hauptträger dieses Ressentiments sind indes nicht die unmittelbar Erforschten im Feld, es sind vielmehr die Modernisierungseliten, die sich bei ihrer eigenen Zwangsbeglückung der Stammesgesellschaften (nunmehr als »rückständige Minderheiten« oder »vierte Welt« bezeichnet (s. das Fourth World Bulletin, 1991ff) nicht so gerne in die Karten sehen lassen wollen.

Leider nützt es hier wenig, wenn der seiner Kollektivschuld bewusste weiße Ethnologe, den Versuch unternimmt, Nettigkeiten zu sagen. Evans-Pritchard bekennt, »dass ich mehr von den ›Primitiven‹ Afrikas gelernt habe als sie von mir« (1978: 333). Komplimente können zweideutig sein. Wenn man nämlich genauer hinschaut, dann sagt der freundliche Sir Edward hier vor allem etwas Nettes über sich selbst: Er ist eben sehr lernfähig. Ja, er hat schon recht: Noch keine Kultur der Welt hat diesen systematischen Drang gezeigt, sämtliche anderen Kulturen zu erforschen und in ihrem innersten Wesen zu erkennen, noch keine hat zu diesem Zwecke derart hohe methodische Standards ausgebildet, wie eben die westliche. Dieses auf alles Fremdkulturelle gerichtete Erkenntnisstreben ist mit der Ausweitung der Naturerkenntnis durch Tele- und Mikroskop sowie mit der Aufschließung der Vergangenheit durch die historische Methodik durchaus vergleichbar. All dies ist heute im Begriff, zum Gemeingut der Menschheit zu werden. Das mag man vielleicht von anderen Kulturen her nicht so gerne sehen; bestreiten können wird man es guten Gewissens aber nicht.

Der Hang zur Authentizität

Das Quasi-Religiöse an der ethnographischen Feldforschung, der Urgrund ihrer »Aura«, ist der Hang der modernen, sich selbstentfremdet empfindenden westlichen Gesellschaft zum »Authentischen« (s. dazu Bendix 1997). Die von der Modernisierung vergleichsweise noch unberührten Stammesgesellschaften der von der »Ersten« am allerweitesten entfernten »Vierten Welt« scheinen diese geheimnisvolle Qualität in besonderem Maße zu verkörpern. Doch mit dem »Authentischen« ist es wie mit dem Paradies: Wer er sucht, hat es auch schon für immer verloren. Die Feldforschung ist ein Unternehmen romantischer Nostalgie (Stocking 1989).

Der von ihr bevorzugte Wirklichkeitsausschnitt ist schwer zugänglich. Räumliche, sprachliche, kulturelle, soziale Barrieren schirmen ihn gegen das wissenschaftliche Erkenntnisstreben ab. Da die Ethnologie die Stammesgesellschaften aus deren eigenen Existenzbedingungen heraus beschreiben will, muss sie sie in höherem Maße als sie es wirklich sind als eigengesetzliche, von der Modernisierung noch unberührte Ganzheiten behandeln (Stagl 1981b: 27 ff.; Blok 1985, 57 ff.). Aus der Gesamtheit beobachtbarer Tatsachen sucht sie das »authentische«, das vom Kulturkontakt noch am wenigsten beeinflußte Material heraus. (Eben das ist der Grund, aus dem sie von den Modernisierungseliten als »konservativ« oder »reaktionär« abgelehnt wird.) Lévi-Strauss schreibt den Stammesgesellschaften über diese relationale hinaus auch eine substantielle Authentizität zu und nennt sie geradewegs »authentische Kulturen« (1958: 400 ff.). Er meint damit, dass die sozialen Beziehung und die Weltbilder hier konkreter, unmittelbarer und anschaulicher sind als in der modernen, götterlosen, entzauberten Welt, wo Markt, Staat und Medien sich mit ihren Eigengesetzlichkeiten zwischen die Menschen schieben. Doch die substantielle wie die relationale Authentizität sind in Auflösung begriffen. Stets hat die Ethnologie gegen die Uhr arbeiten müssen: gehört doch auch sie selbst zur Moderne, deren Auswirkungen sie beklagt. Die großen Feldforschungen der »klassischen« Epoche zwischen ca. 1920 und ca. 1960 sind buchstäblich in letzter Minute gekommen. Die Ethnologie verfügt über kein halbwegs konstantes und damit wiederholt zugängliches Erfahrungsmaterial wie die meisten anderen Disziplinen. Das Material ist für sie so kostbar, dass ihm gegenüber die Methodik an Bedeutung zurücktreten muss (vgl. Stagl 1981b: 20 f.).

Authentisch wie dieses Material ist aber auch die Forschungsmethode. Der Wissenschaftler tritt in die Lebenswelt der erforschten Gruppe ein, um sich ihrer Besonderheit zu vergewissern (Koepping 1980: 25). Dies tut er mit seiner Gesamtpersönlichkeit, »mit Leib und Seele«. Vergleichbar gesamthaft ist auch der Bezugsrahmen seiner Forschung: eine räumlich und sozial geschlossene Einheit, üblicherweise eine von einem Einzelnen gerade noch überschaubare Lokalgruppe, sowie eine zyklisch geschlossene Zeitspanne, üblicherweise ein Jahr. Entscheidend für das Gelingen ist daher, ob der Forscher sich zu einer adäquaten Gesamtansicht erheben kann, in die alle seine Problemstellungen eingehen. Dieser »holistische« Charakter der Feldforschung ist immer wieder betont worden (s. etwa Block 1985: 57 ff.; Thornton 1988). Er rührt daher, dass der Beobachter, das Beobachtungsfeld und das Kommunikationsmedium (die einheimische Sprache) als interdependente Ganzheiten in Funktion stehen. Die Feldforschung ist ein kurioses Gebilde aus Objektivität und Subjektivität. Wo lässt sich hier das Authentische festmachen? Im Leben der Beobachteten? Im Erleben des Beobachters? In der fremden Kultur oder in der eigenen Erfahrung? Man könnte wohl am besten mit Klaus-Peter Koepping sagen: im einen, vermittelt durch das andere; in jener, vermittelt durch diese (Koepping 1987). Das Authentische ist ein schwankender, trügerischer Grund. Die Methodologen bezeichnen die Tätigkeit des Feldforschers mit dem Oxymoron »teilnehmende Beobachtung« (Vidich 1954/55; Girtler 1984; Block 1985: 21 ff.; Maranhão 1986). Der Beobachter hilft sich dabei mit der Idealisierung, dass der beobachtete Lebenszusammenhang durch seine Teilnahme nicht verändert werde und dass die derart beobachtete Wirklichkeit die »eigentliche Wirklichkeit« sei. Sein Hang zur Authentizität hilft ihm auch über dieses Problem hinweg.

Doch während die fremde Gruppe im Zentrum seines Forschungsinteresses steht, kommt es ebensosehr auf die eigene Person an. Da er das »Maß aller Dinge« für den späterhin zu schreibenden Bericht ist, steht er unter einem außerordentlichen Bewährungsdruck: Die Feldforschung vollzieht sich unter erhöhter Gefühlsintensität (D. Nash 1963: 156 ff.). Entscheidend für das Gelingen ist, dass es zwischen Beobachter und Beobachteten zu einem mitmenschlichen Rapport, zu einer gewissen gegenseitigen Identifikation kommt. Ist der Forscher überdies ein Mensch mit normalen Anstandsbegriffen und nicht bloß perfektes Instrument der Registration ethnographischer Daten, wird er den Beobachteten für ihre Gastfreundschaft und Aufgeschlossenheit auch etwas zurückgeben wollen. Diese Reziprozitätsbeziehung beginnt typischerweise mit ärztlichen Versorgungsleistungen und endet mit »privater Entwicklungshilfe« und lebenslangen Bindungen (Fischer 1979: 136 f.). Außerdem dient er den Erforschten als Bewahrer und Hüter ihrer kulturellen Tradition. Die Hingabe des Feldforschers impliziert ja »den immanenten Wert des Lebensraumes, den er studiert« (Koepping 1980: 29). Gerade die schwierige Doppelrolle als »Fremder und Freund« (Powdermaker 1966) verleiht ihm die »produktive Distanz« (Karl Mannheim 1966), die es ihm erlaubt, Kultur und Gesellschaft als Ganzes in den Blick zu bekommen und sie in einer systematischen Weise zu artikulieren, wie es die Einheimischen in ihrer unhinterfragten Lebenswelt, in der sie näherliegende Relevanzen haben, niemals tun würden. Natürlich fällt es leicht, vom Standpunkt der Superauthentizität aus solche »Konstruktionen des Anderen« (Gottowik 1997) als müßige Gedankenspielereien oder als geistigen Kolonialismus abzutun. Und doch führt kein Weg daran vorbei: der große Theologe der Nuer heißt nun einmal Evans-Pritchard, der der Dogon Marcel Griaule, der der Ndembu Victor Turner, und so fort. Dazu retten die Ethnologen mit ihrer Sammlertätigkeit Dokumente einer Sachkultur, die die Erforschten selbst aufzugeben im Begriffe sind, auch für deren späteren Gebrauch (Völkerkundemuseen sind kulturelle Archen Noah). Schließlich führen die im Felde eingegangenen Reziprozitätsverpflichtungen manchen Forscher dazu, sich den Erforschten als juristischen Berater oder politischen Repräsentanten zur Verfügung zu stellen (vgl. Szalay 1975: 112 f.; 1977: 93 ff.). Man kann die »Aktionsethnologie« als postkolonialen Paternalismus mit umgekehrten Vorzeichen betrachten. Jedenfalls kehrt sich die Lehrlingsrolle, die sich der Forscher gegenüber den Erforschten im Felde einzunehmen befleißigt, außerhalb des Feldes in eine Vertretungs-, ja eine Patron-Klienten-Beziehung um.

Es gibt also in der Ethnologie einen großen – und berechtigten – Hang zu einer Authentizität, die aber bei näherem Hinsehen fraglich zu werden beginnt. Dieser Gegensatz lädt ein, sich Gedanken über den Ethnologen als sozialen Typus zu machen. In seinen Händen wird die Suche nach der verlorenen Authentizität zum »goldenen Zweig« (Sir James Frazer), der ihm das Innerste ferner und fremder Kulturen aufschließt. Es ist nicht, oder nicht nur, bloße »Pfadfinderromantik« (Gjessing 1966: 22), wenn trotz der ihnen sehr wohl bekannten Mühen, Gefahren und Bedenklichkeiten die »weitaus meisten jungen Kollegen und Studenten ihre erste Feldforschung geradezu herbeisehnen« (Fischer 1979: 124) und auch schon etablierte Ethnologen »erst dann richtig aufleben, wenn ihnen ein Feldaufenthalt bevorsteht« (D. Nash 1963: 163). Sicher spielt hier die Lust starker und begabter Naturen an Herausforderungen und Bewährungsproben mit, sicher auch die in der eigenen, von Selbstentfremdung gekennzeichneten Kultur kaum erreichbare Bedeutung, die der Einzelpersönlichkeit im Felde zuwächst. Bei vielen kommen wohl auch private Schwierigkeiten mit der eigenen Lebenswelt hinzu. In einer früheren Arbeit habe ich versucht, die Faszination, die die Stammeskulturen auf die Ethnologen ausüben, auf die Eigenschaften zurückzuführen, durch die sie sich von modernen Lebenswelten unterscheiden: Abgelegenheit, Homogenität, Vielfalt, Exotismus, Überschaubarkeit und Statik (Stagl 1981 a: 68 ff.). Diese Faszinosa wirken gerade auf Menschen, die sich zuhause nicht zuhause fühlen. Forschungsreisende und Feldforscher gehören ganz offenkundig zu einem – aus welchen Gründen auch immer – »gebrochenen« Menschentypus. Sie sind dazu bestimmt, in keiner Kultur ein Zuhause zu finden. Der Typus des Ethnologen ist und bleibt immer und überall der Fremde (D. Nash 1963; Freilich 1970; Koepping 1976; Stagl 1981 a: 77 ff.; Bargatzky 1981; Spittler 1983: 442 f.). Doch könnte es sein, dass er nicht bloß ein unangepaßter Nostalgiker ist, sondern auch Vorbote einer künftigen Weltgesellschaft (Stichweh 1997; Weiß 1999)?

Vom Nutzen und Nachteil der Feldforschung

Auf eines kann der Feldforscher pochen, dass er nämlich in eigener Person an der fremden Lebenswelt teilgehabt hat. Das gibt ihm eine bevorrechtete Stellung allen denen gegenüber, auf die dies nicht zutrifft. Jeder Inhaber einer bevorrechteten Stellung ist der Versuchung ausgesetzt, sie im eigenen Interesse auszubeuten. In diesem Falle wird die Aura der Authentizität, von der die Feldforschung umgeben ist, zur Ideologie. Hierunter versteht man eine Verzerrung von Wirklichkeit im Dienste von Lebensinteressen. Ich diskutiere hier die Lebensinteressen, denen die »Feldforschungsideologie« (vgl. auch Stagl 1981a: 101ff) dient, als (1) individuelle (solche des einzelnen Feldforschers) und (2) kollektive (solche der Ethnologenzunft):

Interessen des Feldforschers

Der einzelne Feldforscher kann die Aura der Authentizität als Immunisierungsstrategie benützen. Jeder Authentizitätsanspruch schließt ja zugleich ein Nichtauthentisches aus. Ein sich derart Immunisierender zieht sich aus den sozialen Verpflichtungen gegenüber der Wissenschaftlergemeinschaft (*scientific community*) auf die eigene Außerordentlichkeit zurück, die durch die von seinen Kollegen nicht geteilte Felderfahrung verbürgt ist. Die Menschengruppe, die er »mein Stamm« nennt, dient ihm als geistiges Asyl, wohin ihm die Schergen der wissenschaftlichen Kritik nicht folgen können.

Das Wörtchen »mein« bezeichnet hier zunächst eine Identifikation im geschilderten Sinne, also etwas Schönes und Lobenswertes. Doch es tendiert dazu, zum besitzanzeigenden Fürwort zu werden. In der »klassischen« Epoche, als es noch mehr Stammeskulturen und weniger Ethnologen gab, wurde der Stamm auch ganz offen als Zubehör der Persönlichkeit aufgefaßt. Margaret Mead berichtet in ihrer Autobiographie, wie die Völker der Erde von Professor Boas in Columbia unter die vielversprechenden jungen Ethnologen aufgeteilt wurden (1972: 202 f.). Noch in der Folgegeneration galt es als indezent, gleichsam als unbefugtes Eindringen in die Privatsphäre, wenn sich jemand herausnahm, nach Malinowski auf Trobriand, nach Redfield in Tepoztlan oder eben auch nach Mead in Samoa zu forschen. Und doch waren solche Mehrfachuntersuchungen von großer theoretischer Bedeutung. Sie haben den »allwissenden« Feldforscher entthront und die Wissenschaftlergemeinschaft darüber belehrt, wie höchstpersönlich das Bild jedes Ethnographen von »seinem« Stamm ist (Bennett 1946; Freeman 1973).

Eine Feldforschung hat etwas von einer Landnahme; das Forschungsfeld wird der Persönlichkeitssphäre angegliedert. »Mein Stamm« kann nunmehr als Fetisch zur Selbstbestätigung immer wieder beschworen werden. Soll ihn einem da jeder Dahergelaufene wieder wegnehmen können? Muss man ihn nicht gegen solche Usurpationsversuche verteidigen? Eine Verteidigungsstrategie ist, nicht alles über »seinen« Stamm zu veröffentlichen. So kann man sich das Interpretationsmonopol auch weiterhin bewahren. Das harmoniert auch gut mit einer gewissen intellektuellen Trägheit. Zugegeben: Jede ethnographische Monographie, die ihr Salz wert ist, muss einem riesigen und uneinheitlichen Feldmaterial abgerungen werden, welches sich in Form von Notizen, Objekten, Dokumenten und Erinnerungen bis ins Unendliche verzweigt, sodass alleine schon die Speicherung zum Problem wird (Evans-Pritchard 1978: 342, 346 ff.; Fischer 1979: 125 ff.). Doch hier verlangt auch das Gesetz des abnehmenden Ertrages sein Recht. Was sich als Perfektionismus gibt, ist in Wahrheit fehlende geistige Souveränität (Agassi 1999: 59). Man kann den Respekt vor der Fachöffentlichkeit auch übertreiben. Wem nützt des Forschers Mut, Fleiß und Glück, wenn er das Erforschte für sich behält? Uns nichts, wohl aber ihm: Er bleibt unvergleichlich. Jeder kennt das »Originalgenie«, das randvoll von Wissen ist und nur allzu bereit, davon mitzuteilen, es aber nicht geordnet zu Papier bringen will (oder kann). Sein Wissen wird mit ihm zusammen sterben. Zu Recht gilt zwar das Verstehen als »die« Methode der Kulturwissenschaften. Doch alleine reicht es nicht aus, es muss in ein Beschreiben münden. Verstehen ist ein persönlicher, Beschreiben ein sozialer Akt. Und auch die mündliche Beschreibung, so anschaulich und lebendig sie sein mag, genügt nicht, denn sie kann vergessen, uminterpretiert, zurückgenommen werden. Nicht so die schriftliche. Auf ihr baut die Wissenschaftlergemeinschaft auf (vgl. Stagl 1981 b: 27 ff.; 1981 c: 280 ff.; s. a. Clifford/Marcus 1986; Gottowik 1997).

Die Fetischisierung der eigenen Authentizität stellt den einzelnen Forscher über die Wissenschaftlergemeinschaft. Als Rechtfertigungsgrundlage mag ihm ein radikaler erkenntniskritischer Skeptizismus dienen, für den die einzige Grundlage wirklichen Wissens das eigene Erleben ist. Er möchte also, dass vor dem Richtstuhle der Vernunft kein Zeugnis Geltung finden solle als jeweils das eigene. Wo aber bliebe dann die Wissenschaft? Wie jeder normale Mensch hat auch der Wissenschaftler den Hauptteil dessen, was er weiß, von anderen übernommen (vgl. Schütz/Luckmann 1994, Bd. 1, 379 ff.). Der radikale Skeptiker zieht dem geistigen Gemeinschaftsbesitz die eigene Persönlichkeit mitsamt ihren Schwächen, Täuschbarkeiten und Perzeptionsmängeln vor. Doch eine wissenschaftsfähige Erfahrung muss mitteilbar sein. Dem ungläubigen Thomas wurde zu Recht erwidert: »Selig sind, die nicht sehen und doch glauben« (Joh. 20, 29).

Zu jeder menschlichen Gemeinschaft gehört eine Portion Vertrauen. Nicht nur die *scientific community*, auch die Gemeinschaft, die der Feldforscher mit den Erforschten im Feld eingeht, würde bei radikalem Skeptizismus einer der beiden Seiten verkümmern. Jener muss den Erforschten zubilligen, dass auch ihre unverständlichen oder bizarren Manifestationen im Gesamtzusammenhang letztlich einen Sinn ergeben könnten; diese müssen wiederum ihn als einen verstehensfähigen und nicht fundamental übelwollenden Kommunikationspartner akzeptieren. Das *principle of charity* in der wechselseitigen Auslegung (Quine 1980; vgl. auch Cappai 2001) gilt schließlich auch für die Gemeinschaft zwischen dem Autor und seinem Leser. Natürlich ist damit kein blindes Vertrauen gemeint. Das wäre ebenso unfruchtbar wie der radikale Skeptizismus. Jedes Zeugnis muss nach den üblichen Standards der Wissenschaftlichkeit überprüft werden, bevor es »nostrifiziert« werden kann. Diese Möglichkeit muss auch für später offengehalten werden, denn es könnte sich als nötig erweisen, vor dem Richtstuhle der Vernunft abgegebene Zeugnisse durch Lokalaugenschein zu ergänzen – etwa in den genannten Mehrfachuntersuchungen. Doch das einmal Nostrifizierte »gilt« bis auf weiteres. Der einzelne Forscher wird durch die Akzeptanz seines Zeugnisses seitens der *scientific community* ärmer und reicher zugleich: Verliert er auch das Interpretationsmonopol über »sein« Material, so gewinnt er doch einen »Namen« und Vertrauen in der Wissenschaftlergemeinschaft (Stagl 1981 c: 284 ff.). Ethnographisches Material, das etwas taugt, muss auch für die verwertbar sein, die nicht selber dort gewesen sind:

»Wenn der Feldforscher das Gefühl hat, auf das von anderen gesammelte

Datenmaterial nicht vertrauen zu können, dann kann er auch nicht erwarten, dass seine eigene Feldforschung anderen ein größeres Zutrauen einflößen wird. Er gibt mit anderen Worten zu, dass er nur für sich selbst schreibt. Wenn dies aber der Fall ist, dann hätte uns eine Menge überflüssiger Drukkerschwärze erspart bleiben können« (Gjessing 1966: 18).

Soll eigenes Erleben wissenschaftsfähig aufbereitet werden, dann gilt es, Abstriche an dessen Authentizität zu machen. Erst dann, also mit der ethnographischen Beschreibung, wird »mein Stamm« zu unser »aller Stamm«, erst dann kann er anderen Ethnologen als Vergleichsbasis dienen.

Das Bestehen auf der unhintergehbaren Authentizität der eigenen Erfahrung hat etwas Wissenschaftsfeindliches. Kein Wunder, dass sie von denen aufgegriffen wird, die mit der Wissenschaftlergemeinschaft ein Hühnchen zu rupfen haben. Können mit diesem Argument nicht etwa auch die Erforschten gegen ihre Erforscher auftreten? Die Zeitgenossen etwa gegen die Zeithistoriker, die Slawen gegen die Slawisten, die Einheimischen gegen die Ethnologen? Keine Sorge, das ist bereits geschehen. Das gegenwärtige Ressentiment gegen die ethnographische Feldforschung wurde schon erwähnt. Ihre Behinderung durch die neuen einheimischen Eliten erlangt den Schein einer Rechtfertigung dadurch, dass sie – oder auch ihnen nach dem Munde redende Ethnologen – die Feldforschung durch selektiven Einsatz wissenssoziologischer Argumente auf einige ihrer sozialen Voraussetzungen und politischen Verwertungsmöglichkeiten zu reduzieren trachten. Westlich gebildete Abkömmlinge nicht-westlicher Gesellschaften haben sich der Form wissenssoziologischer Argumentation bedient, um den Ethnologen aufgrund ihrer mangelnden existentiellen Verbundenheit mit den erforschten Gesellschaften das wirkliche Verständnis für diese abzusprechen (vgl. etwa Duala M'bedy 1977). Hier wird die »mein Stamm«-Ideologie, die die Feldforscher gegen die »Lehnstuhlethnologen« auszuspielen liebten, gegen sie selbst gekehrt. Die wissenssoziologische Argumentation ist dabei freilich nur eine vorgeschobene: Tatsächlich geht es dabei weniger um Erkenntnisstreben als um politischen Kampf (Stagl 1999: 113 ff.). Für den angegebenen Ausschließungsgrund »mangelnde existentielle Verbundenheit« ließe sich präzisieren: »kolonialistische Erbschuld« oder auch »weiße Hautfarbe«. Ethnologen der postklassischen Epoche neigen ja wie erwähnt dazu, sich für das, was sie sind, zu entschuldigen. Nicht wenige bekennen sich zur »Dritten-Welt-Ideologie« und stimmen in das »Schluchzen des weißen Mannes« mit ein (Bruckner 1983). Jacques Maquet mit seiner Denunziation der Ethnologie als geistigen Kolonialismus hat den Ton angeschlagen; inzwischen ist der Chor dieser Stimmen unüberhörbar geworden (vgl. dazu Osterhammel 1997; Marcus 2001). Doch müßte nicht der Versuch, Menschen aufgrund ihrer sozialen Herkunft oder ihrer biologischen Abstammung von der Forschung auszuschließen, seit Stalin und Hitler einen Hautgout bekommen haben?

Schön und gut, ließe sich dem entgegnen, aber das alles sei doch ein Einrennen offener Türen! Ein ordentlicher Feldforscher publiziere, so gut er es eben könne, früher oder später doch eine ethnographische Monographie. Wer seine Forschung als Selbsterfahrungstrip oder als politischen Aktivismus mißverstehe, mache sich auf die Dauer im Fach unmöglich und bekomme keine weiteren Forschungsmittel mehr. Niemand im Fach bestreite die Intersubjektivität ethnographischer Beschreibungen. Worauf aber bestanden werden müsse, sei der ungeheure subjektive Nutzen, den eine gelungene Feldforschung vor allem den Nachwuchsethnologen bringe. Die Feldforschung sei ein pädagogisches Muss; darüber sei man sich im Fach einig:

»Für (den Ethnologen) ist (die Felderfahrung) nicht nur ein berufliches Ziel, nicht nur eine Abrundung seiner Bildung oder das Erlernen eines Handwerks. Sie stellt ein entscheidendes Moment seiner Erziehung dar, vor welchem er unzusammenhängende Kenntnisse haben wird, die aber niemals ein Ganzes bilden werden, während sich erst danach seine Einzelkenntnisse zu einer organischen Ganzheit ›fügen‹ und dadurch plötzlich einen Sinn gewinnen werden, der ihnen vorher gefehlt hatte.« (Lévi-Strauss 1958: 409)

Darauf ließe sich mit gleicher Jovialität antworten: Niemand würde den persönlichkeitsbildenden Wert der Felderfahrung bezweifeln. Gott behüte! Unbehagen weckt dennoch die »manchmal fast religiöse Betonung der Feldforschung als Voraussetzung für eine Anerkennung im Fach überhaupt« (Fischer 1979: 124). Ist dieses völlig frei von Mystizismus? Welche wissenschaftlichen Kriterien gibt es denn, die Leistung von Ethnologen mit und ohne Felderfahrung gegeneinander zu bewerten? Wird durch die Felderfahrung eine Aussage richtiger, ein Gedanke wahrer? Wenn dadurch einer ein neuer Mensch und besserer Ethnologe geworden ist, dann umso besser für ihn. Ich neide es ihm nicht. Ich bezweifle indes, dass alle Ethnologen, die im Feld waren und Berichte darüber veröffentlicht haben, eine Persönlichkeitstransformation erlebt haben. Viele sind wohl ebenso unbedarft ins Feld gegangen wie aus diesem wieder heimgekommen; Evans-Pritchard wurde dazu schon zitiert. Gerade ihnen gibt ein Feldforschungs-Mystizismus à la Lévi-Strauss (mit dessen eigener Felderfahrung es so weit auch nicht her war, vgl. Leach 1970: 18 ff.) die Möglichkeit, sich der Kritik zu entziehen und Opposition niederzuknüppeln. Anekdoten können nunmehr an die Stelle von Theorien treten. Das Gefährliche daran ist, dass auch bedeutende Ethnologen sich durch die Verlockungen der »mein Stamm«-

Ideologie verleiten lassen, sich Erkenntnissen höherer Allgemeinheit zu verweigern (vgl. auch Leach 1961: 1 ff.). Und doch hätte »mein Stamm« ohne allgemeine Erkenntnisse weder erforscht noch beschrieben werden können. Evans-Pritchard, wie Leach ein erprobter Feldforscher und Schüler Malinowskis und somit ein unverdächtiger Zeuge, bemerkt dazu:

»Man behauptet manchmal, jeder könne Beobachtungen anstellen und ein Buch über ein primitives Volk schreiben. Es mag sein, dass ein jeder das kann, aber dann ist das nicht unbedingt ein Beitrag zur Ethnologie. In der Wissenschaft findet man wie sonst auch nur das, was man sucht. Ohne Fragen erhält man keine Antworten.« (Evans-Pritchard 1978: 327)

In seinem eigenen Fall kam der wichtigste theoretische Stimulus von Lévy-Bruhl, der nicht selbst im Feld gewesen war. Soll dieser damit zum Nicht-Ethnologen degradiert werden, unteilhaftig jenes höheren Wissens, das sich zur Ganzheit »fügt«? Und Sir James Frazer, immerhin Malinowskis Meister, der auf die Frage, ob er je mit Eingeborenen zu tun gehabt hätte, entsetzt geantwortet haben soll »Gott bewahre!« (*But Heaven forbid!*)? Auch heutige Ethnologen zitieren noch laufend Autoritäten, die nicht im Feld gewesen sind, wie Marx, Durkheim, Mauss, Schmidt, Heine-Geldern, Mühlmann oder Wittgenstein. Inwiefern sind deren Verallgemeinerungen schlechter als die erprobter Feldforscher? Es gibt hier sogar eine Gegenprobe: Ethnographische Hochstapler, die die Aura des Feldforschers erschleichen, um kuriose Theorien nostrizifieren zu lassen oder persönliche Vorteile zu genießen (vgl. Pratt 1986; Duerr 1987; Stagl 1995: 171–207). Der Fall Castaneda ist wohl allen Ethnologen noch in guter Erinnerung.

Interessen der Ethnologenzunft

Auch die Gemeinschaft der Ethnologen bedient sich des Hochspielens der authentischen Felderfahrung zur wissenschaftspolitischen Immunisierung. Die Durchsetzung der Feldforschung als »Muss« für jeden Ethnologen um etwa 1920 war ein richtiger Paradigmenwechsel. Zwar hat es stationäre Feldforschungen schon längst vor Malinowski gegeben, bei Missionaren etwa oder Reisenden, die länger an einem Ort verweilten (Spittler 1983), doch diese hatten nicht Ethnologie studiert. Seit Malinowski muss der Feldforscher ein Ethnologe sein, was dann den hier kritisierten logisch unhaltbaren Umkehrschluß nahelegt. Sicher hat dies zur Hebung der durchschnittlichen Qualität des ethnographischen Datenmaterials beigetragen. Zugleich aber wurde dadurch das »Feld« gegenüber unerwünschten Mitbewerbern, wie eben Missionaren und Reisenden, geschlossen. Die Stammesgemeinschaften begannen zu einer knappen Ressource zu werden, die bewirtschaftet werden musste. Gleichzeitig setzte sich in den Zivilisationsmetropolen die Ethnologie als akademisches Fach durch. Die Museumsstellen vermehrten sich, Lehrstühle wurden eingerichtet, die Ethnologie wurde ein Beruf. Aus verstreuten Enthusiasten formierte sich eine Zunft. Dieser kam es sehr zustatten, in den Stammesgesellschaften ein besonderes Forschungsfeld, in der Feldforschung eine besondere Forschungsmethode und in der Kombination beider gleichsam ein »Vorkaufsrecht« auf die selbsterhobenen Daten zu besitzen. Jede Zunft neigt zum Monopolismus. Sie sichert durch die Aneignung von Marktchancen sowie durch interne Kontrollen ihren Mitgliedern einen standesgemäßen Lebensunterhalt und ihren Produkten ein akzeptables Qualitätsniveau. Ebenso verfuhr die Ethnologenzunft. Wie die Missionare und Reisenden im Felde, so wurden zuhause die »Lehnstuhlethnologen« als unerwünschte Mitbewerber beiseite geschoben. Dies geschah durch Ausrangierung ihrer bisherigen universalhistorischen und »evolutionistischen« Denkweisen und Hinwendung zu feldforschungsnäheren Theorien wie Funktionalismus und Kulturrelativismus. Durch diesen Paradigmenwechsel wurden die Beiseitegeschobenen zu »Vorläufern« degradiert, deren theoretisches Potential weiter genutzt werden konnte. Was die interne Kontrolle betrifft, so ermöglichte die Feldforschungsideologie eine hierarchische Gliederung der Ethnologenzunft mit gut ausgebildetem Führungssystem. Die feldforschungserprobten, nunmehr auf Lehrstühlen etablierten Ethnologen, die »Meister«, bildeten die Studenten nach den von ihnen neu durchgesetzten Standards als »Lehrlinge« aus und verarbeiteten und bewerteten das von jüngeren, noch nicht etablierten Ethnologen, den »Gesellen«, aus dem Felde heimgebrachte Material. Sie vergaben die Forschungsstipendien, Publikationsmöglichkeiten und Stellen und befanden darüber, ob ein Feldaufenthalt als »geglückt«, eine Monographie als »Meisterstück« anzusehen sei oder nicht. Über diese Strukturähnlichkeit mit einer Zunft hinausgehend war die Ethnologie der »klassischen« Epoche auch noch etwas beinah Sakrales, ein Bund. Sie verfügte über heroische Stifterlegenden und ein strenges, anspruchsvolles Initiationsritual. Hier hatten sich keine Banausen zusammengeschlossen, sondern Erleuchtete und Helden. Ihre Feldforschungen stellten gleichsam kultische Wiederholungen der archetypischen Feldforschungen der Stifterheroen Boas und Malinowski dar. (Analog führen ja auch in der Psychoanalyse alle Einzelanalysen auf die »Lehranalysen« der Analytiker und diese in apostolischer Sukzession auf die »Selbstanalyse« des Stifterheros Sigmund Freud zurück.) Auch wenn hinter solchem Auserlesenheitsanspruch die handfesten Interessen einer Zunft standen (vgl. Jarvie 1970: 29; Jarvie 1981), muss doch eingeräumt werden, dass die Gründungsväter und -mütter dabei eine außerordentlich glückliche

Hand bewiesen haben. Die Ethnologie war eine der erfolgreichsten Wissen-
schaftsdisziplinen des 20. Jahrhunderts (vgl. Stagl 1981a: 97 ff.).

Ohne die Ideologisierung der Feldforschung wäre das nicht möglich gewesen. Es herrschte die feierlich beschwingte Aufbruchsstimmung verwand-
ter Gegenbewegungen zum *Fin de siècle*, der Freiluftmalerei etwa, des
Wandervogels, des Jugendstils. Es schien, als hätten die Ethnologen nun
auch das Sendungsbewusstsein der Missionare übernommen. Mit diesem
Pathos war kühle Selbstreflexion nur schwer vereinbar. Sie war wohl auch
unerwünscht. Hunderte »klassischer« Stammesmonographien stellten ihr
Material in wohlgerundeter Form dar, gaben aber nur die allerspärlichsten
Hinweise darauf, wie der Forscher zu diesem gekommen ist. Es schien diesen wissenschaftlichen Standards gemäß, als Person hinter seinem Material
zu verschwinden (D. Nash 1963: 158; Gottowik 1997: 185–190). Ich würde
hier eher von mangelndem Problembewusstsein oder Problemverdrängung
reden (vgl. einen Parallelfall in Lorenz 2001). Sucht man diese Monographien
nach methodologischen Reflexionen ab, so stößt man statt ihrer auf praktische Ratschläge von erschütternder Schlichtheit, die in einem herablassen-
den Ton erteilt werden (»Sie werden mehr Tische brauchen als Sie glauben«), manchmal auch auf Maximen wie sie nichtssagender kaum denkbar
wären (»Benehmen Sie sich immer wie ein Gentleman«) (diese und weitere
Beispiele in Smith Bowen 1984: 32 ff. und Evans-Pritchard 1978: 316 f.).
Hier lässt sich die genierte Abwehr des nach seinen Betriebsgeheimnissen
gefragten Insiders mit Händen greifen. Solches halbbewusste Verwischen
der eigenen Spuren deutet auf ein ideologisch begründetes Denkverbot. Jedenfalls wird die dem Handeln stets förderliche geistige Unschuld damit
gewahrt. Die Subjektivität des Forschers, die konkreten Umstände seiner
Forschung und die soziopolitischen Rahmenbedingungen des Kultur-
kontaktes, unter denen sie stattfand, waren auf diese Weise der Reflexion
weitgehend entzogen. Das Okular des ethnographischen Mikroskops war
so eingestellt, dass das Präparat, die »authentische« Kleingruppe in ihren
Lebenszusammenhängen und Kulturbedeutungen, in hellem Lichte deutlich hervortrat, während das Umfeld im Dunkel verschwamm. Oder, in einem Wittgensteinschen Bilde, der Ethnograph warf die Leiter, über die er in
die fremde Kultur eingestiegen war, nach Gebrauch wieder weg. Ich glaube
nicht, dass wir Heutigen die Leistungen unserer Vorgänger in der »klassischen« Epoche über Gebühr verkleinern, wenn wir aussprechen, dass sie in
einem selbstregulierenden System entstanden sind, dessen Erfolg durch
Betriebsblindheit erkauft war.

Fragmente zu einer historischen Soziologie der Feldforschung

Die historische Wasserscheide, die die »klassische« Epoche von unserer trennt, liegt in den sechziger Jahren. Seither gilt die Ethnologie als vom Kolonialismus kontaminierte Disziplin, von der sich niemand mehr erforschen lassen will. Die seitdem leid- und lustvoll beschworene »Krise der Ethnologie« ist im Grunde eine Krise der Feldforschung (Szalay 1975). Sie stellt die Quittung für die seinerzeitige Verabsolutierung der Feldforschung dar. Am Ausgang der »klassischen« Epoche hatte indes das Malinowskische Paradigma seine Hauptleistungen bereits erbracht; der Ertrag nahm ab; die Melancholie alles Fertigen breitete sich aus. Schon 1956 durfte ein führender Fachvertreter schreiben:

»... wir können schon heute sagen, dass uns ganz große Überraschungen, Funde, die unser Gesamtbild der lebenden ›primitiven Menschheit‹ entscheidend verändern würden, nicht mehr bevorstehen. Was noch entdeckt werden wird, wird irgendwo und irgendwie eingeordnet werden; Die Rubriken selbst aber sind vollständig. (...) Der ethnographische Kosmos ist entzaubert, alles hat seinen Platz gefunden oder ist im Begriffe, ihn zu finden.« (Mühlmann 1956: 186 f.)

Man kann dieser Abendstimmung gegenüber auf die heute noch bestehenden Lücken und Einseitigkeiten des ethnographischen Wissens, auf das rapide Verschwinden auch der Restbestände der »primitiven Menschheit« hinweisen, die die Ethnologen daran hindern sollten, die Hände resignierend in den Schoß zu legen (Schott 1981: 39f). Doch Mühlmann sprach ja nicht von einem nützlichen und interessanten Wissenserwerb, sondern von einem Zauber. Dieser Zauber rührt daher, dass die Ethnologie die »primitive Menschheit« nur erforscht, um über sie »den« Menschen, die überhistorische »menschliche Natur«, zu erforschen (Stagl 2001). Sie ist eine Disziplin, die uns Auskunft über uns selbst zu geben verspricht. Das Faszinierende an der Gründergeneration war, dass sie aufgrund intensiven Studiums exotischer Kleingruppen die »Primitiven« nicht als Abstraktionen und nicht als lebende Fossile in der Art des Quastenflossers, sondern als wirkliche Menschen innerhalb funktionierender soziokultureller Systeme verstehen lehrte (Leach 1966). Nachdem diese Leistung erbracht war, kam es zu jener auch für andere Disziplinen feststellbaren Entzauberung, die Friedrich H. Tenbruck den »Fortschritt der Wissenschaft als Trivialisierungsprozeß« genannt hat (1989: 143–174).

Man kann auch sagen, dass die »Krise der Ethnologie« durch den eigenen Erfolg mitverursacht wurde. Es trat eine Übervölkerung der »primiti-

ven Menschheit« mit Ethnologen ein; man begann, sich über die laufende
Belästigung durch Feldforschungen zu beklagen (Koepping 1973: 205 ff.).
Dazu haben einerseits die Hochstilisierung der Feldforschung zum Karriere-
sprungbrett, andererseits die immer leichtere Erreichbarkeit des »Feldes«
im Zeitalter des globalen Verkehrs beigetragen. Aus weltlicher Pilgerfahrt
und geistigem Abenteuer wurde eine zu absolvierende Pflichtübung. Wenn
besonders enthusiastische Feldforschungsideologen diese schon den Studenten verpflichtend vorschreiben und womöglich mit Übungsscheinen
abgelten wollen, dann braucht man sich nicht mehr zu wundern, dass auf
diese Weise ihre Substanz – und damit ihre Aura – verlorengeht. Überhaupt
zog ja die Ethnologie in dem Maße, in dem sie eine »zunftgemäße« Berufs-
laufbahn wurde, zunehmend den Typus des »wissenschaftlichen Fach-
beamten« (Max Scheler) an, dem Besitzstandswahrung wichtiger ist als die
Erschließung von wissenschaftlichem Neuland. Die Zahl der Ethnologen
hat sich seit der Gründergeneration etwa alle fünfzehn Jahre verdoppelt
(Rogge 1976: 933 ff.; neuere Zahlen kenne ich nicht, zweifle aber nicht an
der Fortsetzung dieses Trends). Diese Aufblähung der Zunft verhindert eine
wirksame Kontrolle ihrer Mitglieder. Wohl möglich, dass es dadurch zu
gelegentlichen Qualitätsverlusten, Hochstapeleien oder Fehlverhalten im
»Feld« gekommen ist, die ihrerseits dem Ressentiment gegen die Ethnologie neuen Zündstoff geliefert haben.

Unter uns gesagt: Die Feldforschung ist nicht mehr das, was sie einmal
war. Man gibt das offiziell ungern zu, doch es lässt sich aus den folgenden
Kompensationsversuchen ablesen. Denn wer nicht trutzig weitermachen will
wie gehabt, scheint mir vor den folgenden Alternativen zu stehen:

a) Umwertung des Feldaufenthaltes, entweder (aa) zur Selbsterfahrung des
    Ethnologen oder (ab) zum politischen Engagement;
b) Verschiebung der Forschungsperspektive. Sie kann (ba) eine räumliche
    sein, nämlich eine Verkleinerung oder eine Vergrößerung der untersuch-
    ten Gruppe (von der anonymisierten Minimaleinheit eines Haushaltes
    oder gar einer Einzelperson bis hinauf zum »interethnischen System«);
    (bb) eine zeitliche (vom Kurzaufenthalt bis zur aus Kurzaufenthalten
    zusammengesetzten Langzeitstudie); (bc) eine sachliche (»problemori-
    entierte Feldforschung« statt enzyklopädischer Exploration); schließlich
    (bd) eine auf die Person des Forschers bezogene (Feldforschung von
    Frauen, von Drittweltethnologen in Industrieländern etc.);
c) Lockerung der bisherigen engen Allianz zwischen Ethnographie und
    Feldforschung. Die Feldforschung kann (ca) im Felde neben anderen
    sozial- und kulturwissenschaftlichen Methoden angewandt werden (ge-
    wöhnlich am Anfang zur »Exploration«); (cb) von Ethnologen auf ihre

eigene Gesellschaft übertragen werden (als »teilnehmende Beobachtung« von Primärgruppen, von Alltagsverhalten etc.); oder auch (cc) in der Ethnographie durch andere Methoden, wie die Archivforschung und die Analyse mündlicher Überlieferungen, zurückgedrängt werden (vgl. dazu Szalay 1975: 111 ff.; Stagl 1981b: 31 ff.; Fischer 1981: 74 ff.).

All dies führt aber, in Verbindung mit der Modernisierung auch der letzten verbliebenen »authentischen« Forschungsfelder, zum allmählichen Verlust der Sonderstellung der Ethnologie unter den Wissenschaften. Sie »normalisiert« sich, wird ihren Nachbardisziplinen ähnlicher und beeinflußt ihrerseits auch diese. Die Feldforschungsideologie hat sie dennoch nicht aufgegeben. Deren Aushöhlung hat indes Folgen gezeitigt.

Die auffälligste von diesen ist wohl die Übersteigerung. Die hymnische Selbstfeier des Feldforschers, wie ich sie kritisiert habe, findet sich noch nicht in der Gründergeneration – die ja auch ein ungebrochenes Selbstbewusstsein hatte. Die Übersteigerung ist ein Verfallszeichen: Je schwächer die Substanz, desto überzogener der Ton. Es fällt oft schwer, hier ein freundlicheres Wort zu finden als Etikettenschwindel. Wer nur immer irgendetwas mit Ethnologie zu tun hatte und im Feld körperlich anwesend war, darf sich nun »Feldforscher« nennen, egal was er dort getan hat und wie lange er dort war. Das erinnert sehr an eine Inflation, wie sie auch sonst oft die Folge unkontrollierter Expansion ist (und überdies ja auch ein Mittel gegen Arbeitslosigkeit darstellt). (Im deutschen Sprachraum, wo sich diese Entwicklung gegenüber der westeuropäisch-amerikanischen verzögert hat, gibt es heute noch eine hochgestimmte Gründergeneration, die fest an die Heilswirkung der Feldforschung glaubt, während sich im Westen schon eine gewisse Müdigkeit zu verbreiten beginnt.) Doch aus der Aura des Malinowskischen Paradigmas sucht die Zunft Kapital zu schlagen, solange es eben noch geht.

Komplementär zur Inflation der Feldforschungen wird es den »Beforschten« deutlich, dass letzten Endes »sie« es sind, die das Prädikat der Authentizität zu vergeben haben, dass sie also gleichsam die Goldreserven hüten, von denen die Akzeptanz dieser Währung abhängt. Von Anfang an ist es ja für den Forscher ein Problem gewesen, ihnen gegenüber sein Dasein und seine Neugier zu rechtfertigen (Freilich 1970: 500 ff.; Spittler 1983). Inzwischen beginnt es sich im Felde herumzusprechen, dass er damit zuhause Karriere machen kann:

»Welche Listen er auch gebraucht, um zu zeigen, um wie viel netter und vertrauenswürdiger er ist als die anderen Europäer – es ist doch offenkundig, dass er trotz der Fehler seiner Mitbürger den Rest seines Lebens in deren Gesellschaft zu verbringen gedenkt.« (Cochrane 1969: 281)

Die Macht des Erforschten besteht darin, den Forscher in ihrer Mitte zu dulden, seine Fragen zu beantworten, ihm Ethnographica zu verkaufen, seinen wissenschaftlichen Kategorien authentisches Leben einzuhauchen. Wer Macht hat und es weiß, wird sie auch benützen. Kein Wunder also, dass sich die Erforschten jetzt ihre eigene Authentizitätsideologie zu basteln beginnen: sie haben es ja schließlich gelernt. Kein Wunder auch, dass man im Fach auf die Verknappung der Forschungs- und damit Karrierechancen mit Anbiederung an jene reagiert, die solche Chancen zu vergeben haben. Anstelle des herkömmlichen Nonkonformismus der Ethnologenzunft macht sich heute eine gefühlige Selbstanklagestimmung breit. Ob ihr das freilich etwas nützen wird?

Literatur

Nota: Zitate von englischen und französischen Autoren wurden auf Deutsch wiedergegeben. Bei Evans-Pritchard habe ich die Übersetzung von Brigitte Luchesi benützt. Die anderen Übersetzungen stammen von mir. J.S.

Acham, Karl
1976   Über einige Probleme der Instrumentalisierung und Hypostasierung von Wissenschaft. In: Neue Hefte für Philosophie 10, 78–111.

Agassi, Joseph
1999   Dissertation without Tears. In: Zecha, Gerhard (Hg.), Critical Rationalism and Educational Discourse. Amsterdam/Atlanta, 59–82.

Bargatzky, Thomas
1981   Das »Marginal Man« Konzept: Ein Überblick. In: Sociologus 31/2, 141–166.

Bendix, Regine
1997   In search of Authenticity. The Formation of Folklore Studies. Madison, Wisc.

Bennett, J
1946   The Interpretation of Pueblo Culture: A Question of Values. In: Southwestern Journal of Anthropology 2, 361–374.

Bruckner, Pascal
1983   Le sanglot de l'homme blanc. Tiers-monde, culpabilité, haine de soi. Paris.

Cappai, Gabriele
2000   Kulturrelativismus und Übersetzbarkeit des kulturell Fremden in der Sicht von Quine und Davidson. Eine Beobachtung aus sozialwissenschaftlicher Perspektive. In: Zeitschrift für Soziologie 29/4, 253–274.

Clifford, James und Marcus, George E. (Hg.)
1986   Writing Culture. The Poetics and Politics of Ethnography. Berkeley-Los Angeles/London.

Cochrane, Glynn
1969   The Case of Fieldwork by Officials. In: Man 6/2 279–284.

Dawani, Tawfiq
1984   Jemen – Zwischen Reisebeschreibung und Feldforschung. Ein Beitrag zum Begriff der Erfahrung in der Ethnologie. Phil. Diss. Bonn.

Den Hollander, A. N. J
1967   Social description; the problem of reliability and validity. In: Jongmans, D. G. und Gutkind, P. C. W. (Hg.), Anthropologists in the field. Assen, 1–34.

Duala M'bedy, Munasu
1977   Xenologie, die Wissenschaft vom Fremden oder die Verdrängung der Humanität in der Anthropologie. Freiburg/München.

Duerr, Hans Peter (Hg.)
1981   Der Wissenschaftler und das Irrationale. 2 Bde. Frankfurt a. M.
1987   Authentizität und Betrug in der Ethnologie. Frankfurt a. M.

Evans-Pritchard, Edward E.
1978   Einige Erinnerungen und Überlegungen zur Feldforschung. In: Evans-Pritchard, Edward E., Hexerei, Orakel und Magie bei den Zande. Frankfurt a. M., 326–347.

Fischer, Hans
1979   Feldforschung: Probleme und Tendenzen. In: Mitteilungen aus dem Museum für Völkerkunde in Hamburg 9, 121–144.
1981   Zur Theorie der Feldforschung. In: Schmied-Kowarzik, Wolfdietrich und Stagl, Justin:1981, 63–78.

Flick, Uwe
1991   Stationen des qualitativen Forschungsprozesses. In: Flick, Uwe et. al. (Hg.), Handbuch qualitative Sozialforschung. Grundlagen, Konzepte, Methoden und Anwendungen. München, 148–178.

Freeman, David
1973   Margaret Mead and Somoa. Cambridge, Mass.

Freilich, Morris (Hg.)
1970   Marginal Natives. Anthropologists at Work. New York/London.

Geertz, Clifford
1983   Dichte Beschreibung. Beiträge zum Verstehen kultureller Systeme. Frankfurt a. M.

Gellner, Ernest
1985   Relativism and the Social Sciences. Cambridge.

Girtler, Roland
1984   Methoden der qualitativen Sozialforschung. Anleitung zur Feldarbeit. Wien.

Gjessing, Gutorm
1966   The Necessity of Not Doing Fieldwork. In: Ethnos, Supplement to Vol.
            31, 13–23.

Gottowik, Volker
1997   Konstruktionen des Anderen. Clifford Geertz und die Krise der
            ethnographischen Repräsentation. Berlin.

Jarvie, Ian C.
1970   The Revolution in Anthropology. 3. Aufl. London [1. Aufl. 1964].
1981   Anthropologen und das Irrationale. In: Duerr: 1981, Bd. 1, 213–244.

Koepping, Klaus-Peter
1973   Das Wagnis des Feldforschers – zwischen Ethnozentrismus und Ent-
            fremdung. In: Tauchmann, K. (Hg.), Festschrift zum 65. Geburtstag von
            Helmut Petri. Köln, 258–270.
1976   On the epistemology of participant observation and the generating of
            paradigms. Some critical reflections on Victor Turner, Carlos Castaneda
            and applied shamanism. In: Occasional Papers in Anthropology 6, 159–
            177.
1980   Ist die Ethnologie auf dem Wege zur Mündigkeit? Einige erkenntnis-
            theoretische Anmerkungen zur teilnehmenden Beobachtung. In:
            Paideuma 26, 21–40.
1987   Authentizität als Selbstfindung: Ethnologie zwischen Engagement und
            Reflexion, zwischen Leben und Wissenschaft. In: Duerr: 1987, 7–37.

Leach, Edmund R.
1961   Rethinking Anthropology. London.
1966   On the »Founding Fathers«. In: Current Anthropology 7, 560–567.
1970   Claude Lévi-Strauss. London.

Lévi-Strauss, Claude.
1958   Anthropologie Structurale. Paris.

Lorenz, Chris
2001   Over onszelf pratenwe niet. De dicussie over de Duitse historici en het
            nationaal-socialisme. In: Dassen, P. und Nijhuis, T. (Hg.), Gegijzeld door
            het verleden. Controversies in Duitsland van de *Historikerstreit* tot het
            Sloterdijk-debat, Amsterdam, 153–177.

Malinowski, Bronislaw
1973   Magie, Wissenschaft und Religion und andere Schriften. Frankfurt a. M.

Mannheim, Karl
1966   Das konservative Denken. Soziologische Beiträge zum Werden des po-
            litisch-historischen Denkens in Deutschland. In: Schumann, H.-G. (Hg.),
            Konservatismus. Köln, 24–75.

Maquet, Jacques
1964   Objectivity in Anthropology. In: Current Anthropology 5, 47–55.

Maranhão, Tullio
1986   The Hermeneutics of Participant Observation. In: Dialectical Anthropology 10 (3/4), 291–309.

Marcus, Julie
2001   Orientalism. In: Atkinson, P. et al. (Hg.), Handbook of Ethnography. London, 109–117.

Mead, Margaret
1972   Blackberry Winter. My Earlier Years. New York.

Mühlmann, Wilhelm Emil
1956   Ethnologie als soziologische Theorie der interethnischen Systeme. In: Kölner Zeitschrift für Soziologie und Sozialpsychologie 8, 186–265.

Münkler, Herfried (Hg.)
1997   Furcht und Faszination. Facetten der Fremdheit. Berlin.

Murdock, George P.
1971   Anthropology's Mythology. In: Proceedings of the Royal Anthropological Institute, 17–24.

Nash, Dennison
1963   The Ethnologist as Stranger: An Essay in the Sociology of Knowledge. In: Southwestern Journal of Anthropology 19, 149–167.

Nash, June
1975   Nationalism and Fieldwork. In: Annual Review of Anthropology 4, 225–245.

Osterhammel, Jürgen
1997   Edward W. Said und die »Orientalismus«-Debatte. Ein Rückblick. In: asien afrika amerika 25, 597–607.

Powdermaker, Hortense
1967   Stranger and Friend. The Way of an Anthropologist. London.

Pratt, Marie Louise
1986   Fieldwork in Common Places. In: Clifford und Marcus: 1986, 27–50.

Quine, Willard van Orman
1980   Wort und Gegenstand. Stuttgart [amerikan. Orig. 1976].

Rogge, A. E.
1976   A Look at Academic Anthropology: trough a Graph Darkly. In: American Anthropologist 78, 829–843.

Schmied-Kowarzik, Wolfdietrich und Stagl, Justin (Hg.).
1981   Grundfragen der Ethnologie. Beiträge zur gegenwärtigen Theorie-Diskussion. Berlin.

Schott, Rüdiger
1981   Aufgaben der deutschen Ethnologie heute. In: Schmied-Kowarzik und
            Stagl: 1981, 39–62.

Schütz, Alfred und Luckmann, Thomas
1994   Strukturen der Lebenswelt. 2 Bde. 3. Aufl. Frankfurt a. M.

Smith Bowen, Elenore
1984   Rückkehr zum Lachen. Ein ethnologischer Roman. Berlin [orig. engl.
            1954].

Spittler, Gerd
1983   Der Forscher und die Eingeborenen. Die Praxis der Feldforschung vor
            der Kolonialzeit, dargestellt am Beispiel der Reisen und Expeditionen
            ins Innere Afrikas. Manuskript.

Stagl, Justin
1981a   Kulturanthropologie und Gesellschaft. Eine wissenschaftssoziologische
            Darstellung der Kulturanthropologie und Ethnologie. 2. Aufl. Berlin [1.
            Aufl. München 1974].
1981b   Szientistische, hermeneutische und phänomenologische Grundlagen der
            Ethnologie. In: Schmied-Kowarzik und Stagl: 1981, 1–38.
1981c   Die Beschreibung des Fremden in der Wissenschaft. In: Duerr: 1981,
            Bd. 1, 273–295.
1991   Malinowskis Paradigma. In: Geschichte und Gegenwart 10/2, 91–105.
1995   A History of Curiosity. The Theory of Travel 1550–1800. Chur.
1999   Ethnozentrismus und Eurozentrismus. In: Studium Generale der
            Ruprecht-Karls-Universität Heidelberg (Hrsg.): Wertepluralismus. Hei-
            delberg, 109–124.
2000   Anthropological Universality. On the Validity of Generalisations about
            Human Nature. In: Roughley, Neil (Hg.), Being Humans. Anthropological
            Universality and Particularity in Transdisciplinarity Perspectives. Ber-
            lin/New York, 25–46.

Stichweh, Rudolf
1997   Der Fremde. Zur Soziologie der Indifferenz. In: Münkler: 1997, 45–64.

Stocking, George W. Jr.
1978   Die Geschichtlichkeit der Wilden und die Geschichte der Ethnologie.
            In: Geschichte und Gesellschaft 4/4.

Stocking, George W. Jr. (Hg.)
1989   Romantic Motives. Essays on Anthropological Sensibility. History of
            Anthropology, Vol. 6. Madison, Wisc.

Szalay, Miklós
1975   Die Krise der Feldforschung: Gegenwärtige Trends in der Ethnologie.
            In: Archiv für Völkerkunde 29, 109–120.
1977   Praxis als Problem (am Beispiel der Khoi-San-Mission 1792–1902): Fra-
            gen zur Aktionsethnologie. In: ethnologische zeitschrift zürich II, 93-111.

Tenbruck, Friedrich H
1989   Die kulturellen Grundlagen der Gesellschaft. Der Fall der Moderne.
          Opladen.

Thornton, Robert J.
1988   The Rhetoric of Ethnographic Holism. Cultural Anthropology 3 (3), 285–
          303.

Van Gennep, Arnold
1986   Übergangsriten. Frankfurt a. M./New York. [frz. Original: Les Rites de
          passage, Paris 1909].

Vidich, Arthur J.
1954–55   Participant Observation and the Collection and Interpretation of Data.
          In: The American Journal of Sociology 60, 354–360.

Weiß, Johannes
1999   Identitätsoptionen und Identitätsfallen. Einige Reflexionen über das Glück
          des Fremdseins und die Dialektik kultureller Identität. In: Willems und
          Hahn: 1999, 455–464.

Willems, Herbert und Hahn, Alois (Hg.)
1999   Identität und Moderne. Frankfurt a. M.

Biographien

Bettina Beer, geb. 1966, ist Privatdozentin am Institut für Ethnologie der Universität Hamburg. Nach Dissertation über philippinische Heirats-migrantinnen in Hamburg, mit Feldforschung in der eigenen Stadt und auf den Philippinen, weitere Feldforschungen auf den Philippinen (1996, 1997, 1999) und in Papua-Neuguinea (1997, 1999/2000).

Eveline Dürr, geb. 1962, ist Oberassistentin am Institut für Völkerkunde der Albert-Ludwigs-Universität Freiburg. Studium in Heidelberg, Freiburg und Mexiko-Stadt. Promotion 1990 über eine Revitalisationsbewegung im kolonialen Mesoamerika. Post-doc 1991–1994 mit einer Studie zum Kultur-wandel in Mitla, Mexiko (einschließlich 12-monatiger Feldforschung), seit 1997 Studien zur ethnologischen Stadtforschung und Migration, insbeson-dere im Südwesten der USA. Habilitation 2000 an der Universität Freiburg. Lehrtätigkeiten an den Universitäten in Berlin und Basel.

Hans Fischer, geb. 1932, Professor für Ethnologie an der Universität Ham-burg, emeritiert seit 1998. Erste Feldforschungen in Neuguinea 1958/59, weitere zwischen 1965 und 2000 in Papua-Neuguinea und Samoa.

Thomas Hauschild, geb. 1955, lehrt seit 1992 Ethnologie in Tübingen. Nach Studium und Promotion in Hamburg (1979) Museumsassistent am Muse-um für Völkerkunde in Berlin, Assistenz und Habilitation in Köln. Lehrauf-träge in Hamburg, Berlin und Hannover, Vertretungsprofessuren in Ham-burg und Berlin, sowie in Neapel. 1982-84 Feldforschung in Süditalien als Stipendiat der Humboldt-Stiftung. Lehrtätigkeit an zahlreichen Instituten im In- und Ausland.

Brigitta Hauser-Schäublin, Professorin für Ethnologie an der Universität Göttingen. Studium in Basel und München. Promotion 1975, Habilitation 1985. Feldforschungen bei den Iatmul 1972/73 (6 Monate) und den Abelam, Papua-Neuguinea 1980/81– 1985 (16 Monate); Feldforschungen in Bali (In-donesien) zwischen 1988 und 2001 (28 Monate).

Christiana Lütkes, geb. 1958, studierte Ethnologie in Münster und promovierte 1998 in Hamburg. Im Jahr 1991 führte sie eine einjährige Feldforschung bei den Wampar in Papua-Neuguinea durch, ein vierwöchiger Besuch folgte 1997. Zur Zeit leitet sie ein Forschungsprojekt, bei dem es um den Erwerb interkultureller Kompetenz durch ethnologischen Schulunterricht geht.

Mark Münzel ist Professor der Völkerkunde in Marburg. Nach Studium in Frankfurt/Main, Coimbra (Portugal) und Paris Promotion 1970. Jahrelange Feldforschungen in Brasilien, Paraguay und Ecuador.

Aparna Rao, geboren in Delhi (Indien), studierte und promovierte in Frankreich. Sie lehrt am Institut für Völkerkunde der Universität Köln. Mehrjährige Feldforschungen in Frankreich und Afghanistan, in Djammu und Kaschmir und im westlichen Indien. Mitherausgeberin der internationalen Zeitschrift Nomadic Peoples.

Günther Schlee, geb. 1951, ist Direktor am Max-Planck-Institut für ethnologische Forschung in Halle/Saale. Studium in Hamburg, dort Promotion (1977), Habilitation in Bayreuth (1986), Professor in Bielefeld (1986–1999). Feldforschungen in Kenia, Äthiopien, Sudan seit 1974.

Gunter Senft, geb. 1952, ist Wissenschaftlicher Mitarbeiter am Max-Planck-Institut für Psycholinguistik in Nijmegen und apl. Professor für Allgemeine Sprachwissenschaft an der Universität zu Köln. Nach Studium in Heidelberg und Frankfurt (Main) 1982 Promotion in Frankfurt und 1992 Habilitation an der TU Berlin. Feldforschungen in Kaiserslautern (1977/78) und auf den Trobriand-Inseln in Papua-Neuguinea (1982/83, 1989, 1992-1998, 2001).

Justin Stagl, geb. 1941, ist Professor für Soziologie an der Universität Salzburg. Nach Studium in Wien, Leiden und Münster Habilitation in Salzburg (1973). Professor in Bonn (1974-91) und Salzburg (1991-). Gastprofessuren bzw. Fellowships University of Notre Dame, Indiana, Ecole des Hautes Etudes en Sciences Sociales, Paris, Clare Hall, Cambridge und Netherlands Institute of Advanced Study, Wassenaar.

ETHNOLOGISCHE PAPERBACKS

REIMER

Hans Fischer (Hg.)
Ethnologie
Einführung und Überblick
Vierte, überarbeitete Auflage
VIII und 424 Seiten
Broschiert / ISBN 3-496-02649-9

Hans Fischer
Lehrbuch der Genealogischen Methode
222 Seiten mit 38 Abbildungen und 1 Falttafel
Broschiert / ISBN 3-496-02600-6

Hans Fischer (Hg.)
Wege zum Beruf
Möglichkeiten für Kultur- und Sozial-
wissenschaftler. 21 Berichte
250 Seiten
Broschiert / ISBN 3-496-00943-8

Bettina Beer / Hans Fischer
**Wissenschaftliche Arbeitstechniken
in der Ethnologie**
Eine Einführung
162 Seiten, Index, Abbildungen
Broschiert / ISBN 3-496-02690-1

Michel Panoff / Michel Perrin
Taschenwörterbuch der Ethnologie
Begriffe und Definitionen zur Einführung
Dritte, durchgesehene Auflage
302 Seiten mit 5 Karten
Broschiert / ISBN 3-496-02668-5

REIMER